U0575765

中华传世藏书

【图文珍藏版】

帝鑑圖說

[明]张居正⊙原著

王艳军⊙整理

第二册

帝鑑圖說

线装書局

却千里马

却千里马①

【历史背景】

汉文帝即位时，吕后势力刚刚被铲除，国家急需安定，四方人士正拭目以待，看新上台的皇帝要如何治理天下。文帝在拒收千里马之前，已经做了两件大得人心的事。一件事是废除收孥相坐律令，刑只加于犯罪者本人，不再株连家属。汉高祖刘邦称帝前，曾宣布废除秦代一切苛法，只约法三章，但后来又搞“汉承秦制”，株连之法又被恢复。现在文帝予以废除，无疑是一件善政。另一件得人心的事是颁布赈穷养老之令，救济鳏寡孤独及穷困的人，并下令：八十岁以上的老人，每月由政府发给粮和肉，九十岁以上老人除粮、肉外，再加发帛、絮。这两件事和拒收千里马，使他在人们心目中树立了圣明君主的形象。古语说：“不做无益害有益，功乃成；不贵异物贱用物，民乃足。”汉文帝就是这样做的。

文帝继承皇位之后，当时的社会经济因为受到秦时期战乱的破坏，十分萧条，于是文帝就实行了与民休息的政策。文帝一向以仁慈亲民而著称于历史。除此之外，他还是一个很善于自省的人，他在位的时候，每当国家出现了日食、地震、洪涝、蝗灾，文帝就要下诏反省自己：“朕闻之，天生民，为之置君以养治之。人主不德，布政不均，则天示之灾以戒不治。”他多次颁布命令，下令减免天下百姓的田赋，发放粮食来赈济受灾的百姓。为了鼓励农耕，扩大粮食的种植，文帝就自己开籍田，并亲自下地种田，将收获的谷物用来供应宗庙的祭祀，还要求皇后亲自植桑，并纺织，以提供祭祀穿的衣服。

文帝也是典型的孝子，侍奉母亲十分周到。薄太后生病的时候，文帝每天都要亲自去探望，日日夜夜地陪伴在母亲的身边，但凡是送给母亲服用的药，他一定会首先自己尝过，才放心地让母亲服用。后人辑录的《二十四孝》故事中的第二孝，就是文帝“亲尝汤药”的故事。不仅仅是对自己的母亲如此孝敬，文帝还将自己的孝心推至天下百姓，对鳏寡孤独都有政策照顾。

汉文帝极其厌恶那些华而不实的东西，他在逝世之前曾经留下遗嘱说道：天下万物没有不死而长生的。死亡是万事万物的最终结果，所以不应该过分悲伤。而对死人的厚葬就更加没有必要了，这样做不但要导致破尽家产，而且还会损害身体。汉文帝在自己的遗嘱当中十分谦虚地说自己生前没有德行，所以死后人们对他的隆重祭吊会更加大他的无德与过失。于是他下令：在其逝世以后，全国的官吏和百姓，哭吊三天就除去丧服。至于娶妻、嫁女、祭祀、饮酒、吃肉等则不要禁止。

汉文帝还很善于处理与大臣们的关系，既能解决与大臣们之间的矛盾，又让大臣们不失掉面子，甘心接受。比如在处理周勃这个功臣居功自傲的问题上，就做得很好。周勃是功臣中最难处理的一个，在汉文帝刚刚登上皇位的时候，周勃有一次说想跟文帝私谈，这个人一向认为自己有大功，常自恃功高处处为难汉文帝。汉文帝巧妙地回应了他的这个无理要求，文帝说："天子不能有私语，有事情可以朝堂上说。"既回绝了一些居功自傲的大臣的邀功请赏或另怀别意的谈话，又向大臣们展示了自己开张圣听的姿态，回答得既委婉又庄重。

【原文】

汉史记：文帝时[2]，有献千里马者。帝曰："鸾旗[3]在前，属车[4]在后；吉行[5]五十里；师行[6]三十里。朕乘千里马，独先安之？"下诏不受。

【张居正解】

西汉史上记：文帝时，有人进一匹马，一日能行千里。文帝说道："天子行幸，有鸾旗导引于前，有属车拥护于后；或巡狩而吉行，一日不过五十里而止；或征伐而师行，一日不过三十里而止。朕骑着这千里马，独自个先往何处去？"于是下诏拒而不受，还着那进马的人牵回去了。夫千里马是良马也，文帝以为非天子所宜用，尚且不受，况其他珠玉宝贝、珍禽奇兽、不切于人生日用者，又岂足以动其心乎？《书》曰："不作无益害有益，功乃成；不贵异物贱用物，民乃足。[7]"正文帝之谓也。

【注释】

①此篇出自《汉书·贾捐之传》。记述汉文帝拒收千里马的故事。

②文帝:即汉文帝(前202~前157),名恒,汉高祖子,前180~前157年在位。

③鸾旗:用鸟羽毛装饰的旗子,用于仪仗。

④属车:皇帝的侍从车子。

⑤吉行:指有关喜庆一类的外出,如巡狩等。

⑥师行:军队出征时队伍的行进。

⑦见《尚书·周书·旅獒》。意为:不做无益的事损害有益的事,事业就能成功;不因看重珍奇异物而轻视日常使用的物品,百姓才能富足。

【译文】

汉代史书上记载:汉文帝在位之时,有人向他进献了一匹千里马。汉文帝说:"我出宫殿时有鸾旗在前面导引,有属车在后面簇拥;到地方上去巡狩,一天不过行走五十里路;进行征战,军队一天不过行进三十里路。我骑着这千里马,独自一人跑在前面要往哪里去?"于是下诏,拒绝接受这匹千里马。

【评议】

在这个故事当中,我们看到了汉文帝回绝了进献的千里马,其中的一个原因是因为自己没有必要接受一个对自己毫无实际用处的东西,这一点很符合汉文帝的个人特点。汉文帝的节俭是十分著名的,之所以这样就是因为汉文帝始终认为对老百姓没有利益的事情都尽量不去做。同时也反映了汉文帝拒绝谄媚,远离那些试图以不正当的手段来获取君王好感的人。这充分表明了汉文帝的清醒与明智。汉文帝曾经在自己的遗嘱当中自我评价说自己是因为幸运才得到了继承皇位的机会,之所以这样完全是由于上天的宠爱;之所以自己在位的时候天下太平,没有战乱,百姓安居乐业也不是因为自己多么贤明,而是神灵的保佑罢了。汉文帝是历史上很谦虚的皇帝,同时又是一位德才兼备的君王。所以史学家评价说“功莫大于高祖,德莫厚于汉文”。

【拓展阅读】

汉文帝

文景之治

汉文帝在位期间,是汉朝从国家初定走向繁荣昌盛的过渡时期。他和他儿子汉景帝统治时期,政治稳定,经济生产得到显著发展,历来被视为封建社会的“盛世”,被史家誉为“文景之治”。

继承帝位

刘恒,母为薄姬。在高祖攻破陈希,平定代地后,被封为代王。惠帝死后,吕后立非正统的少帝。公元前 180 年吕后死,吕产、吕禄掌握兵权,控制皇宫,企图发动政变,夺取帝位。陈平与周勃设计,使吕产将北军兵权交给周勃。周勃持兵印号召北军将士:“今吕氏企图夺位,谁愿帮助吕家的袒露右臂,愿帮助刘家的袒露左臂。”将士都心向刘家,纷纷袒露左臂。周勃于是调北军入未央宫,杀死吕产等人,防止了夺位的政变。事后丞相陈平、太尉周勃与朱虚侯刘章等宗室大臣以少帝不是正统而将其废黜,于同年闰九月,迎立刘恒为帝。

文景之治

汉文帝继承了汉初的黄老思想,推进了清静无为的黄老政治,实行了轻徭薄赋的政策和一系列重视农业与工商业的措施,在他与汉景帝的共同努力下,国力强盛,百姓安居乐业,成就了有名的“文景之治”。而汉文帝他个人是热心的道家学派的拥护者,从李耳思想中,接受三个教训:“第一,仁慈;第二,勤俭;第三,别人没有做过的事,不要去做。”他确实做到了这三点。在他在位期间,废掉了割鼻、断足的酷刑,一生中没有进行过大兴土

木的建设，也没有惊天动地的改革举措，也没有兴师动众劳民伤财的“历史形象工程”。在他统治的二十余年中，百姓安居乐业，一切都很平静，连《史记·孝文本纪》与《汉书·文帝纪》载其事迹也十分简略，真的做到了老子说的“百姓皆谓：‘我自然。’”相当于现今的北欧国家的安详社会。

为了能听到人们对行政的评论，他下了一道取消诽谤罪的诏书，相当于现在西方国家的言论自由制度。他寓改革兴建于清静无为之中。汉文帝不是个外表雄心勃勃的沽名钓誉的改革家，他是一个真真正正的改革者，他是老子所说的太上之君。但更重要不是他的德，而是他的治国思想。

【镜鉴】

一、得与失哲学思考

——学会舍弃

为人处世，鱼与熊掌不可兼得。不要刻意去追求一些不属于自己的、缥缈的东西，否则的话，它会成为你精神上的羁绊。很多时候，看起来是得到了，里面也潜藏着失去的东西，只是你对失去并未意识到罢了；尽管是失去了，你或许感到失落，其实这里也伴随着你意想不到的获得。

人的一生就是一个不断得失的过程。伴随人生的许多快乐和烦恼都源于得与失。如果不是辩证地看，单纯就事论事，就会认为得就是得到，失就是失去，两者泾渭分明。但是从科学思维和人生总体而言，获得与失去看似矛盾对立，但又和谐统一，密切相关。

失去未必不好，得到就可能得益于失去。比如，挫折阻挠了成功的步伐，却催生了成熟。失败让人沮丧沉沦，却能给人积累成功的经验。

范晔在《后汉书·冯异传》中说：“失之东隅，收之桑榆。”——在东边有所失，可以从西边的收获中得到补偿。因此，获得有时候就是失去，失去有时候就是获得。因此，一个有所作为的人，面对抉择时，该舍弃的，不要犹豫，因为在失去的同时，也是一种获得。该舍弃的果断舍弃，才能轻装上阵，获得成功。

有一种能够飞越太平洋的小鸟，在几万里的飞行过程中，它只是把一小截树枝衔在嘴里，累了就把那截树枝扔在水面上，然后飞落在树枝上休息一会儿，饿了就站在树枝上捕鱼，困了它就站在树枝上睡觉。谁能想到，结果轻松地飞越了太平洋。

孙叔敖是楚国有功的大臣。他死后，楚王召来孙叔敖的儿子，要把最肥美的土地赐给他，以表彰孙叔敖。孙叔敖的儿子按照父亲的遗嘱，马上跪下来说："我无功于大王，不敢受赐良田。既是大王表彰先父，请授寝丘之地（土地贫瘠）吧。"于是，楚王改赐寝丘。

不久，一些赐受肥美之地的贵族后代，由于受到后来显贵们的排挤和算计，纷纷失去受赐的土地，连衣食都无着落了。唯独寝丘无人问津，孙叔敖的子孙既不用担心显贵们的觊觎，也没有饥寒之忧，世代过着富裕豪华的生活。

对得到的东西要加倍珍惜，对失去的东西不要耿耿于怀，方是健康、向上、明智的人生态度。

春秋战国时，晋国有一位农夫丢失了一头牛，可他并没有沮丧。旁人见了，感到不解，便问他为何不去寻找？农夫笑笑说："我在晋国丢失了牛，肯定被晋国人拾到了，牛还在晋国，我何必费心去找它呢？"这位农夫洒脱地把自己之物推及为晋人之物，从而得出一国之内物之没有得与失。

人在天地间，何事足萦怀？舍弃有时让人难以接受，从感情上、理智上给人的感觉是灰色的、消极的。过度的欲望、不良的行为确实应该舍弃。否则、不肯舍弃，虽然获取很多，实则丢掉的更多。

春秋时，晋国非常强大。智伯当政时，恃强凌弱，贪得无厌，经常向周边的盟国索求利益。有一次，智伯派人向韩康子索要一百里土地。韩康子不想给。他的谋士段规劝说道："智伯这个人，傲慢自负又贪小便宜，你不给他，他就一定会派兵来攻打。您不如给了他，他尝到甜头，就会向别人索要土地。别人不愿给他，他一定会派兵攻打。到时候就有可以利用的机会了！"韩康子认为此言有理，就把一个万人小县给了智伯。

智伯又派人向魏宣子索要土地。魏宣子听从赵葭的建议，也把一个万人小县给了智伯。智伯更加得意，又派人向赵国索要土地。赵襄子没有答应。智伯于是命令韩、魏两国与晋国合攻赵国。赵国进行了顽强的抵抗，残酷的战争持续了 3 年。眼看赵国的都城即将告破时，韩、魏两国突然与赵国合攻智伯，智伯兵败身死，晋国被韩、魏、赵三国瓜分。

学会舍弃就是一个学会比较、鉴别和选择的过程。学会放弃，就是要知道该放弃什么，不该放弃什么。两弊相衡取其轻，两利相权取其重。

屈原面对举世皆浊的世道，舍弃了荣华富贵，毅然怀石投江，得到的是“皓皓之白”的人格和纯洁的灵魂。

陶渊明果断地放弃了仕途，归隐田园，失去了五斗米，却挺直了脊梁，得到了“悠然”的生活，尽享田园之乐，遂成为田园派诗歌的开山鼻祖。

李白笑傲王侯，蔑视权贵，“天子呼来不上船”，于是“明朝散发弄扁舟”，遂成为炎黄子孙耳熟能详的“一代诗仙”，千秋诗史奉岱宗。

岳武穆少年弃家从军，抛弃身家性命、个人荣辱而不顾，终致“经年尘土满征衣”“八千里路云和月”，创立了“撼山易，撼岳家军难”的抗金队伍，成为杰出的民族英雄，被历代人们所赞颂和景仰。

正如爱因斯坦所言：“一个人真正的价值，首先在于他在多大程度上和什么意义上从自我中解放出来。”贪恋巅峰时的荣耀和风光，就来不及下山感受另一番风光。

失去与获得是相辅相成的两方面，它们都真实、客观地存在着。很多事情都是失之东隅，必然收之桑榆。舍弃只是手段，不是目的。学会舍弃是为了抓住往往别人忽视的机遇，从而为自己提供施展宏图的舞台，以充实自己，升华人生。

陈子昂是唐初文学家、诗人。他从家乡四川到都城长安，千里迢迢，图展鸿鹄大志，然而事与愿违，四处登门，赠诗献文，或拒之门外，或冷言相讥。

一天，陈子昂看到一个人捧着瑶琴求售，索价昂贵。陈子昂大声说：“今日此琴绝佳，千金又何足惜！”众人异口同声说：“愿洗耳恭听雅奏。”子昂说：“敬请诸位明日到宣阳里寒舍来。”

第二天，大家蜂拥而来，谁知陈子昂捧着琴，却不弹奏，高高举在头顶，“啪”地摔在地上。趁大家惊愕之际，子昂说：“今天让大家失望了，深感歉意！谨以诗文相送，以示补偿！”

接着把诗遍赠宾客。众人愈以为奇，纷纷传阅。几百篇文章文采飞扬，灵动飘逸，人们为陈子昂的才华所叹服。几日之内，子昂诗名满京城。不久，陈子昂中进士，以上书论政，为武则天所赏识。

“古之善为天下者,计大而不计小”。(《旧唐书·陈子昂传》)——古代善于管理国家的人,权衡一件事情的利弊时,能够着眼于大的方面而不去计较次要的得失。如果什么也舍不得,很可能什么也得不到。什么都想得到,很可能什么也得不到,什么事也做不成。

宋代的奸臣有好几个:王钦若、丁渭、蔡京、秦桧、丁大全、贾似道,而其中最贪婪、最狡猾、罪恶最大的莫过于秦桧。秦桧公开卖官鬻爵、敞开大门纳贿,以致家产富比国库。他还利用惩贪为借口,捏造罪名,残忍地打击不肯听他指挥的万俟卨、郑刚中、赵鼎等人;连听话的忠实喽啰也都是利用完了就打下去,再换一批。在国家生死存亡的关头,为了个人的恩怨,为了一己之私,秦桧谗言献媚,一句“莫须有”,断送了祖国大好河山。是的,他得到了满足,却留下了千古骂名。“饥餐胡虏悲歌壮,未报君仇怒发冲。墓木至今天北向,铁石羞铸佞臣容”(清代徐自华)。连铁面都为奸臣秦桧铸像而羞耻,极言奸佞之无耻。

在列强任意践踏我们民族的危难中,为了荣登大宝,圆皇帝梦,袁世凯泯灭良知,断然签下丧权辱国的“二十一条”。他虽然得到了帝国主义的支持,最终却在绝望中死去。

在国家蓬勃发展的时候,在人民需要体恤的时候,为了金钱,为了虚荣,他忘记了信仰,背叛了人民,伸出了贪污之手。是的,他得到了一时的荣华,却最终难逃法网。

有一天,森林里的动物进行了一场比赛,要评出最大的动物。水牛走上场,大家喊道:“大、大,真大!”大象走上台,大家惊呼:“哇太大了,真厉害!”青蛙不服气,跳上台,使劲鼓气,得意地说:“你们看我大吗?”大伙儿说:“你在哪儿呀?”青蛙生气了,继续鼓气,不知道理智地放弃。台下的动物说:“别鼓了,下来吧。”青蛙不听,结果把自己的肚皮撑破了。

为人处世,鱼与熊掌不可兼得。不要刻意去追求一些不属于自己的、缥缈的东西,否则的话,它会成为你精神上的羁绊。很多时候,看起来是得到了,里面也潜藏着失去的东西,只是你对失去并未意识到罢了;尽管是失去了,你或许感到失落,其实这里也伴随着你意想不到的获得。因此,不要做患得患失之人,不要把得失看得太重。只有那些短视的人,才只顾眼前利益,看不见利益背后的隐患,让自己无法感受到生命的快乐。该放弃时就要果断的放弃,不要犹豫。放弃了,不要心痛,要坦然、欣然待之。

为了熊掌，可以放弃鱼；为了赢得广阔的生存和发展空间，可以放弃稳定、舒适的环境；为了捍卫真理，为了实现理想，可以放弃金钱、地位乃至生命。

甘地是印度历史上的著名人物，被印度人民尊称为“圣雄”。有一次，甘地乘火车外出办事，由于拥挤，他上了火车才发觉自己的皮鞋掉了一只，而此时火车已经启动。甘地迅速脱下另一只皮鞋扔到了车窗外。

有人问甘地：为什么不想法找到那一只皮鞋，反而把另一只也扔了下去？甘地微笑着解释：我掉了一只皮鞋，一定会给别人捡到，可这反而给那人增添了烦恼——一只鞋怎么穿啊！现在，我把另一只鞋也扔了下去，那个人就拥有一双皮鞋，就会感到快乐了。而我也不必为脚上的一只皮鞋而苦恼了，相反，我会因为那人的快乐而感到快乐！

当你与人发生矛盾或冲突时，只要不是什么原则问题，你完全可以沉住气，放弃争强好胜的心理，避免跟人争论，不要挖苦、讥讽。不管他的意见是多么可笑、如何浅薄，你都礼貌地回答他，做出小的让步；有时还要甘拜下风，就可能化干戈为玉帛，避免两败俱伤。当你在家庭生活中发生摩擦时，放弃争执，保持缄默，就可以唤起对方的恻隐之心，使家庭和睦温馨。

“舍弃”永远在“获得”的前面，这是一个很重要的顺序，更是幸福的秘诀！“吃亏是福”中原来含有舍弃、忍让的意思。佛家有句话：“舍得，舍得，有舍才有得。”幸福的人懂得放弃，智慧的人懂得得与失。要想有所作为，就不能贪图蝇头小利而忽视其潜在的不利因素。有些失败者的致命弱点，是难以割舍小利，固守着眼前的好处，结果错过了时机，丧失了机遇，丢掉了前程。

李渊想起兵反隋时遇到一大难题：出兵太少，不足以跟隋军抗衡；出兵太多，又担心突厥兵乘虚而入。李渊决定不惜牺牲个人颜面，舍弃金钱美女，跟突厥讲和。突厥可汗见李渊服软，又有女人、财宝可得，很是得意，不但同意讲和，还资助李渊不少马匹、士兵。李渊再无后顾之忧，只留少数人马驻守太原，率大军起义，一举灭隋，建立大唐帝国。

《百喻经》里有一个故事：有一只猕猴抓了一把豆子，一蹦一跳地走着。一不留神，手中的豆子滚落了一颗，猕猴将手中其余的豆子全部放在路旁，东寻西找，却没找到那颗豆子。猕猴准备拿取原先放在一旁的豆子，却全都被路旁的鸡、鸭吃掉了。

两个人进山洞寻宝，迷了路。第一个人起了坏心眼，夺走了余下的干粮和那支手电筒，离开了第二个人。山洞中漆黑无比，第二个人没有手电筒，眼睛对光亮异常敏感，终于爬出了山洞。而第一个人吃光了干粮，拿着手电筒搜寻出口，怎么也找不到洞口，最后饿死在山洞。

有的人叹息：活得累啊。是不是忧愁的事多，想得到的多？解决的办法之一就是适当的放弃，这样会获得轻松、清爽、快乐和圆融。

有这么一句话："一个人的快乐，并不是他所拥有得多，而是他计较得少。多是负担，是另一种失去。少非不足，是另一种有余。舍弃也不一定是失，而是另一种更宽阔的拥有。"

在印度的热带丛林，人们在小木盒里装上坚果，盒子上开一个小口，猴子一旦抓住坚果，爪子就抽不出来了。人们常常用这种方法捉到猴子，因为猴子有一种习性，不肯放下已经到手的东西。

有个《太阳山》的神话故事：老鹰把贪心的人驼到了到处是金子的太阳山，要他在太阳升起之前离开这里，否则，太阳一出，他便会被太阳烧死。那贪心人拾了一块又一块，舍不得满山的金子。结果，太阳出来了，贪心人被烧死了。

有的人对金钱、名利、情感，有着太多的欲望和奢求。君不见，太多的欲望是一头难以驾驭的猛兽，常常使我们对放弃和获得难以把握，不是不及，便是过之，于是便产生了徘徊、彷徨、烦恼和悲伤。《西游记》中诗云："争名夺利几时休，早起晚睡不自由，骑着骡驴思骏马，官居宰相望王侯。"《醒世歌》云："金也空，银也空，死后何曾在手中。"因此，与其贪欲过盛，不如毅然放弃！适时放弃，定能感觉海阔天空，会有新的获得。如果做不到放弃，也许拥有的是沉重的包袱和无尽的烦恼。

有得必有失，有失必有得。有时得到了，以后怎样，是好是坏，还不知道哩。有的人想不通这层理儿，只要涉及个人利害得失之事，总要去争啊、斗啊，企图从争、斗中得到更多。这样一来，给自己带来莫名其妙的烦恼，难以言状的痛苦，排解不掉的忧愁。即使有时有所"得"，但失去的比得到的更多。

由于客观环境限制，人无论如何努力，总会有追求不到的东西。人若不能适时舍弃对外物的妄求，精神上可能受打击、遭痛苦，甚至可能走入歧途而丧失已经拥有的。老子的"知足不辱，知止不殆"，"功成身退，天之道"，正是从这个角度在警醒世人。

人的一生有时会遇到一些"乱花渐欲迷人眼"的多选题,这时要学会放弃。对于所拥有的,要珍惜,要知足;对于那些不该得到的东西,尽管得到了,但不意味着圆满,因而切勿不择手段,一味奢求;对于失去的东西,不只意味着缺憾,因而不必耿耿于怀、着急心痛,老是放不下。

有个孩子伸手到一只装满糖果的瓶里,他用尽所能地抓了一把糖果,手收回时却被瓶口卡住了,伤心地哭了。这样老师告诉他:"只拿一半,让你的拳头小些,你的手就可以拿出来了。"

有时候抓住想要的东西不放,却什么也没得到。因此,要学会放弃。放弃,是对心灵的一种滋养,对心境的一种宽松,是一种睿智,一种豁达。有时放弃也会有成功的机会。有时不愿意放弃,"剪不断,理还乱",常常希望鱼和熊掌兼得,这样会导致患得患失。

从容舍弃,不是懦夫的专利,也不是一种耻辱,而是一种智慧、一种勇气、一种明智的选择,为的是更好地获得。因此,放弃不意味着全盘皆输,放弃同选择一样。"三十六计"中的"走为上"计,列宁的"退一步,进两步"以及日常的俗话"退一步海阔天空",都说明放弃并不意味着失败。不是遁世无为。该放弃时不放弃,就会转化为固执、冥顽不化,因而不值得提倡。

人生就是一个不断获得又不断失去的过程。可当人们失去名望、地位时,就像艺人失去舞台,将军失掉战场,一时难以适应,而产生失落感或绝望感。

心理专家分析,一个人若是能在适当的时间选择做短暂的隐退(不论是自愿还是被迫),莫不是一个转机——能让你留出时间观察和思考,储备新的能量,重新上发条,平衡日后的生活。

歌德在年轻时立下志向,将来成为一名世界闻名的画家,并付出 10 年的艰辛去提高画技,却收效甚微。他毅然决定放弃绘画,改攻文学,最后他成了一位世界闻名的文学家。

我们应当辩证地看待得失,明白有失必有得,不要害怕失去,失去是另一种得到。在忍受一时之失中,走向更多的"得到"!

二、廉洁从政

云南省交通厅原副厅长胡星,在 1995 年至 2004 年担任昆明市政府城市规划办主任、昆明市建委主任以及主管昆明市城建工作副市长等职务期间，利用职务之便，在经济建设中大搞钱权交易，共非法收受他人贿赂的人民币、港币及房屋价值共计 4029 万余元。胡星在开发昆明国道东连线建设项目中，一次性收受有关人员贿赂人民币 2200 万元、港币 1000 万元而创下中国贪官单次受贿最高金额的纪录，被称为中国"城建巨贪"。云南省昆明市中级人民法院以受贿罪判处胡星无期徒刑，剥夺政治权利终身，并处没收个人全部财产。

全国交通系统屡出"硕鼠"和"前腐后继"现象，实在令人警醒和不可思议。从 1996 年至 2007 年，全国已有 30 多位交通厅（局）级贪官先后落马。从四川省交通厅厅长刘中山（因犯贪污罪被依法判处死缓）、贵州省交通厅厅长卢万里（因犯受贿罪被依法判处死刑）开始，先后有广东、广西、湖南、江苏、安徽等多省交通厅长纷纷"落马"。河南省更是创下了三任交通厅厅长曾锦城（因犯受贿、挪用公款罪被依法判处有期徒刑 15 年）、张昆桐（因犯受贿罪、挪用公款罪被依法判处无期徒刑）、石发亮（因犯受贿罪被依法判处无期徒刑）"前腐后继"连续"落马"的犯罪记录。有人说，交通系统是个污秽的"大染缸"，领导干部如果不严于律己，廉洁从政，就必然会掉进了"大染缸"里不能自拔。

在改革开放和社会主义市场经济快速发展的条件下，市场竞争十分激烈，社会上的一些"大款"、商人及不法分子，利用金钱、美女等具有诱惑力的"糖衣炮弹"，向掌握着对国家人力、财力和物力资源的控制权、决策权和支配权的领导干部进攻。一方面，在金钱的诱惑面前，一些领导干部恣意妄为，把手中的公权力异化，搞权力出租，进行权钱交易，疯狂敛财。另一方面，一些"大款"、商人及不法分子，通过权钱或权色交易后，获取了领导干部手中的审批权力，拿到行政许可的工程建设、土地出让、产权交易、医药购销、政府采购、资源开发和经销等项目，以获得更大的利润回报。在金钱的诱惑面前，也有的通过买官卖官，批发"官帽"，进行权钱交易，收受贿赂；有的通过权色交易，让情人、"二奶"通过"合法"渠道，赚取高额回报。有的逢年过节送礼、送"红包"，也是权力异化的产物。但是，历览古今，贪官以身试法都没有好下场。贪得越多，罪行就越严重，命就越不值钱。贪污腐化者，轻则身陷囹圄，重则失去生命，而且将永远被钉在历史的耻辱柱上。绝大多数贪官"落马"后都警醒悔悟，深感后悔莫及。河南省人大常委会原副主任王有杰在 1994 年至 2005 年期间，利用职务之便，为他人在职务提拔、工作调动、承揽工程、收购国有资产、征用土地、工程开发等方面谋取利益，非法收受财物共计折合人民币634万余元，构成了受贿罪，另有折合人民币890万余元的财产不能说明合法来源，构成巨额财产来源不明罪，被依法判处死缓。东窗事发后，王有杰在法庭陈述时声泪俱下地说："对不起党和人民的培养和信任。"还称，愿意将自己作为腐败典型警示他人。他的妻子因牵涉违纪被开除党籍后悔不当初地对王有杰说："想想我们真傻，收那么多钱干什么？担惊受怕不说，最后还把自己折腾进了监狱。"王有杰沉默半晌，最后又说了："蠢啊！"

从政为官者不廉洁奉公，甚至以权谋私、疯狂敛财，究其原因，既有内因，也有外因。从内因来说，有几种心理动机支配着他们以权谋私、疯狂敛财。一是"心安理得"的心理。他们认为"我为你办事，你给我答谢或给我好处都在情理之中"。在这种思想的支配下，不给好处不办事，给了好处乱办事，对此还感到"心安理得"。二是"盛情难却"的心理。权钱交易往往从"讲人情"开始，给你送钱的人都会说些好听的话，他们把行贿说成是"人之常情""通用规则"；把拒贿说成是"不近人情""瞧不起人"，而感到情面难却，不收既害怕伤了对方感情，也影响各方面的人际关系。三是侥幸心理。贪官们一般都存在严重的侥幸和"自我保护"、投机取巧的心理。他们认为权钱交易，单线联系，只有"天知地知、你知我知"；有的认为"我虽然做了这个事，但'一比一'、'吃得稳'，你拿我没办法"。四是贪欲心理。有些贪官私欲、权欲和钱欲膨胀，认为"'人不为己，天诛地灭'，'靠山吃山，靠水吃水'，'有权不用，过期作废'，'饿死胆小的，撑死胆大的''。五是仿效心理。他们认为别人掌权大捞一把，自己有权不捞白吃亏，别人搞我也搞，"法不责众"，"大气候不变，小气候难改，谁先廉政谁吃亏。"从外因来看，既有历史原因，也有社会原因；既有经济上的原因，又有体制机制上的原因。在一些地方，由于我们在逐步建立和完善教育、制度、监督并重的惩治和预防腐败体系方面还没有真正落实到位，就有可能为领导干部以权谋私提供了客观上的可能性。一方面，在改革过程中，政治体制改革相对经济体制改革滞后，致使出现了某些"不适应"和管理上、体制上的缺陷，从而为权力异化和权力出租提供了可乘之机；另一方面，对权力行使缺乏有效的监督制约，致使权力失控。同时，违纪违法潜伏周期长，导致腐败成本降低，助长了腐败者的侥幸心理。特别是在"上梁不正下梁歪"的影响下，如果一个地区的主要领导干部出现了"前腐后继"，就会导致大面积腐败，拔出萝卜带出泥，毁掉了一批干部。

要廉洁从政,必须树立正确的金钱观。金钱作为货币的符号,是商品等价交换的产物。如何对待钱财？古人云:“取之有度,用之有节,则常乐。”虽然钱多是件好事,但君子爱财,必须取之有道,求之有度,得之有序。取之有道,这个“道”就是要合法,要通过合法的渠道和手段取得钱财,而不能通过非法渠道和手段来取得钱财;求之有度,这个“度”就是要克制,即个人对金钱的追求要有一定的限度,不能同社会上那些最有钱的人攀比,不要毫无节制地把对金钱的正当需求演化成一种贪欲;得之有序,这个“序”就是先利民,后利己。就是让群众先富起来,“先天下之忧而忧,后天下之乐而乐”。要懂得,金钱本身不是罪恶,罪恶的是对金钱贪婪的追求。马克思曾经一针见血地指出:“金子!黄黄的、发光的、宝贵的金子!只这一点点儿,就可以使黑的变成白的,丑的变成美的,卑贱变成尊贵,老年变成少年,懦夫变成勇士。”法国哲人雷洛夫曾经说过:“钱是一种可怕的东西,当你用不正当手段去占用它的时候,结果你什么都失掉了。”《红楼梦》第一回的“好了歌”里有一句说:“世人都晓神仙好,只有金银忘不了!终朝只恨聚无多,及到多时眼闭了。”钱财是身外之物,生不带来,死不带去,不值得我们去刻意追求。“三年清知府,十万雪花银。”升官发财是中国几千年封建社会遗留下来的腐朽观念。党政领导干部是人民的公仆,是为人民服务的。这是党的性质和党的宗旨所决定的。对于党政领导干部来说,从政与发财是两条道路上的车,不能并行,不能兼得。因此,想当官就别想发财,想发财就不要去当官。其实,现在的党政领导干部的生活待遇相当好了,薪水比较高,住的是好房子,坐的是公务车子,物质生活上几乎什么都不缺,应该知足常乐。况且,薪水如泉水,虽然不富有,但终身享用;“肥水”如洪水,虽然滚滚而来,但睡不安宁,整天担惊受怕被“溺水身亡”。那些贪官要那么多钱用来干什么?!即使你是千万富翁,吃的有山珍海味,只不过日用三餐;住的是豪华别墅,只不过是一张床。慈禧天天满汉全席,真所谓官场一顿饭,百姓三年薪。可她的结局又是如何的下场呢？企业家搞“资本积累”是为了扩大再生产,再创造财富。企业家赚钱取之有道,成为百万富翁,既为社会创造财富,又为国家纳税,其名望很好。贪官以权谋私,疯狂敛财,“资本积累”几百万元、几千万元。这些不义之财自己用不上,不仅只是个“符号”,而且是自己的犯罪证据,迟早会东窗事发,咎由自取。正如西方哲人所说的:“贪婪是一个祸水般的坏女人,他与侥幸结合生下犯罪的儿子后便飘然而去。”“贪”得过“分”必致“贫”,“婪”得过“火”必自“焚”!要懂得,金银财宝只不过是过眼云烟，而冷冰冰的手铐、阴森森的监牢、孤单单的牢狱之苦，以及身后骂声滚滚的臭名，才是真正刻骨铭心的。正如北京市交通局原副局长、北京市首都公路发展有限责任公司原董事长兼党委书记毕玉玺（因犯受贿罪被依法判处死缓）接受纪检监察机关调查时所陈述的："收取巨额财产，这完全是利欲熏心赌徒的心理，这时候什么党纪国法全忘了，极端的占有欲心理太强了，最后结果就是人玩钱、钱玩人，自己彻底地全部地被金钱毁掉了。"这就是贪官们之所以贪婪无度的明证：人心不足蛇吞象，今朝有酒今朝醉；自甘在腐败中醉死梦生，直到被抓被关后悔已迟。其教训是惨痛的。因此，贪廉一念间，清浊两重天；早知不归路，切莫生贪念；行事廉为首，执政民为先；常思爱民心，"公仆"记心间；立身有正气，腐败亦自远。

要廉洁从政，必须秉公用权、两袖清风。古人云："尽公者，政之本也；树私者，乱之源也。"胡锦涛总书记在十一届全国人大一次会议上发表讲话，勉励新一届国家机构工作人员时说："要始终保持不骄不躁、艰苦奋斗的作风，自觉树立社会主义荣辱观，正确使用手中的权力，诚心诚意接受人民监督，严于律己、廉洁奉公，兢兢业业、干干净净为国家和人民工作。"从政为官者作为国家事务和社会事务的决策者、管理者，拥有人民赋予的公共权力，掌握和控制着大量的公共资源，支配着行政许可项目，必须清醒地意识到，自己手中的权力是人民赋予的，人民是权力的所有者。对党政领导干部而言，职务意味着服务，权力意味着奉献，本应牢记全心全意为人民服务的根本宗旨，恪尽职守，勤勉尽责，秉公用权，廉洁自律，切不可利用手中的权力吃拿卡要，更不能以权谋私、疯狂敛财，要真正做到两袖清风当公仆，干干净净为人民。我们党的许多老前辈，都比较严于律己，廉洁从政，并率先垂范，为我们树立了"官德之镜"。1976 年 1 月 8 日，周恩来总理去世以后，和邓颖超两个人总共积蓄才有 5100 元。他一生为国操劳，为党分忧，殚精竭虑，廉洁奉公，鞠躬尽瘁，死而后已，把共产党人的崇高精神和人格，完美地展现在世人面前，矗立起一座铭刻着中国共产党人光辉形象和浩然正气的丰碑。"母亲水窖"是一项集中供水工程，由中国妇女发展基金会 2001 年开始实施的慈善项目，重点帮助西部地区老百姓特别是妇女摆脱因严重缺水带来的贫困和落后。李鹏同志捐出 30 万元稿费用于"母亲水窖"建设，解决了 7000 多人生活生产用水问题，令百姓感动。李瑞环同志 10 年间先后拿出个人资产 53.3 万元，以"一位老共产党员"的名义，资助了 148 名贫困大学生。他还捐出一笔稿费,委托天津市教委今后3年内每年再资助100名贫困大学生。李瑞环同志已立下遗嘱,他逝世后遗产将统统兑现资助天津贫困学生。他们诚恳地把个人合法财富“反哺”社会、扶贫济困,无疑为领导干部树立了明亮的官德风范。陈云同志一生从不收礼,不管礼物多轻,“来者必拒”。作为党和国家领导人,陈云同志外出视察和调查研究的次数很多,下级部门的干部前来汇报工作的情况也很多。对此,他都有应对的“规矩”。陈云同志强调:“没事别来,有事说事。如果电话中把事情办了,就别跑腿了。”他外出的“规矩”是“不接不送”,轻装简从,形式上的东西一概免掉,更不许搞迎来送往或者吃喝宴请。有一次,陈云同志在某市的公务刚结束,正准备乘火车返回北京。一位干部看到陈云同志又是忙着谈话,又是深入基层了解情况,很辛苦。为表达敬意,这位干部给他带来两只老母鸡和一些蔬菜。陈云同志得知后果断地说:“不能开这个先例。有第一次,就会有第二次,以后就阻止不住了,还是请他们把东西带回去。要和他们说,他们的心意我领了,但东西我不能收。”20世纪50年代,彭德怀同志去东南沿海地区检查工作。临走时,当地一位负责人给他的参谋送了一坛土特产。他得知后严厉批评道:“这种作风要不得,如果不制止,它就会像瘟疫一样泛滥成灾。我们的党也会被腐烂的……”作为党和国家的领导人,他们对自己廉洁自律的要求这么严格,令人感动也令人敬佩。俗话说,贪污是根针,刺痛百姓心;廉洁是盏灯,照亮万家人。因此,党政领导干部要以他们为榜样,严于律己,廉洁从政,一身正气,两袖清风,清清白白做人,干干净净办事,做人民满意的公务员。

要廉洁从政,必须增强纪律观念。“无以规矩,不成方圆。”古人云:“行有律则正,为无规则乱。”“以公平为规矩,以仁义为准绳。”党章规定:“党组织必须严格执行和维护党的纪律,共产党员必须自觉接受党的纪律的约束。”这里面有两层意思,一方面,作为党员干部必须增强纪律观念,必须自觉接受党的纪律约束,自觉遵守党的纪律。另一方面,党组织必须严格执行和维护党的纪律,在党的纪律面前,党员干部人人平等,谁违反纪律,谁就受到纪律的惩处。无数事实证明,畏惧法纪者最自由。我们所说的“畏”,不是惧怕、怯懦,也不是畏首畏尾、缩手缩脚,而是一种敬畏。敬畏,就是敬重又畏惧。它是一种庄严感和神圣感,是头脑清醒、态度端正的一种体现。对党纪国法心存敬畏,就是要充分尊重国家法律和党的纪律的权威与尊严。因为法纪具有强制性、权威性和不可亵渎性。古人云:“畏则不敢肆而德以成,无畏则从其所欲而及于祸。”也就是说,一个人如果失去敬

畏之心，为人处世就可能变得狂妄自大、肆无忌惮，甚至贪得无厌、无法无天，最终吞下自酿的苦果。大凡守法度者，为人处世必然讲求规矩方圆，不做违反法度的事，在纪律这个"矩"之内，可以"从心所欲"，也就用不着提心吊胆，更用不着东窗事发坐大牢，自然也就活得自由自在，睡觉也踏实，可谓"平时不做亏心事，半夜不怕鬼敲门"。那些违法犯罪的人，虽然有可能在短的时间里活得自在，但终究逃脱不了被法律严惩，导致身陷囹圄，悔不当初。邓小平同志有一段精彩论述："共产党员谨小慎微不好，胆子太大了也不好。一怕党，二怕群众，三怕民主党派，总是好一些。"官有所畏，业有所成。对领导干部而言，"怕"是一种政治上成熟的表现，是对权力的一种清醒把握，是一种党性修养，是一种严格自律。一个人什么事都可以做，就是不能违法犯罪；什么都可以失去，就是不能失去自由。人不可太放荡，不可太自私，不可不自律。人，可以没有权力，也可以没有金钱，但千万不能没有自由，失去自由是人生最大的痛苦。人生在世，"生命诚可贵，自由价更高，若为终生计，莫向泥坑抛"。从许多贪官"落马"的人生轨迹来看，他们违法犯罪的其中一个主要原因是纪律法律意识淡薄，心存侥幸，铤而走险，以权谋私，疯狂敛财，最终受到法律的严惩，成为人民的罪人。正如湖南省水利厅原副厅长刘其业违法犯罪被判刑后忏悔的："如今，当我知道失去自由的痛苦之后，这才真切地感受到'畏法度者常乐'这句话的深刻内涵。党纪国法是人生路上的'红绿灯'，是原则问题的'高压线'，闯不得，碰不得，藐视法纪必然被法纪'锁定'，践踏法纪终将落入法网。"因为，有法可依，有法必依，执法必严，违法必究，"法网恢恢，疏而不漏"，"要想人不知，除非己莫为"，"手莫伸，伸手必被捉"，"善恶到头终有报，古往今来放过谁"。因此，领导干部要在党纪国法防线面前，严格执行廉洁从政的各项规定，养成遵纪守法、清正廉洁的好习惯，处处防微杜渐，时时警钟长鸣，始终要明晰法律与纪律的"高压线"，明晰公与私的"警戒线"，真正做到"高压线"碰不得，"地雷场"踩不得，"擦边球"打不得。特别是在市场经济"乱花渐欲迷人眼"的社会背景下，诱惑多，陷阱深，防不胜防。领导干部要提高明辨是非的鉴别能力，决不能被消极腐朽的处世哲学支配，决不能为堂皇时髦的"思潮""理论"所迷惑，做正派的人，当廉洁的官，干务实的事，始终坚持依法办事、秉公用权、廉洁从政。

止輦受言
漢文帝

止辇受言[①]

【历史背景】

汉文帝是历史上为数不多的英明又平和的皇帝之一,对下属的进谏,都能够做到和善的听取,并且对其进行勉励,这样就使得当时的诸多大臣,哪怕是普通的民众,也都敢于向皇帝说出自己的真实想法。如我们提到的缇萦救父的故事当中的缇萦,对于一个普通少女的上书,汉文帝都能充分重视。在汉代那个男尊女卑的时代,能够做到像汉文帝一样行事的人,并不多。中国历史上经常提到的一句话就是"兼听则明,偏信则暗",可以说在这个方面,文帝的做法,是很值得我们后人学习的。历史上曾经有人指出,说汉文帝之所以会如此,与他的出身有关,因为他没有什么特别强大的势力,作为自己登上王位的"后台",所以行事和其他的皇帝,就大不相同了。这个分析,的确有一定的道理。但是在笔者看来,文帝之所以能够做到这样的虚心纳谏,是与他个人的品德,有极大的关系。古代帝王都讲究修德政,而帝王本人的品德就是他的德政的根本。汉文帝之所以能够做到虚心纳谏,并且择善而行,最重要的还在于文帝本人,有十分高尚的品德与操守。

【原文】

文帝每朝[②],郎[③]、从官[④]上书疏[⑤],未尝[⑥]不止辇受言。言不可用者,置[⑦]之;可用,采[⑧]之;未尝不称[⑨]善[⑩]。

【张居正解】

西汉史上记:文帝每出视朝,但有郎、从等官上书陈言者,虽正遇行路之时亦必驻了辇,听受其言。纵使所言没道理不可用,但置之不行而已,亦不加谴责;如其言有益于生民,有补于治道,则必亟加采择,次第行之。又每每称道其所言之善,盖不但采取之而已。尝闻人君之德,莫贵干听言。自秦禁偶语,天下以言为讳矣,是以底于灭亡而不悟也。观文帝之虚怀听纳如此,虽大舜之明目达聪、成汤之从谏弗咈,亦伺让焉!

【注释】

①本则故事出自《资治通鉴》。在这个故事里主要讲述了汉文帝虚心纳谏的事情。辇,一般的情况下指的是皇帝乘坐的车。

②文帝每朝:汉文帝每次早朝的时候。朝,在这里是动词用法,上朝的意思。

③郎:古代的官职名称,秦汉时负责宫廷禁卫的近侍官。

④从官:皇帝的侍从官员。

⑤书疏:古代的上书、奏疏一类的东西。

⑥未尝:没有不,双重否定用语。

⑦置:放在一旁。

⑧采:采纳。

⑨称:赞美,赞扬。

⑩善:形容词用法,形容好的方面。

【译文】

汉文帝每次去上早朝的时候,如果遇到有郎官、从官在途中上书言事的,他一定会命令把辇停下来,并且要亲自接受他的奏疏或当面听取意见。对于那些奏疏当中不能选用的,他也只是不采纳实行而已,但绝不会加以怪罪。如果遇到奏疏上的内容对国事有益、对黎民百姓有好处的,他就会虚心采纳、尽快地实施。不仅如此,他还经常赞赏这些奏疏当中的意见。

【评议】

古代帝王能在朝廷正式场合或公众场合听取谏议,往往被誉为“开明君主”。从大禹

"揭器求言",到汉文帝"止辇受言",实际上就是我们现在所说的走群众路线,即到群众中去,倾听人民的声音,集中百姓的智慧。人民是历史的创造者,是真正的英雄。透过这一典故可以知道,广大人民群众才是社会的能人,如何调动他们的积极性,调动他们的能动性,就要看领导者怎样去挖掘了。"为川者,决之使导;为民者,宣之使言。"汉文帝"止辇受言"的行为告诉人们,能不能深入基层,主动倾听人民的心声,最大限度地集中群众的智慧,是领导者能否正确决策的关键。古今同理,即下情畅通上达,才能有补于政事偏弊,因此古镜仍可鉴之。

【镜鉴】

一、大兴密切联系群众之风

(一)密切联系群众是我们党的传家宝

人民群众是我们党的力量源泉和胜利之本。一个执政党的执政基础是由多方面的因素构成的,最核心的是人民这个基础,只有人民认可和支持,党才能执政,也才能执好政。坚持密切联系群众,发挥人民群众的主体作用,尊重人民群众的首创精神,是由我们党的性质决定的,也是由我们党的根本宗旨决定的。群众是真正的英雄。党和人民的事业能不能顺利发展,关键在于我们党能不能始终保持同人民群众的血肉联系,能不能充分调动人民群众的积极性、主动性、创造性。回顾过去,我们党在革命、建设、改革各个历史时期的成就,都是通过团结带领人民共同奋斗取得的。面向未来,我们党要实现全面建设小康社会和社会主义现代化的宏伟目标,同样必须紧紧依靠人民,以党同人民更加紧密的团结战胜前进道路上的一切艰难险阻,不断开创中国特色社会主义事业新局面。所以,能否坚持密切联系群众,关系党的执政地位的巩固、党的执政使命的完成,关系党和国家的长治久安。

我们党始终高度重视密切联系群众。毛泽东同志多次强调,共产党员要树立起全心全意为人民服务的思想,以人民群众的根本利益和实际需要作为党的群众工作的价值追求和价值取向。他告诫全党:"我们共产党人区别于其他任何政党的又一个显著的标志,就是和最广大的人民群众取得最密切的联系。全心全意地为人民服务，一刻也不脱离群众……”邓小平同志从事关党的生死存亡的高度指出了坚持走群众路线的极端重要性，重申广大人民群众的根本利益应该是我们党一切工作的出发点，提出以群众“满意不满意、赞成不赞成、答应不答应”作为我们工作的评价标准。江泽民同志强调，中国共产党要代表中国最广大人民的根本利益，领导干部手中的权力是人民赋予的，只能用来为人民谋利益，绝不能用来为个人或小团体捞好处。党的十六大以来，以胡锦涛同志为总书记的党中央强调要坚持权为民所用、情为民所系、利为民所谋，实现好、维护好、发展好最广大人民的根本利益，不断巩固党的阶级基础、扩大党的群众基础，使党始终得到人民群众的支持和拥护。

在改革开放和发展社会主义市场经济的条件下，密切联系群众的条件和情况发生了很大变化。一方面，与过去相比，今天我们拥有的经济实力和财力大大提高了，掌握的各方面资源大大增加了，可以运用的科技手段大大丰富了，这些理当使我们在把握群众所思、解决群众所忧、满足群众所盼上，有更大决心、更多智慧、更多方法。另一方面，我国进入了全面建设小康社会的关键时期和深化改革开放、加快转变经济发展方式的攻坚时期，在经济体制深刻变革中，处理好效率与公平的关系，充分激发各方面群众的积极性、主动性、创造性；在社会结构深刻变动中，适应社会发展的新情况新要求，树立以人为本、服务为先理念，寓管理于服务之中，努力实现管理与服务的有机统一，让群众感受到权益受到保障，心情更加舒畅；在利益格局深刻调整中，兼顾不同群体的利益诉求，妥善协调和处理不同方面群众的利益关切；在思想观念深刻变化中，寻找与群众沟通交流的共同语言，拉近与群众的思想感情距离。这些都需要在总结运用成功经验和有效做法的基础上加强创新，不断提高密切联系群众的能力和水平。

从世界上一些执政党兴衰成败的执政教训看，执政时间越长，越容易产生脱离群众的倾向。在革命战争年代，深入群众、联系群众、组织群众、发动群众，是党坚持的基本路线，脱离群众的可能性比较小。在成为执政党以后，党的工作重心从农村转入城市，大批党员干部走上领导岗位。随着形势发展变化和党员干部队伍不断新老更替，群众工作出现了不少新情况新问题，面临不少新挑战：有的党员干部群众观念淡薄，党的宗旨意识不强，不依靠、不相信群众，甚至脱离群众、脱离实际，违背群众意愿；有的党员干部群众立场不坚定,个人主义严重,一事当先只为自己考虑,不为群众考虑,对群众疾苦漠不关心,对群众呼声置若罔闻,对群众利益麻木不仁,甚至见利忘义、以权谋私,等等。这些问题的存在,影响了党群干群关系,一定程度上伤害了群众感情,不利于党和人民事业的发展,甚至削弱党的执政基础。

作为领导干部,在任何时候、任何情况下,都要想一想当初为什么要入党,为什么要当干部,在长期执政的条件下怎样实践党的宗旨。希腊神话有一则安泰和大地的故事:安泰是一个巨人,是大地女神盖亚和海神波塞冬的儿子。他力大无穷,只要和大地接触,就不可战胜,因为这样他就可以从母亲那里获得无限的力量。他的敌人赫拉克勒斯发现了这个秘密,和他交战时,就把他举到空中,扼死了他。这个故事告诫党员干部永远都不要脱离群众。我们要经常想一想究竟是站在人民立场上,还是站在个人、少数人立场上说话办事?代表的是最广大人民的根本利益,还是代表某一个人、某一部分人的利益?经常问一问对人民群众有没有真感情?有没有全心全意为人民谋利益?是不是在为人民掌权用权?这些问题想清楚搞明白了,我们才会更加自觉地坚持以人为本、执政为民,更加坚定地为人民谋利益。

(二)坚定站稳群众立场

群众立场是决定我们党的性质的根本政治问题,是密切联系群众的前提条件。没有站稳群众立场,犹如汪洋大海中的一叶孤舟,难免有覆舟的危险。“求木之长者,必固其根本。欲流之远者,必浚其泉源”。人民群众永远是党的智慧和力量的源泉。只有站稳了群众立场,我们才能有深厚的执政基础,党才能正确制定路线方针政策,党员干部才能站在最广大人民群众的利益上考虑问题,说话办事,增强贯彻执行群众路线的自觉性和坚定性。

站稳群众立场,必须做到权为民所用。首先要明确权力来自何处。1944 年,有个美国记者问毛泽东:“你们办事,是谁给的权力?”毛泽东回答:“人民给的。人民要解放,就把权力委托给能够代表他们,能够忠实为他们办事的人,这就是我们共产党人。”作为领导干部要永远牢记,权为民所有,权为民所赋。人民赋予我们权力,我们行使权力就必须始终坚持为人民服务、为人民谋利益。要牢固树立马克思主义的群众观点,自觉坚持党的群众路线，坚定地相信群众，紧紧地依靠群众，在各项工作中充分发挥人民群众的主体精神，正确把握同人民群众的关系，摆正同人民群众的位置，思想上尊重群众、感情上贴近群众、工作上依靠群众，从群众中汲取智慧和力量，始终与人民群众同呼吸、共命运、心连心。

站稳群众立场，必须做到情为民所系。丧失对人民群众的感情，就必然会丧失人民的立场。“忧民之忧者民亦忧其忧，乐民之乐者民亦乐其乐。”群众是我们的衣食父母，只有我们把群众放在心上，群众才会把我们放在心上；只有我们把群众当亲人，群众才会把我们当亲人。历史上，一些牵挂百姓、为民请命的清官廉吏为百姓所称颂、怀念。比如，“先天下之忧而忧，后天下之乐而乐”的范仲淹，“些小吾曹州县吏，一枝一叶总关情”的郑板桥，等等。今天，无数共产党人，用他们的实际行动，诠释着以人为本、执政为民的崇高理念。比如，“爱的崇高境界是爱人民”的孔繁森，“做官先做人、万事民为先”的郑培民，等等。党员干部在履行执政使命的过程中，要时刻把人民群众的冷暖、忧乐、安危挂在心头，急群众之所急，谋群众之所需，切实关心群众的疾苦，以甘为孺子牛的姿态服务人民，廉洁从政，艰苦奋斗，尽职尽责，鞠躬尽瘁，真心实意地帮助群众解决好生产生活中面临的困难。这样的领导干部，才能得到人民群众的真心爱戴和拥护。

站稳群众立场，必须做到利为民所谋。要从维护人民群众的根本利益出发，解决好人民群众最关心、最直接、最现实的利益问题，始终把人民利益放在第一位，把实现好、维护好、发展好最广大人民根本利益作为一切工作的出发点和落脚点，为群众谋利益，为群众办实事，为群众解难事。对涉及损害群众切身利益的问题，对群众反映强烈的突出问题，不论困难有多少，阻力有多大，都要一个一个地加以解决。要细心地体察人民群众的愿望和利益要求的变化，自觉地适应广大人民群众物质文化需要日益增长的要求，不断开拓为人民谋利造福的新思路和新境界，做到永不自满，永不懈怠，永不停顿；以艰苦扎实的作风真抓实干，努力使党的路线方针政策落到实处，给人民群众看得到、摸得着的实际利益。

先进示范

2004 年 2 月，沈浩被安徽省委组织部、省财政厅选派到小岗村担任村党委第一书记，一干就是 6 个年头，2009 年 11 月因劳累过度，倒在工作岗位上，年仅 46 岁。当时的小岗村地处偏远、交通不便,有人用“一朝越过温饱线,20 年没进富裕门”来形容,2003 年全村人均收入只有 2300 元,村集体还欠债几万元。6 年来,他带领群众修好了水泥路,办起了优质养殖示范区,引进和新建一批企业和项目,建起了大包干纪念馆发展旅游业,建立了敬老院,让困难群众都住进了 160 平方米的两层楼房,带领小岗村人描绘了社会主义新农村的蓝图。他床头贴着村民联系电话。大门从不上锁,谁都能推门而入。群众说:“村里的大事小情、百姓疾苦他都知道。”小岗村民舍不得他们的好书记,沈浩两次任期届满,为了留下他,小岗村人两次在请愿信后按下红通通的“红手印”。沈浩的努力换来了小岗村面貌的巨大改变。村民都说:沈浩在小岗村的 6 年,是小岗村发展最快的 6 年,是村民受益最大的 6 年,也是小岗村树立新形象的 6 年。2008 年,小岗村农民人均纯收入达 6600 元,是 2003 年的 2.87 倍,比全县农民人均纯收入高出 2000 多元。

(三)采取正确方式方法

正确的方式方法,是密切联系群众,做好群众工作的有效途径。当前,人民群众的生活条件、生产方式、思想观念发生了很大变化。群众的知识水平在不断提高,对物质、文化、精神的需求也在不断增加。要提高做好群众工作的能力和水平,就要研究并适应这种需求的变化,采取正确的方式方法,增强组织群众、宣传群众、教育群众、服务群众的本领,以极端负责的态度密切联系群众,这样才能赢得群众的信任,取得群众的理解和支持,为党和国家事业发展奠定坚实的群众基础。我们党在长期的发展实践中,创造和积累了许多开展群众工作的有效方式方法。联系新时期的工作实际,继承和发扬这些好的方法,要着重在服务、引导和创新上下功夫。

服务,是做好群众工作的根本。要深刻认识人民群众的历史地位和伟大作用,牢记共产党人的根本宗旨和历史使命,正确区分广大人民的根本利益、现阶段群众的共同利益、不同群体的特殊利益,引导群众摆正个人利益和集体利益、局部利益和整体利益、当前利益和长远利益的关系,认真解决群众反映强烈的突出问题,坚决纠正损害群众利益的行为,办好顺民意、解民忧、惠民生的实事。要不断适应群众工作的新特点新要求,带着感情、充满真情地做群众工作,拓宽反映社情民意的渠道,理顺群众的情绪,做好化解矛盾的工作。要探索改善党群、干群关系的途径,不断提高服务群众的能力和本领,以扎实有效的工作赢得人民群众的信任、支持和拥护。

引导,是做好群众工作的关键。新形势下,各种情况千变万化,各种价值需求多元化,各种矛盾错综复杂,群众在现实生活中会遇到许多困难和问题,思想上存在着大量迷茫、困惑和疑问,有些在心理上出现了诸多疑虑、忧虑、顾虑和焦虑,稍有不慎就有可能影响社会稳定,迫切需要党员干部帮助他们释疑解惑。领导干部要有耐心细致地做群众思想工作的热情和本领,切实摸清各类不同对象的思想"脉搏",准确把握和自觉针对其客观需要,有针对性地帮助其疏通思想、理顺情绪。做到群众需要了解掌握什么情况、知识和道理,我们就提供什么情况、知识和道理;群众需要搞清楚什么问题,我们就帮助其弄清什么问题。只有这样,才能使群众真正感到我们说的话"解渴"、管用,进而心悦诚服、乐于接受。

创新,是做好群众工作的动力。我们在工作中经常会遇到"老办法不管用、新办法不会用、软办法不顶用、硬办法不能用"等情况,这就需要我们不断探索、不断总结、不断创新群众工作的理念、方法和机制。在工作理念上,坚持创新发展,深入实际、深入基层、深入群众,发现新情况,研究新问题,探索新思路,切实把群众的安危冷暖放在心上,把群众的所思所想所盼变成我们工作的思路和举措。在工作方法上,坚持科学、民主、依法的原则,凡是涉及群众切身利益的事情,都要充分发扬民主、按照合法程序予以解决。要主动适应信息社会发展需要,善于利用网络等现代科技手段,统筹做好群众工作。在工作机制上,要围绕民意沟通、走访联系、宣传发动等重点内容,抓住教育培训、执法监督、绩效考评等重点环节,通过机制创新增强群众工作效果。

二、大兴批评和自我批评之风

(一)勇于开展批评和自我批评是对党员领导干部的党性要求

批评和自我批评是我们党在长期的革命实践中形成的优良作风。批评是指对别人的缺点和错误提出意见,自我批评是指政党或个人对自己的缺点或错误进行的自我剖析。批评和自我批评是解决党内矛盾、坚持真理、修正错误的基本方法,是在马克思主义

原则基础上巩固和加强党的团结,加强党内监督,保持党的肌体健康,使党充满生机和活力的有力武器。开展批评和自我批评,主要目的是为了巩固党的组织,提高党的战斗力。在革命、建设和改革的不同时期,我们党坚持开展批评和自我批评,不断揭露党内出现的各种错误倾向和不正之风,保持和发扬了优良的传统和作风,巩固和发展了党的团结和统一。特别是面临改革开放的新形势和长期执政的新考验,我们党对党员和党的各级组织提出了更高的要求,需要进一步弘扬批评和自我批评的优良作风,不断消除腐败病毒和不正之风对党的健康肌体的侵蚀,以保持党的先进性。

批评和自我批评是我们党区别于其他政党的显著标志之一。早在 1945 年,党的七大通过的党章就规定,党员有在党的会议上批评党的任何工作人员的权利。1956 年党的八大通过的党章进一步指出,鉴于党在国家和社会生活中的领导地位,党更加需要向党的一切组织和党员提出严格的要求,更加需要展开批评和自我批评,特别是鼓励和支持党内自下而上的批评,禁止压制党内批评的行为。2007 年党的十七大通过的党章在继承以往历次党章有关规定的基础上,明确提出党员有切实开展批评和自我批评,勇于揭露和纠正工作中的缺点、错误,坚决同消极腐败现象做斗争的义务,以及在党的会议上有根据地批评党的任何组织和任何党员的权利。党章是党的根本大法,这些规定一方面为党员开展批评和自我批评提供了依据和指南,另一方面向社会表明了党的胸襟和气度,表明了我们党是真正大公无私的党,具备历史上任何资产阶级政党所不具备的坚持真理、修正错误的可贵品质。

党史明鉴

1935 年 1 月 15 日至 17 日,中共中央政治局扩大会议在遵义召开。会上,周恩来同志做了关于第五次反“围剿”军事问题的副报告,他认真分析了第五次反“围剿”失败、离开中央革命根据地的原因,着重指出了主观因素上的错误,并就后勤机关与非战斗人员的臃肿庞大,给长征初期带来了极大负担的问题,对李德、博古进行了不点名的批评。周恩来对军事指挥上的错误进行了诚恳的自我批评。他主动承担了自己应负的责任,说自己在政治上和军事上都犯有错误,特别是在瑞金被围困的最后几个月中,他同意过以堡垒对堡垒的作战计划。周恩来坦然自若,语调平和,既不责怪其他人,也不为自己辩解,表现出一个彻底的唯物主义者的博大胸怀。他最后说:“我对这些错误负有责任,欢迎大家批评。”

开展批评和自我批评，是党员领导干部抵御各种不良风气侵蚀的重要武器。人的头脑如果被错误思想所侵蚀，就会迷失前进的方向；如果看不到自身存在的差距，盲目乐观，就会停滞不前。在社会主义市场经济体制建立健全过程中，一些地方和领导干部在党风廉政等方面出现问题，一个重要原因就是这些地方党内生活出现了庸俗化倾向，有些领导干部出现了错误苗头，党组织没有及时进行提醒、告诫和批评，结果问题不能及时得到纠正，反而愈演愈烈。因此，要经得起各种考验，克服各种不良风气的影响，必须运用批评和自我批评的武器。同时，要防止在原则性的问题上对人对己采取自由主义的态度，取消思想斗争，搞无原则的和平，其结果可能使党内腐朽庸俗的作风产生。通过批评和自我批评，一方面，使党员领导干部“吾日三省吾身”，将不健康的思想消灭于萌芽状态；另一方面，明确昭示什么是错误的，如果不及时纠正会产生什么样的不良后果，这有利于受到批评的同志改正缺点。正如胡锦涛同志强调指出的那样，批评和自我批评，是我们党开展党内生活、解决自身存在问题的一大法宝。只有拿起这个武器，才能荡涤灰尘，有效抵御各种不良风气对党员干部思想和党的肌体的侵蚀。

领导干部正确地开展批评和自我批评，是不断充实、完善、提高自己的重要途径，也是党性坚强的一个重要表现。我们党已在全国执政60多年。长期执政一方面意味着执政理念更加成熟，执政经验更加丰富。另一方面一些党员干部特别是领导干部容易产生官僚主义，容易滋生惰性，不思进取。如果对这些危险视而不见、麻木不仁，就会失去人民群众的信赖，影响党的执政地位巩固。如何克服这一危险，赢得人民群众的支持和拥护，关键是看党员领导干部能否正视自身的缺点和错误，并及时加以改正。大兴批评和自我批评之风，是解决这一关键问题的有效办法之一。各级领导干部一定要有大胆开展批评和自我批评的勇气，不断通过批评和自我批评改进思想作风、工作作风和生活作风，增强抵御风险的能力。

（二）反对和克服好人主义

大兴批评和自我批评之风，必须增强党内生活的政治性和原则性，坚决反对党内生活庸俗化。目前，我们有些党员领导干部从自身的利益出发，不敢、不愿意开展批评和自

我批评,是非面前不开口,遇到矛盾多回避,“你好我好大家好”。其主要表现为:有的名为开展批评和自我批评,实际上是搞表扬与自我表扬、吹捧与自我吹捧。有的以追求所谓的团结为借口,容忍错误,与歪风邪气和平共处,在原则问题上采取息事宁人的态度。对单位内部的矛盾和问题躲着走,绕着走,靠拖延时间来缓解矛盾。有的只愿意开展自我批评,而不愿意批评别人。信奉封建时代“明哲保身”“难得糊涂”的为官之道,奉行“多栽花、少栽刺,留下人情好办事”的处世哲学。有的以庸俗关系学来对待正常的党内生活,办事情、想问题重关系不重原则,要人情不要党性,认为“坚持原则意见多,好好先生选票多,吃吃喝喝朋友多,拉拉扯扯好处多”。上述现象的存在,直接影响党内正常政治生活,削弱了党组织的战斗力。这不仅使党的事业受到损害,也使个人在错误的泥潭中越陷越深,必须在实践中努力加以克服和改进。

反对和克服好人主义,教育是前提,制度是基础,领导是关键,纪律是保证。必须加强党性教育,引导党员干部树立科学的世界观、人生观、价值观,自觉加强党性锻炼,教育党员干部要有不讲情面、揭露矛盾的勇气,真正做到敢批评、敢揭短、敢较真,知无不言,言无不尽,宁可“得罪人”,吃“眼前亏”,绝不放弃原则,随波逐流。必须健全党内生活制度,把开展认真的而不是敷衍的批评和自我批评作为党内民主生活会重要内容,鼓励和支持大家讲真话、讲心里话。必须发挥领导干部的带头作用,要求领导干部率先发扬民主作风,认真开展批评和自我批评,虚心听取群众提出的批评意见,真正做到闻过则喜、从善如流;率先坚持党性原则,不怕得罪人,不怕丢选票,不当“和事老”,不搞无原则的迁就照顾;率先加强党性修养,严格自律,自觉接受组织和群众的监督,以自身的模范行为带动和影响他人,做好表率。必须严肃党规党纪,严格落实领导干部述职述廉、重大事项报告等制度,加强对领导干部执行政策法规情况的监督检查,发现问题及时查处纠正,使好人主义在党内失去生存的条件和土壤。

(三)正确对待各方面的批评意见

当前,导致批评难以正常开展的原因之一,是一些被批评者不能正确对待批评。有的同志只爱听吹捧自己的话,而认识不到批评者是对自己的关心、帮助和爱护。一听到批评,不是首先反省自己的缺点和错误,而是认为别人批评自己是与自己过不去,怀疑人家批评的动机不纯。有的人明知自己错了，但由于爱面子，就是不肯承认错误。还有的人认为自己什么都对、什么都好、一贯正确，听不进批评。更有甚者，个别人对批评者暗地里采取“打击报复”“穿小鞋”等错误做法。这些做法不仅挫伤了批评者的积极性，还会使我们工作中的一些失误和不足得不到及时纠正。

俗话说，“人非圣贤，孰能无过。”即便是圣贤，也难免犯错误。古人云：“君子之过也，如日月之食焉；过也，人皆见之；更也，人皆仰之。”也就是说，君子也会犯人所共睹的错误，重要的是君子能够改正错误，这是君子能受到尊敬的原因所在。毛泽东同志曾经深刻地指出：“房子是应该经常打扫的，不打扫就会积满了灰尘；脸是应该经常洗的，不洗也就会灰尘满面。我们同志的思想，我们党的工作，也会沾染灰尘的，也应该打扫和洗涤。”对于党员领导干部来说，批评是人生进步的一种动力，正确对待别人的批评，认识自己的缺点和错误，是自我修养和自我完善的重要途径。只有正确对待各方面的批评意见，才能不断克服自己的缺点，使自己在各方面都得到锻炼和提高，才能成为一个道德高尚、品质纯正的人，才能不断进步和成熟。对于党的工作而言，只有听得进不同意见，诚恳接受批评，才能不走或者少走弯路。

正确对待各方面的批评意见，要有海纳百川的胸怀。对待别人的批评，应该以宽容之心行包容之事。在我国历史上，唐太宗李世民善于纳谏，鼓励臣下批评自己，提出了“以铜为镜可以正衣冠，以史为镜可以知兴替，以人为镜可以明得失”的千古名句。宋代朱熹曾说：“日省其身，有则改之，无则加勉”，指的就是对待别人提出的意见，正确就虚心接受，加以改正，不正确也要引以为戒。毛泽东同志在抗日战争时期强调了这一点，他说：“实行‘知无不言，言无不尽’，‘言者无罪，闻者足戒’，‘有则改之，无则加勉’，这些中国人民的有益的格言，正是抵抗各种政治灰尘和政治微生物侵蚀我们同志的思想和我们党的肌体的唯一有效的方法。”党员干部只有本着“有则改之，无则加勉”的原则，让群众“知无不言，言无不尽”，才是正确的态度，才能使单位和个人少出问题，避免出大问题。这些重要观点和论述，即使在今天也具有十分重要的现实意义，领导干部一定要牢牢记取。

正确对待各方面的批评意见，要有“闻过则喜”的态度。俗话说：“良药苦口利于病，忠言逆耳利于行。”批评是关爱，体现了领导之爱、同志之爱；批评是交流，是交流工作、交流思想、交流情感；批评是动力，能使人正确认识错误，克服缺点，不断进步。陈毅同志曾说过："难得是诤友，当面敢批评。"这是很有道理的。一个人如果长期听不到上级的批评，就要反省自己的德才，就要问一问是否还有领导重视自己；一个人如果长期听不到同级的批评，就要反省自己的人缘，就要问一问是否还有朋友帮助自己；一个人如果长期听不到下级的批评，就要反省自己的性格，就要问一问是否还有部属真正拥护自己，愿与自己同心同德、荣辱与共。所以，党员干部对待批评要有正确的态度，正确的批评要接受，偏激的批评也要耐心听完、择善而从，这是一个人对待批评的最正确最有效的方法。

正确对待各方面的批评意见，要有"闻过则改"的勇气。受到批评，只勇于接受还不够，还要能坚决改正缺点错误，而不能"虚心接受，屡教不改"。有时候，反面教训比正面经验更能教育人，更有利于促进人们成长进步。因此，面对批评，我们要抛弃的是自己的缺点错误和思想包袱，要加以利用的是从压力转换来的动力。只有这样，才有利于切实改正自己的错误，不断改进自己的工作。

纳諫赐金
漢文帝
袁盎

纳谏赐金[①]

【历史背景】

当时,汉文帝十分宠爱一个女人——慎夫人。依封建制度而论,夫人只是帝王之妾,地位在皇后之下,不能与皇后同席而坐。但慎夫人自恃皇帝娇宠,在宫里常与皇后同起同坐。一次,汉文帝在上林苑设席游幸,慎夫人仍像往常一样越制,与皇后同席而坐。这时,袁盎根据宫中规定,请慎夫人撤坐。慎夫人听了很生气,汉文帝也十分恼怒。袁盎向前解释说:“臣闻尊卑有序,则上下和睦。现在既然已经立了皇后,夫人自然就是妾了,怎么可以同坐呢?”接着,袁盎又引述前代宫闱斗争的惨痛历史教训,语重心长地说:“陛下难道忘了‘人彘’的痛史吗?”所谓“人彘”痛史,是指当初汉高祖刘邦宠爱戚夫人,戚夫人与吕后争权,双方都想立自己的儿子为太子。刘邦死后,吕后大权独揽,将戚夫人砍去四肢,挖掉眼珠,熏聋耳朵,并强灌哑药,使她成了哑巴,并将她放在厕所里,称作“人彘”,还叫汉惠帝去观看。惠帝看后痛哭失声,从此病了一年多。汉文帝是刘邦之子,他当然知道“人彘”的痛史。现在袁盎旧事重提,等于向他敲了一下警钟。他听后深以为然,以为袁盎此举也是对慎夫人的爱护,便在慎夫人耳边小声说了几句话。慎夫人听后,不仅退居下位,还赏给袁盎黄金五十斤。这件事表面上看来是慎夫人所为,实际是汉文帝虚心纳谏的品质起了决定作用。

根据相关的历史材料记载,汉文帝时期,曾经专门下令在天下召举贤良方正、直言极谏之士,也就是从全国来选拔那些品德优秀,对政治得失能够直言相谏的人。因为文帝以为,君主的责任就是要治理好自己的国家,使自己的百姓过上安居乐业的生活,天下的兴乱都与皇帝个人有关,皇帝如果不能治理好自己的百姓和国家,那是身为皇帝的最大的过失,所以下达命令选举贤良方正、能直言极谏的人,来指正皇帝的过失。这也是汉朝的一种用人制度,这个制度到汉武帝时发展完备,成为汉代汉的选官制度。

【原文】

汉史纪：文帝从霸陵[2]上欲西驰下峻阪，中郎将[3]袁盎[4]骑并车，揽辔。上曰："将军怯耶？"盎曰："臣闻圣主不乘危，不侥幸。今陛下骋六飞[5]驰下峻阪，有如马惊车败，陛下纵自轻，奈高庙[6]、太后[7]何？"上乃止。又从幸上林，奏却慎夫人坐。上说，赐盎金五十斤。

【张居正解】

西汉史上记：文帝到霸陵上面，过西边，欲驰车下高峻的坡阪，有随驾的中郎将，姓袁名盎，骑着马傍车而行，急忙挽住了车辔，不肯驰骤。文帝说："将军莫非胆气怯耶？何乃惧怕如此？"袁盎说："臣闻明圣之主，不肯乘垂危之地，凡有举动，必要万全，不图侥幸而免，知此身所系甚重也。今陛下驾六马之车，驰骋而下峻阪，就是无事，亦乘危幸免耳。倘或一时马惊车败，卒有不测之变，悔将何及？陛下纵然自轻其身，其如高祖之付托、太后之属望何？"帝听其言，停车不下。后袁盎又随文帝往上林，帝有个宠爱的慎夫人，与皇后同席而坐，袁盎以为非礼，奏使慎夫人退却。文帝喜其屡进忠言，赐他金五十斤。夫人臣进谏，只要其君免于危险，无有过失，非图赏也。今文帝既听其言，又加重赏如此，盖深知其言之有益，且欲以劝他人之直言耳。从善之意，何其切哉！

【注释】

①本篇出自《史记·袁盎晁错列传》。记述汉文帝虚心纳谏并重赏谏臣的故事。

②霸陵：秦时本芷阳县，汉文帝九年(前171)于此筑霸陵，并改县名。在今陕西西安市东北。汉文帝葬于此。

③中郎将：武官名。负责宫廷宿卫及皇帝出行随侍护卫，属郎中令。

④袁盎：西汉大臣。字丝，楚人。

⑤六飞：这里指六匹快跑的马。

⑥高庙：汉高帝庙。

⑦太后：指其母薄太后。

【译文】

汉史载:汉文帝从霸陵上想向西飞驰下陡峻的斜坡,中郎将袁盎随行在车旁,他抓住了马缰绳。汉文帝问:"将军胆怯了吗?"袁盎回答说:"我听说圣明的君主是不会置身险境的,不会心存侥幸。现在陛下想纵马奔驰跑下陡峻的斜坡,一旦马受惊,后果不堪设想。陛下自己轻身,又怎么对得起列祖列宗及太后?"汉文帝于是停止了自己的鲁莽行为。后来袁盎又随从汉文帝巡幸上林苑,上奏书使慎夫人退却,不再与皇后同席而坐。汉文帝认为他做得对,很高兴,赏赐给他黄金五十斤。

【评议】

古代的时候,帝王就是天下的主人,正所谓"普天之下,莫非王土"。皇帝就是天下一切的主宰,所以皇帝如果能够虚心听取别人的意见,并及时改正自己的不足,就已经是很难能可贵的了。在这个故事当中,汉文帝不但虚心接受了大臣袁盎的进谏,而且还赏赐他。在这里,我们能感受到汉文帝"从谏如流"的品质。正是因为汉文帝知人善用,虚心纳谏,重用了贾谊、晁错、张释之、周亚夫等人才,才开创了我国历史上文景盛世的繁荣局面。作为一个君王,如果只是一意孤行,按照自己的意图去行事,对别人给予自己的意见充耳不闻,就会最终走上失败的道路。只有做到广泛地听取大家的意见,才能够修明政治,让自己的统治长久不衰,这个道理是古今一致的,但作为统治者却极少有人能够真正做得到。

【镜鉴】

一、四两也能拨千斤

——善用智囊

历代有作为的统治者,大都注意招纳谋臣,礼贤下士。以奇谋妙计名传后世的较早有伊尹、姜子牙、管仲、张良、诸葛亮等，被认为是聪明和智慧的象征。

四两秤砣拨千斤，本是武术术语，比如太极拳和太极剑，借招破招，绵中带硬，自己用力很小，而使对方损伤极大。

在历史长河中，有一些英雄豪杰，因一时目光短浅，眼界狭隘，致使前功尽弃，饮恨苍天。项羽百战一败势难回，十年空负拔山名，因战略失误，“范曾一去无谋主”，招致失败，死前尚未觉悟，认为“天之亡我”。陈胜、吴广、张角、黄巢、李自成等农民起义军领袖，东征西讨，南征北战，终因未能建立稳固的根据地等失误，以失败告终。

《诗经》中有一首寓言诗说：“迨天之未阴雨，彻彼桑土，绸缪牖户。今女下民，或敢侮予！”——趁着老天没下雨，剥下桑树根的皮，修补旧窗户，看他巢下人，谁敢欺侮我！这首诗为历代名君贤臣所推崇。明代的朱柏庐在《治家格言》中说：“宜未雨而绸缪，毋临渴而掘井。”“临渴掘井”是不能稳操胜券的。

“临渊羡鱼，不如退而结网”，借用别人的智慧，可以弥补自己智慧的不足。历代有作为的统治者，大都注意招纳谋臣，礼贤下士。以奇谋妙计名传后世的较早有伊尹、姜子牙、管仲、张良、诸葛亮等，被认为是聪明和智慧的象征。

伊尹的“用间、伐交、伐谋”，辅佐商汤推翻夏王朝。管仲的“尊王攘夷”，使齐桓公“九合诸侯，一匡天下”。“与民休养生息”的“萧规曹随”，使汉初战乱迈向文景之治。“房谋杜断”，佐成“贞观之治”。诸葛亮权谋妙计造就的勋绩，比许多武艺绝伦的战将还要辉煌。

殷商统治中原600余年，要推翻商之统治，并非易事。周文王胸怀宏图大志，却偏居西岐，如果没有能够治国安邦的相才，是不可能与纣王抗衡的。

“直钩垂钓”姜子牙，古今名气特别大，是一位有高超韬略的大谋略家。《史记·齐世家》记述：“天下三分，其二归周，太公之谋居多。”姜子牙文武兼备，长于用兵，工于奇计。因此，后世的兵家和谋略家，皆尊他为祖师。

公元前1057年仲冬，文王薨，武王即位，尊子牙为相父，周公旦为辅，励精图治。九年后，武王东渡黄河，与天下八百路诸侯不期而会，同至孟津。诸侯乃推举武王为反商盟主，齐声道：“纣王无道，残害忠良。请大王顺天应人，拯万民于水火。”武王谦让道：“纣虽无道，俱奸臣蔽惑也。倘能改之，则天下自平矣。”诸侯道：“大王切莫推辞，以灰诸侯之心。”武王道：“汝等未知天命。”乃还师归。显然，武王认为伐纣时机尚不成熟，孟津会师不过是想试探一下自己对诸侯的号召力。

又过了两年，商朝统治集团的核心发生分裂，比干被杀，其子被囚，微子出逃，众叛亲离。国人见纣王不可救药，均侧目而视，缄口不言。

看到灭商时机业已成熟，周武王赶忙询问姜子牙：“殷大臣或死或逃，纣王是否可伐？”姜子牙已知兼得天时、地利、人和，毅然答道：“伐纣顺天意，得民心，现在正是时候！”于是武王遍告诸侯：“殷有重罪，不可以不伐。”

公元前1046年，武王统兵车三百乘，虎贲三千，甲士四万五千，向东突袭。周军行至中途，屡遇狂风暴雨、雷电交加的天气，甚至拔树摧屋，折旗毁乘。姜子牙见全军恐慌，便把这肃杀之征巧释为对殷商的天怒之象，借助虚无缥缈的天地鬼神，来安定军心，理直气壮地打出吊民伐罪的旗号。各地诸侯纷纷前来会师，从孟津渡黄河北上，直指朝歌。商兵虽多，皆无斗志，纷纷倒戈，纣王败亡。

《谋略论》载韬光养晦之术，早在《六韬》中就有精辟阐述。如《六韬·武韬·文伐》中写道：文王问太公曰：文伐之法奈何？太公曰：凡文伐有十二节。一曰就敌军所喜好之事，顺其意志加以逢迎，使彼益生骄狂之心，任作奸邪之事。二曰亲近敌君所宠信之人，使其二心，代我进言，借以消除对我之敌意，庭无忠臣，社稷必危。三曰阴贿敌君左右之近臣，使彼身处于内而情系于外。四曰辅以淫靡之乐，厚贿珠玉，娱以美女，卑辞委听，以广其好大喜功之心。五曰对敌国忠臣，则制造其完成使命的障碍，使其国君不予信任。六曰以收买离间的办法，使其才臣外奔，国中无坚。七曰阴许以利，惑敌君侧，令之玩忽职守，紊乱朝纲。八曰倾国宝而结敌重臣，使之与我同谋，为我所用。九曰尊之以崇高之名，饰之以圣人之德，表示竭诚归心。十曰兢兢业业，卑下事之，建立一种若同兄弟般的情谊，借以窥探内情，伺机而发。十一曰障塞敌君耳目视听，断离敌君股肱爪牙，使之无法控驭形势。十二曰养孽佞之臣以迷其心智，进美女淫声以夺其意志，馈犬马珍玩以疲其形骸，让敌人自我销蚀。

三国鼎立，逐鹿中原，各路英雄豪杰各领风骚，演绎出许多令人难忘的旷世之歌。公元234年，诸葛亮领兵34万，远离后方，长途跋涉，分五路伐魏，六出祁山。司马懿领兵40万屯渭水之滨迎战。他坚决贯彻曹睿“坚壁固守，勿与交锋”的作战方针，用“拖”的谋略对付诸葛亮。

诸葛亮六出祁山，一次只能带一个多月的粮草，因此采用诱敌出战、调虎离山、速战速决的谋略。其措施之一是分兵屯田，与当地老百姓结合就地生产粮食，摆出一副打持久战的架势。这就等于宣示司马懿：你不急，我也不急；若是我不急，看你还急不急。

司马懿在《三国演义》里是诸葛亮的真正对手，后来成为西晋王朝的实际创立者。就历史本身而言，司马懿"受遗二主，佐命三朝"，堪称大谋略家。从汉末乱世中谨慎出山，被动防范曹操的疑忌到高平陵政变诛杀曹，实际执事曹魏政权。司马懿从来都不是激进之徒，善于从全局的高度、长远的眼光考虑问题，而且他要对付敌手和潜在的敌手更多些，处境最难，行事乖巧，善于权变。一言以蔽之：精于计谋，深藏不露，善处左右，以柔克刚，以守为攻。他承认"孔明智在吾先"，是一个不怕承认失败的对手。难怪诸葛亮叹息："彼深知我也！"

诸葛亮的另一个措施，是令工匠在上方谷造木牛流马，运送粮草，抵祁山大寨。诸葛亮看出了司马懿急于破坏蜀军屯田、运粮、屯粮计划的心情，于是在营外周围的山上虚搭窝铺草营造成蜀兵分散结营，与百姓共同屯田屯粮，而大营空虚的假象，引诱魏军前来劫营；在上方谷内两边的山坡上虚置许多屯粮草屋，内设伏兵，同时让军士驱动木牛流马，伪装往来谷口运粮。而诸葛亮自己则离开大营，引一支军马在上方谷附近安营，以引诱司马懿亲领精兵来上方谷烧粮。

司马懿烧粮心切，却极为谨慎小心，深恐中了诸葛亮调虎离山计。于是便也使了个声东击西、调虎离山计来应战，却未能跳出"如来佛的手心"。

诸葛亮另派一支精兵去夺了渭水南岸的魏营，自己却在上方谷等待司马懿来"烧粮"，以便"瓮中捉鳖"。司马懿果然中计。他见四处蜀军都急急忙忙奔回大营救援，便趁机率领司马师、司马昭及一支亲兵杀奔上方谷来。接着又被蜀将魏延依诸葛亮的安排，用诈败的方法诱进谷中，截断谷口。一时山谷两旁火箭齐发，地雷突起，草房内干柴全都着火，烈焰冲天。司马氏父子眼看将葬身火海，突遇大雨，火灭雷哑，才死里逃生。

司马懿不愧是个审时度势的高手，知己知彼的能人。他受挫后坚守不战。诸葛亮拿他无奈，便派使者送去妇女的衣服以及书信，故意挑逗、嘲弄他，使他情绪受到扰乱，不能理智地分析问题，激他出战，进而相机歼灭。

司马懿在这受辱之时，仍在运用谋略：笑而纳之，设酒席款待蜀国使者，假装漫不经心地询问诸葛亮饮食起居等日常琐事，进而套出极为重要的情报：得知孔明食少事烦，有着捉襟见肘的苦衷，身体已快被拖垮了。司马懿料到孔明必不久于世，因而越加坚守不出，用自己的优势智斗对手的弱势，顺趋势而不强为，谋长久而不急求。

魏、蜀西军从2月对峙到8月，诸葛亮强支病体处理军务，积劳成疾，吐血不止。他知命不久长，遂授兵书于姜维，病逝于五丈原军中，蜀军只得退兵汉中。诸葛亮最后一次北伐，也以无功而告终。

司马懿施用坚守拒战之计，"拖"死诸葛亮；他晚年韬晦示弱，一举打垮曹氏力量，终迁魏鼎，笑到最后。这种局面一直维持到其子司马师、司马昭独专朝政，其孙司马炎统一天下，建立晋朝，追谥司马懿为宣帝。毛泽东说："他出身士族，多权谋，善权变，为魏国重臣。"正是：中原回首移神鼎，肇于多谋善权变。

灿若星河的历史天空，闪耀着灿烂的智慧灵光。探赜索隐，成功的策略，不光是只身的奋斗、冥思苦想，还是一个集体智慧的结晶。

世界上谁都承认美国的强大，而美国"强大"是由美国经济繁荣"制造"出来的，而经济繁荣的背后，无时不闪烁着诸如兰德智囊团等的荣光。兰德公司被称为"世界智囊团的开创者"，自1945年成立以来，平均每年都研究出三四百篇调查总结报告和选择方案。

兰德公司成立初期，曾向美国国际部提出过一份关于人造卫星初步设计的研究报告，指出："如果能把一个飞行器加速约17000英里时速，并进行正确的控制和引导，它将在地球大气上方沿着巨大的圆轨道旋转，成为一个颗地球人造卫星，离心力将正好与地球引力相平衡。这种飞行器约需一个半小时就可绕地球一周……"。"成功地发射一颗人造卫星最迷人的方面，将鼓励人们提早考虑进行星际旅行。"

然而，其时正值20世纪40年代，人造卫星的设想，仅仅是科学幻想小说作家感兴趣的东西，美国国防部官员对此并不起劲。因此，这份研究报告被长期束之高阁。直到1957年11月4日，苏联捷足先登，发射了一颗人造卫星，才使美国朝野后悔不已。

半个多世纪以来，兰德公司已发展成为全能型的智囊团，不仅研究科学技术方面、社会学方面、经济方面，还研究军事和政治方面。在中美建交问题上，就是由兰德公司成员惠廷和理查德·所罗门经过仔细分析后，向总统提出了方案，对中美关系正常化起到了重要作用。

美国微软公司的成功,在于比尔·盖茨的敏锐观察力和决断能力,也因为他拥有鲍默、哈沃德、希金斯和哈瑞特兹在内的企业智囊团。著名的美国通用汽车公司认为,如果智囊机构的专家意见有 1/3 被采纳应是一个有用的智囊团,一半以上的意见被采纳就是一个上乘的智囊团。

美国行行都有顾问咨询公司。大致收购价值数百万美元的工厂,小至买蔬菜、药品,样样都要向专家请教一番才心安。在美国《幸福》杂志公布的一千家大公司里,95%聘有顾问公司。好的顾问公司,在他们的报告书里,除了建议外,还写明他们的意见的错误率,以及你按照他们的建议所作投资的风险率。当然,他们判断准确,收费也愈高。如前国务卿基辛格经营的"国际顾问公司"每年单为国外企业分析风险,约有 5000 万美元的收入。

日本许多企业都有自己的智囊团,如三菱电气公司的咨询组织,为公司各所属部门提供技术预测、产品预测、市场需求预测、科研项目评价和情报服务等,成为公司中不可缺少的重要部门。正如《第三次浪潮》作者埃文·托佛勒指出:社会改变的速度越快,复杂性就越大,因而对于顾问、智囊和资料库的需求也越来越多。

陈云说过:我们队伍中那种戴着瓜皮帽、手摇扇子、迈着方步、哼着小调儿想事的人太少了。希望干部队伍中多一些善于思考、讲究方略的人!

二、礼贤下士,留住优秀人才

对于一个成功的组织来说,人才能使其长盛不衰。人才数量多、质量高,而且安排得当、使用合理,这样的组织就会蒸蒸日上,兴旺发达。

组织在成长过程中一定要把人才放在第一位,不仅要能招来人才,而且要能留住人才。但在现实中,组织所经常面对的一个问题就是人才的跳槽和外流。而在这些跳槽者当中,可能有一部分人是组织所必需的甚至是经多年辛苦培养出来的人才;有些还是组织领导者非常器重的优秀人才。面对这种状况,领导者如何留住人才,避免其跳槽,就是对他们的一个严峻考验。

(一)留住优秀人才是领导者的重要课题

1.优秀人才的流失是组织的重大损失

组织的发展与兴旺都与固定的人才有关。一旦人才跳槽,势必会影响组织的发展,并带来以下严重后果。

(1)造成成本损失

人们对人才流失影响的研究大多集中在由于流失所造成的货币成本分析上。尽管在发达国家,研究者多年来一直在强调重视测量组织人才流失的成本,但可惜的是这并没有引起相关人士的足够注意。实际上,即使是在许多发达国家,真正了解流失一个员工的成本的人也是凤毛麟角的。

不论流出者与流入者之间存在着怎样的质的差异性,对于组织来说,更替人才是要花费成本的。

著名的人力资源会计研究者弗莱姆霍尔茨推出了一系列粗略测算人才更替成本的模型。他的模型包括了初始成本和更替成本两个部分。由于人才流失需要人才来替补的成本损失包括:流出者的流失成本以及获得和寻找新的替代者的成本两部分。寻找和招收人才的成本损失包括:征聘广告费用、外出招聘费用、代办招募费用、人才入门培训费用以及由寻找和获得替代者所花费的管理成本。选择人才的成本包括面试、复查、考试、评估决策以及与之相关的管理成本。解雇或人才主动流失成本包括:物质损失成本、搬迁费用及有关的管理费用。教育培训成本包括入门培训成本、正规教育费用、在职培训费用、受培训者的时间损失成本以及为训练人才而使他人损失的生产效率成本。人才流失还包括一些其他成本:由于流出人才中断与外部联系而损失的成本,由于流出者职位暂时空缺而造成的成本损失以及流出前损失的效率成本。

即使是在发达国家,也只有很少的组织建立了人力资源方面的投资会计体系,但是却有不少组织开始重视组织人力资源更替的成本。这种努力是值得肯定的,但要全面地估计这一成本,没有完善的人力资源会计系统是不可能的。现在我国已经开始有不少组织重视人力资源会计,这无疑是件好事。

(2)对工作绩效的干扰

人才流失及更替人才还会给组织带来间接的成本损失。组织人才流失而带来的对工作绩效的干扰就是一个重要的间接成本。这包括两个方面的成本:一是人才在流失之前,由于已经心不在焉而造成的效率损失;二是由于该职位在被人才填补之前的空缺成本。如果由于流失者具有特殊的技能或流出者在原来的岗位上占有重要地位,其流失后造成的成本损失比因其流失而产生的职位空缺造成的成本损失更为重大;而且这种成本损失的影响常常会延续到接替其职位的人才能充分胜任其工作为止。通常在人才流失后,其他人才不得不来帮助完成辞职者的工作而导致自身的工作不堪重负。再者,由于流出者和流入者的人力资本具有一定的差异性,流失高质量的人才或流失具有很大潜力的人才对组织造成的损失将是长期的。在这种情况下,很容易导致组织对人力资本的投资受到限制,甚至打击组织的人力资本投资积极性。这明显不利于组织的长远发展,也不利于社会的人力资源开发。

2.实施人本管理有利于防止人才跳槽

发达国家经过长期的发展,在理论上已经确立了以人为本的人本主义的管理思想。把人当成人,已经成为响亮的口号。这一管理思想和管理哲学的出现,使组织人力资源管理模式发生了根本的改变。尊重员工、强调员工的主体性、关心员工的自我实现也在实践上得到了一些反映。这为人才流失的管理和控制提供了最有效的思想武器。

当代管理献给人类最大的礼物恐怕就是找回了“人”原本应该有的位置。在马克思的论述中,工业化使人变成了机器。西方管理理论上百年的探索,逐渐从“经济人”的假设演变到“社会人”的假设。管理理论的发展实践证明,要实现管理硬件的更新是很容易的,但是作为管理软件的管理者的观念是最难更新的。从社会人的假设再到人本主义的发展又经历了几十年。人才流失的原因很多,而对人才的不尊重是最根本的原因。把人才当成“物”来管理,必然忽略人的需求、愿望,也就必然不能满足人才各方面的需求。组织的竞争就是管理的竞争,当人才发现更好的、能够实现自已抱负和愿望的另外的选择机会时,就会义无反顾地离开不能满足他发展需要的组织。

人是工作的主体。组织的决策依赖于人,组织方针政策的执行依赖于人,决策及其执行质量的高低取决于人。因此,组织必须树立“以人为中心”的管理思想。组织领导者必须有科学的人才观。今天,领导者的作用不仅体现为个人的德、识、才、学比别人强,还体现为是否具有识才的慧眼、选才的勇气、容才的胸怀和用才的艺术。在组织中,注重发挥每个人才的作用,让全体员工都来关心组织,参与组织的管理决策,从而保证决策在集思广益的基础上进行,这样的决策不仅质量高,而且贯彻起来也比较顺利。这样,人才才能得到比较高的工作满足度。

为了留住优秀人才,许多领导者更多地从给予更高的报酬的角度来思考问题。这不是没有道理的,但是这种思想方法是有问题的。如果没有关心人才的心,光有高薪也是很难留住人才的。现在,许多组织薪酬福利相当高,但是人才流失率却仍然比较高,主要原因就是对人才的过度使用;不了解人才作为一个人,也有他自己的家庭和业余生活。高的报酬是防止人才流失的必要条件,但还不是充分条件。领导者控制人才流失的最主要的手段就是树立人本主义的思想。有了这样的指导思想,是不会找不到良才的。

现在,许多领导者为了占领市场而提出了"顾客第一"的口号。其实组织真正应该把人才放在第一位。人才是直接生产产品、提供服务的人,如果他们不是第一位的,他们也不可能生产出最好的产品和提供最佳的服务。

熟悉圣经的人都熟悉下面这句话:"你们愿意别人怎样待你们,你们也应该怎样待别人。"这应该成为人力资源管理的黄金原则。只要有这样的管理原则,在发生人才流失的时候,组织领导者也就不必责备人才,而应该从自己的管理方法、管理观念方面去寻找差距。

只有树立了这种思想的领导者才会真正把人才的流失当回事。许多在经营上如日中天的组织,根本不把人才流失当回事。在这些组织里,领导者对损失机器设备或者损失市场份额会比损失了人才痛心。他们认为劳动力市场发达得很,根本不用发愁招不到人。在自己的产品受社会重视的时候,这样的想法也不是没有道理,但是应该想得更远一些。市场是可以得来的,也是可以失去的,而失去市场正是从失去优秀的人才开始。但凡重视人才的组织都会把人才的流失,尤其是频繁的流失当成一件很痛心的事情。花费高薪吸引来的人才,如果不能留住他们则是很无能的表现。招聘进来一个人才可以说是相对容易得多的事情,而要把人才留住则是完全不同的事情,所花费的努力要大得多。领导者只有意识到这一点,才会产生控制人才流失的想法。

3.尽可能地录用忠于组织的人才

组织人力资源的形成是由招聘、筛选、录用以及人才的早期社会化过程所组成的。招聘是在正确的时间为正确的职位寻找正确的人选的过程。筛选是从招聘所募集来的应聘者中选择合格者的过程。录用是最终决定雇佣合格的应聘者并分配给他们职位的过程。一般说来，到此，组织的人力资源形成工作还没有完成。对人才所进行的早期社会化工作是必不可少的。组织人力资源形成的这些环节为人力资源管理者提供了重要的、有效的控制人才流失的机会。人才进入组织的过程是一个个人与组织“匹配”的过程。这种匹配是建立在下列因素的基础上的：个人应该具备与职位的要求相符的态度和能力；个人对组织规范、各种政策、实践、奖励和条件在偏好、预期和价值判断上能够接受。这个匹配过程还是一个动态的过程，因为无论是人才还是组织都在不断地发生变化。

传统上对这一匹配过程的研究，主要建立在组织对人才个人与组织和职位有关的要求的适应性上。因此，组织普遍采用标准化的测验、面谈、申请表、自传、笔迹分析等手段。现在不少组织还采用了评价中心、心理测评、计算机测评等现代手段。这些手段只要经过了信度和效度的检验，都是很有用的筛选方法。这些筛选人才的方法也可以用来预测人才流失。尽管单个的测验在预测人才流失的准确性上并不理想，但是这些方法结合在一起使用，对控制人才流失是很有意义的。这就要求组织要更加重视测验的信度和效度。

从人才的角度看，许多人常常对组织有着不切实际的预期，而这种不切实际的预期，又常常是由于招聘者在招聘工作过程中的失误而带给人才的。因此，从理论和实践两方面来看，真实的招聘和筛选对于提高这一匹配的程度都很有好处。

真实职位预观是出现在20世纪80年代的一种新的招聘思想，但是这一思想真正为组织所广泛接受是90年代以后的事情。在过去的招聘实践中，经常出现招聘者为了尽快把自己的“商品”组织的空缺职位推销出去，向应聘者进行不真实的宣传或提出组织无法实现的承诺的情形。人才在进入组织之后很快就发现自己“购买”的“商品”名不副实，结果不仅影响人才的工作绩效，降低人才对组织的效忠度，还可能导致人才流失。

真实职位预观是组织增强招聘的真实性、降低人才流失率的有效手段。真实职位预观并不是一种简单的技术和方法，它实际上是一种招聘的整体哲学和方法。这种招聘哲学认为,只有给人才以真实的、准确的、完整的有关职位的信息,才能产生一个好的匹配结果,增加人才的满足感并使人才对组织更忠诚,从而降低人才流失率。

真实职位预观也可以在人才进入组织之后进行,这时它可以成为一种重要的增加职位透明度和训练人才的应对技巧的机制。

刚刚进入组织的那一段时间,是塑造人才态度和行为的关键时期。人才应该了解他将要工作的职位的准确要求是什么;清楚地了解组织的奖励原则;在建立社会系统的时候,如何从同事、上级那儿获得帮助。

许多组织在正式雇用员工之前有一个试用期。这实际上是一个很好的做法。但是许多组织却没有真正有效地利用好试用期。要有效地利用试用期,需要在领导者和新员工之间建立一个相互评价和反馈的机制。通过双方的磨合,就可能形成一个持续的、良好的雇佣关系。如果在试用期,无论是组织还是员工个人发现有不融洽的地方,都可以通过培训、开发、转移岗位甚至终止雇佣合同的方式来调整,建立新的关系,双方由此而建立新的协调关系。一般说来,如果在招聘阶段就能够解决领导者和人才的吻合问题,是最好不过的。但是无论是设计得多好的招聘过程,都不可能完全实现这一点(当然,越仔细的招聘工作越有利于实现这样的吻合)。如果吻合的结果不理想,与一些人才终止合同是不可避免的;而且对于组织和人才个人来说,也是有益的。

现在的人才流失率是相当高的。由于招聘、培训和更替成本很高,这种刚招进来不久就发生的人才流失对组织来说是很大的损失。由于人才常常是带着一种失败的感觉,或者认为浪费了时间,或者觉得丧失了其他的机会,因此,对于人才来说,这种刚刚进来就离开的行为也是一种损失。

组织应该在招聘上进行更多的投资,这不仅可以直接降低人才流失率,还可以带来其他的人力资源管理效果。但是实际情形是,我国的许多组织在招聘和筛选上做得很草率。往往是凭应聘者自己提供的背景材料(其真实性越来越成问题),再配合简短的面谈印象就决定录用与否。招聘和筛选的好坏对组织人力资源管理质量的影响极为重要。人才的高流失率就是由于招聘和筛选的错误所造成的。一般说来,招聘所花费的时间和投入与人才和职位之间吻合度呈正比。

科学合理地安排工作和工作内容,对稳定人才有着很重要的作用。组织用人要注意发挥两个优势;一是个人优势;二是集体优势。组织的各级领导者要了解下属的专业特长,让其做善于做的事,并对其工作能力做到心中有谱,以便给其分配合适的工作量,使其能力得到充分的发挥。对工作成就感比较强的职工,要善于压担子,给其提供锻炼与发展的机会,以挖掘其潜力,创造更大的成绩。对于这类人才,领导者越是信任,越是压担子,他们的工作热情就越高,工作成就也将越大。这样,他们也就越不可能离开组织。

4.尽力提高人才对组织的满意度

在任何一个组织里,人才对组织的满意度都是一个重要问题。人才满意度不高的组织跳槽现象也很频繁。

实践证明,人才满意度的审核标准要求先全面研究影响人才满意度的各方面因素,然后在此基础上提出和采取改善人才满意度的切实措施。影响人才满意度的因素很多,其中,工作意义、工资水平、人事评价制度、工作环境、福利待遇是影响人才满意度的基本因素。此外,晋升机会、价值观的共有化、自我发展、与组织领导者的沟通、公平性、信息使用自由等因素也是应该考虑的。

这里要特别强调人才与组织领导者的交流沟通问题。据观察,凡是人才与组织领导者交流沟通很差的组织,其人才对整个组织、工资、评价制度的满意度必然很低。影响员工满意度的因素还因人才的工作动机而不同,可谓千差万别。

对于人才的具体满意度,组织务必及时探究与把握。重要的是,要开展实实在在的调查研究,千万不能搞想当然那一套。在进行人才满意度调查时,一般需要设立众多调查项目,比如,对组织领导者的意见、对工资福利待遇的看法、对组织领导者管理能力的评价等等。另外,调查还应是无记名的自由调查,以便人才的评价、希望乃至抱怨都可以得到充分的表达和真实的反馈。

在完成调查之后,组织应该确定进一步的研究课题以及当前应做的工作。对于自由调查的结果,组织领导者及高层主管们要一一过目,力求掌握全面情况。

这种调查活动应长期坚持下去。从美国的情况看,凡是重视人才教育投资、人才满意度高的组织,人才的流动率就低,顾客的满意度就高,而组织的分红也会相对较多。

组织经营者对人才的关心与人才对顾客的关心这两件事有着非常密切的关系。一般来说,组织经营者对人才的关心必然会传递到人才对顾客的关心之中去。由此看来,好的组织经营者不仅要关心人才满意度，而且要关心人才的成长和幸福。

(二)留住优秀人才的实用方法

1.帮助人才设计职业发展方向

随着世界经济的迅速发展，组织的技术、市场和向社会提供的产品和服务会发生持续的、巨大的变化。为了适应组织的这种变化，人才要不断地学习新的技能。个人职业生涯发展计划就是组织协助人才开发各种知识和技能，尤其是专业性知识和技能，向人才提供实现个人专长的契机。通过个人职业生涯发展计划，使每位人才对自己目前所拥有的技能、兴趣及价值观进行评估，接着考虑组织的变化需求，使自己的特长及发展方向符合组织变化的需求。每位人才都需要设立自己的目标并与自己的领导者研讨一套切实可行的计划方案，培养自己多方面的技能，把自己变成组织未来发展的一员。这样通过持续不断的个人发展计划，帮助每一位人才适应组织多方面的工作和未来发展的需要。

职业发展阶梯是指人才进入组织后，根据人才个人的条件和背景，由人才和组织人力资源部门共同协商，为人才在组织的发展制订计划和线路。随着人才的学历、资历和职位的变化，人才的级别也不断上升。这样，组织通过为人才设计职业发展阶梯，明确人才在组织中的发展前景和努力方向，从而可以增强组织的凝聚力和向力心，增强人才对组织的归属感，使人才为自己的良好发展前景而不愿轻易离开组织。

因此，组织为人才设计良好的个人发展计划和职业发展阶梯，就会促进组织和人才的发展，降低人才的流动率和流动倾向。对于那些看重学习和愿意获得新技能的人才，对于那些追求改善工作职位而积极表现的人才来说，由组织提供的培训机会，是鼓励他们、增加他们的满足感的重要因素。许多经济学家认为，如果组织所进行的培训是一种特殊的培训，是一种离开这个组织就不能发挥作用的知识和技能培训的话，就更可能减少人才的流动率。

组织和人才的发展离不开对人才的教育和培训，能否获得丰富的教育和培训机会对人才的流动会产生重要的影响。加强对人才的教育和培训，培养人才以适应时代的需要是组织发展的最重要的战略步骤，也是控制人才流失的关键性步骤之一。

考虑到在劳动力市场上招聘适应新的技术变化的人才并不容易,因此,对组织来说,对有价值的人才进行再培训比重新招聘其他新人才来替代他们更有利于节省开支。组织中的许多人才,由于已在组织工作多年,获得了许多有关组织的知识并表现了很强的竞争力,通过培训他们来满足新岗位对人力资源的需求是有利的。在这方面,组织可以充分利用大学的教育机构,在许多大学都有相应的培训项目。

组织内部的发展机会、个人的价值观以及对预期的感受是引导人才做出流动决定的最重要因素。实际上,每个组织或多或少都有为人才设计职业生涯计划和道路,但是如果人才感觉不到这些道路的存在,或者他们不积极评价组织提供的这些机会,人才仍然可能选择流动。人才现在积极评价的职业生涯发展机会,不一定会被永远看重。因此,要使组织的职业生涯发展计划长期有效,除了经常保持组织与人才之间的双向交流之外,没有什么其他更好的方法。

2.为人才创造和谐的人际关系

组织中良好的工作氛围、和谐的人际关系最容易形成团队的凝聚力,也最容易让人才与组织荣辱与共,生死相依。

如果组织领导者能够和人才建立起一种积极的个人关系,如果组织能够表现出对人才的关心,为其创造出一个支持环境,那么人才就会由于这种关系而不容易产生流动的念头。不过,当领导者与人才的个人关系变得太融洽的时候,又会有其他危险。如果人才与组织的关系仅仅维系在单个领导者身上,一旦这个领导者发生变化(调动或流失),与他维系关系的人才也会发生变化。因此,在组织管理中,应该强调发展多元的关系。此外,领导者在与人才发展密切的个人关系的时候,不应该妨碍领导者履行批评的责任,也就是说不能为了降低人才流失率而降低流失率。对于表现不好的人才,应该批评时,不能因为个人关系而不批评。一团和气虽有利于降低人才流失率,但却不利于组织的发展。

领导者还可以通过另外一个方法来对人才流失进行有效的控制,即促进人才的工作成就感。如创造条件使人才能够更容易地取得成绩、建立反馈和认知系统、帮助人才清除进步的障碍等。这样,不仅对人才完成任务有帮助,同时也对人才的工作进行了奖励。还有,领导者必须对他所控制的奖励资源进行合理的分配(也就是说必须真正根据人才的现实表现来分配,不能滥用一气),否则,真正表现好的人才由于没有得到足够的奖励,也可能离开。所有这些做法还有另外一个好处,即可以刺激表现不好的人才发生变化,或者改善自己的工作表现,或者在组织内部寻找其他职位,或者流动到其他组织。这种变化是有利于组织的。

3.对人才的抱怨应当及时处理

在任何一个组织,人才都不可避免地存在着牢骚、抱怨、烦躁和愤怒的情绪。作为组织领导者,有责任及时解决这些问题,否则会造成很多隐患和不稳定因素。许多组织领导者往往易于把人才的不满当作小事,不花时间去处理,并且把其中的一些抱怨当作幼稚和愚蠢,因而予以忽视。如果这样,领导者就错了。这些抱怨对下属们来说尤为重要,尽管对领导者而言不过如此。因此领导者不能掉以轻心,漠然视之。

当然,人才并不会因为自己心存抱怨就愤然提出辞职,但他们会在其抱怨无人听取又没人考虑的情况下辞职。因为这时他们感到了一种对其人格的不尊重,令他们无法忍受。如果事情弄到这一地步,就会变得很僵了。作为领导者,如果希望与人才和平共处,少生事端,就得花些时间倾听他们的诉说。

领导者要明白,人才的不满并不意味不忠。如果领导者认为对某一事情表示不满的人一定对组织、管理部门或对领导者本人极为怨恨,这是极其错误的。实际上,正是这种抱怨和不满可以使领导者意识到组织里可能还有其他人也在默默忍受着和抱怨着同样的问题。默默忍受可以使人才忍气吞声,表面平静,但它却会严重影响生产效率。

如果组织领导者不准备采取什么行动,也应告诉抱怨者其中的原因。至少,要让他们感觉到领导者已经听取了他们的怨言。

4.在人才跳槽之前积极地劝阻

尽管人才在跳槽之前有许多征兆可寻,但并不是所有积极防范人才跳槽的组织领导者都能在员工提出辞职请求之前看出苗头。不过,这并没有什么,组织领导者应该还有第二道"防线",即积极地劝阻。首先,组织领导者要对这件事有很强烈的反应,因为所有的人才都很重视组织领导者这时的反应。如果领导者正在开会,千万不要说等开完会再来解决之类的话;正确的反应是马上放下手中的事情,这样才能够明确地向提出请求的人才显示,人才的去留比这一日常工作更重要。如果这时领导者的反应是不冷不热,那么人才本来还只有三分去意的话,那么就会马上变成八分去意了。当然,更不能说出“要走就走吧”之类的气话。

在人才向组织领导者吐露辞职意愿之后,组织领导者要对此予以绝对的保密,封锁其辞职消息。对人才来说,这为他改变主意而继续留在组织消除了一个障碍。这个障碍有可能使他在重新考虑自己的决定时变得犹豫不决。因为在决定辞职之后,再推翻自己的选择,无论怎么说都是一件很令人尴尬的事情。如果组织中的其他人对此毫不知情,人才就还有进行选择的可能。而如果这一消息马上传开,这个人才即使没有下决定,也会很快就决定走了。

这时组织领导者需要做的是,与提出辞职的人才进行坦诚的谈心。有些人才可能并不是真心要离开组织,而是想通过这样的方式来实现自己的愿望,如工资晋级、职位变换等。这种谈话实际上可以看成是组织与人才进行的又一次“劳资谈判”。谈心时,一方面要诚恳地劝说人才留下来;另一方面,要倾听人才对组织的意见,尤其是他辞职的原因;同时还应该了解人才打算去什么样的新组织,为什么选择这个组织。通过了解这些信息,一方面,领导者可以寻找人才的心理突破点;更重要的是,通过这样的谈话,可以了解组织管理中存在的问题。在这个时候,应该让人才看到组织对他的重视。人才如果是诚恳地与领导者交心的话,一定会谈到一些对组织领导者本人不利的话。这时,一定不能听到不入耳的话就勃然变色。一般说来,人才离开组织,总是说明组织管理中的什么地方出了问题,存在弊端。

在与人才谈话之后,领导者就应该对谈话所获得的信息进行分析,商量一个说服人才留下来的办法。领导者要仔细地分析造成人才流失的原因,这些因素可以共同形成一种推力;同时组织外也存在许多因素,形成对人才的拉力。组织制订的挽留方案应该有很强的针对性,能够击破人才的心理防线。要做到这一点,与人才的谈话是很关键的。根据人才所陈述的拉力和推力理由,进行耐心的说服。要让人才认识到他对组织的推力的看法是由误会引起的,而且组织是造成这一误会的主要责任者;组织也会积极地纠正这一误会。这时,组织领导者与人才在一起进餐等方法将很有用,很能说明组织挽留人才的诚意。

与此同时,组织领导者还应该采取积极的行动以解决人才所提出的困难,使组织内部的推力因素降到最低水平。一般说来,除非员工与组织之间有着不可调和的冲突和矛盾,许多情形下问题还是可以得到缓解或者解决的。

5.防止人才外流的积极对策

组织的竞争最后还是落实到人才的竞争上。因为组织的每一项决策最后还要靠组织成员去完成,而组织要发展必须拥有一批具有较高素质的人才。组织要想在竞争中立于不败之地,必须合理地挖掘人才、培养人才、使用人才、留住人才。为此,作为组织领导者要采取以下策略防止人才外流:

(1)与人才一起制定目标人们习惯于为自己曾经参与制订的目标而做出自己的努力。换句话讲,使人才感受到自己是组织的主人。

(2)合理正确地评价人才、管理人才

领导者要真正了解每位人才的工作能力和潜在发展,对他们为组织和同事们做出的每项成绩都要予以高度评价。

(3)组成一个团结和谐的整体

领导者要鼓励人才精诚团结、通力合作,保持良好的工作关系。

(4)对人才一视同仁

一旦知道自己被歧视,人才一定会要求调到公平竞争的工作环境中去。

(5)信任是一种双向关系

组织领导者如果希望得到人才的信任,就得首先信任他们。当他们需要帮助时,领导者应该伸出援助之手;他们不慎出错时应主动关心他们、理解他们、帮助他们,设身处地地替他们想一想,而绝不是摆出一副盛气凌人的架势。

(6)使人才工作顺心愉快

心情舒畅的人才往往工作热情高,效率高。因此,领导者应为人才创造一个使他们能从中享受到工作乐趣的环境。

(7)当机立断,让不称职的人离去

作为组织领导者,对一些工作做不好的人应痛下决心辞去,不应采取迁就、容忍的态度;否则就会挫伤一部分人的积极性,他们也许会变得像这些人一样不称职,久而久之,工作就没法开展了。

(8)组织的有关政策规定需要事先向人才挑明

领导者应该让人才了解组织的规定,并知道如何不折不扣地执行,丑话说在前面比先“斩”后“奏”要强得多。

(9)为晋升提供机会和条件

如果人才在组织内一直无法获得晋升,他们自然会“择良木而栖”。

(10)让人才了解各种工作信息

组织要有明文规定,让人才得到他们该知道的信息,这样做有利于他们把工作做好。同时也可以充分发挥人才信息广、来源渠道多等特点,及时为组织提供和反馈各种信息。

(11)及时处理人才提出的意见

当人才就工作的某些方面向领导者提出意见时,领导者应该虚心并十分感兴趣地听取,并对这种行为给予鼓励。现在许多组织都对合理意见的提出者给予物质上的奖励,原因和目的都只有一个,那就是使之为组织出谋划策,关心组织的兴衰、荣辱。

(12)允许和容纳不同的观念和道德准则

每位人才在工作中对某一事物都有自己的看法。一个组织内的成员如果因不同观点发生矛盾时,领导者应妥善处理,使成员心中的不快消弭于冲突之前。

(13)尊重职业妇女

领导者应对有真才实学的职业妇女予以重视,男女同工同酬,一视同仁。

(14)根据人才的能力、特长、体力适当地分配工作

每个人才的知识水平、技术水平、工作能力各有不同,如何充分利用他们的长处,对工作进行合理的安排,是领导者要经常考虑的问题。

(15)根据人才的业务水平和工作业绩给予报酬

一个人才的技术越高,得到的报酬也应该越多;人才做出的贡献越大,越应该受到鼓励。

不用利口

漢文帝

張釋之

上林尉

嗇夫

不用利口①

【历史背景】

汉文帝名刘恒，是汉朝的第二代皇帝，高祖刘邦第三子，汉惠帝刘盈弟，其母薄姬。他起初被立为代王，建都晋阳。惠帝死后，吕后立非正统的少帝。吕后死，吕产、吕禄企图发动政变夺取帝位。高祖中子刘恒在周勃、陈平支持下诛灭了诸吕势力，登上皇帝宝座，是为文帝，在位二十三年，与汉景帝并称为“文景之治”。

张释之是西汉汉文帝时期的大臣，官任廷尉，负责管理全国司法方面的事务。他是南阳堵阳县人，也就是现在的河南方城东人。

史书当中记载，有一次，张释之随同文帝骑马外出，经过一座桥，这个时候正赶上一个人从桥下出来，文帝的马因此受了惊，文帝差点摔下来。文帝十分气愤，于是下令把他逮捕交给廷尉张释之来处理。张释之问明详细的情况之后只是判这个人交纳了一定的罚金。文帝对这样的处理结果很不满意，认为这个人惊吓了自己的马，差点害死自己，实在是判处得太轻了，应该判处死刑才是。张释之解释说，如果陛下因为他惊驾而就地处决了他，是完全可以的。但是将这个人送到自己这里来处理，就必须执法公正才是。国家有明确的法律规定，作为执法者自己怎么可以不按照法令随意处置呢？这个人按照法律就是应该判处罚金，所以自己才这样处理，而绝不是轻判。汉文帝听到后认为他说得有道理，于是就依照他的处理方法执行了。

史书上记载，有人偷了高帝庙里的一个玉环，被抓住了，张释之就判他弃市。文帝知道后很生气，说这个人完全是目无法纪、亵渎汉代祖宗，应该判他灭三族才是。张释之奋力辩驳，说这个人只能判弃市，要是判他灭三族这样的重罪的话，假如有愚昧的百姓，不小心挖了高帝陵山上的土，又该治他什么罪啊？最终说服了英明的汉文帝，仍旧是判处弃市。

【原文】

汉史记:文帝登虎圈[2],问上林尉[3]诸禽兽簿[4]。尉不能对。虎圈啬夫[5]从旁代尉对甚悉[6]。帝诏[7]张释之[8],拜[9]啬夫为上林令。释之曰:"周勃[10]、张相如[11]称长者,两人言事曾不出口,岂效[12]此啬夫喋喋[13]利口[14]捷给[15]哉!今以啬夫口辩而超迁[16]之,恐天下随风而靡[17],争为口辩而无实也。"帝曰:"善"。

【张居正解】

西汉史上记:文帝一日游幸上林苑,登养虎的虎圈,因问上林苑管簿籍的官说:"这苑中各样的禽兽有多少数目?"这官人一时答应不来,有个管虎圈的啬夫在旁边替那官人一一答应,甚是详悉。文帝喜他,遂召侍臣张释之说:"这啬夫有才能,可就着他做上林苑令。"释之对说:"如今朝中如周勃、张相如这两个人是有德的长者,能任朝廷大事,然其言事皆说不出口。盖有德的人,自然器宇深沉,言语简当,岂学这啬夫喋喋然用快利之口、便捷以辩给哉?今若因啬夫口辩就超迁他,恐天下闻此风声而靡然仿效,都只学舌辩能言,不务诚实,则风俗薄而人心离矣。"文帝以张释之所言当理,遂止不用啬夫。观此一事,则用人者不当但取其言,而文帝从谏之善,亦于此可见矣。宜其为汉朝一代之贤君也欤!

【注释】

①本则故事出自《史记·张释之冯唐列传》。在这个故事当中讲述了汉文帝善于纳谏,从而避免了在任用人才的时候,因为人的言谈而用人不当这样的一件事情。

②圈:关养禽兽的场所。

③上林尉:在上林苑管理禽兽事务的官员。上林苑,秦始皇时期修建而成,是专门供皇帝打猎的地方。在今天的陕西西安,覆盖范围大概有二百多里,极其辽阔。

④簿:登记、记录。

⑤虎圈啬夫:指的是管理虎圈的下级小官。

⑥悉:全面、周全或者详细的意思。

⑦诏:下令,命令。

⑧张释之:字季,南阳堵阳(今河南方城县东)人。生卒年不详。中国西汉法律家,法官。汉文帝元年(公元前179年),以赀选为骑郎,历任谒者仆射、公车令、中大夫、中郎将等职。文帝三年升任廷尉,成为协助皇帝处理司法事务的最高审判官。

⑨拜:任职。

⑩周勃:秦末汉初的军事家和政治家,西汉时期的开国功臣,沛县(今江苏省沛县)人,被汉高祖封为绛侯。于文帝十一年(公元前169年)卒,谥武侯。

⑪张相如:早年跟随刘邦取得天下,后来西汉建立以后被封为东阳侯,在汉文帝的时候被任用为大将军和太子太傅。

⑫效:和……一样。

⑬喋喋:说话没完没了的样子。

⑭利口:能言善辩。

⑮捷给:应对敏捷的意思。

⑯超迁:破格提拔,破格任用。

⑰靡:倒下。

【译文】

一次,汉文帝在上林苑看动物。他登上虎圈看虎时,向陪同的上林尉询问有关动物的情况,例如包括一些禽兽的数字的一类的问题。上林尉一时答不上来。这时,在一旁的管禽兽的啬夫就挤到前面代替上林尉回答皇帝的问题,而且把各种禽兽的数目以及相关的情况,一口气说得清清楚楚,十分详细、明确。汉文帝听到后非常高兴,便对身边随行的大臣张释之下令要任命这啬夫代替这个上林尉做上林令,让他参与管理上林苑的事情。张释之就对文帝说道:"周勃、张相如都是德高望重的长者,在朝廷上担当重任。可是,这两人都不是能言善辩的,如果皇上因为这个啬夫的伶牙俐齿善于言说而取悦于人,就把这种只说话不办事的人破格提拔的话,那么恐怕天下人知道以后就会纷纷效仿,都只是夸夸其谈,而不务实事,世风就会变坏。请陛下仔细考虑才是。"文帝听了张释之的这些话，认为很有道理，于是就决定收回成命。

【评议】

古往今来的执政者在用人这件事情上始终存在一个问题，那就是往往通过人的言谈来判断这个人能否胜任某个工作，事实上这是一个多么大的误区啊！某些人就是抓住了用人者这个漏洞，凭着自己的能言善辩、花言巧语伺机逢迎，对用人者的好恶进行揣摩，以自己天花乱坠的口才最终达成了自己的奸计。故事当中的那个虎圈啬夫就是一个这样的小人。正是因为有张释之这样一个明察秋毫、公正严明的人在皇帝身边进行提醒，才使得皇上没有被这个伶牙俐齿的小吏所蒙蔽。想想古今中外有多少这样的小人都以这样的手段获得了自己的私利。对于这样的事情，似乎在我们当代人当中更容易出现。所以，执政者和用人者一定要引以为鉴，特别要注意的就是任用人才的时候要首先注重实际能力，尊重那些用事实说话的人，绝不能以言语取人，如果在这个问题上犯了错误，就会使自己受到巨大的损失或者是彻底的失败。我们的时代真正缺少的就是务实少言的人。

【镜鉴】

一、领导者要拥有一双识人的慧眼

(一)真正的人才是德才统一，二者兼备

何谓人才？虽然没有一个统一的标准，但主张德才兼备是人们的共识。德的内涵包括个人品质、伦理道德、政治品德；才的内涵是指才智、才干、才华等。德才兼备的人才是最为理想的人才；同时，人才的形成是靠知识和经验的积累，因此，德才兼备的人才成长需要不断地学习和实践。

1.人才，以德才兼备为最佳

所谓德，主要是指人的政治立场、政治观点和道德作风。德是通过人们在社会关系

活动中表现出来的，具有鲜明的阶级性，同时也具有职业性和民族性。

一个人德的形成，是由低层次向高层次发展的。一是个性心理品质。在道德观念还没有形成的时期，它是影响人的品德和智力发展的主要内在因素。随着年龄的增长，它同学习、工作相结合，就形成了一定的个性气质，成为影响人发展的重要素质。二是伦理道德。这是指以一定的道德规范处理个人与社会、人与人之间的关系。这是人们在进入成熟期的过程中逐步形成的。三是政治品质。这是指建立在一定世界观基础上的政治品德，它是人们完全成熟时才形成的，也是比较稳定的。

德的作用是高层次制约着低层次。政治品德是最高层次，它居于首位。在处理德的不同层次之间的关系时，要注意防止两种倾向：一种倾向是只强调政治品德；另一种倾向是只讲心理素质和一般的社会道德品质，轻视政治表现。一般而言，政治品德、伦理道德、心理素质这三个方面具有互相依存、互相影响的内在联系，是一个不可分割的德的整体。领导者既要重视政治在德中的首要地位，又要按照三个层次全面地评价人的德的水平。

所谓才，主要包括才识、才能和才学三个方面。才识，即有胆、有识、有科学预见的眼光。一个有战略头脑的人才能通观全局，善于进行纵横比较。在工作中能做到善于辨别是非真伪，善于抓住职业范围内的关键性问题，善于分析客观环境，争取工作的主动。才能，即能力和技能。作为一个领导者，应具备良好的感知力、观察力、记忆力以及思维能力和想象能力，还应逐步培养调查研究能力、分析判断能力、决策能力、组织指挥能力等。才学，指学问、知识。这是才识、才能的基础。知识渊博，可以转化为高超的才能；然而要把知识转化为才能，必须理论联系实际，在实践中善于运用书本知识。这三个方面集中体现在一个人的身上，就是他的思想水平与工作能力。所以，对于人才，领导者既要有一般静态的考察，更要着重在实践中考察他在工作中表现出来的思想水平和工作能力。

德与才是一个不可分割的有机统一体，二者的关系应该全面地理解、正确地把握。对于人才来说，德与才二者缺一不可，也不能相互取代。有德无才者，难为大任；有才无德者，重用了有更大的危险。德才相比，德是首先必备的条件。一个人具备了相应的才能，方能显示其德行。同样，一个人具有高尚的德行，方能使才能得以施展。领导者在识人择人时，必须明确德才二者的辩证关系：德，是才的方向和灵魂，是才发展的内部动力；

才,是人得以发展和成功的基本条件,也是德得以发挥的凭借。

2.相比较而言,德比才更重要

对于负责全局工作的领导者来说,必须选择德才兼备的人才。但是,相比较而言,应该更重视人才之德。领导者在识人用人时,必须把德放在第一位,坚持"德才兼备,以德为先"。

杰出政治家唐太宗李世民认为,用人必须慎择,必须选择品德高尚的人,不然就会任用恶人,就会犯错误。

唐太宗认为,用得正人,为善者皆劝;误用恶人,不善者竞进。大臣魏征指出,乱世用人,可不顾其品行;但在太平之时,必须才行具兼,始可任用。

元朝的创建者忽必烈就是一位用人重德甚于重才的皇帝。

公元1258年,忽必烈奉蒙哥大汗的命令进军围攻宋朝的鄂州,宋朝派大臣贾似道率军前往救援。而忽必烈因其兄蒙哥突然驾崩,急于回去争帝位,正好贾似道派使者来求和,忽必烈便顺势答应并率大军北返。可是,贾似道却谎报"鄂州大捷",说蒙古兵已肃清。这事虽能欺骗宋理宗,但朝野上下都很清楚,可留梦炎却依附之以取悦于贾似道。而只是一个太学生的叶李,愤贾似道害国害民,便带头与同学83人,伏阙上书揭露贾似道的罪恶。贾似道大怒,使其党人逮捕叶李,叶李便逃匿。宋亡后,叶李归隐富春山。忽必烈多次派人征召不出,后叶李不得已才入见。忽必烈劳问:"卿远来良苦!"又说:"卿往时讼似道,朕尝识之。"言下之意,是对他表示敬意。忽必烈向他请教治国之道,叶李陈述古帝王的得失成败,忽必烈赞许,命他五日一人议事,后任资善大夫、尚书左丞。叶李在宋时不过是一布衣,忽必烈却如此破格重用,是因赏识其忠直敢弹劾误国欺上的贾似道。对留梦炎这个宋朝有名的状元,忽必烈虽赏识其文才,却认为其人有私心而缺德行,便降级使用。

3。德才需要兼备,但又不能求全责备

选拔使用人才,坚持高标准、严要求,德才兼备、好中选优是前提条件,但是,也不应该因此而求全责备,一味地追求"完人""全才"。如果领导者一味地追求"完人""全才",那天下就很少有能用的人了。

因此,领导者在选拔使用人才时,应该牢记"德才兼备,不求完备"这八个字。一般来说,求“德”,要看大节,赦小过;求才,要看其是否能胜任本职工作以及他是否比同层次的其他可选人员更胜一筹。

美国发生南北战争时,总统林肯曾经给北军选了三位总司令,选用的标准都是他们必须没有什么缺点,而且这三位总司令统率的北军还拥有人力物力的绝对优势。但打了三四年,战局不仅没什么进展,反而都被南军打败。

后来,林肯任命格兰特将军为总司令,而不去理会有的人对格兰特将军“嗜酒贪杯,难当大任”的反映,全力支持格兰特将军发挥所长。事实证明,格兰特将军的受命正是南北战争的转折点。

可见,领导者在选人用人时不可一味地求全。因为人无完人,每个人都不可能毫无缺点,毫无瑕疵。

领导者考察人才,还需要注意一个问题,即不可忽视“潜才”。

潜才是指尚未表露出来的人才。潜才如同待琢之玉、尘封中的黄金,他们没有得到公众的认可,无法显露出自己的价值。若不是独具慧眼的领导者,则是难以发现他们的。千里马之所以能在穷乡僻壤、山路泥泞之中,盐车重载之下被发现,是因为庆幸遇见善于相马的伯乐。若不遇到伯乐,千里马恐怕就要终身困守在槽枥之中,永无出头之日。美国商界巨子、人称“世界首席 CEO”的杰克·韦尔奇之所以身价如此贵重,就是因为他不但善于发现人才,而且善于发现潜才,进而把潜才培养成真正的人才。从某种意义上讲,这样的“伯乐”有时比人才显得更为重要。

4.领导者衡德量才要出以公心

领导者选人用人,心一定要至公。至公,则内不受感情的影响,外不受他人干扰,能够做到心平而正,同时量人也准确。

人要不受感情的影响并非易事。感情之于人,对私事是好事,因在家庭里、朋友间需要感情,有感情就有人情味。但感情如果影响到公事,就会起反作用。古代不少英雄的事业遭遇失败,因感情用事而用人唯亲是其中重要的原因之一。

掌握选拔人才之权的领导者,受到他人的干扰是不可避免的,如来自上面的压力和下面的利诱等,如果屈服于此,则不能公正地选择人才,必然会使真正的人才遗漏,而使无能之辈、投机取巧者滥竽充数。如果领导者不怕压力,不受利诱,大公无私地选拔人

才，就不会埋没杰出的人才。

历史上的无数事实说明，凡能知人用人者，都会其心至公。

唐太宗始终以至公选用人才，打天下时如此，治天下时也是如此。

在初登皇位之时，如何对待有功之臣和原来的敌对势力，尤其是前东宫及齐王府的文臣武将，这是唐太宗面临的重要问题。如私于党，只提拔任用原秦府的人员，排挤一切敌对势力的人员，则必将树敌而不能更好地巩固新政权，这当然不为英明之主唐太宗所采纳。唐太宗以“至公”，即“平恕无私”对待三府人员。唐太宗除了重用秦府旧人，如长孙无忌、房玄龄、杜如晦、尉迟敬德、宇文士及、程知节、秦叔宝、屈突通等人外，对于原东宫的魏征等人也不咎既往而用之。总之，对于原有人员，不论亲疏、恩仇，凡有才能的都量才任用。而原秦府没有升官或还未安排的人员，则纷纷有怨言，有的甚至主张原秦府的士兵也要一律升武官。“以天下为家”的唐太宗，对这种“用人唯亲”而不视其才行的观点当然持反对态度。他说：“朕以天下为家，不能私于一物，唯有才能是任，岂以新旧为差?”

事实说明，唐太宗在打天下时功勋卓著，治天下时取得“贞观之治”，跟他选拔人才不以新旧划线以至公之心选才的用人思想大有关系。

领导者只有怀揣一颗公正之心，才能选拔出德才兼备的贤才，才能彰显自己识人用人的能力与艺术。

(二) 科学辨才：不拘一格识人才

1.得人之道，首先在才识人

人才是因为难识，所以才难得。为什么这样说呢？其原因就在于人善于隐藏迹象，如有人把私心掩盖起来而显出为公的样子；有人甚至掩藏邪恶心理而伪装成正直的样子，去迷惑别人。这就是所谓的“人心难测”。古人说：“人心险于山川，难于知天。”这就是说人的内心比险峻的高山和深邃的江河还危险，比天还难以捉摸。

如果领导者懂得识人之难，就不会对人轻下结论，就不会擅自决定人事，就会更科学地鉴别和使用人才。

只有知人才能善任，因为对一个人了解越深刻，使用起来就越得当。所以，作为领导者,最大的隐患就在于不能了解和识别人才。若不能识人,势必不能用人。

领导者的识人,需要有个过程。俗话说:路遥知马力,日久见人心。对于一个人的识别,需要有个过程。确定、识别一个人才主要决定于其志向和行为,评价一个人的好坏一定要参考其行动的效果。识别一个人,要看其面对金钱如何处置,面对困难怎样处理,要看其在没人注意时如何行动,要看其酒醉之后的举止,即从行动上进行识别,特别是看其在关键时刻的举止。

2.识人需要识别人的本质特征

领导者看人或任用下属,要先弄清其本质。看清人的本质,是知人、用人的关键之处。

《列子·说符》记载了伯乐推荐九方皋相马的故事。

秦穆公认为九方皋连马的颜色和公母也分不清,怎能懂得相马呢?伯乐却说九方皋相马的本领比他强千万倍,因为九方皋相马是看它的本质,是否具有千里马的特征,至于什么颜色,是公是母,他没有必要注意。

相马要把握它的本质特征,"相人"也是如此。善于知人用人的领导者都是从人才的本质特征中去考察人的,而不为其表面的一些现象所迷惑。领导者在知人用人上出现失误,都是因为他们只注意人才的一些表面现象,如貌好、会说、顺眼、合意等,而对于其人的德才却没有深加考察。人才的内涵,主要是德、才两个方面,而德是人才的灵魂。一个大有作为的人才,其才必须是建立在良好的德行基础上的;如果德行败坏,就不能很好地发挥作用,甚至可能走上邪道,害国害民害己。

今天的各级领导者在用人过程中,识人知人必须从人的本质出发,不能以一己之好或表面现象来认识和评价人才,否则便会给组织的事业带来损失。

领导者要做到科学、客观地识别人的本质,就必须全面了解人才。不仅要听取考察对象本人的意见,听其言,观其行,了解其过去历史情况和现实的表现,同时要多听来自各方面的意见;不仅要看到其优点,而且要看到其缺点。这样才能对一个人有本质的了解。

3.整体识人:科学的识人之法

在现实生活中,人们常常根据印象来识人。如果一个人在初次见面时给人留下了良好的印象,那么,"好人"的印象就容易形成对某人以后认识的定型模式;如果一个人在初次见面时给人留下了不好的印象,那么,"坏人"的印象就形成对其以后认识的定型模式。

在生活中,一些用人单位由于种种社会偏见,总是把人看偏了、看错了、"看死"了。

上述现象的根本之点就在于没有从整体上看人、知人。所谓从整体上看人,就是要从纵向、横向两个方面,全面、历史、具体地认识一个人。

领导者在用人时,切忌"情人眼里出西施",即不能以偏概全,要对人才进行总体上的认识。

领导者只有从整体上认识人,才能对一个人有比较全面、深刻、真实的把握和认识。一要全面地看人,把人的各个方面的表现、情况联系起来,从整体上把握人的本质。不可抓住一点,不顾其余,一叶障目,不见泰山。二是要历史地看人,不但要看人的一时一事,更要看人的全部历史和全部工作。三是要发展地看人。人是在实践中不断发展变化的,不可能一成不变,绝不能把人"看死",要看到人的潜力及发展前途。四是要在实践中看人,重在表现。要听其言而观其行,不能只听其言而信其行。

领导者要从整体上识人,就要注意运用综合性思维方式。所谓综合思维方式,就是将事物经分析之后的各个部分、方面、层次联系起来,形成一个统一的整体去认识,得出一定的结论性认识,把从不同角度看人的结果进行分析综合,得到一个符合实际的总体认识。

领导者从整体上识人,就是要按人才基本要素的总体来识人。人才要素概括为德、识、才、学、体五个方面。德,指政治品德、伦理道德,德是人才的灵魂;识,指见识;才,指才能;学,指各科知识;体,指身体素质。这五个要素相互促进、相互制约、相辅相成地联成一个整体。领导者所要挑选的人应该是德、识、才、学、体五个方面全面发展的人才。但在实际工作中和现实生活中,没有十全十美的全才,只能用其长避其短,做到人尽其才。这也是领导者从整体知人的基本思想。

4.考察识别人才的主要原则

考察识别人才的原则,也可称之为知人识人的原则,它是领导者考察识别人才的基本准则。在考察识别人才的过程中,这些原则对领导者的行动起着指导的作用。

(1)察言观行,以行为主的原则

在挑选识别人才时，既要察其言，又要观其行，但主要应该观其行。一个人的道德品质和智慧才能总是要通过一定的方式表现出来的。具体的表现方式可以说无可穷尽，千差万别，但归纳起来不外乎两大类：一类是言语；一类是行为。而在这两大类中最重要的又是行为。有的人花言巧语，能说会道，表面看来聪明过人，但观其行却发现他或者两面三刀，或者无所作为。这种人实际上无德无才，是口头上的君子，行动上的小人。一旦使用这种人，会给组织带来极大的破坏。相反，有的人不善言辞，但工作勤勤恳恳，且善于动脑筋，长于创造发明，工作有成绩，事业有成就。这种人是真正的实干家，在挑选时，一定不能漏选。当然，在考察识别人才时，察其言也是十分必要的。

(2)考察历史与考察现实相结合，以现实为主的原则

为了正确地、全面地识别人才，在挑选人才时，有必要对挑选对象的全部工作情况和表现，包括过去的和现在的工作情况和表现做一个全面而又深入的考察。一个人过去的工作情况和表现，是其德才在过去的表现，而一个人的现在则是从过去发展而来的。为了全面地认识和发现人才，考察其历史就非常必要了。然而，人又是发展的，过去好不等于现在好，过去不行不等于现在不行。因此，领导者不仅仅要考察人才的过去，更要特别注意考察他最近的工作情况和现实表现。在考察人才时，对历史的考察主要起参考作用，而决定一个人是否为人才的关键因素是人的现实表现。因此，挑选人才时考察重点要放在现实上，以现实表现为主。总之，这一原则就是要求用全面的、发展的眼光去考察识别人才。

(3)既看长处又看短处，但以长处为主的原则

金无足赤，人无完人。如果认为既然是人才，就不应该有缺点，或者说既然某人有缺点，就不可能成为人才，这都不是辩证法，而是形而上学。在辩证法看来，任何事物都是一分为二的，人才也不例外，既有优点，也有缺点。在考察识别人才时，对其优点要认识够，对其缺点要认识透。只有这样才能全面、公正地认识人才。特别值得注意的是：一是对于考察对象的长处和短处，一定要实事求是，切忌走极端，即说某人好就完美无缺，白玉无瑕；说某人坏就一钱不值，破石一块。用这种形而上学的方法是不可能发现人才的，真的人才也是会瑕瑜互见的。二是在考察人才的长处与短处时，对短处必须给予充分的认识，但同时必须以考察长处为主。如果只注意人才的缺点和错误，甚至对优点和成绩

视而不见,那么领导者就永远挑选不了人才。

(4)个别考察与团体评议相结合,以团体评议为主的原则

对人才的考察,主要有如下两个途径:一是个别考察,即由人才管理部门对人才进行一一的考察,对每个人写出组织鉴定或决定是否能入选;二是通过团队成员对人才进行评价,可以通过民意测验的方式进行。但是在具体操作中,应该两条途径并用,并以团体评议为主。

5.像曹操那样抛开选才之偏见

选拔人才的标准到底是什么?有些领导者总是把出身、资历、门第选才标准摆在首位。但事实上,领导者要切忌以偏见看人,这一点尤为重要。在这方面,三国时代的政治家曹操为后人做出了表率,他的唯才是举确实值得现代领导者学习。

(1)选才不要计较门第

曹操选拔人才不拘微贱,不拘品行,一心把那些具有真才实学的人统统选拔上来。

许褚只是乡间一名壮士,一到曹操手下就被拜为都尉,赏劳甚厚。他果然不负众望,作战勇猛无比,多次在危急时刻舍身救下了曹操的性命。

不以门第出身取人,使才干卓越的"卑贱者"脱颖而出,这才是真正的选才之道。那种用"有色眼镜"选才的领导者,只会使人才外流、荒废。

(2)选才不要仅凭资历

在选拔人才不凭资历方面,曹操堪称一位出色的领导者。他与袁绍兄弟之间在选才是否论资历问题上曾有过一场尖锐的冲突。

当时十八路诸侯在汜水关前被董卓的大将华雄打得束手无策,无人敢应战。关羽自告奋勇,"愿前往斩华雄头,献于帐下"。袁绍问是何人,又问现任何职。公孙瓒介绍关羽是跟随刘玄德的马弓手,袁术立即大怒说,你怎敢欺负我各路诸侯没有大将?凭你一名小小的马弓手,就在此胡言乱语,给我打出去。袁绍也在一旁添油加醋,说什么派一名马弓手出战,必被华雄耻笑。曹操却极力阻止袁氏兄弟,坚持让关羽出战,并叫人"酾热酒一杯",以壮行色。关羽这才"停盏施神勇,温酒斩华雄",立下"威镇乾坤第一功"。这时曹操非常高兴,而袁绍却仍大怒,并把关羽、张飞都赶出了大帐。曹操批驳袁绍,得功者应该赏赐,为什么要计较出身的贵贱、资历的高低呢?然后,为刘、关、张三人送去酒肉进

行抚慰。

在这里，曹操不计资历的选才主张得到了充分的表现，而袁氏兄弟的任人唯贵、任人唯资的旧观念也表现得淋漓尽致。两种不同的选才观，为袁氏兄弟的覆灭和曹操的胜利埋下了令人信服的伏笔。

其实，资历这把软刀子不知虐杀了古往今来多少有用之才。任人只看资历，只看过去的业绩，依仗特权论资排辈，在我国古代几乎代代相传。

时至今日，许多领导者在选拔人才的时候，也不自觉地戴上"有色眼镜"，以资历来评选人才。如果领导者用人唯资，就会僵化和凝固，就会失去朝气勃勃的生命力，从而停止前进的脚步。

(3)选才不要以年龄为标准

年轻，未必都不堪重任。曹操所选的文臣武将大多是英俊少年之辈。荀彧投靠曹操时才29岁，因其屡立功勋，从司马升至尚书令。郭嘉27岁就被曹操拜为祭酒。曹操与郭嘉论天下事，深为其才智所折服，郭嘉追随曹操11年，多立奇勋。除曹操外，东吴的孙权重用的大多也是年轻人。周瑜33岁挂帅，东吴老臣多不服气，资辈最高的程普被任以副将之职，心中更为不服。程咨回来告诉程普说周瑜调兵如何动止有法，程普惊赞，乃亲诣行营谢罪。在事实面前，程普不得不佩服孙权的任人选才。鲁肃投奔孙权时才20岁，但他能充分发挥才智，贡献也十分杰出。

以上这些史例都说明一个道理：只要有才智，年纪轻也可委以重任，干大事是完全可行的。

现在有些领导者在选拔人才时缩手缩脚，不敢起用年轻人，总认为他们还稚嫩，缺乏经验和阅历，挑不起大梁，总是说："再考察考察吧！"一等就是几年。殊不知，人才是等不起的。

总之，领导者应该以史为鉴，像曹操那样，撇开选人的偏见，走出选才的误区，真正做到唯才是举。

6.领导者切忌仅靠文凭、学历选人

在现实社会中，许多领导者选拔人才都要用文凭来衡量。在单位内部晋升、提拔，似乎有文凭才有机遇。即使是单位骨干，如果没有文凭，也将被无情地拦在界外，单位的各

种奖励与提升的机会都与之无缘。

问题的关键就在于某些领导者在认识观念上片面地强调文凭、高学历等于能力，误认为学历与能力成正比，高文凭、高学历就一定具备很强的工作能力，甚至把学历、文凭的高低当作选才用人的唯一尺度，并用它去决定下属的晋升与奖金的发放。显然，这种选才的认识与做法是错误的。如果领导者仅凭一张文凭，而不注重人的实际能力选拔人才，那就会把大批有真才实学的人拒于组织之外，造成人才流失。

学历固然重要，但它并不等同于能力。这是因为有很多具有高学历的人才，也许在某些特定的专业领域中适合从事理论、科技的研究工作，但不一定适合于实际的操作。如果不按能力的差异，仅凭学历选拔人才，难免会出现高学历、低水平的现象。

相反，有很多没有机会接受高等教育的人，通过艰苦的工作实践，积累了丰富的经验，其实际能力比受过高等教育的人要强得多。比如，日本“经营之神”松下电气公司的创始人松下幸之助，从12岁起就在脚踏车店里当学徒；世界著名的摩托车大王，被日本人称为“摩托之父”的日本本田技研总公司的创始人本田宗一郎，在16岁时就在一家汽车修理厂当学徒；被台湾称为“经营之神”、台湾最大工业企业——台塑集团的董事长王永庆先生，只念了几年小学，而后就到一家米店当小工。他们都没有接受过正规的高等学历教育，却通过自己的实践经验与自学能力为社会做出了贡献，成了杰出的人才。

从这些成功者身上可以看到，领导者选拔人才不能过分地看重学历，不能只把目光盯在文凭上。

作为领导者，不重视文凭、学历是不对的，因为文凭、学历必然反映一个人所受教育的程度，反映所学专业知识的深度和广度。但是唯文凭、学历论也是错误的，不可简单地把有学历、文凭的人都当成人才。领导者正确的态度应该是，既看文凭、学历，但又不唯文凭、学历；实事求是，重在看人的分析问题和解决问题的能力。

7.识才需要不拘一格，不拘泥于陈规

清朝思想家龚自珍，面对晚清时期人才“万马齐喑”的状况，发出了“不拘一格降人才”的呼声。龚自珍说的是晚清时代，其实在今天也应是如此。

众所周知，人无完人。若只识其短，则不能知人；若能看到人之优点，则能发掘更多的人才。领导者能否识人之长，关键还是要解放自己的思想，打破陈规陋习的束缚，排除个人主观的爱憎,去发现人才。“不拘一格”的“一格”,指的是前人已有的规范或是自己的习惯,唯有破除“一格”,大胆地用人,才能用好人,用对人。

在第二次世界大战中,时任美国总统的罗斯福在诺曼底登陆战中任用年轻的艾森豪威尔成为一绝。

1944年,以美国为首的盟军决定实施代号为“霸王行动”的诺曼底登陆作战。这一计划在1942年开始拟订时就受到了英美领导人的高度重视,他们商定,这一战役的最高统帅由一名美国人担任。最高统帅一职,马歇尔被有关人士普遍看好,因为他对世界六大战场的美军指挥有方,声名显赫,已经赢得了国内国外的充分信任。

这时,英美的重要人物都做出了表态。早在1942年7月31日,丘吉尔就在电报中致罗斯福:“如果任命马歇尔为‘霸王行动’的最高统帅,我们定会同意。”1943年8月,美国陆军部长也表示:“马歇尔凭着他的声望、素质和能力,一定能胜任。……我看再也没有比他更合适的人选了。”1943年秋,盟国首脑们在魁北克会议上一致同意马歇尔担任这一职务。

但出人意料的是,罗斯福却选择了马歇尔手下的一位陆军作战计划处处长——艾森豪威尔,而他的上面有36位比他职位还高的将领都没被任命。做出这样的决定,一方面是罗斯福需要马歇尔在自己身边出谋划策;但更重要的是,艾森豪威尔头脑冷静,目光远大,军事战略思想明确而坚定,并能果断决策,能排除各种困难的干扰。他还善于发挥诸兵种协同作战的优势,而且开朗乐观,善于团结。基于这些原因,排除资历年龄的影响,罗斯福大胆任用了艾森豪威尔。事实证明,罗斯福用对了人,艾森豪威尔领导盟军取得了诺曼底登陆战的胜利。这一胜利成为第二次世界大战西线战场的转折点。

领导者识人的关键在于“活”,不拘泥于陈规。反之,就没有创新,就不能发现更多的人才,就不能在事业上一帆风顺,蒸蒸日上。

(三)识人有道:察其方,观其色,看其行

1.识人需要听其言,观其人

古人云:言为心声。一个人的品性、才学、目光、身份等都会从其日常言语中表露出来。领导者识人的第一步,即是通过言语加以考察。领导者要根据不同人的言语判断其人格品性,依照优缺点对其进行锻炼,使其成为自己的得力助手。

(1)夸夸其谈的人

这种人侃侃而谈,宏阔高远却又粗枝大叶,不大注重细节问题。优点是考虑问题宏博广远,善从宏观、整体上把握事物,大局观良好,往往能在侃侃而谈中产生奇思妙想,富于创见和启迪性。缺点是理论缺乏系统性和条理性,论述问题不能细致深入,由于不拘小节而可能会错过重要的细节,给后来的灾祸埋下隐患。这种人虽然知识、阅历、经验都较广博,但都不深厚,博而不精。

(2)义正言直的人

这种人言辞之间表现出义正言直、不屈不挠的精神,公正无私,原则性强,是非分明,立场坚定。缺点是处理问题不善变通,因坚持原则而显得非常固执。但能主持公道,往往得人尊崇,不苟言笑而让人敬畏。

(3)抓住弱点攻击对方的人

这种人言词锋锐,抓住对方弱点就严厉反击,不给对方回旋的机会。他们分析问题透彻,看问题往往一针见血,甚至有些尖刻。由于致力于寻找、攻击对方弱点,有可能忽略了从总体、宏观上把握问题的实质与关键,甚至舍本逐末,陷入偏执中而不能自拔。

(4)速度快、辞令丰富的人

这种人知识丰富,言辞激烈而尖锐,对人情事理理解得深刻而精到。这种人接受新生事物的能力强,反应也快;做力所能及的工作,完全可以让人放心;但一旦超出其能力范围,他就可能显得慌乱,无所适从。

(5)似乎什么都懂的人

这种人知识面宽,随意漫谈也能旁征博引,各门各类都可指点一二,显得知识渊博,学问高深。缺点是脑子里装的东西太多,系统性差,面对问题可能抓不住要领。这种人做事,往往能生出几十条主意,但都打不到点子上去。这类人如能增强分析问题的深刻性,做到驳杂而精深,直接把握实质,就会成为优秀的、博而精的全才。

(6)满口新名词、新理论的人

他们接受新生事物很快,遇到新鲜言辞就能在日常生活中运用,而且有跃跃欲试、不吐不快的冲动。缺点是没有主见,独立面对困难时不能很好地解决,易反复不定,左右徘徊,比较软弱。如能沉下心来认真研究问题,磨炼意志,无疑会成为业务高手。

(7)说话平缓的人

这种人性格宏广优雅,为人宽厚仁慈。缺点是反应不够敏捷果断,转念不快,属于细心思考型人才,有恪守传统、思想保守的倾向。如能加强果敢之气,对新生事物持公正而非排斥的态度,会变得从容平和,有长者风范。

(8)讲话温柔的人

这种人用意温润,性格柔弱,不争强好胜,不轻易得罪人。缺点是意志软弱,胆小怕事,对人事总采取逃避态度。如能磨炼胆气,知难而进,勇敢果决而不犹豫退缩,会成为外有宽厚、内存刚强的刚柔相济型人物。

2.识人需要观其色,识其性

"色"是一个人的气质、个性、品格、学识、修养、阅历、生活等因素的综合表现,与肤色并无直接联系。"色"是一个人情绪的表现。

观察一个人的"色",发现他的沉浮静躁,是领导者善于识人的必备素质。

齐桓公上朝与管仲商讨伐卫之事,退朝后回后宫。卫姬一望见国君,立刻走下堂一再跪拜,替卫君请罪。齐桓公问她什么缘故,她说:"妾看见君王进来时,步伐高迈,神气豪强,有讨伐他国的心志。看见妾后,脸色改变,一定是要讨伐卫国。"

第二天,齐桓公上朝,谦让地引进管仲。管仲说:"君王取消伐卫的计划了吗?"桓公说:"仲公怎么知道的?"管仲说:"君王上朝时,态度谦让,语气缓慢,看见微臣时面露惭愧,微臣因此知道。"

齐桓公与管仲商讨伐莒,计划尚未发布却已举国皆知。齐桓公觉得奇怪,就问管仲。管仲说:"国内必定有圣人。"桓公叹息说:"白天来王宫的役夫中,有位拿着木杵而向上看的,想必就是此人。"于是命令役夫再回来做工,而且不可找人顶替。

役夫回来后,管仲说:"是你说我国要伐莒的吗?"他回答:"是的。"管仲说:"我不曾说到要伐莒,你为什么说我国要伐莒呢?"他回答:"君子善于策谋,小人善于臆测,所以小民私自猜测。"管仲说:"我不曾说要伐莒,你从哪里猜测的?"他回答:"小民听说君子有三种脸色:悠然喜乐,是享受音乐的脸色;忧愁清静,是有丧事的脸色;生气充沛,是将用兵的脸色。前些日子臣下望见君王站在台上,生气充沛,这就是将用兵的脸色。君王所说的都与莒有关。君王所指的也是莒国的方位。小民猜测，尚未归顺的小诸侯唯有莒国，所以说这种话。"

3.透过人的仪态可以识别人的修养

仪态端庄大方的，修养深厚、素质高；仪态邪顽、畏缩卑琐的，修养浅薄、素质差。观察一个人的"仪"，能发现他的修养高低。

一般来说，仪态庄猛的，勇武刚健；仪态沉稳的，谨慎有节；仪态圣端的，肃敬威严；耿介忠直的，仪态坚定端庄；果敢决断的，仪态威猛豪迈；坦荡无私的，仪态安详娴静。环境的熏陶对"仪"的形成有着极为重要的影响。高贵环境中的人自有一种逼人的气势和仪态。这可作为识别人物的一个外部根据。

汉武帝喜欢打猎，有时是群臣俱往，盛况浩大；有时则是轻服便装，只带小队人马。有一次汉武帝轻服便装打猎晚归，路经一村子借宿，开门的老头儿见来者不善，带着弓马刀箭，以为是盗匪，不敢怠慢。待汉武帝一行人歇下后，老头儿找老太婆商量，想去招呼集结其他后生小伙子来攻打这群"强人"。老太婆急忙止住老头儿："我看那领头的人气度不凡，容貌之间有种顶天立地、不为事势曲折的气概。这不应该是普通贵人的容貌，一般盗贼更不用提了，还是谨慎一点好。"

汉武帝的侍卫自然将此话听在耳中，报告给汉武帝。第二天早起，告辞。一夜无事，老头儿心中稍安。不过数日，朝廷下旨封这对老夫妇为官。原来汉武帝惊奇于老太婆的能耐，故有心照顾二老。

如此看来，老太婆虽不知道"知人之能"，但生活经验却教给她一些容貌与人心性、品质、才能的关系，故有此趣闻留传后世。所以，领导者要在识人时观其仪态，识其修养。

4.以"神"辨别人的正与邪

这里所说的"神"与"精神"一词不完全一样，它发自于人的心性品质，集中体现在面部，尤其是两只眼睛。观察一个人的"神"，可以辨别他的忠奸贤肖。"神"正其人正，"神"邪其人奸。

如果一个人的"神"平和端庄，"神"定，表明他道德高尚，对上级忠心耿耿，不会肆意叛主，也不会因周遭事物的变化而随意改变节操和信仰，意志很坚定。

如果一个人的"神"侵邪偏狭，"神"挫，其品格卑下，心怀邪念，容易见异思迁，随便放弃自己的道德情操而趋利。这种人平常善于掩饰自己，往往在准备充分、形势成熟后才显出本性，而不会轻易发难，不打无准备之仗，是大奸大贼的一类人。

王莽的名声并不太好，但就他本人的才能胆识而言，在当时也算得上一个极其难得的人才。如果他不篡取王位，不显露本性，仍像未夺得朝政大权之前那样勤奋忠心地工作，俭朴地生活，说不定会成为一个流芳百世的周公式的人物。

新升任司空的彭宣看到王莽之后，悄悄对大儿子说王莽神清而朗，气很足，但是神中带有邪狭的味道，专权后可能要坏事，自己又不肯附庸他，这官不做也罢。于是上书，称自己"昏乱遗忘，乞骸骨归乡里"。王莽可能也感觉到彭宣看出了一些什么，但由于抓不到他的把柄，也不得不同意他辞官。

王莽专权、篡位后，奸诈虚伪终于袒露于天下。如果王莽得势之前就有当权的人能发现他的心怀险诈，也许历史会是另一个样子。

"以形观人"错误多多。长相丑恶的人往往有善良、仁爱、忠诚的心。神则来自心灵本性，实难做假。以它来断人品性，确实可靠，简便易行。

观察一个人的"神"，可以识别他的智明愚暗。聪明敏慧的，其"神"条达明畅；愚钝鲁笨的，其"神"粗疏暗昧。

由于人性的复杂，加上个人修养和环境、营养等因素的影响，有的"神"表露得不十分明显，普通人难以对此一目了然。这就需要领导者运用经验和感觉去进行综合判断。

5.不能忽视观识人的个性

人的个性是指一个人气质与性格的综合表现。人的性格一般分为外向性格、内向性格和双重性格。

外向性格的人说话快言快语、做事风风火火，喜欢表现自己，以引起他人的注意。他们天性乐观、城府不深，喜怒哀乐都表现在脸上，喜欢结交朋友。

内向性格的人与外向性格的人正相反，他们不喜欢与其他人过多接触，把自己封闭在自己的内心世界里。内向性格的人不愿意也不擅长与他人交谈，他们做事很低调，不会像外向性格的人那样引人注目。

在实际生活中，绝大多数人都是同时兼有内向、外向两种性格特质，只不过有的人表现出来的外向特质多，有的人表现出来的内向特质多。在某些情况下表现出较明显的外

向特质,而在另外一些情况下表现出较明显的内向特质。领导者应根据不同性格的人的表现来识人。

(1)强毅之人

这种人性情硬朗,意志坚定,刚决果断,勇猛顽强,敢于冒险,善于在抗争性的工作中顽强拼搏,阻力越大,个人力量和智慧越能得到淋漓尽致的发挥。缺点是易失于冒进,骄傲于个人的能力,服人不服法;权欲重,有野心,喜欢争功而不能忍。他们有独当一面的才能,也能灵活机动地完成使命,是难得的将才。但领导者要注意把握他们的思想和情绪变化,这可能是他们有所变化的信号。

(2)雄悍之人

这种人有勇力,但暴躁,恃强鲁莽,为人很讲义气,敢为朋友两肋插刀。他们的优点是为人单纯,没有多少心机,敢说敢做敢当,有临危不惧的勇气,对自己佩服的人言听计从,忠心耿耿。缺点是对人不对事,服人不服法,任凭性情做事;只要是自己识定的人,不管他犯了什么错误,都盲目地给予帮助。

(3)固执之人

这种人立场坚定,直言敢说,也有智谋,可以信赖;行得端,走得正,为人非常正统,不论在思想、道德、饮食、衣着上都落后于社会潮流,有保守的倾向;也比较谨慎,该冒险时不敢冒险,过于固执,死抱住自己认为正确的东西,不肯向对方低头,不擅长权变之术。

这种人是绝好的内当家,是敢于死谏的忠直大臣。

(4)宏阔之人

这种人交游广阔,待人热情,出手阔绰大方,处世圆滑周到,能赢得各方面朋友的好感和信任。他们善于揣摩人的心思而投其所好,长于与各方面的人打交道;适合于做业务工作和公关,能打通各方面的关节。但因所交之人龙蛇混杂,又有点讲义气,往往原则性不强,很难站在公正的立场上论事情的是非曲直。

(5)冒动之人

这种人性格开朗外向,光明磊落,志向远大,卓尔不群,富于开创精神,凡事都想争前头,不甘落在人后,成功欲望强烈,永远希望自己走在成功者的前列。缺点是好大喜功,急于求成,轻率冒进,如果在勇敢磊落的基础上能深思熟虑、冷静应对,则能取得重大成就。

(6)朴露之人

这种人胸怀坦荡，性情质朴淳厚，没有心机，不善机巧，有质朴无私的优点；但为人过于坦白直诚，城府不够，甚至可能被大家当作傻瓜和取笑的对象。与这种人合作，尽可以放心。但因其办事草率，有时又一味蛮干，不听劝阻，所以，领导者使用此类人时要有所注意。虽说坦诚是为人处世的不二法门，但做事如竹筒倒豆子，少了迂回起伏，也未必是好事。如果能多一份沉稳，多一点耐心，正确运用其诚恳与进退谋略，成就也不小。

(7)柔顺之人

这种人性情温和，慈忍善良，亲切和蔼，不摆架子，处事平和稳重，能够照顾到各个方面，待人仁厚忠恕，有宽容之德。如柔顺太过，则易随波逐流，缺乏主见，不能果决，也不能断大事，常因优柔寡断而痛失良机。因与人为善又可能丧失原则，包容袒护不该纵容的人，许多情况下连正确的意见也不能坚持，对上级有随意顺从的可能。如能果决刚断一些，正确地坚持或争取，大事上把握住方向和原则，以仁为主又不失策略机变，则能团结人才共成大事。

(8)拘谨之人

这种人办事精细，小心谨慎，很谦虚，但疑心重、顾虑多，不敢承担责任，心胸不够宽广。他们善于驾轻就熟，在力所能及的范围内能很圆满地完成任务；一旦局面混乱复杂，就可能头昏脑涨而做不出果断、正确的抉择，难以在竞争严酷的环境中生存。他们生活比较有规律，习惯于井井有条而不愿随便打破安静平稳的节奏。适合于做办公室和后勤等按部就班、突变性少的工作。

(9)辩博之人

这种人勤于独立思考，所知甚博，脑子转得快，主意多，是出谋划策的好手。但因博而不精，专一性不够，很难在某一方面做出惊人的成就。他们不愿循着前人的路子，因此多有标新立异的见解；口辩才能往往也很好，加上懂得多，交谈演讲时往往旁征博引；为人一般比较豁达，因此也能得到上下人士的尊敬。如能再深钻一些，这类人有望成为百科全书式的人物。

(10)狷介之人

这种人清廉端正，洁身自爱，从本性上讲不愿贪小民之财，富于同情心和正义感，因此，看不惯各种腐败而不愿为官，即使为官也是两袖清风，不阿谀奉承；偏激的可能就此辞官不做，去过心清神静的神仙日子。由于他们原则性极强，一善一恶界限分明，有可能导致拘谨保守，又因耿直而遭奸人忌恨、陷害，难以在政治上取得卓越成就。

(11)沉静之人

这种人性格文静，认真执着，有锲而不舍的钻研精神，因此往往能成为某一个领域的专家或能手。缺点是过于沉静而显得行动不够敏捷，凡事三思而后行；兴趣不够广泛，除兴趣所在之外，不大关心周边的事物；尽管平常不大爱讲话，但看问题又远又深，只因不愿讲出来，有可能被别人忽略。其实仔细听听他们的意见是有启发的。

(12)韬谲之人

这种人机智多谋又深藏不露，心中城府深如丘壑，善于权变，反应也快。他们往往看风使舵、察言观色地确定自己的行动路线，诡智多变；办事能采取比较得体的方法，表面谦虚，实际上可能暗藏报复心。如果立场不坚定，则易成为大奸之人；如果忠正有余，则会成为张良一类的奇才。

用人讲求乱世用奇，治世用正。这种人不论在乱世还是治世，都能谋得自己的一席之地，是懂得变通、善于保全自己的一类人。因其诡智多变，可能节气不够，不宜选派这种人掌管财务、后勤供应等事。

(四)明察秋毫：要看到别人看不到的东西

1.识人要识"庐山"真面目

就识人而言，常常会出现这样的问题：从上往下看，会把人看矮了；从下往上看，会把人看高了；从近往远看，会把人看小了；从门缝往外看，会把人看扁了。领导者只有从"远近高低各不同"的角度，全方位、多角度地去识人，才能把人看准、看透。

"一鸣惊人"的楚庄王，可算是我国古代君王中从独特方位识人的范例。

庄王即位三年，但是，却从来不曾关心过政事，每天只是饮酒作乐，不分日夜地游玩。他还贴出了布告说："谏者处死刑。"

一两年过去，臣子中有许多人也暗自庆幸君王是个好逸乐之人，于是这些臣子也陪着他一同玩耍。不过,也有一些对庄王不以为然、不愿随之沉沦的臣子。

某一天,重臣伍举抱着被诛杀的决心来到庄王面前。当时,庄王左手抱着郑国的丽人,右手搂着越国的美女,带着轻微的醉意接见他。"臣万分惶恐,希望告诉王上一些话。"

"你难道不知道我已昭告天下'谏者处死刑'吗?""其实,臣只是想说个谜语给大王猜猜。""哈哈!是谜语啊!那就没有关系。你说说看吧。""是这样的:山丘上有一只鸟,栖息在那儿已经三年了。这三年里它不飞也不叫。请问它是只什么鸟?"庄王听了以后,就回答他说:"它虽然三年不飞,但却可以一飞冲天,它不鸣则已,一鸣则天下惊,你说的话我都明白,退下去吧!"

庄王严肃的表情一过,代之而起的又是一副玩世不恭的样子。之后,庄王依然没有改变,而且玩得比以前更过分了。

重臣苏从说话向来直来直往,毫不留情面。这回他冒着被处死的危险,打算向庄王进谏。庄王见苏从来谏便再三地叮嘱他:"你应该知道我那个'谏者处死刑'的布告吧!"苏从回答说:"如果能唤醒沉睡的君王,我这区区小命,就算是牺牲又如何!"庄王原来就在等待,看谁会对他提出强烈的意见。现在,时候到了,他突然停止游乐,重新整顿起国中政事来。他把当初和他一起游乐的数百名臣子全部加以处分,把国事委任于伍举、苏从二人。

由此可见,庄王实际上故意沉迷于玩乐,然后趁机安安稳稳看臣子的表现如何。等到他弄清楚了谁是可造之才、谁是不可靠的人,就当机立断地调整人事,从而巩固了政权和国家的基石。

现代领导者不必学庄王的"三年不鸣不飞",但可以多学习和利用他与众不同的识人用人的谋略。

2.领导者莫让"浮云"遮望眼

我国北宋政治家王安石的诗"不畏浮云遮望眼,只缘身在最高层",意思是说,只有站得高,才能不怕浮云遮眼,看得清晰透彻。同样,领导者在识人问题上,也只有站得高,才能看得清晰透彻。领导者要站在较大的范围内、较高的层次上来看问题和想问题。如果领导者站在较高的一层来看较低的一层,有助于克服故步自封或者"夜郎自大",从而更

准确地及时发现和识别真才实学者。在识人时,领导者要升高一层观察、思考或比较,第一是站得高,看得远;第二是居高临下,看得清。这样,领导者就会对识人问题产生新概念、新方法,就会突破原有的识人的习惯领域,使自己有所创新,有所前进。

领导者在识人的问题上,不仅要站在前人的肩上,从历史的高度来识别人才;而且要站在时代的高度来识别人才,从当今所处的信息时代来识别当今时代各行各业所需要的人才。历史在前进,时代在发展,领导者要用发展的眼光识别人才。在识别人才时,既要立足当前,又要着眼未来。站在时代发展的高度来识别当前社会主义现代化建设所需要的各类人才,以满足当前的需要;同时又要考虑到未来对人才的需求,识别跨世纪所需要的人才。

3.既要看到人的长处,又要看到人的短处

一般来说,每人都有其所长,有其所短,如能发掘人之长处,则能发现更多的人才;如不见人之所长,只寻人之所短,将人为地造成人才缺少甚至无才。因此,只视人之所短,则不知才;能发现人之所长,则人才来源不绝。

要发现人之所长,使众多人才涌现,领导者必须抛弃论资排辈的成见,排除个人的爱憎,眼睛不只是向上看,还要向下看,不拘一格地选人才,这样才不会导致人才在身边却视而不见。力戒"一叶障目",这既是知人用人的准则之一,也是事业能否取得成功的一个重要因素。

领导者要避免"一叶障目",就应该既要发现人的长处,也要发现人的短处。"一个人的长处里同时也包括某些缺点,短处里同时也含着某些优点。"例如,有的人才很有魄力,敢想敢干,但考虑问题往往不够周密,显得不够稳重;有的人才处事稳重,深思熟虑,却往往又魄力不足;有的人才原则性强,但工作方法却可能欠灵活等等。所以,领导者要用辩证的观点来看待一个人才的长处和短处,在看到一个人才的短处的时候,需要再分析一下,与短处联系的会有些什么长处;在看到他的长处的时候,也要分析一下,与长处相联系的还可能有什么短处。

领导者要避免"一叶障目",还应该善于发现各类人才的特点。人才,不是全知全能的完人,但各有特点。有的是通才,有的是多才,有的是专才;有的精通某种专业,有的具备多方面的才干;有的懂专业但缺少组织领导能力,有的则二者兼而有之等。领导者的责任，就是根据其长处和特点，量才使用，为各类人才提供最能充分施展才能的机会和条件，使人尽其才，才尽其用。

4.识人不可以偏概全，不可以短掩长

领导者知人识人应该力求全面。看人要以他的全部历史中的全部表现为衡量依据，决不可单凭一时一事而以偏概全，也不可以短掩长。

(1)切忌以偏概全

领导者知人要深，知人要全，必须通过“日观其德，月课其艺”的全面考察，才能得出正确的结论。识人才既不能一俊遮百丑，也不能只见不足、不见长处。具体说来要注意两点：

①不要以点代面。对人才要全面识别，最忌讳的就是以点代面。

三国中的吕布，武艺超群，但为人反复无常，贪恋钱财美色。他早年投奔丁原，丁原很器重他的武艺之道，却忽视了他的德行。结果，董卓用小恩小惠赠马送金便将吕布收买过去了。吕布利欲熏心，反手杀害了丁原。同样，王员外了解吕布贪恋美色，将貂蝉许配给他，用反间计挑拨吕布与董卓父子之间的关系。董卓犯了同丁原一样的错误，不识吕布的品德。结果，吕布在美色的逼诱下又亲手杀了器重他的干爹董卓。丁原与董卓都在识人方面吃了大亏。

②对人的评价要全面。人都有缺点，不可能十全十美，因此，在考察人时就要将其优点和缺点分开。尤其应当注意的是，不能由于有一些鸡毛蒜皮的毛病就大惊小怪，甚至全盘否定。

③不可以一事之成败论英雄。办成功一件事，就言其才干非凡；或一件事没办好，失败了，就言其无能。这样，未免过于片面，有失偏颇。在多数情况下，一次成败并不足以概括全貌。

那么，如何才能避免以一时一事之成败论英雄呢？答案是全面识人。

(2)切忌以短掩长

识人要全，知人要细，为的是识人所长。识人的目的是用人，因此，着眼点应放在一个人的长处上，注意力应集中在一个人的优点上。正如管理专家德鲁克所说：“一个聪明的经理审查候选人决不会首先看他的缺点，至关紧要的是要看他完成特定任务的能力。”

事实上，人各有所长，亦各有所短，只要能扬长避短，天下便无不可用之人。从这个意义上讲，领导者的知人、用人之道，关键在于先看其长，后看其短。

唐代柳宗元曾讲过这样一件事：

一个木匠出身的人，连自身的床坏了都不能修，足见他锛凿锯刨的技能是很差的。可他却自称能造房，柳宗元对此将信将疑。后来，柳宗元在一个大的造屋工地上又看到了这位木匠。只见他发号施令，操持若定，众多工匠在他的指挥下各自奋力做事，有条不紊，秩序井然。柳宗元大为惊叹。

对这人应当怎么看？如果先看他不是一位好的木匠就弃之不用，那么无疑是埋没了一位出色的工程组织者。这一先一后，看似无所谓，其实十分重要。

从这个故事中领导者是否可以悟出一个道理：若先看一个人的长处，就能使其充分施展才能，实现他的价值；若先看一个人的短处，长处和优势就容易被掩盖和忽视。因此，领导者看人应首先看他能胜任什么工作，而不应千方百计地挑其毛病。其实，任何人才，有其长必有其短，识别人才重要的一点就是不可以短掩长。倘若领导者在识人时，只注意某一个侧面，而这一侧面又正好是人才的缺点或短处，于是就武断地下结论，那么，这种识才的方式是非常危险的，大批人才将被抛弃或扼杀。

某些领导者在识别人才的问题上，总是先把这个人的缺点摆在重要位置上，总是这也不行，那也不能让人放心，结果，埋没了许多人才。有的领导者到基层了解某下属的任职情况，也总是拿他身上的毛病来压人。这种事例在现实社会中几乎处处可见，原因就是这些领导者长期固有的主观臆断在作祟。对人求全责备，便会因其小过而忘其大美，既误人又误事；识大体，赦小过，才是每一位领导者所应具备的素质。

5.从不同的角度全方位地识别人才

(1)从在领导者前后的行为差异识别人才

仔细观察一个人在领导者面前和领导者背后的所作所为是否存有“误差”，据此对他的品行做出实事求是的评估。任何人，在领导者面前和领导者背后的言行，都不可能完全一致。在态度粗暴的领导者面前不敢说真话，见了不民主的领导者很少发表意见，遇到对自己不信任的领导者就保持沉默等。对于这些“合理误差”，聪明的领导者应该多从自身找原因，而不应该去责备下属。还有一种“不合理误差”就是人们常说的“当面一套，背后一套”。对于沾上此类恶习的下属，领导者就不能只看他当面“表演”，不看他背后“动作”，被其假象所迷惑。唯有通过仔细观察，有时甚至是长期观察，将他在领导者面前和领导者背后的言行进行认真比较，认真测出两者之间的“合理误差”，才能将品行端正的下属识别出来。

(2)从平时与关键时的行为识别人才

领导者需要仔细观察一个人在平时和关键时刻的行为表现是否存有“误差”，据此来测定下属实际具有的“使用价值”。在现实生活中，领导者通常可以遇到以下四种下属：第一种，平时表现平平常常的人，到了决定成败的关键时刻居然表现很出色；第二种，与前者相反，平时表现十分“出色”，似乎什么都能应付，可是一到关键时刻就露出了本来面目；第三种，平时和关键时刻都是一条“龙”，始终干得很出色；第四种，平时是条“虫”，关键时刻仍然是条“虫”，毫无起色。对于上述四种下属，如果只看他一时一事的行为表现，领导者难免会“误诊”。所以领导者既要看他平时的一贯表现，又要看他在关键时刻的重点表现，才能做出比较全面、准确的判断。在这方面，领导者应着重观察前两种下属，对于平时表现一般的“虫”，应该通过关键时刻的严峻考验，充分发掘“潜藏”在他身上的真才实学，避免大材小用，埋没人才。而对于平时表现很不错的“龙”，也应该拿到艰苦的环境中去摔打摔打，看看其中是否混杂着一些在关键时刻表现不佳的“虫”，以避免重演诸葛亮挥泪斩马谡的用人悲剧。

(3)从单独行动和集体行动中识别人才

领导者要仔细观察一个人在“单独”行动和“集体”行动中取得的实绩是否存有“误差”，据此来评估他实际具有的工作能力。有的人并无真才实学，一般喜欢参加“集体”行动，诸如，身边总喜欢带个年轻秘书；进行决策总喜欢找人“共同研究”；下基层抓工作总愿意派个“工作小组”；向上级汇报工作，手里总是拿着一份厚厚的材料；甚至和外商进行礼节性互访时也要带上好几个助手……此类下属身边一刻也离不开“拐棍”。他们尽管也取得了不少实绩，但是这些实绩并不能完全“归功”于他个人。为了准确评估此类下属的实际工作能力，领导者只需让他参加一两次“单独”行动，看看他和参加“集体”行动时取得的实绩究竟存有多大的“误差”，就可以得出大致的结论了。

(4)从顺境和逆境中识别人才

领导者要仔细观察一个人在顺境和逆境中的行为表现是否存有明显“误差”，据此来评估他的意志品质。有的人，在顺境中工作，情绪高涨，干劲十足，实绩卓著。可是一旦将他放到逆境中去工作，他马上就变得垂头丧气，一蹶不振。显然，此类人只适合在顺境条件下从事一定的工作。但是有的人遇到常人难以忍受的逆境，他们不仅没有失去前进的勇气，反而越发坚定了成才的信心，并且能以自己的出色努力在工作中取得令大家惊叹的实绩。显然，只有这样的人，才具有健全、坚强的意志品质，才足以应付一切艰苦、复杂的工作环境，也唯有他们才是最值得领导者信赖和依靠的中坚力量。

6.从生活细节中也可以辨识人才

生活上有些司空见惯的细节往往很少引起人们的注意和思考，牛顿却能敏锐地通过苹果坠地发现万有引力，瓦特能从开水壶冒气现象中得到启发制造出蒸汽机。在领导工作中也是如此，高明的领导者可以从下属的一个动作、一种习性中窥视人的本质，识辨人才。

曹操晚年曾让长史王必总督御林军马，司马懿提醒他说：“王必嗜酒性宽，恐不堪任此职。”曹操反驳说：“王必是孤披荆棘历艰难时相随之人，忠而且勤，心如铁石，最是相当。”不久，王必便被耿纪等叛将蒙骗利用，发生了正月十五元宵节许都城中的大骚乱，几乎导致曹操的垮台。

司马懿从王必嗜酒这一习性而预见此人日后将铸大错，以一斑而窥全貌。这与曹操在任用王必上一叶障目形成了鲜明的对比。

从生活细节上识别人才需要敏锐的眼力，发现别人不容易发现的特点，并且能在转瞬即逝的言行中发现某个人的隐蔽特征。只要领导者注意锻炼自己观察细节的能力，就不难发现每个人的奥秘。

朱端绶同志在《往事的回忆》一文中记述了周恩来同志对她进行“实际考察”的一个实例：“我在军委机关的那一段时间不长。事后才知道在那些日子里，周恩来同志出于对中央负责的需要，对我进行了实际考察。当时，大革命刚刚失败，在敌特遍布的上海从事党的核心机密工作更需要机警。我在为领导同志的秘密会议放哨时还兼有买开水的任务。有一次会正开到一半，我往屋里看了看，正好恩来同志拿起暖瓶塞子，接着又用手掌捂了下瓶口后重新塞回瓶塞。我知道瓶已经空了，就走进去拿起空瓶去买水。事后，恩

来同志表扬我工作机警时举了这个例子,我才知道他是在观察我适应复杂环境的能力。"

这段文字述及的是一件很小的事情:朱端绶从周总理的细微动作中发现暖瓶没水而及时去买了水;而周总理却"见微而知著",从这件偶然的似乎不经意的小事中观察到一个同志的机敏和适应复杂环境的能力。

领导者在实践中,有时为了考察和了解下属某方面的才能,还可以出题目让下属回答,或者让下属完成一个很小的任务来检验其是否合格。

7.辨别真伪人才,莫让鱼目混珠

求贤才,用人才,首先必须知人、知贤。知人在前,善用在后,这其中凸显了用人之道的逻辑内涵。复杂的现实要求领导者对人须仔细观察、认真辨析,不为表象所迷惑。领导者如果被类似的假象所迷惑,就容易看错人、用错人,"草萤为火,荷露为珠",而遗弃和伤害了真正的贤能之人。知人之难,就难在不辨真相上面。正如三国时代的人才学家刘劭在《人物志》中指出的那样:人才不被重用,不是因为其无才,只为用才者被诸多表面现象所迷惑而不识不用。

春秋时代的卞和两次献玉给楚王,皆被认为以假欺君,先后被砍去了左右脚。相反,白石却往往被人当作宝玉,真是"白石如玉,愚者宝之:鱼目似珠,愚者取之"。所以,领导者仅从外部表象观察是远远不够的。

早在春秋时代,孔子被困于陈蔡国境之间,七日没有进食。弟子颜回讨到些米来煮饭。饭熟了,孔子看到颜回从锅里抓饭吃。当颜回把饭端来时,孔子佯装没看见刚才的事,说,我方才睡着,梦见先君,他说只有清洁的食物才可送给人吃。颜回知道老师是在怀疑自己偷饭吃,便禀明老师,刚才是柴灰落进锅里,挑不出来,弃之可惜,学生就把那点儿脏了的饭抓来吃了。孔子这才发觉错怪了自己的学生,慨叹道:人们都相信自己的眼睛,看来眼见也未必都真实啊!

这个故事告诉人们,仅从表面现象来判断人很容易失误。有些表象能反映人的真实面目,而有些表象则纯属假象。

西汉时期,汉文帝曾问田叔:天下之士,谁是贤良忠臣?田叔回答是云中郡守孟舒。文帝说,边敌入侵,孟舒没有坚守住城池,还战死了好几百士卒,我已经罢免了他的官职,他怎么能算是贤良忠臣呢?田叔说,当时,孟舒率军已奋战几昼夜,疲惫不堪,故在敌军发起进攻时,不忍再令将士迎战。士兵见其如此宽厚仁爱,无不感动,争先恐后登城杀敌,奋不顾身,视死如归,所以,阵亡的人才多呀!文帝听到这儿,不禁慨叹道:"孟舒贤臣!"重新召孟舒为云中郡守。

像孟舒这种忠正贤良之士被领导者误解的,历代不绝。

隋朝的杨广,知道父皇母后不喜欢太子杨勇,便设法矫饰,只纳姬妾几人,与肖妃住在一起,住、食均很朴素。一次,其父杨坚到杨广住处,看见乐器弓弦大多断了,又都蒙着尘埃,如同未用过一般,就以为他不好声色,大为称"善"。于是,父皇母后更加轻视杨勇,愈加称赞杨广德行,杨广则处处表现其仁孝。有一次观猎遇雨,左右给他拿来油衣,他说,士卒皆沾湿,我哪能独穿此衣!令拿去。每次来朝,车马侍从,都很俭朴;敬接朝臣,礼极卑屈。其声名日隆,超过诸王。临回扬州时,入内辞母,故作留恋,洒泪依依。杨广伪装成功后,便开始构设夺宗之计。由于杨广善于矫饰,上下都称为仁孝,夺宗之计终于得逞。但是继位不久,却因其残忍、骄奢、淫乐而亡国。

杨广正是以"洁身"达到淫荡的目的,以虚直掩盖其奸佞之行为的。

那么,领导者怎样才能辨别真伪贤才呢?

(1)要不露声色地旁观

俗话说的"旁观者清",这句话有两方面的含义:其一是说领导者站在旁观者的立场上,可以平心静气,比较客观、准确、超脱地对人才进行多角度、全方位的观察;其二是说人才只有在缺少戒备心理,很少以取悦的心态进行"乔装打扮"时,呈现出来的才是比较淳朴的"真容"。一个投机者,对上和对下,其所作所为肯定是大相径庭、判若两人。任何一个人,包括那些最伪诈者,他们只能骗人一时,不可骗人一世;只能欺骗一部分人,不可欺骗所有人。领导者以旁观者的身份对人才进行客观公正的观察时,才能收集到真实信息。

(2)要面对面地直察

旁观认人主要是在旁观,而面对面的直察却要做到正面接触,通过直接"交锋"而获取对人才的认识。

诸葛亮总结出许多知人的方法。他从"地无常形,人无常性"的观点出发,主张从稳定的情境中考察别人,让其干事,考察他人。他提出"识人之道"的七个方法:对人才提出问题，让其分辨是非曲直，以考察他的立场、观点和志向；提出尖锐问题使其理穷辞少，以考察他分析问题的逻辑性、应变能力和敏感力；就某些重大问题，让其出谋划策，看他有无远见卓识和雄才大略；交与其最艰巨的任务，讲明困难与危害，看他的胆识和勇气；与其开怀畅饮，看他的自我控制力及其品性；让其干有利可图的事，看他是否保持清廉本色；委托其办事，看他能否如期完成，信守诺言。

领导者除了可借鉴这些知人方法之外，还要注意以下问题：

①领导者要注意保密性。要让被考察者在无拘无束、自由自在中淋漓尽致地表现自己，真正做到"我就是我"。

②考察的目的要明确。考察人才要有明确的目的，不能随心所欲，想到什么就观察什么。只有针对性强，才能找出所需的人才。只有这样，领导者才不会被表象所迷惑。

8.走出见微知著的识人误区

领导者在运用见微知著时，应该特别注意三种心理现象的影响：

(1)投射效应

投射效应是指人们在掌握信息不完全的情况下，为了认识一个人，将自己的某些特性归到被了解对象身上，从而歪曲被了解对象的某些特征。人们常说的"以己度人"就有这个意思。产生这种效应，往往主体本身有这种特性，当被了解对象在与自己的职业、环境、条件、任务相仿的时候，认识主体很容易"设身处地"地扮演角色，把自己的特性投射到被了解对象身上，使被了解对象更接近自己想象中的形象。

山东军阀韩复榘出身农民，深知早起耕耘的勤奋美德，所以他选拔干部也以"起得早"为标准。他清晨起后到处逛，看看谁起得早就任用谁，理由是起得早就一定是最勤奋的人，也一定就是有用人才。结果把一个打了整夜麻将天亮才回家的小职员提拔当了县长。

所以，领导者在识人时不要受投射效应的影响。

(2)晕轮效应

晕轮效应是根据一个人的个别品质，以点概面对这个人做出全面的评价。

例如，看到一个人衣着整洁，印象不错，则很可能认为他做事细心，有条理，甚至负责任；反之，若对某个人印象欠佳，就往往忽视他的优点。

卫灵公非常宠爱一个叫弥子瑕的美貌少年。一天夜里，这位少年家中传来他母亲患急病的消息，弥子瑕撒谎说已得到卫灵公的允许，就乘王室的牛车赶回家探望母亲。按理说，随便乘国王的车是要被处以刖刑的。但卫灵公知道这事后却说："冒刖刑之险，赶赴母亲病床前，是好样的。"

有一天，弥子瑕同卫灵公在花园里散步。花园里的桃子看上去甜得很，弥子瑕就尝了一口，果真非常好吃。然后他就把咬过的桃子递给卫灵公，卫灵公又大加赞赏地说："有好吃的东西不一个人独吞，而是让给我，真是好样的。"几年过去了，长大了的弥子瑕渐渐失去了少年时代的美貌，卫灵公对他也不那么宠爱了。卫灵公想起过去的事来："你扯谎，说得到我的允许，乘了我的牛车；另外还让我吃你吃过的桃子，该当何罪？"于是卫灵公处罚了弥子瑕。

对同一个人来说，在他爱的时候，即使是触犯了法律这样的大事，那个人也能得到赞赏；一旦这种爱没了，爱就变成了恨，并将其处之以法。可见，晕轮效应对"领导者识别人才"可以产生很大的影响。

(3)首因效应

首因效应又称"第一印象的作用"，就是领导者初次与人接触时，在心理上产生的对某人带有情感因素的一种认识倾向，往往影响以后对该下属全面、正确的认识。所谓"先入为主"就是这个意思。

在领导活动中，领导者仅凭第一印象而判定下属的好恶，就会误用人才，勿失良机。《三国演义》中有这样一个故事：

庞统拜谒孙权，欲效力东吴。但孙权见他相貌丑陋，心中先是不悦；继而又看他放诞不拘，更觉反感。最后，孙权竟把这位同诸葛亮比肩齐名的天下奇才拒之门外。

虽然相貌、礼节与才能本不相关，但孙权因先入为主形成了对庞统不良的第一印象，从而拒绝了诚心来为其效力的庞统。

总之，领导者的人际知觉出现了心理偏见，对人才的识别就不可能做到正确的"见微而知著"；只有克服了"三种效应"，才能避免对人才的判断误差，准确地识别人、用好人。

二、写好人才晋升这篇大文章

渴望晋升，渴望最大限度地释放出生命的价值，这是绝大多欺人的希望。

古人云："人往高处走。"每个人都希望出人头地，希望能够在事业发展上步步高升。

领导者在用人过程中需要适时地对下属人才予以提拔晋升。只有如此，才能充分调动起人才积极向上的热情，才能有效激励全体成员的士气，才能把最优秀的人放在最适当的岗位上，才能形成适宜人才成长的良性环境，促进组织的健康发展。

(一)为人才提供晋升的条件与环境

1.人人都希望在事业上步步高升

所谓晋升，是指领导者将下属人才或组织成员从低一级的职位提升到新的更高的职位，同时赋予与新职位一致的责、权、利的行为。以业绩为导向的晋升方法，是以挑战性目标的确立并为之付出努力而最终实现的过程。

人们通常都具有永不满足、追求向上的欲望。没有谁愿意永远生活在别人的光辉之下，也没有谁愿意经年累月地重复着昨天，更没有谁愿意一个职位做到老。可以说，只要不是平庸之辈，他都会渴望升职加薪的机会。

人之所以区别于动物，就在于人类具有思维，具有永不满足、永远渴望的天性。越是优秀的、具有远大抱负的人，这种天性越是表现得淋漓尽致。

领导者晋升下属人才，不仅对被晋升者是件重要的事情，对于整个组织的发展同样是一件重要的事情。晋升得当，可以产生积极的导向作用，培养优秀下属人才积极向上的精神，激励全体组织成员的士气；而晋升不得当，则会挫伤组织成员的士气。

因此，领导者在决定晋升下属人才时，需要做周详的考虑，以确保人选的合适。晋升还应讲求原则，不能仅凭个人的喜好而滥用领导职权。

2.给人才搭上晋升的"天梯"

作为一种有效的用人方法，晋升不仅可以增加组织成员的忠诚度，减少组织成员的流失，还可以提高组织的效率。

(1)晋升的方式方法

①设立职位阶梯。职位阶梯是指一个职位序列所列出的职位渐进的顺序，包括每个职位的头衔、薪水、所需能力、经验、培训等能够区分各个职位的不同方面。管理者可以将职位阶梯展示给员工，让员工有向上努力的目标和方式，从而达到激励的目的。

②进行职位调整。对于那些职位发展空间非常局限的一小部分组织成员而言,职位调整是最好的激励方法。领导者可以通过相关的职位调整使这部分组织成员找到更适合自己的工作岗位。对组织成员来说,这是一次晋升的机会;对领导者来说,它可以让组织成员发挥更大的潜力,做出更大的贡献。

③实行职位竞聘。职务竞聘即允许当前所有的组织成员来申请晋升的机会。通过职位竞聘可以增强组织成员的动力,同时减少由于少数领导者的偏爱而产生不公平晋升的可能。领导者在职位竞聘过程中,必须对所有应征者做出评估判断,并对被淘汰的应征者做出合理的解释。

④建立职业通道。组织成员的职业发展计划,一般会明确特定的职位,代表不同的可选择的发展道路以及组织成员要达到晋升条件所需的培训。领导者与组织成员共同制订适合组织成员发展的职业通道,可以让组织成员更加专注于自身未来的发展方向并为之努力。

(2)对拟晋升人员进行绩效评估

在进行晋升的时候,领导者需要谨慎地设立目标、规范晋升决策,给所有的员工以平等的机会。为了科学合理地做好晋升工作,领导者在做出晋升决策之前,必须对拟晋升人员进行绩效评估,以确定其资历和能力是否可以胜任所要晋升的职位。

①职位需求评估。有时,领导者很难去界定新职位要完成新任务所需的能力和技能。但领导者可以使用那些在做晋升决策时通常会考虑到的主要资源,如员工主管的推荐、绩效评估的结果、测评中心的测评结果、在组织中的工作经验、员工个人的职业目标和教育背景等。

②情境因素评估。领导者还需要考虑员工在新职位之前所处的情境,因为情境的变化会影响候选人的绩效,而且,情境因素常被证明是找出错误的有效方法。

③候选人资格评估。领导者要做的第三步是评估候选人的资格,包括新工作所需的知识、技能和个人品质以及候选人的能力和资历。

3.鼓励下属人才"毛遂自荐"

自荐就是自己推荐自己。这种方法要求自荐者根据自己的政治素质、专业水平、心理素质、工作实践以及抱负等,自我推荐从事所希望的工作或岗位。

自荐不仅是一种充分发掘人才的有效方法，而且是一种全面了解人才的素质优势和成才追求的理想形式。

从行为属性来看，自荐也属于"个人选择权"的范畴。不过，如果按照人们的传统习惯来理解，自荐通常是在领导者尚未发现、尚未考虑甚至尚未了解下属的情况下，下属主动采取的一种更为大胆的选择"成才目标"的行为。

历史上，通过自荐这条途径发现的人才是很多的。意大利的天才人物达·芬奇就是通过向斯福尔扎公爵写"自荐信"而得到召见、身膺重任的；《文心雕龙》的作者，我国南北朝时期的刘勰就是通过乔装打扮设法与当时的著名文学家沈约会面才得以脱颖而出的；就是唐朝大诗人李白、白居易也走过自荐的道路。

鼓励自荐是领导者一种有效的识人用人之法。其一，自荐对于那些使用不尽合理、一时又难以充分享受"个人选择权"的潜在人才来说，实在是一种最有效的显露成才意愿和素质优势的手段；其二，自荐能及时纠正人才的错用，是促使组织更全面地了解人才的成才志向，从而尽可能合理使用人才的一条重要途径；其三，自荐的愿望一旦得到满足，往往能使人才的心理生活跃升到一种积极的状态，从而在社会实践中产生难以估量的巨大能动作用。

实践证明，领导者合理使用自荐人才大都能够做到用当其"愿"，实现"工作需要"和"个人意愿"的和谐统一，从而使人才产生"最佳心理"。

领导工作的特殊职业性质决定了自荐的内在含义和表现形式，实质上就是对某一特定的"领导职务"的追求。由于在自荐者中间难免混杂着个别动机不纯的人，因而自荐有时似乎和"伸手要官"很难区分。

其实，要区分"自荐"和"伸手要官"也不难，只需对"自荐"者进行实事求是的具体分析。要弄清自荐者是德才兼备的"君子"，还是图谋私利的"小人"，可考察他是在什么情况下"自荐"的，究竟是为公"自荐"还是为私"自荐"。

4.采取有回旋余地的非正式晋升

不少领导者晋升下属人才时都会遇到这种情况：下属未晋升前工作成绩十分突出，威信也比较高；擢升后却令人失望，缺乏领导才能，打不开局面，也不能实现组织目标。这种情况的出现也属正常。一个人在没有担任某项职务之前，任何人都无法保证他是否称职,任何升迁都有一定的风险。所以,领导者经常犹豫不决:想为下属发挥作用提供机遇,又怕遴选失误,反为不美。

于是,有些领导者采用非正式晋升的方式,巧妙地解决了这个问题。所谓非正式晋升,就是在不正式授予职务的情况下,让他担负起这项职务的实际责任。具体操作上讲,在晋升某些下属时,先不正式宣布任命,而是授予临时负责人、召集人等非正式职务头衔,但实际上却使其负起全科室、全部门的责任(原主管调出或晋升)。经过半年或更长时间的全面考核,如果他表现得很称职,就可以正式任命为这一部门的负责人了。如果表现得不尽如人意,缺乏相关的素质,就免去他的临时负责人、召集人身份,让他回原岗位工作。需要注意的是,宣布免去非正式任命时必须非常自然、正常。比如,免去临时负责人时,先宣布新任主管的任命,那临时负责人的使命自然便结束了,大家都能理解,觉得很自然。

这个方法的好处就在于回旋余地大,领导者可进可退,既为下属提供了展示才能的机遇,便于选准人才;也能在下属不胜任时保全其面子,将冲击减少到最小程度。下属即使心里明白,也不会怨恨领导者。

5.提拔“后进”,让“泥鳅”变成“龙”

有些下属令领导者十分头痛,他们是组织中的“后进分子”,浑身上下都是毛病。作为领导者,对这些人必须报以诚恳的耐心,投入自己的热情,去关爱、帮助和提携他们。

任何事情都是有利有弊的。提携“后进”这件事对个人来说,是利大于弊的。歧视和冷落,只能使“小泥鳅”变为“老泥鳅”;提携和重用,“小泥鳅”或许可以成“大龙”。

提携“后进”,大胆使用,这些人可能会成为支持你、帮助你的力量;即使不成,至少可以使他们在工作中不拖后腿。

领导者“提携”后进下属的方式有很多种:

①给后进下属晋级。这是最明确也最为人所认同的提携,但也要看下属的才干如何,扶不起的阿斗反而会害了领导者,成为领导者的负担。

②调整后进下属的职务。这不一定是晋级,却可以让下属的才干得以充分发挥。

③给后进下属以助力。例如不捆绑下属的手脚,让他可以独立自主地做,以便磨炼他的才干。

④替后进下属解决困难。

⑤在悬崖前拉后进下属一把，明告他、提醒他或暗示他，让他免于毁灭或受伤。

⑥鼓励后进下属。在下属灰心、遭遇逆境、被小人打击的时候，在精神上支持他、鼓励他，让他振作起来。这也是一种提携。

不过，提携"后进"时，领导者也要有心理准备：

①承担风险的心理准备。看人不可能百分之百准确，有时也会把庸人看成将才；因此领导者提携了下属之后，有时候会有被拖累、遭背叛的危险。

②承担流言的心理准备。"提携"的动作如过大过广，会被人认为是在培植势力，甚至引起别人的反感和抵制，在大的团体里这种情形尤其常见。

(二)领导者要敢于提携超己之才

1.嫉贤妒能是领导者的大忌

妒忌是很多人的一种通病。妒忌有多种种类：自发式妒忌、自觉式妒忌、恶意式妒忌。见人有突出的成就，自己望尘莫及，由羡慕而产生妒忌，这是怎发式妒忌；因别人成就超越自己，但不服气，有意贬低之，这是自觉式妒忌；如是恐人超己，或已超己，怕取己位而代之，而加以毁谤，这是恶意式妒忌。

不论何种妒忌，都是嫉贤妒能的具体表现，只是程度不同而已。产生妒忌的人，是因自私、无能、胸怀狭窄，见人超己，便自觉、不自觉地产生妒忌，更甚者就加以毁谤，乃至陷害。这不仅不利于人才的发展，而且将阻塞贤才之路，甚至扼杀人才。领导者在用人过程中，妒忌是最大的敌人之一。

历史上，不少人才被打击、排挤甚至杀害，这都是嫉贤妒能的思想在作怪。

春秋战国时，荀子到楚国谋职。当时春申君任其为兰陵令，因为听信了宾客的谗言，认为荀子是"天下贤人"，如果荀子留在楚国将对自己的地位构成威胁，便将荀子辞退。等到荀子到了赵国并且被称为上卿时，春申君又听信另一宾客，认为荀子在赵国辅政的话，赵国的势力肯定会比楚国强大，遂又派人去请荀子回楚，以控制荀子使他不为别国所用。其实，辞退荀子也好，再聘请荀子也好，都是春申君的个人妒忌心理在作怪，而不是任用贤才以富国安民。荀子一眼便看穿了他的用意所在，严予拒绝。

现代领导者应该以历史为鉴，以事业为重，以人才为本。只有摒弃自己在识人用人中的嫉贤妒能之心，才能真正使人尽其才，才尽其用。

2.提携超己之才考验着领导者的品格

领导者制订和确立一条提携超己的用人原则，并不困难；从理论上弄懂它的含义，也很容易。但是，领导者要在实践中认真贯彻执行它，就比较难了。

①有的领导者似乎也承认提携超己之才有利于实现既定的管理目标，但是他们往往将这一用人行为看成某种用于一时的策略，而不是长久有效的原则，因而在实践中表现为：在取得政权之前，或者在实现某个管理目标之前，能够放手起用能力超过自己的下属来为自己服务；一旦政权到手，大功告成，就不再起用这些下属甚至走向反面，转而无情地抛弃、压制、打击、迫害这些有才干的下属了。在这些领导者眼里，提携超己之才只不过是一种临时有用的策略，甚至是一种权术。这种做法很难用好各类人才。

②有些领导者在选用能力不如自己的下属时通常不存在什么心理屏障，用起来也比较放心大胆；倘若让他选用某个能力胜过自己的下属，就容易在心理上产生不安全感。具体说来，主要有两怕：一怕下属不好领导；二怕下属超过自己，甚至取代自己。这种心理上的不安全感，说穿了，就是患得患失的私心杂念在作怪。领导者对有才干的下属在心理上存有的不安全感，是放手提携超己人才的主要心理屏障。要想克服这一心理屏障，领导者必须进一步树立和培养高尚的道德情操，真正做到以党和人民的利益为重，以大局为重。唯有这样，才能公道正派地识别人才，使用人才。

③由自尊、自信、争强好胜、怕丢脸面、担心自己“贬值”甚至还有嫉妒等所交织成的复杂心理，常常会诱使一些领导者在用人过程中人为地产生“认识误差”和用人认识“伸缩度”。他们可以心情轻松地承认能力一般的下属在某一方面胜过自己，却断然否认那些能力非凡的下属在任何方面都有资格同自己“媲美”。在这种“认识误差”和用人认识“伸缩度”的影响下，势必会产生用人实践中的“行为误差”和用人行为“伸缩度”。于是，一些能力胜过领导者的下属就很难得到及时起用了。因此，领导者自觉培养健康的心理品质是至关重要的。

④提携超己之才，领导者还要看下属的道德品质。因下属在德的方面不够完美而去否定他的卓越才能是不足取的。在实际生活中，由于受僵化思想的影响，此类事情时有

发生。在具体运用提携超己原则时,各级领导者应该掌握这样一个“度”,即:只要下属在品德方面不存在严重问题,哪怕他的才能仅仅在某一方面超过自己,也应该有勇气承认这一客观事实,并且尽力发挥他的才能,大胆起用他。要知道,古今中外任何一个领导者,在德的方面都不可能是完美无缺的;即使是那些在德方面对下属百般挑剔的领导者,其自身在德的方面也不见得那么完美。

总之,在实践过程中,领导者提携超己之才会遇到许多复杂的情况,受到各种主客观因素的影响和干扰。并非所有的领导者都能得心应手、灵活巧妙地运用这一用人方法。但是,当领导者一旦克服了各种困难,果真做到了这一点时,那么,距离事业上的成功也就不远了。

3.提携超己之才能够增强领导者的实力

选用能力超过自己的下属人才,从人才管理学的角度看,领导者可以获得良好的效应,至少可以获取以下五点明显的好处:

(1)能与领导者的能力产生互补效应

选用能力非凡的下属,将使他们与领导者之间发生有益的互补共振效应,产生思想互补、知识互补、能力互补、个性互补、见识互补……从而极大地提高和增强领导者的“实力”。

(2)有利于提高领导者的威信

敢于选用能力超过自己的下属,这一举动本身就是最具有感召力和说服力的。它既表明领导者的自信、豁达和大度,又说明领导者具有爱才若命、求才若渴的美德,还说明在这样英明的领导者的统帅之下,事业必定兴旺发达,人才必定前程似锦。因此,领导者只要放手提携一个能力胜过自己的人,在他周围,势必很快围起一群各有所长的人才,形成一个以领导者为核心的人才团。

(3)能有效地获取下属对自己的“忠心”

领导者都需要下属对自己忠心,为了达到这一目的,有的领导者不惜动用强大的舆论工具来为自己涂脂抹粉;有的领导者想方设法要弄权术来笼络人心;还有的领导者宁可起用唯唯诺诺的庸人,也不重用有真才实学的能人。然而,事与愿违,这些领导者尽管付出“高价”,却并没有真正赢得人们对他的“忠心”。他们忘记了这样一条最起码的常识:在领导者和被领导者之间,只有通过健康的"感情传递",才有可能获得下属对上级的尊重和信赖;在此基础上建立起来的"感情纽带"才是最牢固的。对于下属来说,最能打动人心的,莫过于领导者用实际行动来表明对自己的信任和重用,尤其是当自己的能力明显胜过领导者的时候,更是如此。因此,当领导者果真做到了这一点时,尽管这种行为看起来是最"廉价"的,却能够一下子赢得下属对领导者的最宝贵的拥戴和忠诚。

(4)有益于保障整个管理机器的正常运转

在一般情况下,领导者的整体综合素质总要优于被领导者。在一个地区、一个单位,能力胜过领导者的下属毕竟只占极少数。然而,正是这些为数不多的下属,在整个管理机器上,却占据着十分重要的位置。他们释放的能量、从事的工作往往是普通人的几倍乃至几十倍。因此,努力和这些下属搞好关系,就不仅仅是领导者和少数人之间的个人小事,而是关系这些"零件"能否发挥重要作用、整个管理机器能否保持正常运转的大事了。领导者放手提携能力胜过自己的人来为自己服务,恰恰能起到充分挖掘这些"零件"的潜力,使他们能够在最关键的部位发挥"轴心"效能的重要作用,因而也就最有效地保证了整个管理机器的正常运转。

(5)有利于巩固领导者的领导地位

有的领导者担心提携超己之才会威胁自己的领导地位,其实,这种担心完全是多余的。应该看到:能力比自己更强的人,他们有的是技压群芳的真本事,他们不需要也不企望凭借溜须拍马等不正当手段来混饭吃。凭着真本事,他们不仅能出色做好各项难度很高的工作,而且在必要的时候,他们也完全能够运用合法的手段来和昏庸的领导者做斗争。为此,要想巩固自己的领导地位,唯一的正确方法就是放手起用这些有真本事的下属,用实际行动团结他们,使他们心悦诚服地为自己服务。

4.领导者切忌像武大郎那样"开店"

作为领导者,切不可目中无人、唯我独尊,认为组织中所有的人都不如自己;或者以一副妒贤嫉能的狭窄心肠,对于超过自己的人横挑鼻子竖挑眼,甚至搞武大郎开店,高于我者一个都不要。一个领导者,假若对人才采取这种态度,已得人才也会舍你而去,正在归奔你的人才就会望而却步。

梁山泊第一个寨主白衣秀士王伦就是一个气量狭窄的人。当八几万禁军教头林冲前来投奔时,他不为山寨增添人才而高兴,反而想自己没几分本事,林冲是京师禁军教头,必然好武艺;倘若被他识破自己的手段,他须占强,为免后患,就要发付林冲下山。后来经林冲再三恳求,朱贵、宋万等人力劝,才勉强答应。

古今中外凡是能干一番事业的人,都是能够容才的人。其实,人无全才,任何伟大杰出的人物,在某一个方面不如他人都是不足为奇的。作为一个伟大的领导者,其最杰出之处恰恰表现在对待人才的态度和心胸上。

以贩卖草鞋编席为生的刘备,在群雄争霸中之所以能够成为鼎足之一,主要原因就是他善于容人用人。按说,刘备智不如诸葛亮,勇不如张飞,武也不如关羽、赵云等,但其可贵之处就在于能够容纳各式各样的英雄好汉,借助他们以成就霸业。

北宋时的欧阳修也具有博大的容人之量。当21岁的苏轼进京应试时,适逢礼部侍郎兼翰林侍读学士欧阳修任主考官,试题是《刑赏忠厚之至论》。苏轼在仅600余字的文章中初步阐明了他一生所遵循的从政治国的思想。欧阳修看后,深深为苏轼的才气所感动。他准备取这篇文章为第一名,但又怕是自己学生曾巩的文章,为避嫌疑,才作为第二名。后来欧阳修曾对别人说:"读轼书,不觉汗出。快哉!快哉!老夫当避路,放他出一头地也!"

有的对比自己弱的人还敢奖掖,对与自己旗鼓相当甚至可能超过自己的人就不敢奖掖,生怕动摇了自己的权威宝座。欧阳修明明看到苏轼将会超过自己,却大力奖掖,心甘情愿地"放他出一头地也"。这种容才之量令人肃然起敬。

因此,领导者在识人用人时要以海一样的胸怀接纳各种贤才能人,只有这样才能促进组织的发展。

(三)鼓励人才之间的良性竞争

鼓励竞争,是领导者在用人行为中经常采取的一种十分重要的用人谋略。它能以极其低廉的精神投资和物质投资最大限度地发掘人才资源。因此,各级领导者应该积极探索各种行之有效的激励方法,尽力创造一种紧张、激烈、健康、和谐的竞争局面,使每个下属都能在这种良性竞争中充分发挥自己的聪明才智。

1.适度的竞争能使人才士气高昂

我们正处在一个竞争的时代。心理学实验表明，竞争可以增加50%或更多的创造力。因为每个人都有上进心、自尊心，耻于落后。竞争是刺激人们上进心的最有效方法之一。没有竞争，就没有活力；没有压力，就不能使组织和个人发挥出全部的潜能。

要使组织获得长足发展，领导者应向下属人才说明竞争力的重要性，并与他们一同努力，共同进步。

竞争不会消失，任何人只能与竞争共存。在对下属人才的管理中，领导者引入竞争的机制，让每个人才都有竞争的意念并能投入竞争之中，这样，组织中的活力就永远不会衰竭。

竞争的形式多种多样，像进行各种竞赛，公布竞赛成绩，奖励优胜者；进行各种职位竞选；用几组人员研究相同的课题，看谁的解决方式最好等等。还有一些可以视作隐形的竞争，如定期公布下属人才的工作成绩、定期评选先进分子等。领导者可以根据本组织的具体情况，不断推出新的竞争方法。

竞争中需要注意的问题是，竞争的规则要科学、合理，执行规则要公正；要防止不正当竞争，培育团队精神。

竞争不合理，不但不能激励下属人才，反而会挫伤下属人才的士气，甚至使优秀人才受到揶揄。所以，制订规则要科学、合理，使所有竞争者都站在同一条起跑线上。

执行规则要公正无私，对所有竞争者一视同仁，不能厚此薄彼，任何一点不公正都会使竞争的光环消失。领导者要明白，失去了公正，竞争就失去了意义，只有公正才能达到竞争的目标。

2.引入竞争机制，产生鲇鱼效应

用人机制中的“近亲繁殖”会给社会、组织带来危害。它不仅会造成编制膨胀、人才流动困难，形成盘根错节的社会关系网；而且会导致正不压邪现象，是非无标准，亲疏定界限，赏罚无度，群众怨气冲天，单位有惰性。更为严重的是，还容易滋生徇私舞弊、权钱交易、裙带关系等腐败现象。对此，领导决不能掉以轻心，必须引起足够的重视。

据说，挪威人喜吃新鲜沙丁鱼，而渔民们每次捕捞归来时，大多数沙丁鱼在途中就死了，只有一艘船总是能带着活鱼返港。其奥妙就是该船在鱼槽里放了几条鲇鱼，沙丁鱼因受到威胁而不得不四处游动，避免了窒息而死。这就是人们所说的“鲇鱼效应”。

可见,要想避免因用人机制"近亲"而引起的"窒息",也需要大胆地调入一些"鲇鱼",断然调出一部分"沙丁鱼"。加强人才交流,引进竞争机制,使一个企业的员工真正活起来,打破清一色,造成一个"能者上,平者让,劣者下"的局面。因此,企业在选配人才时,一是要注意防止出现"家庭式""亲友式"的血缘链;二是打破由老熟人、老朋友构成的关系链。领导者要建立一套科学完善的用人机制,使选拔工作更加科学化和法制化,做到有章可循,有法可依。这样才能从根本制度上解决企业人才队伍素质的退化问题。

3.给予下属人才争强抢先的机会

用人中引入竞争的目的是为了人尽其才,促进组织事业的发展。为了达到这一目的,领导者还必须为每一个下属提供各种竞争的条件,也就是工作进取的条件,尤其是要为每个下属提供争强的机会。这其中包括:

①尽才机会。即安排适宜的工作、对口的专业、便利的工作条件、较好的工作配合。

②失败复起机会。工作失误或失败以后,要尽量为下属提供"东山再起"的条件,以激励其总结经验,吸取教训,使其更加努力。一个不怕失败的能人比一个不失败的庸人更有用处。

③进修机会。即在工作中为下属提供学习时间、费用及其他条件,使其在知识更新中不断得到补充,以不断增强其工作能力和竞争能力。

④进取机会。即使其在胜任现职工作的基础上,在职务上、学业上能够有所上进,为其一展宏图创造条件,为其实现伟大抱负铺好台阶。

领导者在给予下属争强机会时,必须注意机会均等原则。即不仅在竞争面前人人平等,而且在提供竞争的条件上也要人人平等。这些条件包括:

①经济条件。凡是工作、科研或学习所需要的费用以及其他必要的开支一律平等对待;凡是在事业上有所发展、在工作中取得成果的,一律根据其相应的效益给予应得的奖励和报酬。

②政治权利。作为公民,毫无疑问,应享受宪法规定的同等权利;作为下属,也应享受组织或单位规定的各种权利,例如,工作权、决策权、建议权、学习权以及选举权和被选举权等。

③选择机会。即在选择时要保证有统一的尺度,也就是要讲求真才实学。在这一尺

度面前，一切关系、门第、地位等都应驱逐出列。

同时，领导者应注意：在给予下属争强机会时，不能“定量供应”，也不能“平等供应”，尤其不能“按期供应”；而必须是在事业发展的过程中，设立一个一个“里程碑”，同时设立一个一个“加油站”，使其每完成一项奋斗目标以后，接着就能接到另一目标，同时也能获得“能量的补充”。从而，使下属在任何时候都能相应地获得争强的机会和条件。

4.鼓励人才在公平的竞争中冒尖

在用人行为中，领导者很有必要对技艺超群、成就卓越的优秀人才给予必要的肯定和奖励。奖励一个冒尖人才，等于培植一片杰出人才，这一用人战术原则就叫鼓励冒尖原则。

由于冒尖者在人数上只占少数，在精力上又一心扑在事业上，无暇顾及反击和自卫，因而他们很容易在掐尖歪风面前处于被动地位，甚至被小人、庸才掀起的舆论恶浪所吞没。难怪有些民谚说“出头椽子先烂”，“枪打出头鸟”，“人怕出名猪怕壮”。冒尖，确实是要冒一定的风险的。对于一个地区、一个组织来说，工作能否搞上去，各类人才的积极性和创造性能否得到充分发挥，在很大程度上取决于领导者是否倡导了“鼓励冒尖”的良好风气。为此，作为领导者，就应该鼓励冒尖。唯有鼓励冒尖，才能冲破惰性和陈腐势力的束缚，造成一个人人争当先进的良性竞争的局面。

领导者鼓励下属冒尖的方法多种多样，常见的有以下四种：

（1）果断起用冒尖人才，尽快缩短冒尖时间

针对掐尖行为最猖獗的时候往往是先进人物刚刚冒尖、尚未完全“挺立”起来这一特点，有魄力的领导者为了迎头反击习惯保守势力的掐尖行为，彻底粉碎他们的掐尖企图，有时干脆采取“及时起用”的用人战术。这样更能十分果断地将实绩突出的冒尖人才尽快提拔到关键性的工作岗位上来，造成既成事实，使热衷于造谣中伤的小人的企望落空，自感没趣，偃旗息鼓，草草收兵。采用此法的关键在于，事前要做好必要的考察了解工作，必须“看准”冒尖者。

（2）在关键时刻公开宣传冒尖人才的实绩

既然冒尖人才最感到痛苦和难熬的时期就是刚取得一些突出实绩便立即招来满城风雨的微妙阶段，那么，有胆识的领导者就应该意识到，这时候肯定是冒尖者最需要得到

领导者有力支持的关键时刻,同时又是掐尖者最有可能取得胜利的危险时刻。面对掐尖歪风,一个有正义感的领导者决不能袖手旁观,无动于衷;此时此刻,他对冒尖人才的最有力的鼓励和支持,莫过于选择一个适当的场合,向全体组织成员公开宣传冒尖人才的实绩。这样做,往往能收到澄清事实、驱散流言、主持公道、鼓励冒尖的奇效。

(3)及时中止少数小人、庸才的掐尖行为

对于少数躲在人群里散布流言蜚语的掐尖骨干,领导者只要一经发现,就应该不留情面,立即对他们进行严肃的批评教育,迫使其及时中止对先进人物的掐尖行为。有些地区和单位,由于领导者对少数掐尖者的恶意中伤视而不见,听而不闻,甚至认为这是掐尖者和冒尖者之间的"私人纠葛""小事一件",作为领导者不应介入。领导者如果抱着这种错误的态度,不仅将使冒尖人才难逃厄运,而且将严重败坏本地区、本组织的党风和民风,最终影响领导者用人行为的正常实施。

(4)对实绩显著的冒尖者给予适度的表彰和鼓励

在精神上和物质上给冒尖者以适度的鼓励,不仅有利于鼓舞少数冒尖者的斗志,激励他们更快地成长;也会在公众面前树立起一批具有说服力和示范作用的榜样。当然,领导者在这样做的同时,事实上也在公众的心目中塑造着自己的理想形象:像这样爱才护才的领导者,谁不打心里敬佩他、拥戴他呢?

综上所述,鼓励冒尖,领导者必须善于选择最有效的鼓励手段、最关键的鼓励时刻和最合适的鼓励场合,并且掌握最合理的奖励分寸和量级,以此来扶植一大批有发展潜力的冒尖人才,并通过他们带动更多的下属投入你追我赶的良性竞争中去。

5.如何引导下属之间的良性竞争

下属人才之间肯定会存在竞争,竞争分为良性竞争和恶性竞争。领导者的职责就是要遏制下属之间的恶性竞争,积极引导下属的良性竞争,从而形成一种完善的竞争机制。

人对美好事物都有羡慕之情,这种羡慕之情源于对别人拥有而自己没有的东西的向往。

羡慕之情会随着心态的调整而变化。有的人羡慕别人的长处,就想着自己也要刻苦努力,学习别人的长处,以求在能力、技术上达到一致。这种人会把羡慕渴求的心理转化为学习、工作的动力,通过与同事的竞赛来消除能力的鸿沟,这种行为引发的竞争就是良性竞争。

良性竞争对于组织是有益处的,它能促进组织成员之间形成你追我赶的学习、工作局面。大家都在积极思考如何提高自己的能力,如何掌握新技能,如何取得更大的成绩……这样一来,组织成员的工作能力就会大大提高,成员之间的人际关系也会更好。

但也有些人却把羡慕别人的心情转化成了阴暗的嫉妒心理,他们想的是如何给别人脚下使绊,如何诬蔑能人、搞臭他们的名声,如何让同事完不成更多的任务……他们的目的,就是通过拖先进者的后腿来让大家都扯平,以掩饰自己的无能。这种行为就是恶性竞争。它会使组织内部人心惶惶,成员相互之间戒心强烈,大家都要提高警惕以防被别人算计。这样一来,组织成员的大部分精力和心思就都用到处理人际关系上去了,领导者也会被如潮涌来的相互揭发、投诉和抱怨缠得喘不过气来,组织也定然不能够健康发展。

因此,领导者一定要关心下属的心理变化,在内部采取措施防止恶性竞争,积极引导良性竞争。

一般说来,领导者在引导下属的良性竞争时需要注意以下几个问题:

①领导者要创造一套正确的业绩评估机制。要多从实际业绩着眼评价下属的能力,不能根据其他人的意见或者是自己的好恶来评价下属的能力。总之,评判的标准要尽量客观,少用主观标准。

②领导者要在组织内部创造出一套公开的沟通体系。要让大家多接触,多交流,有话摆在明处讲,有意见当面提。

③领导者要坚决惩罚那些为谋私利而不惜攻击同事、破坏组织正常工作的下属,只有清除那些害群之马,整个组织才会安宁。

总之,领导者是组织的核心和模范,他的所作所为对于组织风气的形成起着至关重要的作用。

领导者只有遏制组织成员的恶性竞争,积极引导组织成员进行良性竞争,激励出大家的热情和干劲,让大家心往一处想,力往一处使,才能将组织的工作越做越好。

（四）通过"赛马"来确定晋升的人选

1.重要的晋升法则：相马不如赛马

"伯乐相马"被视为发现人才的佳话流传千古。古往今来，人们总是对伯乐寄予厚望，以期被识才的领导者相中。其实，"伯乐相马"有很多人为的缺陷。

①马多伯乐少。那么多的马都要少数的伯乐来相，是相不过来的。于是有许多好马因为没有机会让伯乐相上一相而永远不可能被发现和重用。

②只靠伯乐个人素质来判断，有时也会失误。伯乐是人不是神。任何一个人都会受到知识、经历、素质的局限，人们总有自己的性格和偏好。特别是现代社会发展得这么快，伯乐也有走眼的时候。

③在实际生活中，马也可能欺骗伯乐。久而久之，马也会研究伯乐的相马术，知道他喜好什么，厌恶什么，提倡什么，反对什么，于是马可以在伯乐的面前故意做出他喜好和提倡的样子。可见伯乐相马总逃不出"人治"的局限。

④"相马"的机制要不得。在新的时代，我们需要建立"赛马"机制，让所有愿意贡献并有才能的人得到晋升，为社会做出更大的贡献。

当代领导者择人应有创新：用"赛"代"相"，让人才在竞争中脱颖而出。

领导者的职责应该是建立可以出人才的机制，即营造一个"赛马场"，通过人才机制来发现人才，产生人才。对一个组织来说，领导者建立机制，比亲力亲为地去发现人才更重要。

下面介绍两种基本的选拔人才的机制：

（1）考试竞赛

这种方法即通过一定程序的考试和竞赛来发现人才。考试在大面积发现和识别人才上，不失为一种比较奏效的方法，至今各国都采用考试办法发现人才。许多国家组织内部也建立了一套严格的考试制度，把考察和选拔人才作为一项经常性的工作，确保优秀人才脱颖而出。考试本质上也是一种竞赛。它不仅是人才成长的加速器，而且具有择优汰劣的功能；它可以通过筛选发现人群中的杰出者，使被埋没、被世人瞧不起的人才脱颖而出。但是，考试竞赛方法本身也是有局限性的，利用考试办法并不能测试出人的智

能的全部要素。

美国心理学家吉尔福特的研究指出,人的智力要素可以分解为120种,而目前能够测试的只是98种。也就是说,有22种智力因素是无法测验的。

所以,领导者使用考试竞赛机制识选人才时,必须结合使用其他机制才能有效。

(2)实绩考评

实绩考评要求领导者对所用之人的工作成绩做定期的考核与评价,以便鉴别优劣,挑选人才。把考评实绩作为检验"良马"的标准是一种有效的方法,它在当今世界各国(特别是发达国家)的人事管理过程中备受重视,一般一年进行一次,有的组织甚至半年进行一次。考评的结果直接与升迁挂钩。通过定期对"良马"履行职责情况进行严格考察,坚持以工作实绩为依据,优秀者上,称职者留,平庸者免,有过者撤。不允许任何人尸位素餐,消除"赛完了就坐吃待收、睡大觉、啃老本"的现象。在考评实绩这一客观标准面前,那些"赛前拼命干,赛后劲减半"的人再也没有安然自得的逸致了。只有这样,才能保证赛出的"马"在升降制度中保持一种不断进取的精神。

2.利用下属的心理开展"赛马"活动

(1)充分利用下属的"跟随心理"

在通常情况下,多数下属总是愿意跟着领导者走。领导者提倡什么,下属就学习什么;领导者反对什么,下属就唾弃什么。领导者的一言一行都会对下属产生意想不到的感召作用。为此,聪明的领导者会充分利用下属这种强烈的"跟随心理",有意识地在各种场合宣传竞争,提倡竞争,随时向大家提供有关竞争的最新信息,并且竭力向大家显示自己只对开展良性竞争"感兴趣",甚至只对良性竞争的"优胜者"感兴趣。这样一来,在本地区、本单位内很快就会形成一种有利于开展良性竞争的紧张热烈的氛围。

(2)充分利用下属的"从众心理"

领导者要巧妙地把少数"掉队"的下属引到良性竞争的轨道上来。当多数下属被领导者激发出竞争的热情、开展良性竞争之后,领导者应该马上不失时机地将做工作的目标转向少数仍在徘徊观望的后进下属。经过教育引导,这些下属大都会在"从众心理"的驱使下投入良性竞争的热潮中去。

(3)充分利用下属的"好胜心理"

人总是有自尊心的，为了维护自己的尊严，都会有一种争强好胜、不甘落后的心理。这种“好胜心理”，只要引导得当，利用充分，就能及时转化为一股开展良性竞争的强大动力。为此，有经验的领导者，在用人行为中，总是有意“掺入”一些激发竞争的激励因素，诸如适当宣传竞争的优胜者故意对优胜者表示好感，适时奖励优胜者，放手起用优胜者等等。通过运用这种谋略，领导者能于无形之中在优胜者与其他下属之间制造出在物质待遇和精神待遇上的某些“不平等”。尽管这些“不平等”是优胜者完全依靠自己的正当手段“争”来的，它的合理性和合法性都无可非议，而且领导者还将这些“不平等”严格控制在多数下属的心理承受力可以接受的限度之内。但是，对于具有强烈自尊心的下属来说，它依然是令人难以容忍的。在这种十分强烈的“好胜心理”的驱使下，其他下属就会产生一股“迎头赶上”的强大动力，满怀信心地与优胜者展开下一轮的良性竞争。

(4)尽量满足下属的“参与心理”

对于领导者从事的各项管理工作，许多下属都很关心，往往产生愿意参与的心理状态；希望自己的美好愿望能在上级的决策过程中有所体现。显然，这种“参与心理”正是领导者求之不得的。充分满足下属的“参与心理”并不需要领导者支付什么，相反，领导者却能从中得到不少收益。这种廉价的“创收”活动，领导者何乐而不为呢？为此，领导者在制订计划以及执行、检查、总结的过程中，都可以尽量吸收下属参与这些活动，让他们比一比，看谁发表的意见正确，看谁提的合理化建议多。通过开展这种参与竞争，不仅能最大限度地满足下属的心理要求，进一步增强下属的责任感和进取心，而且能有效弥补领导者个人的智慧缺陷，在上下级之间产生有益的知识互补、才能互补和见识互补，确保整个管理活动沿着正确的轨道前进。

(5)适度满足下属的“取悦心理”

作为下属，不仅希望领导者能够“看到”自己在工作中取得的成绩，而且希望上级能够和自己一起分享胜利的欢乐、成功的喜悦。只要领导者脸上露出满意的笑容，或者为下属取得的成绩高兴，下属就会从心理上得到某种满足。可以说，没有一个下属愿意在领导者冷漠的注视下去开展竞赛活动。而这种每个下属都有的“取悦心理”，在一定的外在条件刺激下，又极易朝着两极分化：一种是通过开展良性竞争，以货真价实的实绩赢得领导者的信任和赞赏；另一种则是走上歧路，企图以虚假的“实绩”骗取领导者的“宠爱”

和“青睐”。显而易见,作为一个正直的领导者,应该适度满足下属的“取悦心理”,热情鼓励他们通过开展良性竞争多出成果,快出成果。

(6)及时帮助下属克服“惰性心理”

惰性,是人人皆有的一种消极习性,或者说,是一种“自卫”的本能。经过长期拼搏取得胜利的下属容易产生“到此为止”“见好就收”的惰性心理。为此,领导者只要发现有的下属出现惰性心理的“苗头”,就应该立即剖析产生这一“苗头”的原因,然后对症下药,及时消除下属滋生惰性心理的“内因”,努力创造一种“不进则退”的境遇和氛围。

3.让人才在同一个擂台上较量

如果领导者摆一个擂台,让下属才分别上台较量一番,谁赢了谁就得到奖赏,那么,为了获得奖赏,下属往往就会使出吃奶的力气,以求“击败”对手,在领导面前显示自己的能力。

“有能力就来拿”的竞争会产生巨大的效应。拿得到的人当然很高兴,拿不到的人也不应该怪别人,最好再充实一下自己,以便下一次能够顺利拿到。

实施“有能力就来拿”的竞争,首先要求每一个人都要用心充实自己,使自己具有相当的本领。做人与做事的本事就是我们所需要的本领,二者不可偏废。

一个人只会做人不会做事,固然会形成一团和气的人际关系,却可能一事无成,毫无工作成效;一个人如果只会做事不会做人,即使在工作上有所表现,却每做一件事便得罪若干人,到头来把人都得罪光了,也没有什么益处。所以,做人做事能够并举才是真本事。

领导者要制订明确的工作标准,然后公正地予以考核。业绩优良的,依照规定给予奖励,以奖强化。这些措施如果做得合理,便能够发挥激励的效果。其实,给人才提供表现的机会,是领导者的责任;下属人才若是在工作中没有表现的机会,就会觉得厌烦,不但挫折感会愈来愈重,还可能跳槽离去。

所以,领导者应公正地给下属人才提供合适的工作机会,让有本事的人才好好地表现自己,获得合理的激励。

4.诱发人才的“逞能”欲望

激发人才的活力,首推职场竞争。因为,竞争能够激起人的荣辱感、进取心,给人带来对比的压力、奋斗的动力、竭力夺魁的决心。但是,启动竞争也并非易事,在许多时候,它并非利诱、荣辱所能推动。所以,领导者必须根据竞争的特点和人、事的具体情况,采取恰当的措施,加以启动和引导。在一般情况下,首先就要诱发下属的逞能欲望。

一个正常的人,总有某一方面或几方面的能力,其中有些人一旦具有某种能力,便想一试身手;而另一些人,由于各种原因,暂时甚至永远地"怀才不露",如何诱发其逞能欲望,促使其显露才能就成为领导者面临的重要课题。

诱发下属的逞能欲望,其方法一般有两类:一类是物质的;一类是精神的。物质诱导方法,即按照物质利益原则,通过奖励、工资等杠杆,使其努力工作,积极进取;所谓"重赏之下,必有勇夫"即是其意。精神诱导的方法,也有两种:一种是事后鼓励,例如表彰、表扬等;再一种是事前激励,即在完成某件工作之前,给予恰当的有时甚至是激烈的刺激或鼓励,使其对工作的完成产生强烈的欲望,这样,其求胜心必为成功的意识所支配,使其乐于接受工作并竭尽全力地去完成。尤其是对于好胜心、进取心比较强的人来说,事前的某些激励要比事后的奖励和表彰效果更好。

露臺惜費
漢文帝

露台惜费①

【历史背景】

汉文帝刘恒是一位纳谏从善的君主,而且在生活上也十分简朴。他在位的二十三年中,未曾大修苑囿宫室,宫廷开支也尽力压缩。

后世史家在评论汉文帝停建露台这件事时说:文帝是天下之主,可谓富甲四海。他在位时又是升平时期,国泰民安,财用有余,建个露台算不了什么。然而,百金之微,他都不肯破费。这比起人民歌颂的简朴君主尧、舜、禹来,也是有过之而无不及的。凡是爱民之心重的君主,大多能严格要求自己。

史书上记载汉文帝在位的二十三年当中,宫室、园林、服饰、车马,等等,什么都没有增加。只要是对老百姓的利益有一点坏处的他都不会去做。文帝曾经打算建造一座高台,召来工匠一计算,造价要值上百斤黄金。文帝认为在当时这是一种很浪费的事情,于是就停止了。文帝虽然贵为天子,但是他平时穿的衣服都是质地粗厚的丝织品,即使是对自己十分宠爱的慎夫人,也要求她不要穿长得拖地的衣裙,使用的帏帐也都是极其朴素的、不准绣彩色的花纹图案。汉文帝就是这样来表现自己的俭朴,给天下人做出榜样的。此外,文帝还规定,自己的陵墓要全部使用瓦器制造,不准用金银铜锡等贵重的金属来作为装饰,不要修建高大的坟,要尽量的节省,不要烦扰了百姓的生活与生产。当时的南越王尉佗曾经自立为武帝,文帝并没有讨伐他,而是把尉佗的兄弟召到京城来,给他们财物,使得他们富贵,于是尉佗自动取消了自己的那个帝号,向汉朝俯首称臣。汉代的时候,匈奴势力还很强大,而汉朝刚刚建立,一切都在休养生息当中,不适合出兵打仗,于是文帝就与匈奴相约和亲,匈奴却背弃契约入侵劫掠,但是文帝只命令边塞戒备防守,保护住老百姓不让他们受到伤害,而不出兵匈奴境内,原因是考虑到战争会给百姓带来极大的灾难。当时诸侯国的吴王刘濞常常找借口不来朝见,文帝并不去追究他,而是赐给他木几和手杖，表示对于上了年纪的吴王的关怀，还宣布可以免去他进京朝觐的礼节。群臣中如袁盎等人进言陈诉，虽然直率尖锐，总是不给汉文帝留余地，但是文帝总是宽容地采纳他们的谏议，有时候还要当面奖赏进谏者。有一次，大臣中的张武等人接受了别人贿赂的金钱，事情被文帝知道后，文帝就从皇宫仓库中取出金钱赐给他们，却没有把他们交给官府进行刑罚，于是这些人都感到十分的羞愧。

【原文】

汉史纪：文帝尝欲作露台，召匠计之，值百金。上曰："百金，中人[②]十家之产也。吾奉先帝宫室，常恐羞之，何以台为？"

【张居正解】

西汉史上记：文帝尝欲在骊山[③]上造一露顶高台，使工匠计算所费几何，工匠计算说："该用百金。"文帝说："百金之资产，若以民间中等的人家计之，可够十户人家的产业。今筑一个台，就破费了十家的产业，岂不可惜！且我承继着先帝的宫室，不为不广，常恐自己无德，玷辱了先帝，又岂可糜费民财，而为此无益之工作乎？"于是停止露台之工，不复兴造。夫文帝富有四海，况当承平无事之时，财用有余，然百金之微，犹且爱惜，不肯轻费如此，虽尧舜之土阶，大禹之卑宫，何以过之哉！大抵人主爱民之心重，则自奉之念轻。夫以一台之工，遂至费百姓十家之产，若如秦皇之阿房[④]、骊山，宋徽[⑤]之龙江[⑥]、艮岳[⑦]，其所费又不知其几千万家矣。穷万民之财，以供一己之欲，一旦民穷盗起，社稷丘墟，虽有台池鸟兽，岂能独乐哉？后世人主，诚当以汉文帝为法，毋以小小营建为费少，而遂恣意为之也。

【注释】

①此篇出自《史记·孝文本纪》。记述汉文帝因惜民财而停建露台的故事。露台：露天高台。

②中人：生活、产业、收入中等的民户。

③骊山:当时的皇家外宫所在地。在今陕西临潼县东南。

④阿房:即阿房宫。秦始皇建。工程浩大,极为壮丽。后为项羽焚毁。故址在今陕西西安市西阿房村(俗名郿邬岭)。

⑤宋徽:即宋徽宗(1082~1135),名赵佶。北宋皇帝,1100~1125年在位。

⑥龙江:这里指与"艮岳"配套的园林水利工程。

⑦艮岳:宋徽宗政和七年(1117)在东京汴梁(今河南开封市)景龙山侧筑的土山,周围十余里,分东西二峰,最高峰90尺。因在都城的艮方(东北方),故名艮岳。

【译文】

汉代史书上记载:汉文帝曾经想要造一座露台。他召集工匠们计算工程费用,大约需要一百两黄金(另说"百金"是一百两白银)。汉文帝说:"一百两黄金,是中等民户十家的产业所值。我承继着先帝的宫室,经常害怕自己无德行而辱没了先帝的英灵,为什么还要修这座露台呢!"

【评议】

汉文帝是历史上少有的优秀君王,他在位的时候,时时刻刻都为黎民百姓着想,致力于用恩德感化臣民,少用刑罚。在他的治理下天下富足,百姓安居,礼仪兴盛。汉文帝也是一位节俭的楷模。在中国五千多年的历史当中,我们看到的最多的就是君王任意挥霍民财,贪婪奢侈,为了满足自己的私欲而不惜劳民伤财,使百姓民不聊生的例子。类似于汉文帝这样节俭爱民,哪怕就连修建一座小小的露台都因为计算到要花费掉"百金"并且考虑到对百姓没有任何好处就停止了,显然这样的精神是值得我们称道的。崇尚节俭是我们祖先流传下来的美德,但真正能在自己的实际行动中予以贯彻的却很少。所以,像汉文帝这样体恤百姓,节俭治国的君王自然就会受到百姓与后人的敬重与爱戴了。虽然我们现在处于一个物质空前发展的社会,但节俭作为一种美德还是有存在并且发扬的必要的。无论是个人还是国家,都要在这个铺张浪费这个问题上引起高度的重视。

【镜鉴】

一、俭朴节约

(一)为官俭字重千钧

商纣王“以酒为池、以肉为林”,结果是落得鹿台自焚。唐明皇由俭入奢,招致“安史之乱”。骄奢淫逸乃腐败之征,俭朴清廉乃为官之本。

俭以养廉、以俭助廉,是官员的美德,也是基本官德。俭朴是为官之道,是统治的艺术,不仅关系着个人的进退荣辱,也关系着国家的兴亡。奢侈能败己、败家,也能败国。俭成奢败是历代兴衰的常规。

以俭朴持家,则家道必兴旺;以俭朴治国,则国运必昌盛。商初大臣伊尹曾对刚继位的太甲提出建议:“慎乃俭德,惟怀永图。”只有节俭,示天下以节俭,才能号令百官,和谐四方,维持王业。节俭会营造整个社会良好的道德风尚,使社会保持稳定且具有凝聚力,有利于国家的长治久安。

墨子认为,人的衣、食、住、行和婚姻都属生活之必需,但五者需有个限度,不可失度;俭约和奢侈关系到国家存亡,民族盛衰,个人成败。他说:“俭节则昌,淫佚则亡。”(《墨子·辞过》)可见,“尚俭”是做人之良训,可以“养德”,养成高尚的品德,而奢侈乃是败坏德行的祸根。

唐初名臣房玄龄的父亲房彦谦,虽一生为官,却俭朴一生,家无积存。《隋书》本传说他“自少及长,一言一行,未尝涉私,虽致屡空,怡然自得”。其中载有他的家训曰:“人皆因禄富,我独以官贫,所遗子孙,在于清白耳。”房玄龄遵循父亲的家训,尽管后来位高权大,依然洁勤慎独,从不恃权贪功,始终俭朴一生,以清白传世,成为一代名臣。

范仲淹于庆历三年出任参知政事,提出整顿吏治、培养人才、发展生产等10项改革主张,领导了“庆历新政”,一时吏风大变。范仲淹生活很节俭,而且对子女要求严格。他经常用自己的俸禄供养前来求学的四方游士,而自己的几个孩子甚至要轮换穿一件好衣服才能出门。儿子范纯仁结婚前夕,儿媳家想以罗绮做幔帐。范仲淹说:“范家几十年来,以节俭自守,以奢侈为耻。用罗绮做幔帐,岂不坏了家风?”由于范仲淹的坚持,范纯仁的婚礼既没有购置贵重奢侈的物品,也没有举行隆重奢侈的婚礼,同僚们也从中受到教育。

北宋名臣司马光在《训俭示康》中说:“侈,恶之大也。”宋代素有清官之名的包拯一生俭朴清廉,敢于拒收皇帝送的生日贺礼。清代刘墉入朝为相,位高权重,节俭清廉,最后告老还乡之时,一根扁担两个箱子,挑着所有家当。

吕坤告诫为政者不能忘记百姓的作用:“吃这一箸饭是何人种获底?穿这一匹帛是何人织染底?大厦高堂如何该我居住?安车驷马如何该我乘坐?”他认为君主应该对这些问题反躬自问,时刻不可忘记。主张官吏应该“以伊尹之志为己任,以社稷苍生为己责”。

吕坤对物欲横流的晚明社会里蔓延的贪婪之心有着细致的剖析。他指出:“只一个贪爱心,第一可贱可耻。羊马之于水草,蝇蚁之于腥膻,蜣螂之于积粪,都是这个念头。”(《呻吟语·修身》)他希望人们按照儒家的道德要求和原则,控制自己的欲望和行为。

节俭使人养冰操,而冰操亦可养节俭,两者相辅相成。荀子认为,俭就是用人的理智、理性来节制人的过分的感官欲望,节制人对物质消费过分追求。

党的十六大闭幕不久,胡锦涛和中央书记处的同志到革命圣地西柏坡学习考察时,曾告诫我们保持艰苦奋斗、勤劳俭朴的好作风。

近些年来,不少单位、地区流行奢侈之风。许多地方最好的建筑是地方政府的办公大楼,有的政府办公楼修得比美国白宫还豪华。有些领导干部因为精神颓废,沉溺于歌舞升平之中,甚至以挥金如土、骄奢淫逸为荣,奢侈享乐,导致腐化堕落、贪污受贿。

“治国之道,富民为始;富民之要,在于节俭。”要时刻牢记“两个务必”,在思想上牢固树立起艰苦奋斗、勤俭建国、居安思危的责任感、紧迫感和使命感,带头发扬艰苦奋斗、勤俭节约的精神,狠刹用公款请客送礼、吃喝玩乐现象,带头反对铺张浪费和大手大脚,带头抵制拜金主义、享乐主义和奢靡之风,在各项工作中都要贯彻勤俭节约原则,厉行节约、增产节约、增收节支,把有限的资金和资源用在最需要的地方,树立崇尚勤俭、崇尚艰苦创业的良好社会风气,真正把勤俭建国、勤俭办一切事业的方针落到实处。

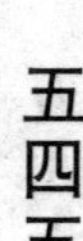

(二)毛泽东带头节俭

节俭、朴素,是老一代无产阶级革命家共同的特点。不论战争年代,还是和平时期,毛泽东一直保持着勤俭节约的习惯。尤其是他的衣着,简直是俭朴到了让今天的我们无法相信的地步。

在战争年代,毛泽东对于穿衣从来不提任何要求。他常常是有什么穿什么。为了少做一件衣服,为战争节约些开支,毛泽东的衣服往往是补丁上缀补丁。

在陕北杨家沟时,他的一套灰军装,有的部位已经磨得薄如蝉翼,有的部位则补丁摞补丁厚似硬纸板,但他依然舍不得扔掉。

一天,李银桥拿着一件灰布军装给毛泽东看,对他说:“主席,你的这件旧军装再穿就该出洋相了。说不定您做报告,在台上一做手势,它就会裂成布片呢!”

毛泽东接过衣服放在腿上,轻轻地抚摸着,捋平上面的皱纹,感慨地说:“它跟我参加过洛川会议呢。”最后,还是没舍得扔掉。

毛泽东说:“我的标准,不露肉、不透风就行。”“我节约一件衣服,前方战士就能多一发子弹。”因此,他的衣服总是补丁上缀着补丁。

为了节约,他只有一条毛巾,擦脸又擦脚,因为用得太久,毛巾的“毛”全都磨掉了,像块抹布。卫士长劝他领条新毛巾,这条旧的擦脚用,擦脚的和擦脸的分开。毛泽东风趣地说:“现在每天行军打仗,脚比脸辛苦,分开就不平等了,脚会有意见。”李银桥知道,主席实际上是舍不得再领新毛巾。

毛泽东就是这样,穿着补丁摞补丁的衣服,指挥着中国革命取得了胜利。以至于他在进京时,一件好衣服都没有。

1937 年春夏的一天,罗荣桓看到毛泽东的被子已破旧,感到让外宾见到不大好,就叫供给部换了一床棉被。毛泽东见到新被子,立即追问是谁让换的?当他得知是罗荣桓后,就打电话责问罗荣桓:“我们现在就是这个条件,吃的是小米、高粱米,还是带壳壳的,穿的就是破旧的衣服。为什么盖旧被子就不能见洋人,要另搞一套?”罗荣桓觉得毛泽东说得很有道理,立即让供给部去把那床旧被子再换上。

美国记者斯诺访问延安,被共产党领袖们的廉洁节俭深深感动,断言这种廉洁节俭的作风会产生一种伟大力量——“东方魔力”。1949 年美国大使司徒雷登对国民党的军官们说:“共产党战胜你们的不是飞机大炮,而是廉洁,是靠廉洁换得的民心。”

新中国成立以后,毛泽东俭朴的生活作风一如既往,不改初衷。毛泽东和刘少奇等领导人只拿四级工资,也就是 400 多元。绝大多数人的工资随着参加工作的年限而递增,而这几位最高领袖的工资实行“递减制”。

毛泽东的衣服破旧了,总是经过缝补洗净之后继续穿。毛泽东春秋两季一直穿的睡衣,补了 67 个补丁,领子全换过,袖子已面目全非。

1949 年 3 月,毛泽东进了北京城。有一次,要在香山双清别墅接待各民主党派的负责人、各界代表和知名人士。毛泽东吩咐卫士李银桥说:“张澜先生为中国人民的解放事业做了不少贡献,在民主人士当中享有很高威望,我们要尊重老先生,你帮我找件好一些的衣服换换。”

这一下可难坏了李银桥,他把毛泽东的全部“家当”翻了个遍,竟找不出一件没破或者不打补丁的衣服。“主席,咱们真是穷秀才进京赶考了,一件好衣服都没有。”

毛泽东却说:“历来纨绔子弟考不出好成绩。安贫者能成事,嚼得菜根百事可做。我们会考出好成绩。张先生是贤达之士,不会怪我们的。”

就这样,他硬是穿着补丁衣服见了张澜,又见了沈钧儒、李济深、郭沫若、陈叔通等知名人士,受到各位民主人士的尊敬。

毛泽东经常对大家说:“现在国家还穷,不能带浪费的头。”“经济发展了,有条件讲究仍然要约束自己不讲究,这一条难做到。共产党员就是要做难做到的事。”

直到开国大典之前,毛泽东准备登上天安门城楼,宣布中华人民共和国成立时,才让李银桥找人做了一身新的中山装。

为了诸多礼仪,他买了一双圆头的黄皮鞋,一直穿到与世长辞。当时典礼局长曾要他再买双尖头的黑皮鞋,在接见外宾时穿,他没有理睬。再问,毛泽东反问他:外国人是要来见毛泽东还是要看黑皮鞋?对方无言以对。

从 20 世纪 40 年代末到 70 年代,一双拖鞋,毛泽东穿了 20 多年。一位大国领袖,比布衣百姓还要节俭。

1966 年 6 月的一天,肖根如(原湖南省委接待处处长)来到长沙街头修鞋铺。修鞋师傅接过皮拖鞋一看,愣住了:“这么破的鞋,怎么补?买双新的吧!”把鞋扔到一边。肖根如恳求地说:“师傅,这是我爷爷喜欢穿的鞋子,请您给补一下吧。”说着,拿了中华烟递上一根,边抽边聊。修鞋师傅看来人很客气,就把拖鞋补好了。

毛泽东在饮食上也非常节约。战争年代、三年困难时期,自不必说,在物质条件好的岁月,他经常煮上一缸子麦片粥或挂面,和着霉豆腐吃下去,就算一顿饭。即使坐在饭桌旁用正餐,也很简单,四菜一汤,包括一盘干辣子、一碟霉豆腐。掉在饭桌上的米粒、菜叶,他立即捡起来吃掉。

毛泽东在中南海一直让身边的工作人员理发,要求越快越好,不吹风,不抹头油;他手里拿着书和铅笔,边看边批。有一次理发,他风趣地说:“你办你的公,我办我的公。”“我坐着,你站着,这太不合理了,你是不是也坐着呢?”

毛泽东一贯重视勤俭节约、反对浪费。他曾严肃地说:“勤俭节约和反对浪费是我们党的一贯方针和优良传统,什么时候都不能改变!”他在各个历史时期,多次强调勤俭节约和反对浪费。

毛泽东是中华民族历史上的一位伟人,他的经历是近百年来中国人民奋斗不息的历史缩影。毛泽东领导人民开创了中国历史的新纪元,中国人民从此站了起来。赤帜五星耀世界,神州永颂毛泽东。

(二)周恩来俭朴一生

古往今来,伟人、贤人都能自觉培养以俭修身、以俭养德、以俭促廉的高尚情操。提起周恩来这个光辉的名字,亿万人民都会从心底油然而生敬意。他的历史功绩丰碑永树,人格风范更是中外称颂。周恩来的一生,都是在俭朴的生活中度过的。

童年家道衰落,养成艰苦朴素的习惯。学生时代,他吃的穿的都是同辈中最简朴低档的。吃的是大饼、酱菜;一件长衫洗到发白了依然穿着。留学日本、西欧期间,省吃俭用,不尚浮华。在战争年代,两身换洗的衣服,一床毛毯,几乎是全部家当。

长征途中,在毛尔盖,警卫员把两件单衣中间放上羊毛,做成了一件毛夹袄。周恩来穿着它走过草地,完成了长征,一直走到陕北,坏了缝,破了补,就是不肯换一换。

抗战时期,他在重庆,月薪几百元,却很节俭,日用品是低等的,一条哔叽裤子缝补三次。身边工作人员说,国民党官员都穿高级毛料衣服,周副主席穿得太破,说不过去啊!他严肃地答道:我们是共产党八路军,怎么能和他们相比呢?他们的钱是剥削劳动人民得来的,我们是为人民利益而工作的,怎能增加人民的负担呢?

开国大典时,大家建议他做一身礼服,他说,现在群众生活水平不高,我穿平时的衣服好了。至今我们端详着他那幅英气勃发站在天安门城楼上的照片,仍然可见衣领上的褶子。

他的外衣袖口磨破了,请裁缝织补。衣服虽然旧了,会客时将衣服熨烫一遍,穿出来仍然挺挺括括。为了保护袖口,叫人做了一副套袖,办公时套在胳膊上。

有一次外出,警卫人员在他的房间里发现晾着一条洗得干干净净的旧衬裤,两个膝盖补着补丁,就生气地问服务员,谁的衬裤往这儿搭?快拿走。服务员说,是总理的。警卫员一惊,忙说,我是第一次来执行保卫总理的任务,太不了解总理了。

作为大国的总理,周恩来依然保持共产党人艰苦朴素的生活作风。他饮食简单清淡,主食一般要吃1/3的粗粮,每餐大都是一荤一素。吃饭时,连碗底的米粒、盘中的菜汁,都用馒头和菜叶擦干净吃掉。吃剩的饭菜,都要留到下一餐再吃,从不浪费一粒米、一片菜叶。当有人感到不解时,周总理爽朗地说:“这比人民群众吃得好多了,比过去好多了,我们不能忘本啊!”

三年困难时期,他与人民同甘苦,不吃鱼、肉、蛋,连花生米也舍不得吃。主动把自己和邓大姐的每月定粮降到15斤和13斤,甚至还吃小球藻、树叶等难以下咽的代食品。他说:“毛主席在党中央带头,我在国务院带头。群众有困难,做领导工作的更不能特殊。”

1958年3月5日,周恩来到重庆考察长寿湖规划,正值他60岁生日,他特地打招呼,不要虚张声势、铺张浪费,吃饭要简单,只吃工作餐,还强调要坚持艰苦奋斗、勤俭节约的精神。这天饭菜很简单,桌上最好的饭菜是工作人员到长寿湖上游打捞的长寿湖鲫鱼。

1961年春节期间的一天,周恩来和邓颖超请几个侄子来家中吃饭。饭桌上只有两素一荤,一碗菜汤。吃饭时,保章认为自己年轻,理应吃粗粮,便去拿窝窝头。谁知,邓颖超却用筷子把他的手拨开了,慈祥地对他说:“这是你伯伯和我的,你是客人,吃米饭吧!”

周恩来的住房很简陋,陈设极简单。从1949年进北京,到重病住院,一直住在西花厅三间旧式平房内。因年久失修,光线灰暗,地面潮湿,窗户有许多破洞,顶棚掉土、漏雨。工作人员几次提出维修,他不同意,也不准更换屋内的陈设。

1959年年底,周恩来外出回来后,发现房子做了维修,发了脾气,拒不进去办公。经多次解释劝说,直到把地毯撤掉,吊灯、壁灯摘掉,新窗帘扯下,新床抬走,原来的旧家具搬回,才同意进去办公。此后,他在最高国务会议上多次检讨,说自己带了一个很坏的头,叫大家不要重复他的错误。

周恩来出行,历来是轻车简从,反对前呼后拥,招摇过市。他只用国产轿车,不同意换进口轿车。他多次叮嘱部门的领导干部:我们国家底子薄,要保持艰苦奋斗传统;外汇很宝贵,要用在建设上,不该花在消费上。

与周恩来共同奋斗半个多世纪的邓小平曾说:"周恩来同志以身作则,严于律己,艰苦奋斗几十年如一日,成为我党我军优良传统和作风的化身。"

他去世后,根据遗言不准换新衣。整容师为他穿着打补丁的内衣而哭泣不止,火化工为他穿着磨出毛边的中山装而长跪不起,他们不忍心就这样送走自己的好总理!

周恩来清贫了一生,为人民鞠躬尽瘁。逝世之日,联合国秘书长立即倡议破例给他按国家元首礼仪降半旗致哀,他说:"哪一国的总理能够一生担任重职而不置一份财产?"

(四)朴素浑如田舍翁

朱德一生长期担任革命军队的总司令,始终保持艰苦朴素的作风。生活节俭,从不特殊;穿衣节俭,一套军装可穿数年,袜子补了再补。人们都称他为军中节俭的表率。

朱德说:"凡是可以不花的,就尽量不花;凡是可以少用的,就尽量少用。"这正是他生活的真实写照。1927年,敌人曾把穿着朴素的他错当成了"伙夫"而放了他。抗战时,为了节约开支,他用马尾做牙刷。

新中国成立后,朱德仍然严格要求自己,生活非常俭朴,公正清廉。和党政干部相比,军队干部的薪金要稍微高些。朱德功高德劭,完全可以拿元帅的工资。但他以已经不在军队中担任实际职务为由,坚决不拿元帅的工资。

他每顿一碗小米饭、三小盘菜(素菜、半荤半素的菜、泡菜),一个汤。如有客人来,多添一两个简单的菜,从不铺张浪费。他在各地视察时,什么方便就吃什么,从不允许大吃大喝。三年困难时期,他带头吃窝窝头和野菜。警卫员给他放水洗脸,一下子放多了,他说："今年天旱缺雨，天津市人民吃水都得从密云水库拨给，我们也要节约用水。"

他吃苹果、梨和白薯从来不削皮。他告诉孩子们说："皮有营养，扔了是一种浪费。"吃饭的时候，他常常提醒孩子们吃多少盛多少，要把饭吃干净，不要在碗里剩下饭粒。有一次，朱德把几粒饭掉在桌上，他就一粒一粒捡起来吃掉。孩子们看见爷爷这样注意节约，更小心在意了。

朱德要求身边工作人员及家人也必须保持节俭，不得搞任何特殊。1954 年，他在一次讲话中指出："每个人都要锻炼，要能吃苦，有朴素作风。人们都是'从俭入奢易，由奢入俭难'。有些人本来出身很苦，但进城以后就变了，不俭朴了。我们的党是真正马克思主义的政党。只有我们才能用这么大的力量和时间来改造社会，不但要改造经济，而且还要改造思想意识和道德风尚。旧习气不可能一下子除掉，沾染旧习气也很容易。如果不养成朴素、节约的习惯，生产无论怎样发展，人们的欲望也是难于满足的。"

他经常穿一身布衣服，有的衣服穿了多年，领口、袖口、肘部和膝盖打了补丁。他只有两套较好的服装，只有在出国访问、接见外宾等重要活动时才穿。

朱敏曾回忆说："父亲的衣着也很简单，几件较好的衣服只有接见外宾或外出时才穿，一回到家里就换上旧衣服。他的内衣、毛巾都破到不能再补、无法再用时才换新的。他床上铺的褥子、床单，盖的被子也都用了二三十年，上面打了不少补丁。他对我们说：衣服被子只要整齐干净，补补能穿能盖就行，何必买新的？给国家节约一寸布也是好的。这比战争年代好多了，那时一件衣服要穿好多年。"

有一次，朱德的一个侄孙子路过北京来看他。在给朱德洗衣服时，发现一条毛巾手帕已经破了几个洞，想把它丢掉。朱德立刻拦住他，说："不能丢，继续使。"这块手帕，朱德又用了一段时间。

朱德的衣服虽然旧，但是总穿得整整齐齐，仍然是一个革命军人的风度：风纪扣系得严严的，鞋带也系得结结实实，与战争年代相比，只是腰里少了那根旧皮带。

朱德的一双旧拖鞋，已经说不清是哪年买的了，帮子底子都破了，还舍不得丢掉，一直用到他老人家逝世。他使用的毛巾和手帕，也都要破得不能再用才换新的。

朱德住的房子 20 多年没有维修，卫生间很小，洗澡盆又高又笨，进出很不方便，容易发生意外。为了他老人家的安全，管理部门多次提出将澡盆改装，加个喷头。其实这只要用两三个工，花不了多少钱。可他说什么也不同意，理由就是："国家用钱的地方多得很，我这里已经很好了嘛。再修又要浪费钱财。"

朱德一生省吃俭用，积攒了2万元钱。他多次郑重地叮嘱警卫员："我只有2万元存款。这笔钱，不要分给孩子们，不要动用。你一定要告诉康克清同志，把它交给组织，做我的党费。"

1976年7月6日，为中国人民解放事业操劳了一生的朱德与世长辞了。他的夫人康克清将他积蓄下来的2万元钱，全部交给了党组织。

（五）力倡俭朴戒铺张

节俭不仅是消费观念问题，而且是善行中的大德；奢侈是邪恶中的大敌。崇尚俭朴，力戒奢侈，是中华民族的传统美德。俭朴的生活作风，能够砥砺意志、陶冶情操，能够凝聚人心、战胜困难，能够节制人对物质消费过分追求，抵御侵蚀、拒腐防变，永葆共产党人的本色。

先秦儒、墨、道、法诸家都有主张节俭之言。儒家也是重视节俭的，"一箪食一瓢饮"，不以为苦。孔子阐述了俭与奢对人的品德之影响，强调戒奢崇俭："奢则不逊，俭则固。"奢侈挥霍会导致人的品格降低，狂妄而不谦逊。《孟子·尽心下》说："养心莫善于寡欲。"事实上，一个人做到"寡欲"，退则可以安贫乐道，视富贵如浮云；进则可以廉洁奉公，勤政爱民。

节俭，是品格的导师。关于节俭，老子说："我有三宝，持而宝之：一曰慈，二曰俭，三曰不敢为天下先。"为了保护这三宝，老子提出："是以圣人去甚去奢去泰。"他认为为政者如果不俭则奢，欲壑难填，就会对人民群众过分剥削，势必造成饥寒交迫，最终引起民众的反抗。

诸葛亮一生，始终以节俭为美德。就修身而言，不刻意追求锦衣美食；就治国而言，则约己爱民。如何培养俭德？必须能在思想上保持宁静，在生活上甘于淡泊。他主张："君子之行，静以修身，俭以养德，非淡泊无以明志，非宁静无以致远。"

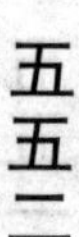

静以修身，从修身方面要求自己清静养性，内心世界始终保持宁静，不会为贪图丰厚的物质享受而分神劳力，方可达到清心寡欲。俭以养德，则从日常生活中养成节俭的美

德,不奢侈不浪费,不因贪图钱财而搜刮民脂民膏。

诸葛亮克己奉公,治家亦以节俭为宗旨。他的《与李严书》云:“吾受赐八十万斛,今蓄财无余,妾无副服。”表明自己受赐虽多,但没有作为私蓄;家人生活简朴,妻妾没有副服。“妾无副服”不失为一种“俭德”的表现。

范质(公元911~964年),中国五代后周和北宋初大臣,赵匡胤“陈桥兵变”后,任北宋宰相。《宋史》载,有一次,范质生病,赵匡胤前去探望,看到他用的是破旧家具,睡的是硬板床,床上铺的是旧棉絮,茶具也是粗瓷杯盘,回来后便派人送去了雕花大床、鸭绒被和精美茶具。

不久,赵匡胤再去范家时,看到他睡的仍旧是硬板床,用的仍旧是粗瓷茶具,便疑惑不解地问:“爱卿身为宰相,何必跟自己过不去呢?”范质拱手回答:“陛下给我的俸禄,岂能置办不起好家具,只是臣以为为官应以奢为耻,倘若我奢侈豪华,那么我下面的官吏将会一一效仿,这样岂不坏了朝野之风气,成为千古罪人!”

司马光援引春秋时鲁国大夫御孙说的话:“俭,德之共也;侈,恶之大也。”然后解释道德和俭约的关系:“言有德者皆由俭来也。夫俭则寡欲。君子寡欲则不役于物,可以直道而行;小人寡欲则能谨身节用,远罪丰家。”

陈云在一次群众大会上做报告,大力倡导艰苦朴素、勤俭节约的作风,反对铺张浪费。他批评了随意扔掉饭菜的恶劣现象,并提出一句名言:“吃饭要照镜子。”什么是“照镜子”呢?就是不仅要把饭菜吃完,还要端起盘子来,用馒头擦干净盘底的油渍,面对干净明亮的瓷盘子,不正像用镜子照脸吗?陈云说:“我们是无产阶级,绝不能糟蹋农民的血汗,否则就会脱离群众,逐渐变质。”

我们要时刻牢记“两个务必”,带头发扬艰苦奋斗、勤俭节约的精神,带头反对铺张浪费和大手大脚,带头抵制拜金主义、享乐主义和奢靡之风,在各项工作中都要贯彻勤俭节约原则,真正把有限的资金和资源用在最需要的地方。

(六)晏子品格感人深

春秋时期,齐国有一位政治家、思想家、外交家,以有政治远见、外交才能强、作风朴素闻名诸侯,他就是晏婴,字仲,谥平,习惯上多称平仲、晏子。凭着超常的政治智慧,晏子辅政灵公、庄公、景公三朝,长达50余年。

《史记》称晏子为齐相后,“食不重肉,妾不衣帛”,生活过得很简朴。晏子吃的是“脱粟之食”“苔菜”,亦即粗茶淡饭;穿的是“缁布之衣”,一件裘袍穿了30年,破得不像样了也舍不得扔掉。住房低矮、潮湿而又处在喧闹的地方。他节余下来的俸禄,用于赈济亲友和百姓。齐景公得知后,便打算把物产丰厚的都昌赐封给他。

可是,晏子坚辞不受,说:“我一直把俭朴作为老师,告诫自己不能奢侈、纵欲。如果我接受您的赐封,不是把老师丢掉了吗?”

有一次,晏子吃饭时,把食物分给齐景公的使臣吃,两人都没吃饱。景公得知后说:“唉!晏子的家真的像这样穷!这是我的错。”于是派人送去千金与税租,来供养宾客。晏子谢绝了。

晏子每次上朝,总是穿一身粗布衣服,冬天加一件糙硬的鹿皮袄。一天散朝后,景公把晏子留下来,说:“您怎么穿这样粗劣的衣服?您家里竟然这么困难,我一点也不知道,实在让您受委屈了。”晏子回答说:“臣下没有大德贤才,我家族的人更不如我,我能穿上这样的衣服上朝,就算不错了。”

“我虽然粗衣布履,却照样竭力尽忠,为国效劳,请君主放心。”景公没有理会这些话,让仆役取出一件价值千金的狐皮袄,交给大臣梁丘据,叫他送到晏子家去。晏子派人把狐皮袄送回来。

景公又换了一件衣边镶着金钱的豹皮,显得更加华贵,还是派梁丘据送去,以示尊重。

不到半个时辰,梁丘据又带着皮袄回来,向景公报告说:“国相死活不要,怎么说也没用,真有些不识抬举!”

第二天早朝,晏子还是穿那一套衣服,腰不弯,背不驼,满脸端庄严肃,自然大方,应对自如。退朝后,景公又把晏子留下,送给他一件紫貂皮袄。晏子又恭敬地把皮袄放回托盘中。

晏婴的住房低矮简陋,国君要为他盖新房,被他婉言拒绝了。齐景公看劝不动他,就趁他出使鲁国期间,为他建造了一座堂皇华丽的新居。晏子回来后,停车在郊外,不肯回家。景公无奈,只得修复住房原貌,晏婴才肯回家。

景公派人给送来壮马华车，晏婴也没接受。他对景公说："我节衣缩食，是为了给黎民百姓做表率，以防奢华浪费之风盛行。"

晏子位极人臣，俸禄优厚，该有享不尽的荣华富贵了，却一直过着俭朴的生活，在诸侯和百姓中享有极高的声誉。汉代刘向《晏子春秋》叙录，把晏子和管仲相提并论。

廉之根在俭，持俭可以守廉、助廉、兴廉。"居官之所恃者在廉。其所以能廉者，在俭。"只有俭朴才能保持廉洁，只有廉洁的人才能具有高尚的道德。

（七）从俭驱奢唤廉风

品格如玉声天下，廉洁似水树廉风。韩非说："孙叔敖相楚，栈车牝马，粝饼菜羹，枯鱼之膳，冬羔裘，夏葛衣。"称孙叔敖身居相国高位，其节俭之风为下级官员树立了榜样，有奢侈之习的人亦应有所收敛。为政者应学习孙叔敖的节俭作风，勖己励人，养成节俭之风，减轻民众的负担，节约国家的开支。

汉文帝刘恒（公元前 202~公元前 157 年），是一位较为节俭、贤明的皇帝。除了上朝，汉文帝平时穿着粗布衣服，以此来倡导节俭、淳朴的民风。他最宠爱的慎夫人不佩戴金簪珠宝，衣着朴素，衣裙不拖地，免得浪费布匹。被褥也没有精巧细致的刺绣。臣民上书的布袋，做成宫殿的帷帐。

汉文帝珍惜百金的费用，停止露台的建造；宫廷的一切建筑、游猎场所、车马和日用器物都是先帝留下的，无所增添和改建。他喜好观测天象，曾想建一座露台来观测日月星辰的变化，终因造价较高（100 两黄金）而未动工。

汉文帝在位时间较长，力倡简朴省俭之风，终生不渝，文武百官都争相以节约、清廉为美德，整个国家很快从百业凋敝中恢复过来。文帝、景帝在位共 39 年，政治比较清明，被后世称为"文景之治"。

隋文帝杨坚，隋朝的建立者，也是一位能体恤民情、革新政治、注重依法治国的贤明皇帝。隋文帝的廉政思想是"倡俭反侈"。

隋文帝规定，宫中一般人士都穿普通绢布衣服，饰带只用铁铜骨角；后宫的人都穿洗了再洗的旧衣服，不允许宫女妃妾涂脂抹粉。大臣苏威见皇宫中用白银做账幔的钩子，觉得十分浪费，就劝隋文帝要节俭，于是隋文帝命令将所有的钩子拆除掉。他还曾禁止正月十五百姓观灯,觉得这项活动太过靡费了。为了保证节俭政治的施行,隋文帝执法如磐,对贪官污吏一律严惩。

隋文帝在位 24 年,一直过着节俭的生活,他用膳大多一个肉菜。他对儿子杨勇说:"自古以来,没有听说过腐化奢侈能长治久安,你是太子,应当注意节俭。如果不能上合天意,下顺民心,将来怎能继承帝业呢?"

隋文帝"躬节俭,平徭赋","令行禁止,上下化之",形成了节俭的风气,出现了"开皇之治"的盛世。其次子杨广靠着"节俭"的假象赢得父亲信任,即位后,花天酒地,断送了江山。

唐玄宗时,姚崇才干突出,当宰相多年,生活十分俭朴,平时粗茶淡饭,家人荆衣布钗,不以为苦。他为官几十年,在京城连一栋房子都没有,一直居住在偏僻地方,上朝处理政务后来不及回家,就暂借住在寺庙里。时人称他有"冰壶之德"。

林则徐(公元 1785~1850 年),字少穆,福建侯官(今福州)人,近代政治家、民族英雄。林则徐十分注重自身操守,以本分自立、清白处世、诚实待人、急公好义为生活信条。他身为一品大员,但自奉甚薄,所到之处,严禁铺张。从他的奏折、公牍到家书、日记,处处表现出高尚的品格和节俭的作风。在致李铭经的信札中,他阐发为官之道:"凡官都是难做的。彼以官为可安乐恣意纵欲行险侥幸者,十有九败。"

我国台湾地区企业界之首、经营之神王永庆,由一开始经营小米店到现在经营跨国集团企业,财产达 40 亿美元以上,在芸芸富豪中鹤立鸡群。如果将 40 亿美元钞票,用面额一美元的一张接一张排列,可绕地球赤道 16 次。

可是,王永庆生活很节俭,过着普通人的生活。他常在公司里吃盒饭,喜欢边吃边听员工汇报。招待客人时,他身体力行,从不到豪华饭店大摆筵席,常在招待所里设便饭招待。一次,有 4 名部门主管因公请 3 位客人吃饭花掉 2 万元新台币。王永庆对他们严厉处罚。

台塑内部一个信封可来回用 30 次,接待来客一般是白开水一杯。他常以"水能载舟,也能覆舟",比喻金钱与人的关系,认为钱并不是多就好,如果缺乏有效运用金钱的能力,过多的钱可能导致挥霍;钱少做事全力以赴,精打细算,往往也能获得成功。他认为:"虽是一分钱的东西也要捡起来加以利用,这不是小气,而是一种精神,一种警觉,一种良好习惯。”

(八)有感宋祖砸夜壶

宋太祖赵匡胤平定天下后，灭了后蜀，押回蜀主孟昶班师回朝，献上了缴获的战利品。其中一件稀奇之物是孟昶的夜壶。这件寻常用品竟然用七彩宝石镶嵌，可谓历代罕见。宋太祖叹息说，连溺器都要用宝石镶嵌，那么该用什么储盛粮食呢？国君奢侈糜烂如此地步，哪能不亡国！然后，当着孟昶的面将那溺器摔了个粉碎，并对两旁的臣子们说：“人人应记取这个教训，要力戒奢侈糜烂行为。”

宋太祖认为，统治阶级追逐奢华，民众就会随之仿效，整个社会就会被不良风气笼罩。所以他反对姐姐穿翠鸟羽毛装饰的华丽衣服，他自己坚持乘坐旧銮舆，力戒奢侈，以勤俭示天下，从而奠定了大宋基业。

元世祖忽必烈为了不忘成吉思汗创业的艰难，到草原上挖来一盆青草，放在皇宫御座前，他告诉群臣，这是节俭草，后世子孙应懂得勤俭的道理。

崇尚俭朴，不搞奢侈，才能永葆廉洁，日子就好过些。崇尚奢侈，丢掉节俭，难以养成清廉的德行。节俭是大德而并非小节，是一种战胜非理性欲望的超然，是抛却名缰利锁的品格，是“清水出芙蓉，天然去雕饰”的纯美。

东汉明帝马皇后，是伏波将军马援的小女儿。虽贵为皇后，她仍身穿粗布衣服，饮食不求香甜，树立节俭之风，左右随从之人只穿普通帛布。

海瑞平素生活简朴，含辛茹苦。他有一双破旧鞋子，经过多次修补，仍穿在脚上。上京听调时，仍是身着单薄破烂的衣服。同僚劝说，他才置了一件新官衣。平时他常穿布袍，吃糙米饭，亲自种菜砍柴，除薪俸外没有任何其他收入。有一次海瑞买了两斤肉为他母亲祝寿，总督胡宗宪听说后，把海瑞家也吃肉当成新鲜事而转告他人。

“俭，德之共也；侈，恶之大也。”党员干部带头发扬勤俭节约的优良作风，以俭养德、以俭戒奢、以俭戒贪、以俭为荣，是抵制享乐主义、拜金主义和奢靡之风的有力武器，也是保持共产党人本色的重要保证。领导干部一旦奢侈无度、纵情享乐，乃是人格的倒退，意志的消弭，精神的畸变，就会疏于政事，怎么能凝聚人心、心系群众？怎么能与群众同舟共济、艰苦奋斗？贪欲不止与奢侈享乐、腐败腐朽交织在一起，导致对金钱的狂热追求和世风的沦丧,倘若"刹不住车",就是一个不合格、不称职的党员干部,还会导致国家的衰亡。

勤俭是一种美德,是中华民族的优良传统。"勤俭的美德犹如甘霖,能让贫穷的土地盛开富有的花,能让富有的土地结下智慧的果。"

奢侈享乐与勤俭朴素格格不入。"当省而不省,必致当用而不用。"我们现在还不富裕,需要勤俭;将来富裕了,仍然需要勤俭。党员领导干部应回归勤俭,带头崇俭戒奢,把勤俭作为一种美德,一种追求,一种习惯,让勤俭伴随一生!

(九)曾国藩节俭持家

曾国藩(公元1811~1872年),湖南湘乡县人,历任两江总督、直隶总督,权绾四省,谥称文正。曾国藩官居极品,手握军国大权,却十分俭朴、廉洁。

他被称为中国历史上的最后一个完人,立德、立功、立言。毛泽东、蒋介石都很佩服他。刘伯承在新中国成立之初,与薄一波谈话时称赞他为官清廉。

曾国藩

曾国藩崇尚俭朴以养廉,对节俭有度宠爱有加。他提出:"欲学廉介,必先知足。""唯俭可以养廉,惟勤可以生明。此二语者是做好官的秘诀,即是做好人的命脉。"

曾国藩在生活上十分节俭。每天吃饭,皆以蔬菜为主,荤菜限于一道,有客人稍微加一点。穿衣也不讲究,曾经做了一件绸马褂,平时一般不穿,30年后看上去还像新的一样。

他为官30年穿布衣布袜。30岁时曾制天青缎马褂一件,唯遇庆贺及新年时一着之,故藏之30年,衣犹如新。时人称其为"一品"宰相。

曾国藩为总督,三弟国荃任巡抚,家中人客子孙增多,旧屋不够应用。其九弟新建一屋,费去3000串钱。曾听后大怒,遂驰书责骂九弟曰:"新屋搬时容易搬出难,吾此生誓不住新屋!"此后,终其一生未进新屋一步。直至病故,仍在两江总督住所。

他严勉家人保持寒素家风。他的治家方法只有两个字:勤、俭。曾国藩于道德实践中总结出经验之谈。他的八字家训是:早、扫、考、宝、书、蔬、鱼、猪,以此训勉亲属,保持勤俭家风。

曾国藩专门为家人制定了四条为人处世的准则:"慎独则心安;主敬则身强;求仁则人悦;习劳则神钦。"要做到这些,仍然必须崇尚节俭。曾国藩在给儿女们的遗书中说:"尔辈以后居家,要痛改衙门奢侈之习,力崇勤俭之德。"他深深知道,积攒家财,只能磨损子女的意志。

他为使家中子弟做到尚勤俭劳苦、戒骄奢倦怠,曾为家人制定一套具体的尚俭课目。课目规定男子"看、读、写、作",女子"衣、食、粗、细";规定织麻纺纱,中午为之;烧菜煮饭,扫抹房舍,一早为之;缝制衣服鞋袜及刺绣,下午及晚上为之。他在南京总督府任内时,其夫人和儿媳们,每日还要织麻纺纱,不得间断。

曾国藩反对弟弟盖房子,不允许儿子坐轿子。他曾经说:"予自三十岁以来,即以做官发财为可耻,以官囊积金遗子孙为可羞可恨,故私心立誓,总不靠做官发财以遗后人。"

他经常教育部下说:"守个廉字,名位日增,岂有怕穷之理。常使在下之将官多占些便宜,士卒多沾些恩泽,则人人悦服,切不可处处打算,遭人议论。得了名就顾不得利,莫作名利双收之想。"为摆脱财政困难,他提出:"衣服饮食,事事俭约;声色洋烟,一一禁绝;不献上司,不肥家产。"

(十)官场尤须倡勤俭

习近平在十八届中央纪委第二次全会上发表重要讲话强调,要坚持勤俭办一切事业,坚决反对讲排场比阔气,坚决抵制享乐主义和奢靡之风。要大力弘扬中华民族勤俭节约的优秀传统,大力宣传节约光荣、浪费可耻的思想观念,努力使厉行节约、反对浪费在全社会蔚然成风。

李商隐《咏史》云:"历览前贤国与家,成由勤俭破由奢。"遍观历代圣贤治国治家,成功皆因勤俭,败亡皆因奢侈。小到一个人、一个家庭,大到一个国家,要生存和发展,都离不开勤俭。

朱元璋认为,"安危治乱,在于能谨与否耳。自昔日有国家者,未有不以勤而兴,以逸而废。勤与逸，理乱盛衰所系也”，他劝诫官吏要兢兢业业，一心为民，“居安思危，处治思乱”，不要贪图享受。

司马光（公元1019~1081年），继承祖上遗训，生活十分俭朴，勤廉自守，提倡节俭，反对奢华，深受百姓爱戴。他官至宰相，位极人臣，却奉行“众人皆以奢靡为荣，吾心独以俭朴为美”的生活。

《宋史·司马光传》载，有一次，司马光发现宫中文思院制作摆设装饰之物，精雕细刻、金丝银缕、镶珠嵌玉，豪华富丽，耗费很多资财。他立即上奏皇帝，才使得朝廷奢侈之风有所收敛。

司马光在日常生活中省吃俭用，以至于终生清贫，除俸禄外，从不谋取外财。

司马光的陋室低矮，瓦檐以草压顶，夏天闷热难当。用什么办法来减轻这热浪灼人的暑气呢？司马光想出了一个主意，他找来铁锨、镢头等工具，在室内深挖几米，用砖石砌成一间地下室用以纳凉。这就是著名的“王家钻天，司马入地”的故事。

作为“齐家”之宝，司马光著《训俭示康》，围绕着“成由俭，败由奢”这个古训，结合自己的生活经历和切身体验，旁征博引许多典型事例，教育儿子司马康节俭朴素。

他要求子孙衣只要能御寒、食只要能果腹就行了。他提醒后代，普通人家若是奢欲多，就会谋取不义之财，滥用钱财，以致丧身败家；做官的人不讲究节俭，就会贪污受贿，鱼肉百姓。

司马光提醒儿子警惕奢侈的祸害，详细列举史事以为鉴戒。他说：西晋时，何曾一天吃喝要花一万个铜钱，到了孙子这一代就因为傲慢奢侈而家产荡尽。石崇以奢侈浪费来向人夸耀，终于因此而死在刑场上。

司马光自己平生不事聚敛钱财，清白传家。他死后屋子里“床箦萧然”，枕边只有《役书》一卷。苏轼评价司马光：“于财利纷华，如恶恶臭”，“清直仁厚闻于天下，号称一时名臣”。

宋代罗大经对“崇俭”有深入细致的研究。他在《鹤林玉露》中认为所有的人，不论高低贵贱都能从俭中获益：养德，养寿，养神，养气。他说：“余尝谓节俭之益非止一端，大凡贪淫之过，未有不生于奢侈者。俭则不贪不淫，是可以养德也。人之受用，自有剂量，省啬淡泊，有久长之理，是可以养寿也。醉醲饱鲜，昏人神志，若疏食菜，则肠胃清虚，无滓无秽，是可以养神也。奢则妄取苟求，志气卑辱，一从俭约则于人无求，于己无愧，是可以养气也。”

领导干部的行为往往是社会的风向标，领导干部贪图安逸，奢侈浪费，讲排场、比阔气，对社会风尚起着导向作用，会诱使一些人为了奢侈消费而不择手段，进而危及社会文明进步。

历史证明，舍弃勤俭的美德，迷恋奢靡之风，都是没有希望和前途的。成由勤俭，败由奢侈，这是亘古不变的真理，也是干部立身处世的基本原则。

法国孟德斯鸠说：“奢侈总是跟随着淫乱，淫乱总是跟随着奢侈。”有些领导干部因为精神颓废，追求奢靡之风，奢侈无度，挥霍浪费，淡化了责任心和事业心，作风漂浮，得过且过，敷衍了事，形式主义、官僚主义严重，沉溺于吃喝玩乐、享乐主义之中，导致腐化堕落、贪污受贿。

崇尚节俭乃诸美德之本，应铭记于心，付诸于行。清代钱泳说：“唯俭可以惜福，唯俭可以养廉。”婆罗门谚语：“俭朴是我们美德的可靠卫士。”应大力提倡一粥一饭，当思来之不易；半丝半缕，衡念物力维艰。节俭使人养冰操，而冰操亦可养节俭，两者相辅相成。

“家有黄金数吨，一天也只能吃三顿，豪华房子独占鳌头，一人也只占一个床位。”这是华西村老书记吴仁宝的清廉箴言。40多年来，他有一条铁规——从不陪客人吃饭，从不在村民家吃饭；即便来大的领导，也只是到饭桌前寒暄几句就走。

在家里，他常吃的是一碗清汤面、一盘小青菜；出差时，方便面和茶叶蛋就是他的最爱。有一次，他一天只吃了8个鸡蛋。退休后，他坦言自己最大的变化竟是“可以到宾馆吃点自己想吃的菜了”。

吴仁宝一直倡导节俭，并身体力行。一张老式的木床，被褥都已陈旧；外间两个单人沙发扶手上的皮革已磨破，茶几上摆放着一部拨号电话机，裸露在外的墙皮几近脱落。

克勤克俭意味着自律，也体现了奋斗进取、积极向上的精神状态。我们今天的富裕，离不开昨天的勤俭节约，我们明天的富裕，同样需要今天的勤俭节约。

王岐山在十八届中央纪委第二次全会工作报告中指出：“要厉行勤俭节约，制止奢侈浪费。认真执行中央有关规定，加大财政预算公开力度，从严控制行政经费支出。严肃整治公款大吃大喝行为，落实公务接待有关规定，严禁以各种名义用公款互相宴请和安排高消费娱乐活动。严肃整治公款旅游行为,严禁借开会、调研、考察、检查、培训等名义变相旅游。继续从严控制党政机关办公楼、接待场所等楼堂馆所建设,禁止违反规定购建、装修办公用房和配置高档办公用品。”

生活节俭不奢华,就不会追求那么多的物质享受,就不会沉溺于灯红酒绿、纸醉金迷之中,心灵深处总有一股质朴,进而培养出崇高的官德品质。因此,党员领导干部一定要深刻地理解它,用心感受它,努力实践它,带头发扬勤俭节约的精神,带头反对铺张浪费和大手大脚,带头抵制拜金主义、享乐主义和奢靡之风,在各项工作中都要贯彻勤俭节约的原则,精打细算,严格把关,在勤俭中走向富裕,在勤俭中使人格日臻完美。

二、保持廉洁心理

人的心理影响和决定其外在行为。古人云:“焉行为不端,源心术不正。”心理问题是导致行为问题的重要根源。廉洁心理,是以“廉洁”为核心内容的一种心理现象,主要包括心理过程和人格形成。领导干部要做到廉洁从政,应着力保持廉洁从政的心理,消除滋生腐败的内在动因。只有保持廉洁心态,消除心理失衡,塑造健全人格,才能筑起拒腐防变的“心理长城”。

(一)培养廉洁心态

▶培养廉洁心态有利于领导干部廉洁从政

在同样的环境中,有的领导干部能抵制各种诱惑,做到清白做人、干净干事,而有些人却蜕化变质、堕落为腐败分子。从心理学的角度分析,这其中的一个重要原因就是人的“心态”不同。心态,是指人们对事物发展的反应和理解表现出的不同思想状态和观点。荀子曰:“心者,形之君也,而神明之主也。”说明了心态的重要性。心态反映一个人的品德与修养,决定一个人的成败,影响一个人的幸福。良好的心态,能够展现出旺盛的生命力和自信健康的精神风貌,不良的心态则往往导致斤斤计较、意志消沉等。不同的心态导致不同的人格和作为,不同的心态往往决定不同的人生。对领导干部而言,廉洁心理过程的正面表现为廉洁心态,负面表现为心理失衡。廉洁的心理特征是健全人格的重要内容。

成就一番事业首先要从调整好心态做起。《礼记·大学》里说:“欲修其身者,先正其心;欲正其心者,先诚其意。”儒家学说认为,正心诚意然后才能修身、齐家、治国、平天下。正心就是要端正心态而不存歪心、不生邪念,去非分之想、弃贪婪之念。心态端正,自律意识就强;心态不端,各种潜在的不健康意识和欲望就可能滋生。廉洁心态是一种健康的社会职业心态。保持廉洁心态就是要形成对权力、身份、责任与利益等的正确认识,对廉洁的认同情感,以及拒腐蚀永不沾的坚强意志。作为领导干部,廉洁从政要从端正心态开始,始终保持廉洁之心。只要时刻保持廉洁的心态,廉洁从政就会有坚实的心理基础;不能保持廉洁心态,就往往在廉洁问题上出现心理偏差,甚至导致心理失衡、行为失范,进而可能出问题、犯错误。

当前,在改革开放和发展社会主义市场经济条件下,人们的思想意识、价值取向、道德观念日趋多样,领导干部接触和掌握的资源越来越多,廉洁从政面临的诱惑和考验越来越大,诱发各种消极腐败现象的因素不断增多。特别是在“潜规则”的影响下,一些领导干部产生“不捞白不捞”“老实人吃亏”的思想,心理防线一点点垮塌。如何在纷繁复杂的社会环境中正确对待利益取舍,在形形色色的诱惑面前培养保持廉清的心态,是一个重大而紧迫的现实课题。腐败总是从自我腐化开始的,这种腐化堕落并非凭空产生,往往从心态出问题开始。从近年来一些落马腐败官员的心路历程来看,他们大致有“当官不发财,请我都不来”的官财心态,“贵妻富子,殷实家庭”的自富心态,“船到码头车到站”的后顾心态,“贪图享受,娱乐人生”的享乐主义心态,等等。领导干部一定要从思想上高度重视培养廉洁心态的重要性和紧迫性,在任何情况下都要保持一种平静的心态、一种淡定的姿态,以平和之心对待名,不为名所累;以淡泊之心对待位,不为位所困;以知足之心对待利,不为利所诱;以敬畏之心对待权,不为权所惑,做到知足常乐、襟怀坦荡,始终保持共产党人的高风亮节。

▶提高廉洁认知能力

是否具备廉洁心态,是领导干部能否做到廉洁从政的重要前提。从心理学的角度讲,廉洁心态的养成是一个长期的内心修养过程,同时也是一个动态的心理过程,按照其性质可分为认知过程、情感过程和意志过程,也就是通常所说的知、情、意。作为领导干

部，培养和保持廉洁心态，首先要提高对廉洁的认知能力。

认知是通过心理活动获取知识，是个体对信息加工的过程。认知决定行为，正确的认知有助于明辨是非、善恶、美丑，保持清醒的头脑；错误的认知导致是非颠倒，最终迷失方向。而认知错误的产生是由于不合逻辑的思考或不合理的观念所导致的。犯罪心理学研究表明，罪犯在实施犯罪时，在认知上往往更多地看到犯罪成功后带来的收益，而低估被惩处的概率或者说犯罪成本，因此在错误认知下选择了错误的行为。美国著名心理学家西蒙提倡的“有限理性”理论也认为，个体在做出一项决策时，不可能穷尽所有备选方案而做出最优选择，受到思维局限、认知能力等限制，而只能根据主观的“满意”标准，在认知范围内做出一个自己认为相对有利的选择。而这种在主观臆断的认知下做出的决策，多数情况下是非理性和错误的。

这种由于认知偏差导致腐败的心理现象在领导干部腐败案件中屡见不鲜，他们在对腐败行为的认知上，算小账没算大账，只考虑腐败收益，不顾腐败风险和成本，一念之差，贪欲蒙蔽了心智，最终追悔莫及。实践中，一些领导干部本来身居高位、事业有成、家庭美满，却因为一时糊涂，在经济问题上犯了错误，葬送了来之不易的一切。俗话说，“谨言不会出错，慎行不会跌跤”，如果这些人在做出选择前不心存侥幸，多想想后果，就不会在人生的道路上摔得那么惨。在改革开放和发展社会主义市场经济条件下，善与恶、美与丑、情与法的斗争十分尖锐、复杂，领导干部面临的各种诱惑日益增多。这种情况下，领导干部要做到廉洁从政，必须提高廉洁认知能力，明确廉洁和贪腐的界线。

提高认知能力。其一，要增强自我心理控制能力。通过对党纪法规、职业伦理道德的学习和认同，将其内化为内心的评价准则，自觉对自身的行为进行调整。要不断反思，保持冷静头脑，多看“前车”之鉴，多读“忏悔”之言，多设“假如”之景，增强对权力的敬畏，对行为的审慎，克己慎行，时刻保持一份清醒。其二，要正确认知行为后果。江苏省徐州市建设局原局长靖大荣因犯受贿罪被判处有期徒刑 13 年，她在忏悔时自算人生“七笔账”，结果笔笔划不来，代价沉重，对自己的违纪违法行为痛悔不已。这“七笔账”是：算好“政治账”，志高方能致远，腐败身败名裂；算好“经济账”，勤耕方能富足，贪婪倾家荡产；算好“名誉账”，清廉方能扬名，谋私为人不齿；算好“家庭账”，守身方能家圆，堕落家破人散；算好“亲情账”，品高方能会友，出事众叛亲离；算好“自由账”，自律方能无拘，放纵失去自由;算好“健康账”,心良方能体壮,胆战伤身害体。每个领导干部都要从中得到深刻教训,明辨得失,形成对廉洁的正确认知,始终保持廉洁的心态。其三,重要的是养成廉洁的生活习惯。人的正确思想不是从天上掉下来的,而是来自工作和生活的实践。只有时刻保持廉洁的生活习惯,践行廉洁行为,才能真正感受廉洁的魅力,树立廉洁心理防线,抵御不廉洁行为的发生。

►形成认同廉洁的情感

领导干部培养和保持廉洁心态,必须形成认同廉洁的情感。情感是与人类特有的社会和精神需要相联系的主观体验,是认识影响行为的内在动力。情感认同是指人对客观事物满足自己的需要而对其产生的满意、喜爱以及肯定的态度。情感影响认知,若没有情感认同,人们就会对事物缺乏兴趣,不可能真正受其影响。对于领导干部廉洁从政来说,情感认同也会影响他们对腐败问题的态度和看法。人们对腐败现象有不同的情感,有正面的鄙夷、厌恶、仇恨等,也有负面的羡慕、宽容、追求等。如果内心排斥和拒绝腐败,这种发自内心的廉洁,能够对道德价值、理性认知和行为实践产生巨大的强化作用,使廉洁成为自然和自觉的操守。反之,如果情感不健康,缺乏抵制腐败追求廉洁的内心动力,一有机会,不健康的情感就会兴风作浪,推动人走向腐败。比如,有的领导干部羡慕纸醉金迷的奢靡生活,追逐物质拥有和感官享乐;有的人认为清正廉洁“老土”“过时了”,“别人都在捞钱,廉洁者吃亏”;还有一些人,表面上对腐败现象痛恨欲绝,却阳奉阴违,背地里大行腐败之实。归根结底,是他们在情感上没有形成对廉洁的认同,反而形成了对贪污腐化的认可。因此,领导干部要努力形成认同廉洁的情感,将廉洁从政作为一种正确的价值理念和高尚的人生追求,自觉抵制消极腐败思想的侵蚀。

增强情感认同,一方面要加强情绪管理。情绪是情感的基础,更倾向于个体基本需求欲望的态度体验。领导干部要通过自我评价、自我调整、自我监督,有意识地培养有利于廉洁的积极情绪;要通过转换认知角度、语言暗示和自我鼓励,有效消除消极负面情绪,防止其向不良情感转化。同时,情绪是容易被感染的。领导干部要主动远离不廉洁的情绪,避免面对起伏波折时情绪大起大落,始终保持稳定、乐观、向上的情绪。另一方面,要强化情感控制。认同廉洁的情感主要表现为以廉洁为荣的自豪感、以遵守党纪法律为荣的满足感、以坚持职业道德伦理为荣的恭敬感、以学习廉洁模范为荣的幸福感,等等。这些积极的情感有利于领导干部在日常工作中把握正确的方向,坚守内心的廉洁底线。领导干部要加强情感的转化和改造,通过净化心灵、提高修养、提升志趣,培养积极健康的情感,发挥其激励和推动的巨大作用,不断激发领导干部对理想、责任与操守的价值追求;通过克制过分欲望,启迪内心良知,主动消除不健康情感,自觉抵制消极腐败现象和不正之风。

▶形成廉洁的意志

领导干部培养和保持廉洁心态,必须形成坚持廉洁的意志。意志是人有意识、有目的、有计划地调节和支配自己行为的心理过程,是人类独有的高级心理活动形式,对情感和行为发挥着重要的调节作用。孔子说,“三军可夺帅也,匹夫不可夺志也”;苏东坡也说,“古之成大事者,不唯有超世之才,亦必有坚韧不拔之志”。古圣先贤所言之志,就是能够克服困难、控制行为、实现理想目标的意志。廉洁与腐败,腐蚀与反腐蚀,是最典型的意志较量。恪守廉洁,需要内心的廉洁意志作为支持。廉洁意志,通俗地讲,就是能对自己“立规”,主动约束自身的不良欲望、遏制不廉洁行为。领导干部面临的消极腐败风险考验是长期的、尖锐的和复杂的,一些领导干部精神指标下降,意志品质衰退,经不住权力、金钱与美色的诱惑,以权谋私、贪污受贿、蜕化变质,走向党和人民的反面。比如,人们常说的“59 岁现象”,就是个别领导干部在离退休前夕,认为“有权不用,过期作废”,走上了违法犯罪道路。这些人在长期的工作中大多能够严格要求自己,却在最后时刻把持不住而晚节不保,悔恨终生。严峻的事实告诉我们,领导干部缺乏坚强的意志品质,就难以坚持不懈、深入持久地保持清正廉洁、一身正气,思想上廉洁那根弦一旦放松下来,不思进取、贪图享乐、骄奢淫逸等各种腐朽落后思想观念就会接踵而至。领导干部只有不断砥砺廉洁的坚强意志,才能以清醒的头脑和坚决的态度,不断增强克服消极腐败情绪的情感与认知的控制力。

培养廉洁意志,贵在持之以恒。古语说:“锲而舍之,朽木不折;锲而不舍,金石可镂。”恒心和毅力是战胜艰难险阻的有力武器。青年时期的毛泽东,为了激励自己的意志,在床头贴了一副对联:贵有恒,何必三更起五更睡;最无益,只怕一日曝十日寒。意志不是人生来就具有的、不是凭空产生的,是靠后天的恒心和毅力得来的。毛泽东同志曾说,一个人做点好事并不难,难的是一辈子做好事,不做坏事。同样,保持一天、一个月廉洁并不难，难的是保持一辈子廉洁。廉洁意志的形成，不在一时一地、一朝一夕，而在于坚持不懈、始终如一。“不积跬步，无以至千里，不积小流，无以成江海。”领导干部要从养成良好习惯做起，从一点一滴的小事做起，防微杜渐，警钟长鸣；要用实实在在的行动，保持行为规范与道德准则的连续性和稳定性，自觉做到拒腐蚀、永不沾。

培养廉洁意志，重在坚韧不拔。古人说：“艰难困苦，玉汝于成。”领导干部坚强的道德意志品质总是体现在应对困难、障碍和挫折时所表现出来的坚韧性。坚韧性是一种为实现目标克服种种艰难的持久努力力量，体现为“大雪压青松，青松挺且直”的昂扬斗志，体现为“咬定青山不放松”的坚毅精神。有人形象地比喻：燧石只有用力敲打才能闪光；煤块只有投入炉中燃烧才能释放热量；自然界最软的矿物——石墨，在几万个大气压的高压下，会变成硬度最强的金刚石。艰难困苦最能磨炼人的意志。当前腐蚀和反腐蚀的斗争十分尖锐，领导干部面临的诱惑非比寻常，需要有超越常人的心理承受力，具备更坚韧的意志。在顺境中要居安思危、永不懈怠，在逆境中更要善于磨炼意志、汲取力量。对于领导干部来说，要把每一次挫折和困难当作砥砺意志的“磨刀石”，正确对待挫折，不低头气馁，百折不挠，在逆境中学会成长；要勇于承担艰难险重任务，善于化压力为动力，不断锻炼和提高意志力，做自强不息的进取者。

（二）消除心理失衡

▶心理失衡是腐败现象产生的心理原因

心理失衡与人的需要密切相关，是指心理由一种协调的、正常的相对平衡的状态，过渡到一种非正常的紊乱状态。需要是个体感到某种缺乏而力求获得满足的心理倾向，是人思想活动的基本动力。心理学研究表明，适度的需要能够激发个体积极进取，而膨胀的需要得不到满足则往往会导致心理失衡。古人云：“天下之大福，莫大于无欲；天下之大祸，莫大于不知足。”此处的“欲”即为心理学中的“需要”；“不知足”即为“需要膨胀”。这种因不能满足膨胀的需要而产生的心理失衡是个体态度及行为发生改变的根源。心理失衡是腐败现象产生的重要诱因之一，从近年来查处的大量案例看，不少领导干部收受贿赂、以权谋私，最终走向腐化堕落，都可以从心理失衡方面找到原因。

典型案例

广东省韶关市原市委常委、政法委书记、公安局局长叶树养受贿人民币、港币 1800 多万元，另有人民币 1600 多万元巨额财产来源不明。他为自己预订了 3 个 2000 万元的“宏伟目标”：“留下 2000 万元给儿子、2000 万元给女儿女婿、2000 万元给自己安度晚年。”叶树养在被提审时说，自己也曾为简单的日子而快乐满足过，却最终仍难以摆脱心理上的不平衡：“付出的比别人一点不少，为什么收入、生活水平差那么多！”在与一些老板打交道时，认为这些人的素质、能力都不如自己，却可以通过各种手段发家，过着花天酒地、挥金如土的生活……叶树养所谓的心理不平衡长期得不到纠正，成了他逐步滑入腐败深渊的重要原因。

心理失衡会产生认知偏差。人是否觉得公平、能否保持心理平衡与社会比较密切相关。心理学中的公平理论认为，人的工作积极性不仅与个人实际报酬多少有关，而且与人们对社会财富的分配是否公平的判断更为相关。人们总会自觉或不自觉地将自己付出的劳动代价及其所得到的报酬与他人进行比较，并由此对公平与否做出判断。当个体感觉不公平时，这种心理平衡即被打破，就会促使个体选择某些特例与自己比较，进而使心理失衡获得“验证”，强化自身认知的“合理性”，从而致使心理认知与客观实际产生更大偏差。比如，有的领导干部认为工作很辛苦，收入又不高，与社会上一些个体老板或者私营企业主相比，自己付出的劳动不比他们少，而获得的社会财富却与他们相差甚远，因此产生心理上的不平衡，在认知上就会觉得从个体老板或者私营企业主那里拿点、要点不算什么，一步步滑入腐败深渊。这种认知偏差是十分有害的，领导干部要保持廉洁心态，就要避免产生因心理不平衡造成的认知偏差。

心理失衡会刺激需要膨胀。如前所述，需要的膨胀得不到满足会导致心理失衡；反过来，心理失衡会刺激需要进一步膨胀。这是一个恶性循环，发展下去就会导致个体在错误的道路上越走越远。因为心理失衡客观上会诱发个体产生恢复平衡的需求和欲望，这种需求和欲望会推动个体去搜寻能满足自己的其他外部需要，如金钱、地位、美色等。从心理学的角度来讲，人的注意力是有选择性的，即个体在外界诸多刺激中仅仅注意到某些刺激或刺激的某些方面，而忽略了其他刺激。或者说个体的注意力往往集中于自己感兴趣的少数外部需要。正如鲁迅先生当年评《红楼梦》时指出的，“经学家看到《易》，道学家看到淫，才子看到缠绵，革命家看到排满，流言家看到宫闱秘事……”查办违纪违法案件的实践表明，有的违纪违法人员贪财，有的贪色，有的贪权，有的迷恋奢侈品，等等。究其原因，这些人只不过是想从这些刺激中获得某种心理平衡而已。著名心理学家桑代克提出了效果律，认为人倾向于重复或者强化可以带来良好结果的行为，而不重复那些带来不良结果的行为。因此，一旦少数外部需要得以实现，带来自认为良好结果的行为就会被不断重复，使行为结果与贪欲之间形成了相互促进的关系，最终导致欲望的无限膨胀。从实际情况看，领导干部如果因为心理失衡而向腐败迈出危险的第一步，就很有可能一发而不可收，在腐败的泥潭中越陷越深。

心理失衡会产生腐败动机。个体内部的不平衡状态，表现为个体的需要匮乏，并由此产生在内外环境中寻找新需要的内驱力。内驱力是在个体需要的基础上产生的一种内部推动力，是一种内部刺激。这一内部驱力与能够满足个体需要的外部诱因结合在一起即可引起动机，动机驱使个体去寻找、索取、获得新的需要，以满足个体的需要匮乏。因此，个体产生动机的脉络是：心理失衡→需要匮乏→寻求新的需要→产生内驱力→引起动机。动机是行为的直接动力。领导干部一旦因心理失衡而产生不正当动机，就可能诱发腐败，离违法犯罪也就不远了。心理学研究表明，动机的强度或力量既取决于需要的性质，也取决于诱因力量的大小。而诱因引起的动机的力量依赖于个体达到目标的距离，即实现目标的难易程度。距离越大，动机对行动的激发作用就越小。现实生活中，权力在握的领导干部，由于获取非法需要更容易达成，所以其心理失衡往往带有更大的危险性。

▶领导干部心理失衡的典型表现

领导干部对廉洁从政的认知、对廉洁情感的认同和对廉洁意志的恪守构成了保持廉洁的心理过程。如果其中一个方面出了问题，其他两方面都会受到影响，使廉洁从政的心理平衡被打破，出现心理失衡，这种失衡会促使个体形成腐败动机。心理失衡主要有以下几种表现：

盲目攀比。心理学认为，人天生就有对比信息以确定自己处理类似信息重要程度的倾向。对比信息，也是识别对象事物信息的重要机制。一般来说，正常的比较并非都是坏事。但因心理失衡而产生的专注于某一群体或某一方面的对比，或盲目对比所产生的攀比就可能十分有害。通常情况下，产生攀比心理的个体与被选为参照的个体之间，起点往往具有极大的相似性，因为际遇不同产生了身份、地位等的差异。个体与跟自己起点相似、身份地位较高的参照个体进行攀比，会导致自身被尊重的需要过分夸大，虚荣动机增强，甚至产生极端的心理障碍和行为。比如，两个同时大学毕业参加工作的人，几年下来，可能职务、待遇方面会产生差别。职务低的人与职务高的人攀比，老觉得别人看不起自己，渴望被尊重的需要会变得越来越强烈，久而久之可能产生心理失衡。攀比心理造成的最大问题在于缺乏对自己和周围环境的理性分析，只是一味地沉溺于攀比中无法自拔，这样对人对己都很不利。

欲壑难填。欲望人皆有之，如果欲望不加节制，就必然会膨胀，演变成贪婪，最终使人走向堕落。大量案例表明，部分心理失衡的领导干部对金钱等物质利益有着强烈的需求和渴望。当将手中握有的权力用于谋取私利，以满足这些欲望和需求，在一次次受贿、索贿后，欲望会被进一步扩大。为了满足更多的欲望和需求，就会驱使自己一步步走向不可回头的深渊，从而划出一条清晰的堕落轨迹，即：欲望→满足→新的欲望→更大的满足。这条轨迹对于党员领导干部具有深刻的警示意义。朱元璋九世孙朱载堉有一首题为《山坡羊·十不足》的诗，形容不知足十分贴切："终日奔忙只为饥，才得有食又思衣。置下绫罗身上穿，抬头又嫌房屋低。盖下高楼并大厦，床前缺少美貌妻。娇妻美妾都娶下，又虑出门没马骑。将钱买下高头马，马前马后少跟随。家人招下数十个，有钱没势被人欺。一铨铨到知县位，又说官小职位卑。一攀攀到阁老位，每日思想要登基。一日南面坐天下，又想神仙来下棋。洞宾与他把棋下，又问哪是上天梯。上天梯子未做下，阎王发牌鬼来催。若非此人大限到，上到天上还嫌低。"可见，欲望是一个无底洞，永远没有"见底"的时候，对此领导干部一定要审之慎之。

利益敏感。心理学研究证明，需要是个体感到某种"缺乏"而希望获得满足的心理倾向，常以一种"缺乏感"体现，最终发展为推动人采取行动的动机。对于心理失衡者而言，当对于某个方面的需要过于强烈时，在心理上则表现为"饥渴"状态，并对满足自己需要的机会敏感性大大增加。比如，一个心理失衡的领导干部，如果其关注的焦点不再是人生理想、工作责任，而是金钱、美色、地位与享受，这种"饥饿感"会促使他对获取利益、满足需要的机会更加敏感，甚至会主动"创造"各种机会获利。

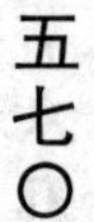

内心焦虑。这种焦虑会引导个体为腐败行为找理由。这是因为,依据心理学理论,一个人如果知道腐败有违法纪且可能受到严惩,内心就会产生焦虑。一个经常处于焦虑中的人会自觉或不自觉地采用某些“心理防御技术”来消解自身的焦虑,这是生物体的生存策略。对于贪污受贿者而言,在接受他人财物后,均会找出一些“理由”来对自己的腐败行为进行“合理化”解释。其实,这种“合理化”是对腐败行为的牵强解释,腐败者寻求的只是一种心理安慰。

►领导干部如何消除心理失衡

在改革开放和发展社会主义市场经济的新形势下,社会变迁加速、生活节奏加快、生活方式更新、生活观念多元,人们的精神负担日益加重,造成人们心理失衡的原因不断增多和复杂化,心理失衡已经成为一种严重的社会问题。领导干部如何消除心理失衡、保持心理和谐,对于促进廉洁从政具有重要意义。具体来说,应着重在以下几个方面下功夫:

合理评价个人得失。个体心理健康的一个重要指标是对自我的接受和认可,也就是说对自己应有一个正确的评价,不可过高也不可过低,这样才不会出现自负和自卑的心理。一个人不能正确评价自己,就会产生心理障碍,表现出对自我的不满和排斥,从而产生“现实自我”和“理想自我”的差距,诱发心理失衡。现代心理学研究表明,个体在对自己成败归因时,倾向于将成功归于自己的努力,而将失败归于他人的影响,这种归因本身是一种偏见。领导干部要克服这种偏见,学会了解自我、合理评价自我,这是消除心理失衡的重要前提。一要树立平民意识。要把自己看作社会中的普通一员,不要把自己看作高高在上的“官”。平时调整好心态,摆正位置,就会少些心理失落。二要做好本职工作。立足现实,脚踏实地,多做些有意义的事情,多做些利国利民的实事,免得空耗人生,留下遗憾。三要保持平静心态。领导干部面对功名利禄,理应心胸坦然,拿得起、放得下,做到有功劳时不伸手,有苦劳时不计较,有疲劳时不抱怨。正确对待个人进退留转,做到“进”者奋发有为,“进”不争位;“退”者心情愉快,“退”不松懈;“留”者意志不衰,“留”不自馁;“转”者迎接挑战,“转”不浮躁。

控制欲望需要。心理平衡主要是需要的平衡,通常情况下,当需要得到满足时,心理就平衡了,当需要得不到满足,就会产生心理失衡。造成部分领导干部心理失衡的一个很重要的原因就是人的需要和欲望不断膨胀。所以控制欲望就显得十分重要。俗话说,

"知足不辱,知止不殆,可以长久。"不知足而过分地追逐名利者,离灾祸和不幸也就不远了。人有欲望很正常,但对欲望的追求应当有所节制,知足才能常乐。"广厦千间,夜眠八尺。良田万顷,日食三餐。"这些古训名言无不为我们揭示了"节欲"与"知足"的重要性。"清贫,洁白朴素的生活,正是我们革命者能够战胜许多困难的地方。"方志敏烈士在狱中写下的《清贫》,回答了什么是真正的穷和富,什么是人生最大的快乐,什么是革命者的伟大信仰,人到底怎样活着才有价值等一系列重要问题。作为领导干部,要多想想自己为百姓做了什么,身后留下了什么,做到不为名累,不为利锁,不为权缚,不为欲困。

消除腐败观念。人的情绪和行为不是由某一事件直接引起的,而是由人对这一事件的观念引起的。众所周知,我们在动物园里看到老虎不会恐惧,而一个人在森林里看到老虎会产生强烈的恐惧感,这是因为我们内心已知动物园的老虎无法伤害自己,而森林里的老虎则可能对自己有危险。这一道理告诉我们,人们表现出不同情绪的背后往往是因为内心预设了某种观念。心理学家认为,个体的心理失衡正是由于其内心不合理的观念在作祟。一个领导干部因为没有被提拔而心理失衡,那是因为其内心中存有自己应该被提拔的观念;一个贪官之所以要接受他人的财物,那是因为他自认为有条件、有资格可以接受财物。如果能够自觉消除内心不合理观念,则心理失衡就能从根本上消除。因此,心理失衡的领导干部一旦意识到自己居然为自己的腐败行为预设了理由,则一定要高度重视并进行自我说服,有意识地从相反的视角来批判与说服自己。这是一种自助的治本之法。

(三)塑造健全人格

▶健全人格是廉洁从政的保障

人格是一个人性情品质的集中反映,是一个人灵魂的折射。心理学意义上的人格特指个体在先天遗传素质的基础上,通过与后天社会环境的相互作用而形成的相对稳定和独特的心理行为模式。人格反映一个人整体的精神面貌,决定人对事的态度和行为方式。人格的最大特点就是稳定性,一旦形成就很难改变。"江山易改,本性难移"就是对此的形象说明。人格的稳定性特点,决定了每个人为人处世的风格是相对稳定的,与之相比,心态随时可能出现波动与变化。因此,人格是更带有普遍性和规律性的深层次心理现象,对人的思想、情感和行为都具有重要影响。

人格内涵丰富，包括个人的性格、气质、修养、能力等诸多方面。健全人格是人格的一种良好状态。概括来说，健全人格的理想标准就是人格的身心各要素完美的统一，使人的才能得以充分发挥。健全人格是人安身立命之本，也是领导干部应具备的基本素质。领导干部是各方面都比较优秀的一个社会群体，必须具备良好的人格品质。领导干部身上的良好人格具有社会认同性、示范带动性和群体整合性，往更高的层次上讲是人格魅力，能够发挥巨大的感染力、凝聚力和吸引力。邓小平同志也曾经说过："共产党人干事业，一靠真理的力量，二靠人格的力量。"缺乏责任意识与人际处理能力、缺乏积极向上的人生目标等健全人格特点的领导干部难以有所作为，缺乏人格力量的领导干部也难以赢得群众的热情拥护和真心支持。

领导干部人格力量的重要来源是廉洁。美国记者斯诺 1936 年秘密访问延安，被共产党领袖的廉洁人格感动。他断言，这种廉洁作风会产生一种伟大的力量，他将这种力量称之为"东方魔力"。1949 年，当国民党反动政权即将崩溃之时，时任美国驻华大使司徒雷登对国民党的军官们说："共产党战胜你们的不是飞机大炮，而是廉洁，以及廉洁换得的民心。"领导干部保持清正廉洁，要以健全的人格作为支撑。而且，人格的稳定性决定了领导干部的廉洁观念一旦形成，就会将廉洁的思想、情感和行为融于一体，对廉洁从政发挥巨大的影响，不易因时间、地点等外在环境和情绪等内在条件的变化而改变。比如，一个刚走上领导岗位的干部，开始时都会有意识地注重廉洁自律，但此时廉洁还是在意志下支配的行为，还需要通过自身的心理强制来达成。但如果经过自我修养、自我塑造，恪守廉洁转化成一种稳定的心理习惯，那么廉洁奉公的状态就很难被打破，保持起来也更容易。因此，领导干部廉洁从政必须注重培养廉洁人格特质，塑造良好人格，以人格的力量始终保持廉洁心理。

▶领导干部应健全人格品质

一般来讲，健全人格具有自我认识全面，自我评价客观，自我控制能力强等优点。具有健全人格的人具有以下几方面的人格特质：一是客观的自我认识和积极的自我态度。客观的自我认识即具备全面的、丰富的自我认识，不歪曲、不夸大自己的能力，包括长处和短处。积极的自我态度是指个体尽管认识到自己的优缺点，但仍然从总体上认可自己、接纳自己、肯定自己，对自己抱有希望和信心。二是客观的社会知觉和建立适宜人际

关系的能力。能准确地从别人的言语、行为中体察别人的思想、愿望和感受,客观了解别人对自己的看法和态度。此外,他对人的态度和人际交往技能应有助于建立适宜的人际关系。三是生活的热情和有效解决问题的能力。热爱生活,有投身于工作、事业和家庭的热情;具有与自己年龄相匹配的生活能力。四是个性结构具有协调性。有统一的世界观、人生观、价值观;个性倾向的各部分如需要、兴趣、动机、理想、信念等,它们之间应该能保持一种动态的协调平衡;个体的认识、情感和行为之间也应相互协调。

领导干部除了应具有上述健全人格的一般特质外,还需具备有关廉洁的人格特质。这是由领导干部的特殊身份和工作性质决定的,是领导干部健全人格的核心内容。一是以廉洁为导向的认知方式。认知方式是个体在认知过程中所表现出来的习惯化的行为模式,大多表现为知觉、记忆、问题解决过程的态度和表达方式,具有跨时间的稳定性和跨情境的一致性。比如,一个领导干部将廉洁视为生命,那么他在思考问题、解决困难时,均带着明显的"廉洁"思想烙印,本能的会对腐败行为产生反感、不适应、格格不入等负面感受,甚至完全对立抵触。二是与廉洁保持一致的稳定态度。美国心理学家弗里德曼认为,态度是个体对某一特定事物、观念或他人稳固的,由认知、情感和行为倾向三种成分组成的心理倾向。而认知、情感和行为倾向三者是协调一致的,激发态度中的任何一个表现要素,都会引发另外两个要素的相应反应。态度具有适应功能、认知功能、自我防御和价值表现等功能。领导干部具有保持廉洁的稳定态度,就能做到自动适应,不随波逐流、不受他人的腐败思想的侵蚀,坚守自己廉洁的独立意识;面对诱惑自我防御,控制和调节自己的情绪、动机,约束自己的行为,果断地做出决定;面对困难和压力不屈服,始终保持廉洁向上的人生态度。三是以廉洁内容为核心的信念。信念是人类特有的心理现象,是人们对一定的世界观、人生观、价值观的信奉和遵循,因而对人们的思想言行具有决定性的影响,是主宰心灵的精神支柱。所以,真正廉洁的领导干部应有对廉洁的坚定信念,并以此为荣。

►领导干部要塑造健全人格

人格部分带有先天遗传的影响,但更多的要通过后天的修养、锻炼不断获得提升和发展。良好的人格品质是知、情、意、行等要素和谐发展的统一。对领导干部而言,培养拒绝腐败的健全人格,是推动廉洁从政的重要因素。要通过养成对权力、地位、责任与利益等因素的正确认识，不断提高人格修养，以高尚人格的巨大力量督促领导干部自觉做到拒腐防变、廉洁从政。

要加强人格修养。人格修养是一个人通过自我修炼、养成和提升，使自己的人格不断达到新的更高水平的过程。人格修养的目标就是要培养准确认识和把握自身性格特点，针对不同情况趋利避害，调整和控制自己为人处世的态度和行为方式。领导干部加强人格修养，要培养开朗乐观的性格，心胸开阔、遇事不悲观、不过喜、善于消除消极情绪；培养坚持到底的意志，毅力顽强、认真负责、勇于克服困难、争取胜利；培养沉着冷静的习惯，凡事三思而后行，善于纠正错误，不断地消除自身弱点；培养实事求是的精神，以积极的态度处理生活和工作中出现的各种矛盾问题，绝不回避现实，凡事从实际出发；培养自己敏锐而准确的观察力，当遇到问题时，不要急于发表看法、下结论，善于从多种角度去观察问题，得出真实结论。

要加强自我调控。要学会控制和调节认识与情绪，养成良好的认知方式，形成良好的思维品质，使自己面对诱惑可以独立地做出理性的决策。要加强自我体验，形成廉洁的情意特征。自我体验可以促使自我认知转换为内心的信念，从而更好地指导人的言行。面对周围环境的诱惑，领导干部要学会在实践体验中加强自我教育，常对自己的廉洁心理进行自我激励或者自我暗示，以此形成对廉洁的高度认同和自动坚持的意志特征。要形成高尚的信念，树立正确的廉洁价值，要真正从内心中信仰廉洁。领导干部要努力向廉洁模范学习，将高尚人格化为行为准则和自觉习惯，从而更好地抵御腐败思想的侵蚀。

要做人格表率。崇高人格是得到人民群众信赖和尊重的根源。群众的眼睛是雪亮的，领导干部是不是具有良好人格品质，群众心里十分清楚。领导干部以身作则和率先垂范，是一个自我提升的过程，是一个接受群众监督的过程，能够有效提高自身思想境界和人生追求，自我激励和保持高尚人格，造就良好的气质形象，真正做到讲党性、重品行、做表率。同时，领导干部的人格力量，更多地表现在带头实践自己所倡导的道德标准和价值观念、以自己的模范行动影响和教育群众上。通过领导干部的人格表率作用，高尚纯洁人格的感染作用，能够感化、熏陶和启迪他人，给人以示范、引导，带动人们自觉仿效，并将其内化为行为准则和习惯，从而产生巨大的精神力量。

遣倖謝相

漢文帝
鄧通
申屠嘉
申屠嘉
鄧通

遣幸谢相[1]

【历史背景】

汉文帝时，丞相申徒嘉为人正直，文帝对他甚为重用。当时有个郎官叫作邓通，深得文帝的宠幸以至于邓通恃宠怠慢。申徒嘉正言直论，而文帝一点儿也不袒护，并让邓通受令就罪，支持申徒嘉依法度办理政务。这一举动使得所有被皇帝宠幸的人不敢再依仗宠幸而亵慢于朝廷，表现出了人君的圣明之处！

【原文】

汉史纪：文帝以申屠嘉为丞相。时邓通[2]爱幸[3]无比。嘉尝入朝，通居上[4]旁怠慢。嘉曰："陛下爱幸群臣，即富贵之。至于朝廷之礼，不可不肃。"罢朝，嘉坐府[5]中，为檄[6]召通，不来且斩通，通恐，入言上。上曰："汝第[7]往，吾今使人召若。"通诣[8]丞相，免冠，徒跣[9]，顿首谢[10]。嘉责曰："通小臣，戏殿上，大不敬，当斩！"语[11]令吏斩之。通顿首出血，不懈[12]。上使使持节召通，而谢丞相。嘉乃解。通还见上，流涕曰："丞相几[13]杀臣！"

【张居正解】

西汉史上记：文帝以申屠嘉为丞相，嘉为人正直，文帝甚重之。时有个郎官叫作邓通，得幸于文帝，宠爱无比。嘉尝入朝，见邓通在文帝旁边，狎恃恩宠，有怠慢之状。嘉即奏说："陛下爱幸群臣，只好赏赐他财物，使之富贵足矣。至于朝廷上的礼仪，则不可不严肃。"及罢朝，回坐于丞相府中，写文书去提邓通。说道："他若抗拒不来，便当处斩。"邓通恐瞑，求救于文帝。文帝知丞相所执者是朝廷之礼，邓通委的有罪，就着他去见丞相。通到府中。取了冠、跣足，顿首谢罪。申屠嘉责他说："朝廷乃礼法所在，你一个小臣，敢狎戏于殿上,犯了大不敬,论罪当斩。”因使吏拿出斩之。通叩头谢罪,至于出血,嘉怒犹不解。文帝料邓通已在丞相处陪话知罪了,乃使人持节召通,而致谢丞相。申屠嘉乃遣之。邓通回去,到文帝面前流涕说道:“丞相几乎杀了臣。”夫文帝宠幸邓通,致敢于怠慢,其始固不能无过。然申屠嘉正言直论,而帝略不偏护,即遣令就罪,使大臣得伸其法,而嬖幸不敢狎恩。非圣君而能若是哉?

【注释】

①本则故事出自《汉书·申屠嘉传》。本文主要讲述了汉文帝的宠臣邓通恃宠而骄,怠慢无礼,遭受到宰相申屠嘉的惩罚,而汉文帝对宰相这一做法表示认可的故事。从中可以体现出汉文帝的贤明。

②邓通:汉文帝的宠臣,蜀郡南安人,他本来是使棹行船的黄头郎。只是因为有一次汉文帝做了一个梦,因而得到皇帝的宠幸,十余次被文帝赏赐大量金钱,官至上大夫。

③爱幸:受到宠爱或者说是宠幸。

④上:皇上,皇帝。

⑤府:官府的通称,在这里指的是丞相府。在汉代的时候,丞相的府邸有专门办事的署衙。

⑥檄:古代官方文书用的木简,长一尺二寸,多用于征召、晓谕、申讨等事。如果遇到紧急的事件就会在上面插上羽毛,因此又被称为羽檄。后代就把这一类的官方文书等都称作为檄。

⑦第:但,尽管。

⑧诣:到,去,动词。

⑨跣:赤足,光着脚。

⑩谢:谢罪、道歉、请罪的意思。

⑪语:告诉,在这里是命令的意思。

⑫不懈:不松口,不能平息愤怒。懈,通“解”。

⑬几:几乎,差点儿。

【译文】

文帝任命申屠嘉为丞相，那个时候，邓通正得到文帝的宠幸，可谓是恩宠至极。有一次，申徒嘉入朝拜见皇帝，看见邓通在文帝的旁边，失去了作为臣子的礼节，态度非常怠慢，于是申屠嘉上奏说："陛下您宠爱大臣，可以使他拥有钱财、地位尊贵，但关系到朝廷礼仪的事情或者礼节就不能不严肃地对待。"下朝之后，申屠嘉回到丞相府，派人去传邓通来见，并说："不来就杀了他！"邓通十分害怕，就去面见汉文帝，希望获得皇帝的保护。文帝说："你只管先到他那里去，我过会儿派人去召唤你。"邓通只好摘掉头上的帽子、光着脚去了丞相府，见了申屠嘉就立即跪在地上连连叩头。申屠嘉斥责道："你一个区区小臣，竟敢在殿上嬉皮笑脸，毫无礼节的约束。你知道这是犯了大不敬之罪吗？按照相关的规定这个罪过是要杀头的！"说着就命令手下的官吏把邓通推到外面行刑。邓通已经被吓得三魂出窍，连连叩头，头额都叩得鲜血直流。申屠嘉窝在心中的一团怒火还是不能得到平息。就在这个时候，文帝派人拿着符节去召见邓通，并向申屠嘉说情、请求宽恕。申屠嘉这才放了邓通。邓通回到宫中，见到了文帝便痛哭流涕，说："丞相差点儿杀了臣下啊！"

【评议】

古代封建帝王，大多唯我独尊，我行我素，任何时候做什么事，都是"天子圣明"、一贯"正确"，根本不存在向谁道歉的问题。以帝王之尊，而能向臣下致歉，汉文帝可谓是千古第一人。汉文帝能做到这一点，除了申徒嘉所作所为符合当时"礼"，又属于其职权范围之内的原因外，最重要的一点是文帝能从长远考虑，知申徒嘉行为对巩固刘氏政权有益，所以汉文帝才能做到谢相。申徒嘉虽身居相位，一人之下，万人之上，但他毕竟是人臣，敢于在职权范围内按章办事，惩治皇上宠幸的佞臣，其忠于职守，尽忠王事的精神还是应予以肯定的。而作为封建帝王的汉文帝能从长远计议虚心纳谏，并敢于直面自己错误的行为，即使在当代也具有积极的借鉴意义。

【镜鉴】

一、敬畏规矩

(一)“原则”难坚守,“原则上”易突破

教育部在2013年1月5日出台的《贯彻落实中央改进工作作风、密切联系群众的实办法》指出,部领导去基层调研,司局陪同人员不超过3人;原则上部领导不出席校庆活动。

2013年1月14日,陕西省西安市纪委日前就加强公务用车治理切实改进领导作风下发通知,要求党政机关(含各开发区管委会)原则上不配备、购置越野车。确因地理环境和工作性质特殊,经批准,可以适当配备国产越野车。

“原则上”,这是一个人们熟悉的词语,恐怕也是极富中国特色的一个词。尤其是当政府出台一些“禁令”和管理措施时,往往会看到这个关键词。也就是说,遇到“特殊情况”可以不按要求执行,其情可矜可悯。

在干部选拔推荐中强调“推荐对象原则上不超过××岁”,领导干部下基层调研“原则上不得搞列队欢迎”,上班时间“原则上不得干与本职工作无关的事情”等等。结果,“原则上”破坏了“原则”,推荐干部照样超过规定年龄,列队欢迎领导照常进行,上班时间仍然干与本职工作无关的事情。

《新编现代汉语词典》将“原则”一词解释为“说话或行事所依据的法则或标准。”“原则”乃法则、规则、守则、通则、准则的同义语。“原则”就是无一例外地、不折不扣地严格执行和必须遵守的依据和标准。

然而,“原则”一旦与“上”联了手,变成“原则上”,意思就变得非常暧昧、非常微妙了。“原则可办”不一定能办,“原则上不能办”不一定不能办。其潜台词就是:可以办,也可以不办;大多数人要遵守,个别人可以不遵守;有时候要做,有时候不要做。“原则上”抵消了“原则”,变成了制度的“挡箭牌”、规定的“庇护罩”、禁令的“出口处”。

按照英语的说法，原则就是 principle，“原则上”则翻译成 Inprinciple。“原则上”比原则还要原则，更高一级、更强硬、更刚性，不可通融、不可调和，丁是丁卯是卯、说一不二。然而在中文里，其含义并非如此。我们的“原则上”在很多时候其实是一种非原则、软原则，是橡皮泥原则、擦边球原则。很多事情即使不符合原则，也会在原则的名义之下，将就一下、灵活一下、凑合一下，勉为其难、削足适履、牵强附会地把它们办成。于是，“原则上”成了假公济私的挡箭牌和遮羞布，成了滋生不正之风的温床，成了催生腐败问题的酵母。

各地陆续出台了一些改进领导机关工作作风的规定，不少都留有“原则上”这个小尾巴。如领导参加庆典也是原则上不得参加，领导下基层原则上不得在基层就餐等等。这看似是人性化的制度，最后也坏在“原则上”。一些不该购置的奢侈品购了，不该吃的吃了，不该游玩的也玩了；不该提拔的也提了……

中央出台“八项规定”，一清二楚、一目了然，不搞“试行”、立即执行；相关部门贯彻“八项规定”，应该一就是一、二就是二，割掉“原则上”这条尾巴。

还是继续说公车规范的事儿。

这几年，禁止党政机关购置越野车的公车规范禁令屡屡出台。最近文件又规定：“党政机关原则上不配备越野车（含 SUV 车型），确因地理环境和工作性质特殊的，可以适当配备国产越野车。”许多地方政府随之颁布的“禁令”，也都用上了“原则上”。本来公车管理规定是明确、严肃和刚性的，加了这么一个“原则上”，就不可避免地给违规行为留下了一个可以“变通”的后门。事实上，所谓“工作需要”本身就是一块由机关单位自己掌握的橡皮泥，想要找个借口买辆越野车也并不难。

“原则”是人们观察问题、处理问题的准则。遵章守纪、秉公办事、坚持原则是每一个合格的领导干部必须要做到的。做官、做事、做人都必须说一不二，坚持原则，在原则之内行使职权，在原则之下处理问题，不能当老好人，泥瓦匠出身——专门和稀泥。但总有一些人善于见风使舵、趋炎附势，视原则为儿戏，拿原则做交易，以利己为准则，以自己为原则，把原则当成橡皮泥，想怎么捏就怎么捏；把原则当成蹦蹦床，在上面想怎么跳就怎么跳。

英国著名的道德家斯迈尔斯有一句至理名言：“一个没有原则和没有意志的人就像

一艘没有舵和罗盘的船一般，他会随着风的变化而随时改变自己的方向。"

要拒腐防变，要维护原则的公正性和严肃性，必须从思想上、措施上、制度上、行动上彻底铲除"原则上"，让"原则上"永久性"下岗"，让"原则"与"上"彻底"分家"，让能伸能缩的"弹性"原则变成无空间、无漏洞、无余地、无例外、无特殊的"刚性"原则。原则就是原则，错了就是错了。要敢于担当。能纠错，这是一个人敢于为自己负责的表现。

（二）"显规则"淡化，"潜规则"盛行

升职、上学、就业、养老……表面的"显规则"之下，很多行业、很多领域，不分大事小事，都有"潜规则"存在。如今，一些人不管遇到什么事，总喜欢托人情、找关系。一旦在路上闯红灯被交警拦住，就习惯性掏出手机，赶紧找熟人疏通关系，上学就业，寻医问药……但凡生活中遇到难题，都离不开"关系"，似乎不动用"关系"，就没有安全感。

曾几何时，潜规则问题引发人们越来越多的关注和议论。何谓"潜规则"？可以从三个层来理解：一是，潜规则看不见，没有明文规定，是心照不宣、暗箱操作的规则，是见不得光的东西；二是，潜规则已经约定俗成，成为许多人普遍认同的规则；三是，潜规则没有强制性，但实际起作用，如果你不按这些规则办事，就很难办成事。由此可见，"潜规则"的实质是公权私用、公事私办、私事公办、以权谋私，是把商品经济原则用到了不该用的地方和领域。

"显规则"淡化，"潜规则"盛行，已经成为一个典型的社会问题。而"潜规则"盛行是一种反法制现象。在一个法治社会里，法律是一切人包括政府官员的最高行为准则，而"潜规则"恰恰要把体制内的事放到体制外去解决，不按法律和规则办事。它遵循的是权力至上、金钱万能和人情第一，它坚信权大于法、钱大于权。

《南方周末》刊载过易中天《谁是潜规则之父》这样一则小短文，极其调侃地诉说了"显规则"和"潜规则"的关系，文章内容如下：

2011 年 8 月 19 日，我和吴思在广州一起接受媒体采访。一记者误把"吴思是'潜规则'概念之父"，说成"吴思是'潜规则'之父"。吴思当然不能承认，事实上也不是。于是，我灵机一动，现场采访吴思

我问吴思："你说你不是'潜规则'之父，那么谁是？"

吴思答："要弄清楚谁是'之父'，得先弄清楚谁是'之母'。我看是皇帝。皇帝制定了各种规则，官员把它们变成了'潜规则'。"

我说："照你这么讲，是官员操了皇上？恐怕不对吧？"

事实上也不对，皇帝生的是"明规则"。明媒正娶嘛！"潜规则"，只能是"小三"生的。

那么，请问谁是"小三"？官员跟她，怎么生的"潜规则"？还有，"小三"生的"潜规则"，明明是"庶子"，怎么会当了"摄政王"，比皇上生的"嫡子"（明规则）还起作用？

有心人不妨琢磨琢磨。

顺着易中天的思路，"潜规则"为什么如此生猛，甚至比"显规则"还要厉害呢？

第一，我们的规则存在着漏洞。在社会转型期，有更多的真空地带让"人情"可以被当作交易的筹码，人们更加倾向于"暗箱操作"、不守规则。

第二，官本位思想的行业表现。这在权利和机会让渡的过程中体现得尤为突出。一切价值以"官"来定位，一切权利和机会由"官"来授予或批准。在各个行业，一切唯"官"是从满足了"官"特权心理，社会赋予了握有资源的"官"过大的自由裁量权。

第三，社会上存在着"潜规则"文化。讲人情、论关系在中国源远流长，这与历史、文化等都有关系，短时间内很难改变。明知"潜规则"不对，但操作者不以为耻，反以为荣。

第四，媒体渲染给潜规则"打广告"。潜规则本是潜在，经过媒体大肆渲染，便摆在了"明面上"。虽然大多数报道都是对潜规则持否定态度，但这无形中拓宽了其影响范围。媒体渲染就等于给潜规则"打广告"，让潜规则"水涨船高"，让一些人"迫不及待"。

凡此种种，导致了潜规则异常强大，但归根结底还是因为显规则太弱。假如显规则成了"铁板一块"，不仅人尽皆知，而且效力强大；假如潜规则的"个别存在"能够引起显规则深刻反省，不仅自我整顿完善，而且给予潜规则致命性打击；假如法治和正义已成为社会共同意识，不仅要让官员遵守规则，而且让规则规制官员；当有很多"假如"没有成为现实，显规则就日益成为潜规则调侃讥讽的"下酒菜"。

潜规则已经成为"习惯"、成为"时尚"，这往往让洁身自好的人很为难、很无奈，甚至不得不"入乡随俗"；潜规则让人淡化是非界线，放松思想警惕，模仿容易抵制难，有时候甚至把善于灵活运用潜规则看成协调能力、活动能力、办事能力。潜规则盛行，坑害干部群众，毒化社会风气。

社会想要大步前行，必须尽快搬掉横亘在大家心头的“潜规则绊脚石”；纲举才能目张，官场生态的改变也将直接优化社会生态，给社会方方面面带来更多的进步“红利”。要做到这点，前提条件就是要清除各类灰暗的“官场潜规则”，不断挤压潜规则的存活空间；同时，用制度文明、民主规则、法治程序建构起正向、透明的“政治显规则”，让敢担当、有正义感、敢摸老虎屁股的官员得到褒扬，让逃避责任、明哲保身、内心阴暗的官员付出代价。

（三）抄近道：找捷径反而误入歧途

“大道甚夷，而人好径。”意思大概是大道宽敞但是人们却喜欢另辟蹊径，妄图走捷径。现实生活中，由于大道不太宽敞，更多的人开始寻求“好径”。

有一个故事：一个人看到一只茧裂开了一个小口，蝴蝶在艰难地挣扎着想要出来，很长一段时间过去了，蝴蝶没有任何进展。看样子它似乎已经竭尽全力，不能再前进一步。这个人决定帮助蝴蝶，他拿来剪刀将茧破开，蝴蝶很容易地挣脱出来。但是蝴蝶的身体很臃肿，翅膀总是紧紧贴着身体。这个人期待着蝴蝶的翅膀打开并伸展起来。然而，这一刻始终没有出现。这个好心人并不知道，蝴蝶从茧上的小口挣扎而出是上天的安排，它要通过这一挤压过程将体液从身体压到翅膀，这样翅膀才能获得力量，才能在脱茧而出后展翅飞翔。

人的成长和每一只蝴蝶破茧成蝶一样，都需要一个过程，没有捷径可走。让心智变成熟的旅程相当漫长，回避痛苦只能带来更多的痛苦，而经历痛苦、选择那条看上去少有人走的路，才是让心智变成熟的必经之路。正确的道路往往是光明而远大的，但又不是旦夕可成的，一切急功近利的观念都是行不通的。

想走捷径而欲速不达的人和事却并不在少数。现在社会上，各类成功学的书籍不少，一些官员也开始对类似《为人处事厚黑学》《曾国藩成功秘籍》等“捷径学”产生兴趣。但科学告诉我们，离开脚踏实地的苦干、不达目的不罢休的实干，成天想着靠投机取巧来实现理想，终究只能是竹篮子打水——一场空。

做人如此，从政亦然。举债搞政绩工程，是近年来官场上的一大“亮点”，也是个别官员得以升迁的一条“捷径”。据《人民论坛》的一个统计，在我国662个城市、两万多个建制镇中，约有1/5的城镇建设存在诸如“现代化国际大都市”“百里长廊”等政绩工程，主要资金来源靠政府举债。为了还债，有的政府长期拖欠职工工资，甚至对农民乱收费、乱摊派。近年来，有不少基层干部为了快出“政绩”，不顾当地的财力物力和群众的承受能力，不惜举债大搞“面子工程”“形象工程”，使当地政府背上了沉重的债务包袱。

《光明日报》报道，某县在调整乡镇班子时，审计部门对乡镇财务进行了审计，结果表明，90%以上的乡镇因搞“工程”而欠款一二百万元，有的高达四五百万元。分析欠款原因，有一个共同的特点，即都是在没有资金或有很少资金的情况下，擅自上了需要很多钱才能完工的大项目、大工程。

在一些大城市，建购物中心成为地方官员追求政绩捷径，但大量复制带来空置现象。有专家就提出：“这是中国特色，对于四年一届的地方政府官员而言，要在任期内出政绩，兴建购物中心是一个捷径。”

这些现象都是官员们为了自己的政绩而寻找捷径的后果。为什么有这么多人热衷于政绩工程而乐此不疲呢？有两方面的原因：一方面，搞政绩工程者的官心、官欲、官念太重、太强，急功近利，通过政绩工程来给自己的脸上贴金，并以此作为邀功晋爵的筹码；另一方面，这与一些上级部门的官僚主义作风有关，他们对下布置工作，往往不考虑基层的实际，在工作目标任务上一味追求高、大、全，还经常搞一些这“工程”、那“工程”的达标和评比。他们似乎形成了这样的逻辑：谁搞得工程多、工程大，谁的政绩就突出，谁就应该得到提拔和重用。这就成了一些为官员搞政绩工程的内在动力。

“政绩工程”体现了一些政府官员的思维定式和习惯作风，他们凡事眼睛向上看，只对上不对下。他们认为，只要搞出政绩，让领导看到，领导就会对下级产生好感，最后就会把搞“工程”的干部提拔到更高的职位上去。正是存在这种“升迁捷径”心理，举债搞政绩工程的现象才屡禁不止。最终的结局只能是劳民伤财，让自己尽失民心。

远东控股集团有限公司党委书记、董事局主席蒋锡培在其新浪微博上表示：“我们做企业，一定要求真务实，尤其是在市场环境不景气的今天，不能只想着抄近道，走捷径，否则容易走进死胡同，陷入绝境。绕道前行，尽管多耗费了时间与精力，尽管一路荆棘一路坎坷，但这是成长的规律与必然。苦练内功，不因禁不起‘捷径’的诱惑而‘一命呜呼’。”

这句话同样适用于官员们规划自己的人生道路。官员们的政绩要从实际工作中日积月累,不要总想着抄近道,因为捷径边上往往是歧途,有多少官员在寻找捷径时误入了歧途?!

周立波说过这样一段关于人生态度的话:"不要抄近道,否则会白跑;不要绕远道,否则会迟到;不要走邪道,否则会坐牢;不要走黑道,否则会挨刀;不要只想要,付出不能少;不要急着要,一定要戒躁;不要求回报,该到自然到;不要急得到,心静便无恼;不要怕人笑,看谁笑到老:不要装知道,不懂就请教;不要放大炮,说话要可靠。"

所以,还是保持一份平和的心态,踏踏实实走路。大道甚夷,何必好径?

(四)钻空子:决不允许"上有政策,下有对策"

中央在2012年底先后出台"八项规定"和"六项禁令",强调要坚持勤俭办一切事业,坚决反对讲排场比阔气,坚决抵制享乐主义和奢靡之风。这些条令出台后,公款吃喝之风得到一定程度的遏制,但是铺张浪费的现象仍然存在。有些宴请悄然转到了内部餐厅,有些单位的内部餐厅装修之精、标准之高堪比五星级饭店。此外,还有一些公务宴请"隐身埋名",玩起了会所消费的"躲猫猫"游戏。

据媒体报道,北京的会所除了栖身于公园或者寺庙,还有一些更为隐蔽,有的竟在某条胡同的某个小四合院里安身。在会所用餐一顿饭没有两三万肯定下不来,而且还要至少提前两三天订餐。可见,这是普通老百姓消费不起的!能够消费得起的人非富即贵,我们要留心啊!究竟是何方神圣在推动会所消费呢?会所消费成为"香饽饽",本身就是不正常的现象。

会所没有挂出醒目的招牌;会所的服务对象是会员;会所环境相对比较隐蔽。俗话说:"挂羊头卖狗肉。"为避人耳目,会所连"羊头"都懒得挂,直接玩"潜水",让涉嫌公款吃喝的会员们私下以为"水下"安全。

同样玩"上有政策,小有对策"的还有:

2013年年初,"史上最严交规"竟然催旺了一种另类市场。一旦有车主因驾驶车辆违章过多,导致驾照上的12分不够扣时,便有人从那些考取驾照后不经常开车的车主手中购买分数,再卖给这些有需要的违毒者,并从中赚取差价。

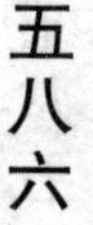

2013年春运刚刚开始，旨在减少现场排队的网络订票系统便遭遇被人称为“插队神器”的抢票软件；国家给农村学生每人补贴3元的“营养午餐”，但一些地方的学生真正吃到嘴里的不过2元；北京曾出台被称为“最严限购令”的“京十五条”，要求连续5年缴纳社会保险或个人所得税，一些人通过假结婚便实现了曲线购房；2013年3月，“国五条”出台后，单身限购令催生了“假结婚潮”：单身人士可以找一个农民工结婚，和他谈好，结婚目的是为了买房，婚前给他5000元酬劳，买完房后离婚，再给3000元余下的酬劳，会有很多农民工愿意做，于是从“假离婚潮”变成“假结婚潮”。

我们不禁要问：为什么一些貌似严谨的政策、规则刚一出台，便会被人上下其手，在执行过程中遭到架空乃至无形肢解，从而沦为一纸空文？为什么一些人的智力会因此得到超常发挥，其钻规则空子的本领令人惊叹？我们通常所说的“打政策的‘擦边球’”“先上车，后补票”“遇到绿灯跑过去，遇到红灯绕过去”“你有你的关门计，我有我的跳墙法”等等，这些形象化的语言描述的都是被一些人运用得十分娴熟的“对策”。

“下有对策”说穿了，就是一种“钻空子”，而空子是由“上有政策”提供的。许多政策初衷确实很好，但在出台之前没有仔细考虑其执行障碍。用专业的法律眼光看，一些“上有政策”浑身是洞，只要想找，空子到处都是；而有一些“上有政策”竟然连实施细则都没有，只是简单的道德呼吁。当“上有对策”只是停留在嘴上和纸上，把实施的希望只是寄托于道德时，“下有对策”还会意外吗？

一则流传甚广的顺口溜“村骗乡、乡骗县、一直骗到国务院；国务院下文件，一级一级往下念，念完文件进饭店，文件根本不兑现”，就是对政令不畅惟妙惟肖的描述。

一般来说，政策的执行力需要“上行下效”才能发挥最大的功效，如果上面已是“电闪雷鸣”，下面却是“巍然不动”，那么政策的失衡将导致政策的难以为继。搞变通是可以的，如果变通的政策能够适应民情，适应时代形势，那么就是可取的。而像这样的创新工作做法，我们何不欣然接受？但是，搞变通不是偏离政策本质，不能靠损害政府公信力、群众利益为筹码，而是要让政策变得能更好地为群众服务，更好地接受群众的监督和建议。

从字面上理解，“上有政策，下有对策”反映的是从上至下的政策执行过程。然而，如果深究其因，其动因不仅来源于行政执行，而且藏匿于行政决策和行政监督。一些“对策”之所以被迅速开发,暴露了“政策”存在监管空白或缺少必要的配套细则。例如,商务部出台的相关办法,明确规定大额购物卡实名登记制度,但某些商家见招拆招,采取化整为零、不限办卡数量等应对之道;一些“对策”源于“政策”本身的合理性值得商榷。比如各种“假结婚”通常与过度的行政管制有关,限购挡住了需求的出口,却不能让需求消失,钻空子行为由此如影随形。如果政策使得下级有对策可依,有空子可钻,有机可乘,那么是不是该追根溯源,思索政策本身的原因?我们不能奢求一项本身就含有缺陷的不科学政策得到良好的执行,达到令人满意的效果。

习近平总书记在第十八届中央纪律检查委员会第二次全体会议上提到:要防止和克服地方和部门保护主义、本位主义,决不允许“上有政策,下有对策”,决不允许有令不行、有禁不止,决不允许在贯彻执行中央决策部署上打折扣、做选择、搞变通。每一个共产党员特别是领导干部都要牢固树立党章意识,自觉用党章规范自己的一言一行,在任何情况下都要做到政治信仰不变、政治立场不移、政治方向不偏。党的各级组织要自觉担负起执行和维护政治纪律的责任,加强对党员遵守政治纪律的教育。党的各级纪律检查机关要把维护党的政治纪律放在首位,加强对政治纪律执行情况的监督检查。

作为官员,“其身正而其令行”,只有端正了服务群众的态度,深刻认识到践行好政策才是更好地执政为民,而不是“上有政策,下有对策”瞒骗过关,公共政策才能得到有效的贯彻和实施。

(五)插队陋习:折射规则意识的欠缺

有一次读报看到一条消息:香港海洋公园游人众多,“插队”的人也越来越多,为避免不必要的误解和纠纷,公园特设警示牌,对“插队”做出这样的书面定义:“超越前面客人轮候之位置,离开后欲返回轮候之位置,替未进入排队区之人士占据位置。”

需要这么完整、准确的定义,才能堵塞概念上的漏洞,总觉得是一种悲哀。

“插队”陋习看似无足轻重,却对社会环境和国民形象有着破坏性影响。这些陋习是国人规则意识淡薄的集体体现,总觉得别人不守规则就占了便宜,自己遵守规则就吃了大亏,“中国式排队”便是这种心理的典型反映。

排队是每个人生活中不可缺少的内容:乘坐交通工具、去银行办事情、买打折商品,或去医院看病、去旅游景点游览……到处都可以看到排队的长龙。由于很多人不按规则排队，为排队大打出手的事件时常发生，并逐渐成为一种陋习。大多数中国人习惯抱着实用主义的态度对待规则——对自己利大于弊的规则，便遵守和利用；反之则无视。“不守规矩走遍天下，守规矩寸步难行。”“插队”这一陋习的形成和泛滥，一定是有一批不顾规则、行之则畅通无阻的人存在，故而才会有人步他们后尘，进而泛滥成为一种陋习。

“中国式排队”，主要表现在不按规则排队：插队、加塞、拥挤，常常为排队互相叫骂甚至打斗，其特点是：不管几个人排队，绝对不会排成一行；人与人之间保持零距离；不管有几个人，总有人插队；无论男女之间接触多么紧密，大家绝对没有不好意思的时候。可以说，“中国式排队”是一种规则意识淡薄的体现。

规则是人类社会一切活动的基础。社会是由芸芸众生组成的，人类的行为必须遵循规则来进行。如果没有规则，人类社会跟动物世界就没有区别；有了规则，人人遵守，人类社会才有美好的未来。“插队”这一陋习折射出的是人们规则意识的欠缺，最终人们将会受到惩罚。

从某种角度讲，公共场所的排队体现的是人类文明的契约精神。换言之，除了部门和单位的规定，公民之间相互也都有约定俗成的规范。谁也不许搞特殊，谁也没有权力去破坏，此乃道德与文明。

某年某月某日，一女大学生到医院看病。她在一楼交费处排队交费，轮到她时，一高个男子突然走来，二话不说便插到队伍最前面。女大学生对该男子说：“叔叔，要排队的。”没想到对方说：“靓女，我有这个证，可以随便插队的。”果然，收费窗里的收费员先给他办理了交费手续。高个男子向她扬了扬手里的“离休干部证”，说：“有本事你也办一个啊！”

我们不知这样的特权对于规则的遵守是否有意义。很多时候，当人们遭遇“加塞儿”的时候，似乎早已司空见惯。或许在有的人看来，为一些“着急分子”大开方便之门是在做好事，也是我国传统美德的本质体现。暂且不论插队的理由是否充分，即便“理由充分”，那排在后面的人会怎么想？如臬后面的人心理不平衡，都借“充分的理由”插队，又会造成怎样一种乱象？

比起站队时的排队，驾车时的超车对社会的威胁更大。变道抢道、不按标识行驶、喇叭长鸣、一路大开远光灯，这些平日里司空见惯的马路现象，足以说明急速进入汽车化时代的我们的规则意识是多么薄弱。汽车时代的出行秩序，根本上还是依赖于规则的效力保障，与过于宽泛的道德期许相比，培养公众的规则意识更为急迫。

如果无视与物质文明相伴生的规则文明，像汽车、摩托车一样的现代工业产品，在给人们带来舒适和便利的同时，也会带来危险、死亡和痛苦。这些危险、死亡和痛苦并不是汽车、摩托车带来的，而是违反交通规则带来的，因为绝大多数的交通事故都与交通违章有关。

曾看到这么一个故事：一群德国大学生做了一个实验，在德国科隆一条街上的相邻两个电话亭分别贴上“男”“女”字样，然后躲在暗处观察，结果七八个德国男子在贴有“男”字的电话亭外排队，而贴有“女”字的电话亭却空着。德国人非常注重规则和纪律，凡是有明文规定的，都会自觉遵守；凡是明确禁止的，绝不会去碰它。

与德国人相比，我们中国人缺乏规则意识，太崇尚“创新”，明明有规则在，也要“创新”，“创新”者得到鼓励，“守规”者就被贬低。于是，秩序就乱起来，随后只能再定新规则，新规则很快又被“创新”……如此往复，规则越来越多，遵守的越来越少，规则成为虚设。

胡适说过：一个肮脏的国家，如果人人讲规则而不是谈道德，最终会变成一个有人味儿的正常国家，道德自然会逐渐回归；一个干净的国家，如果人人都不讲规则却大谈道德、谈高尚，天天没事儿就谈道德规范。人人大公无私，最终这个国家会堕落成为一个伪君子遍布的肮脏国家。“善是一种循环”，只有人人自觉遵守秩序，自觉维护秩序，才能人人享受秩序。没有特权，没有规则意识的欠缺，排队讲道德、讲文明、讲秩序，社会定将发展得更加和谐。

梁实秋先生在早年的一篇作品里曾谈到，抗战时期在前门火车站，遇到不排队就抢先买票的人，扬起鞭子狠狠抽他一下，他就一声不响地排在队尾了。

难道为了改掉我们插队的陋习，真的需要一根鞭子吗？

（六）标准模糊：没有量化，就没有管理

管理学大师彼得，德鲁克曾说过一句经典的话：“管理就是要可衡量。”的确，没有量化,绩效无法衡量;横向不了绩效,管理无从说起。

为什么要强调量化?因为没有量化的标准,我们就很难对一个人的工作价值做出客观评价。你说一个人工作很努力,怎么个努力法?是比别人多流汗呢,还是比别人更早上班?目前,中国的很多地方都没能推行严格的考核办法,基本就是领导说你好你就好,说你差你就差,基本上还是人治大于法治,上司意志最重要。

为什么要强调量化,因为一个人的工作价值不能被量化,那就意味着他的工作没有具体目标。怎么做都行,那怎么可能会有价值呢?或者说,他的工作可能没有什么存在价值。只要有目标,就可以进行量化;如果不能直接量化,就间接量化,但无论怎样,肯定有方法可以量化。

审计署审计长刘家义在向全国人大常委会报告 2011 年度中央预算执行和其他财政收支的审计情况时表示,"三公经费"概念不清晰、口径和标准不够规范,不利于发挥约束和控制作用,也容易造成社会公众误读。而公众的误读,就是因为没有很好的量化管理,没能制定出一套严格的标准来。

目前,国内公务接待尚无明确的、可操作性强的标准。外宾接待费和出国住宿费依照的分别是 1998 年和 2001 年开始执行的标准,与实际情况已有较大差距,部门超标准列支现象比较普遍。"三公经费"口径不一致,既反映在各部门"三公经费"预算编制口径不尽相同上,也反映在预算批准的标准不统一方面。

2012 年 7 月,国务院公布《机关事务管理条例》(以下简称"条例"),这是我国第一部专门、全面规范机关事务管理活动的行政法规。

"县级以上政府部门应当采取定员定额的方式,编制机关运行经费预算,严格控制三公经赞的规模和比例,三公经费支出不得挪用其他预算资金","条例"中对于"三公经费"的相关规定被认为是最大的亮点,全国人大代表叶青评价说,这是迄今为止针对"三公经费"最严厉的法律规范,让人看到了约束"三公经费"的希望。"条例"首次以国家立法的形式,明确规定了编制机关运行经费预算要采用定员定额方式,"三公经费"不得挪用其他预算资金,意义很重大。

没有量化,就没有管理。官员们在日常工作中,需要建立起一套完整的考核标准,对很多问题要进行量化分析,不能全凭主观臆断,一切跟着感觉走。严格的标准保证高品质,合理的量化保证快进度。

如何对官员进行考核、如何去量化他们的工作也是我们现在政治生活中必须面对的问题。唐代官员的考核指标也许对我们现在的官员考核会有一些启示。

唐代官员的考核有几大特点:

一是标准明确、分类考核。唐代官吏考核标准分为通用标准和职务分类标准。通用标准是"四善",即"一曰德义有闻;二曰清慎明著;三曰公平可称;四曰恪勤匪懈"。这是对所有官吏的共同要求。唐代把政治、经济、司法、军事、宗教等各方面官吏的职责分为二十七类,作为对各种不同官吏职责的职务分类标准是"二十七最"。这实际上制订出了每一类宫职的考核标准,用以考核各类官吏的才能,较之前代唐朝的考绩制度甚为详备。

二是德才结合、等级分明。唐代把考绩的优劣、好差划分为九等。即"一最四善为上上,一最三善为上中,一最二善为上下;无最二善为中上,无最一善为中中,职事粗理,最善不闻为中下;受憎任情,处断乖理为下上,背公向私,职务废阙为下中,居官饰诈,贪浊有状为下下"。

三是范围广泛、量化考核。唐代的考绩范围广泛全面,对九品以外的流外官也都制定了考核标准,即"清谨勤公、勘当明审为上;居官不急、执事无私为中;不勤其职,数有愆犯为下;肯公向私、贪浊有状为下下"。这样按品行才能功过分为四等来考核。

2013 年年初,《广州市推进新型城市化发展考核办法(试行)(审议稿)》给出了具体的考核标准和奖惩标准。考核成绩不佳的领导干部,将不被提拔、不调动至重要岗位,或被组织调整,甚至有可能降职安排。每年一次的考核评估意见和结果,将录入干部管理信息系统,作为领导班子调整和干部任用、奖惩、培训的重要依据。各区(县级市)和市直有关单位被评为较差等次的,班子成员一年内不得提拔使用,不得平职交流到重要岗位任职;被评为较差或连续三年被确定为一般等次的,根据实际情况,对主要负责人进行组织调整或降职安排。被考核单位领导班子成员(市直单位还包括其二级单位领导班子成员)出现犯罪和严重违纪等情况的,当年度考核直接降低一个评估等次。对领导干部年度考核连续三年被评为优秀的,优先考虑提拔任用,对连续三年排名靠后且表现一般的领导干部在提拔任用时不予考虑,并结合实际情况进行组织调整。

当官员们的工作标准更精确、量化标准更具体的时候,我们的工作才能开展得更顺利。

(七)热炉法则:预先警告、人人平等、一触即烫、不留空隙

“火烈,民望而畏之,故鲜死焉;水懦弱,民狎而玩之,则多死焉。”由《左传·昭公二十年》中郑国子产的话,想到西方管理学家提出的“热炉法则”。

“热炉法则”(Hot Stove Rule)是指组织中任何人触犯规章制度都要受到处罚。它是由于触摸热炉与宴行惩罚之间有许多相似之处而得名。“热炉法则”形象地阐述了惩处原则:首先是警告性原则,热炉火红,不用手去摸也知道炉子是热的,会灼伤人;其次是一致性原则,一旦碰到热炉,肯定会被火灼伤;然后是即时性原则,当碰到热炉时,立即就被灼伤;最后是公平性原则,不管是谁碰到热炉,都会背灼伤。

“热炉法则”源自西方管理学家提出的惩罚性原则。其效应在于预先警告、人人平等、一触即烫、不留空隙、不讲情面、动真碰硬。具体来说,就是告诫领导要经常对下属进行规章制度教育,以达到警示作用。只要触犯规章制度,不论身份高下之别,都一定会受到惩处,并且惩罚必须在错误行为发生后立即进行,不能拖泥带水,敦促其及时改正错误行为。另外,要做到一视同仁,不论是领导还是下属,都要在规章制度面前人人平等。

“热炉法则”对于领导干部也具有很强的现实借鉴意义。要善于运用这一法则,以维护制度权威为核心,以提高选人用人公信度为目标,以监督检查和案件查处为利器,增强“亮剑”意识,发挥“利剑”作用,切实提高制度执行力。

“巨壑虽深,兽知所避;烈火虽猛,人无蹈死。”由此可见,要避免官员的违法渎职行为,必须要加大制度的威慑力,使贪欲之人心生畏惧、不敢“越雷池一步”,让投机分子自我收敛,不敢越过道德和法律红线。“凡百事之成必在敬之。”只有各级干部敬畏制度,用制度管权,按制度办事,严守规矩和底线,才能保障官员依法办事,以身作则,这也符合依法治国的要求。

2012 年 11 月,包括北碚区区委书记雷政富在内的 11 名重庆党政干部、国有企业负责人落入企图从官员那里得到好处的当地开发商设下的“桃色陷阱”。面对公众对政府管理缺乏透明度日益不满的局面,习近平主席自 2012 年 11 月就任总书记以来不断就官员腐败问题发表严厉讲话,将目标对准普遍存在的官商勾结问题,他说:“官商不要勾肩

搭背。”这可以看成是中央政府对官员贪腐问题提出的一次严正警告。

俗话说：“法网恢恢，疏而不漏，千万莫伸手，伸手必被捉。”在法律面前，一旦行差踏错，就一定会受到相应的惩罚。这就告诫官员必须摒弃侥幸心理，不要妄图钻法律的空子。尤其是在现代新媒体的环境下，官员被放在媒体和民众的双重放大镜之下。以往的掩盖、逃避追责的手段都逃不过群众的法眼。“表哥”杨达才就是活生生的例子。

2012年8月26日，原陕西省安全监督管理局局长杨达才在延安交通事故现场，因面含微笑被人拍照上网，引发争议。随后网友通过人肉搜索指出杨达才有多块名表。随着事件不断扩大，杨达才又被曝出拥有价值十万多元的眼镜和名贵腰带，再次引起众多网友的谴责与质疑。2012年9月陕西省政府介入调查，杨达才被撤职双规。这是一起典型的互联网舆论监督事件，在千千万万网民的监督之下，官员们必须谨言慎行，依法规范自身行为。

热炉烫人绝非虚张声势，惩罚也必然“说到做到”，毫不含糊。这不仅告诫各级官员要心怀敬畏，也是对上级官员的提醒。面对和处理官员渎职问题时，必须法理大过人情，凡事遵循法律法规，不能看面子讲情面，尤其不能陷入人情网络，沆瀣一气，走上歪路。

热炉铁面无私，对事不对人，部分贵贱亲疏，不分职务高低，胆敢碰之者，均照烫不误，毫不留情“曹操割发代首”“孔明挥泪斩马谡”都是公正严明的典型案例。这就要求官员对待下属一视同仁，不能有亲疏之别。对待违法犯纪问题要人人平等，“天子犯法与庶民同罪”。只有将法律置于一切原则的上方，才能维持社会的公平与正义。

通红的“火炉”就好比党纪法规，是一柄时刻悬在每个人心头上闪着寒光的“达摩克利斯剑”。每个领导者虽权力在握，但不可忘乎所以，必须常怀敬畏之心，自觉接受党纪法规的约束和教育，时时想想那通红灼人的“火炉”，想想人生道路上的“红绿灯”，就不敢为所欲为了。

不论官员职位有多高，社会声望有多大，在法律面前都一律平等。只要违法犯罪，必然会得到应有的惩罚。“热炉效应”不讲情面、人人平等。

“法不严则不力，治不严则无获”，“热炉效应”以警告性、公平性、一致性和及时性为官员敲响警钟。政府官员无论是以身作则、规范下属还是在选拔人才方面，都应该参照“热炉效应”的标准。这背后的被本质就是依法治国，一切以法律为准绳，科学执政、理性行政,才不会触碰法律的热炉,最终付出惨痛的代价。

◇不以规矩,不能成方圆。

——《孟子》

◇心如规矩,志如尺衡,平静如水,正直如绳。

——严遵

◇天下有道,则正人在上;天下无道,则正人在下。

——罗隐

◇规外求圆,无圆矣;法外求平,无平矣。

——宋祁

◇不加功于无用,不损财于无谓。

——《汉书·杨王孙传》

◇求必欲得,禁必欲止,令必欲行。

——《管子·版法》

◇世界上的一切都必须按照一定的规矩秩序各就各位。

——莱蒙特

◇每件东西都有自己的位置,每件东西都应在自己的位置上。

——塞·斯迈尔斯

◇秩序就是正确的规律和事物永久的合理性。

——菲尔丁

◇秩序是自由的第一条件。

——黑格尔

二、以自律引导下属

——要管下属,先管好自己

自律就是自觉、自我约束、自我控制之意。自我控制的能力是领导力水平和团队绩效的重要保证。自我控制意味着在成败得失前能保持常态;在出现突发情况时能保持镇定;尽量少在下属面前流露负面情绪。高效的领导者明白自我控制的重要性,并会将这

一素质传授给团队成员，使得整个团队在危难来临时都能保持平和的心态，共渡难关。

（一）只有在自律中行动，才能培养出领导能力

几乎没有任何人可以在缺少自律的情况下获得并维持住成功。甚至可以这么说，无论一个人有多么过人的天赋，如果他不运用自律，就难以把自己的潜能发挥到极致。

成功需要很强的自律能力。有一项调查结果显示：很多犯人之所以会身陷囹圄，大部分的原因是因为他们缺乏最基本的自制力。一个人只有先具备了自制能力，才能去控制别人。

几乎没有任何人可以在缺少自律的情况下获得并维持住成功。甚至可以这么说，无论一个人有多么过人的天赋，如果他不运用自律，就难以把自己的潜能发挥到极致。自律能促使人步步攀上高峰，也是领导者的领导能力得以卓有成效地维持的关键所在。

比尔·盖茨当年只是哈佛大学的一个二年级的肄业生，他不仅没有计算机的博士学位，甚至连本科文凭也没有获得。但是，他却成了“计算机革命的点火人、软件的天才”！他是一个靠观念、智慧、思维致富的人。比尔·盖茨的成功与他超强的自律能力是分不开的。正如他本人所说：“我个人以为，既然想要做出一番事业，我们就不能太善待自己，只有自律的人，才能够最后取得事业的成功。”

其实，在通往微软帝国辉煌的道路上，盖茨经历过无数次极端痛苦和无奈的选择，每当他的价值观与事实发生冲突的时候，他的自律精神就会立即发挥作用，帮助他维护好自己的事业。

比尔·盖茨的成功证明了自律所具有的强大力量。一切的成就、一切的财富都始于一个意念，即自我意识。一个有着强烈自制力的人，就像一个有着良好制动系统的汽车一样，能够在很大程度上随心所欲，到达自己想要去的任何地方。

我们之所以会做那些让自己后悔的事，归结起来，大多是因为自制力薄弱，抵挡不住诱惑，因此做了不该做的事。约束自己的得失之心、懂得为自己的所作所为负责、即使在无人知晓的情况下仍能自律的人，在人生道路上才能把握好自己的命运，不会为得失越轨翻车。

有段时间，保罗·盖蒂吸香烟吸得很凶。有一次，他在一个小城的旅馆过夜。清晨

两点钟，盖蒂醒来，他想抽一根烟，不料烟盒里头却是空的。这时候，旅馆的餐厅、酒吧早关门了，他得到香烟的唯一希望是穿上衣服走出去，到几条街外的火车站去买。

越是没有烟，想抽的欲望就越大。盖蒂穿好了衣服出门，在伸手去拿雨衣的时候，他突然停住了。他问自己：我这是在干什么？盖蒂站在那儿寻思，一个所谓相当成功的商人，一个自以为有足够理智对别人下命令的人，竟要在三更半夜离开旅馆，冒着大雨走过几条街，仅仅是为了得到一支烟？没多会儿，盖蒂下定了决心，把那个空烟盒揉成一团扔进了纸篓，脱下衣服换上睡衣回到了床上，带着一种解脱甚至是胜利的感觉，几分钟就进入了梦乡。

自从那天晚上以后，保罗·盖蒂再也没有抽过一支烟，也没有了抽烟的欲望。当然他的事业越做越大，他成为世界顶尖富豪之一。

自律的养成是一个长期的过程，不是一朝一夕的事情。因此，要自律首先就得勇敢面对来自各方面的一次次的挑战，不要轻易地放纵自己，哪怕它只是一件微不足道的事情。一位著名的投资大师说："如果你不学会在小的事情上约束自己，你在大的事情上也不会受内心的约束。"

自律是一种品性，是可以培养出来的。只要领导者注意从平时的细节中，有目的地培养自己的自律能力，就能将自律化作自己的资产，使其最终带来效益。

要培养自律能力，可以尝试以下做法。

1.向你的借口挑战

领导者想培养自律的品质，第一步要做的就是破除自己喜欢找借口的习惯。如果有几个可以原谅自己放纵的理由，那么，一定要认清它们——只不过是一堆借口罢了。在事情开始前，写下可能成为你放弃的一切理由，然后告诉自己，这些理由不能成为借口。就算其中有一两个看起来似乎合理，也必须找出驳倒它的证据。

2.制订出科学合理的计划

作为一位领导者，时间安排本身就相当紧凑，所以必须做出科学合理的计划，然后就可以从容不迫、条理清楚地去完成任务。但是，千万要记住，必须按计划行动起来，这也正是自律的基本精神所在。

领导者可以仔细想一想，举出生活中两到三件最为重要的事，以它们为标题，依次写下能够以自律来培养、提升它们的步骤。安排出执行的计划,用有规律的行动带来可以预期的效果。

总之,不要容许自己有任何理由放弃自律,必须牢记,只有不断在自律中行动,才有可能培养出达成梦想的能力。

(二)适当沉默,给下属留下思考的空间

适当的沉默,会给员工留下一个宁静的空间,让他们想自己该做的事,这才是你处理与员工关系的智慧宝典,巧妙地运用它,你将会得到意想不到的收获。

人们常说:沉默是金。一句简简单单的话语却道出了人际交往中的一条重要规律。沉默并不是简单地指一味地不说话,而是一种成竹在胸、沉着冷静的姿态,尤其在神态上表现出一种运筹帷幄、决胜千里的自信,以此来逼迫对方沉不住气,先亮出底牌。如果你说得比实际需要的少,必定会令你看起来更有威望。如果你能小心翼翼地控制要吐露的思想,他人就无法洞察你的真实意图,而将自己的弱点暴露在你的面前。

身为管理者,在与员工交流时你常常得多开口,但是你有没有想过,你的过于"健谈"已经引起了员工的不满呢?其实,适当的沉默,会给员工留下一个宁静的空间,让他们想自己该做的事,这才是你处理与员工关系的智慧宝典,巧妙地运用它,你将会得到意想不到的收获。

常先生是一家单位的领导,有一次交代下属办一件较困难的任务,当然,他能够胜任。常先生刚刚交代完毕,下属就开始抱怨,困难如何大、条件如何差、时间如何紧。

常先生对此没有任何表示,保持着沉默,这位下属说着说着就不说了。最后说了一句:"好,我一定完成。"

看来常先生是深谙管人之道的,他明白说得越少,就显得越神秘,就越能掩藏自己的真实意图,越能控制别人。

不轻易表露自己的观点、见解和喜怒哀乐,被称为"深藏不露",这是古今中外成功的领导者用以控制下属的一种重要方法。历来聪明的当权者一般都喜欢把自己的思想感情隐藏起来,不让别人窥视自己的底细和实力,这样下属就难以钻空子,会觉得上司神秘莫测,从而产生畏惧感,也就容易暴露自己的真实面目。这样上司控制起来就比较容易了。

在法国路易十四的宫廷里，贵族和大臣总是日夜不休地争论，为的是能推选出各自的代表去晋见国王。有了人选之后，他们还会继续争论应该如何陈述议题，如何打动路易，如何避免惹恼他……

正式晋见之日，代表们只是喋喋不休地陈述各自的意见，国王则永远只会静静聆听。待双方分别陈述完毕后，国王不动声色地说："我会考虑的。"然后就走开了，自此在国王做出最后的决策之前，绝不会有任何人能再从他口中得到关于这个议题的任何意见。

其实路易十四并非一直如此，年轻时他以滔滔雄辩而闻名。沉默寡言是他后来自我克制的结果，他常常用此策略令别人惊慌失措。没有人确切地知道他的立场，人们无法预测他的反应，更没有人能以投其所好的话来欺骗他，因为根本没有人知道他喜欢听什么话。在他们面对沉默的国王滔滔不绝地表达自己的想法时，就越来越将自己的底牌显露出来，路易十四将这些底牌紧紧地握在自己手中，需要的时候便抽出来狠狠地打击他们。

有人说："深沉的缄默是天才的标志。"此言确实有理。很多伟大的人物都懂得沉默的价值。智者们都从沉默中得到了好处，只有他们才理解沉默的价值。所以，有人说："沉默是信奉真理的人的精神训练之一。"

言简意赅地传达你对下属们的要求和期望，如有必要，再把注意事项交代清楚即可，然后你就可以保持沉默，留一些时间给你的员工们好好考虑具体的步骤。当他们的想法不够准确圆满时，你才可以适当地给予补充，做一次适时的指导，但千万不要剥夺员工发言与思考的机会。

在你批评雇员时，适当的沉默、宁静可以起到"此时无声胜有声"的作用。不要到处都充满你的斥责声，在你的适度批评之后保持一个沉默的空间，让员工有时间冷静地想想自己的所作所为，相信这更是一种对当事人的威慑。一方面，员工会因为你的"点到为止"感谢你为他们保留了颜面，另一方面也显示出了你宽广的胸怀。你的默不作声并非是对错误的迁就，而是留给了对方一个自省的余地。

当内部员工发生争执时，适当地沉默、给他们时间冷静一下是你的缓兵之计。即便你已经知道了谁对谁错，在双方还面红耳赤地争执、谁都不愿意让步时，你的公断也不会达到预期的效果，只可能会使一方的自尊心受挫，使他以为你是有意偏袒另一方。此时，适当地沉默才是你最好的选择，待到双方头脑冷静后，你再公正地做出评价，其效果必定会事半功倍。

在人生的绝大部分领域内，说得越少，就越能掩藏自己的真实意图，越能控制别人。当一个人能够适时地闭上嘴巴时，他就会获得更多成功的机会。

（三）能驾驭自己的情绪，才能真正驾驭自己

作为组织的灵魂，领导者必须保持一个情绪稳定、气定神闲的形象。只有这样，在组织面对困难的时候，所有成员才能有勇气携手并肩。

一个领导的涵养来源于他的修养，有修养之人都懂得控制情绪。遇事不能冷静的人，绝不是一个有修养的人。生活中，每个人都难免会碰到某种擦枪走火的状况。但是，聪明人有将不良的情绪马上收回来的本事。情绪处理得好，可以将阻力化为助力，帮你化解危机。

高效领导者最重要的是要培养自己控制情绪的能力，这是领导力水平和团队绩效的重要保证。“自我控制力”意味着在成败得失前保持常态；在出现突发情况时保持镇定；尽量少在下属面前流露负面情绪。作为组织的灵魂，领导者必须保持一个情绪稳定、气定神闲的形象。只有这样，在组织面对困难的时候，所有成员才能有勇气携手并肩。

伍顿教练在他40年的执教历程中没有讲过一次粗话，在比分落后或领先时也从没有暴跳如雷或者扬扬得意。在他的影响下，队员们始终情绪稳定，在比赛的关键时刻从容发挥。

弗瑞德·斯劳特曾是加利福尼亚大学洛杉矶分校大学代表队队员，获得过三届全国冠军。在他参加的比赛里，曾经出现过几次类似以2:18落后于对手、几乎败局已定的局面。每到这个时候，他都会观察坐在一边的伍顿教练，教练脸上的表情平静，没有一丝急躁，就像队员比分领先对手时的表情一样。看到伍顿教练的样子，他就会对自己说：“教练都不担心，你有什么可担心的？就按他告诉你的那样子去做好了。”结果除了唯一的一次，他们都反败为胜。

伍顿教练在队员面前表现出的镇定是取得最后胜利的重要因素。领导者对自己情绪的良好控制是团队成功的前提。一位不能有效控制自己情绪的领导者，不仅会给他的组织成员一个错误的示范作用，同时也降低他在成员心中的可信度。一旦情绪失控，领导者的理智、常识和判断力都相应地失去作用，做出的不明智决策会伤害组织及其成员的利益。高效能的领导者明白保持平衡、自我控制的重要性，并会做出表率，将这一素质传授给成员，使得整个团队在危难来临时都能保持平和的心态，共渡难关。

生活中，面对不同的环境、不同的对手，有时候采用何种手段已不太关键，而如何保持好自己的情绪才至关重要。每个人都有自己的情绪，而情绪有时让人捉摸不透，但是，不管怎么捉摸不透，你都要想办法将它捏得紧紧的，因为这关系到你能否在职场上游刃有余地生存。

麦金利任美国总统时，他的一项人事调动命令遭到许多政客的反对，在接受代表询问时，一位国会议员脾气暴躁，粗声恶气，开口就给总统一顿难堪的咒骂。但麦金利却视若无睹，不吭一声，任凭他骂得声嘶力竭，然后才用极委婉的口气说："你现在怒气应该平息了吧？照理你是没有权利这样责问我的，但现在我仍愿意详细解释给你听……"

这几句话把那位议员说得羞愧万分，其实不等麦金利总统解释，那位议员已被他折服了。也许你以为麦金利总统是个"没有脾气的人"，恰恰相反，他是个脾气极大的人，只是他有一股比脾气更大的自制力，能将脾气暂时压住。

一个领导者总会遇到各种各样的变化，在变化的过程中，理智地处理各种事情，做到不感情用事是至关重要的，要干大事的人应当提高自己控制情绪的能力。能驾驭自己的情绪，才能真正驾驭自己。

领导具有稳定而乐观的情绪，不仅有助于自己的心理健康和提高工作效率，而且能感染下属、稳定员工的情绪与激励员工的士气，如果领导情绪经常不稳定，忽高忽低，将严重地影响实际工作水平，降低员工的士气。从这点意义上讲，当你成为一个管理者的时候，你的情绪已经不单单是自己私人的事情了，它会影响到你的下属及其他部门的员工；而你的职务越高，这种影响力就越大。作为一位领导者不能纵情悲喜，单独一人的时候或许可以发泄感情，但是面对部下时，却得时时保持着稳重的形象。这的确不是一件容易的事情。

俄国一位文学家，曾劝告那些易于爆发情绪的人，"最好在发言之前把舌头在嘴里转上几圈”,通过时间缓冲,帮助自己的头脑冷静下来。在快要发脾气时,嘴里默念“镇静,镇静,三思,三思”之类的话。这些方法都有助于控制情绪,增强大脑的理智思维。

所以,我们应尽量以愉快的心情来处理碰到的各种问题。即使一旦发怒,最好能尽量忍在心里,不要爆发,用理智来抑制感情,这样才能使大事化小,小事化了。

(四)改变自我,才能不断完善自我

改变就是机会,只要你及时改变,就会有好的机会与开始,而且,唯有改变自我,才是改变事态、改造状况,甚至改变环境的基础。

人生在世,谁不渴望出人头地?美国一位成功哲学演说家说过这么一句话:“成功不是追求得来的,而是被改变后的自己主动吸引而来的。”我们之所以没有成功,是因为在我们身上存在着许多致命的缺点,如自私、傲慢、急躁、没有明确的人生目标、缺少自信、做事情不脚踏实地、没有耐心等,这些缺点严重制约了我们的发展。

如果不先改正自己的缺点和不足之处,使自己成为一个人格完善的人,就很难获得成功,更谈不上去影响和改变别人。人生是由一连串的改变形成的。改变就是机会,只要你及时改变,就会有好的机会与开始,而且,唯有改变自我,才是改变事情、改造状况,甚至改变环境的基础。一个人中不中用,不在于别人怎么看,而是你自己怎么看。如果你因此而破罐破摔,当然不会中用。但是你如果因此而反省、自新、奋发、图强,结果就大不一样了。

豪威尔是美国财经界的领袖,曾担任美国商业信托银行董事长,兼任几家大公司的董事。他受的正式教育很有限,在一个乡下小店当过店员,当过美国钢铁公司信用部经理,并一直朝着更大的权力地位迈进。

有人曾经请教豪威尔成功的秘诀,他说:“几年来我一直有个记事本,登记一天中有哪些约会。家人从不指望我周末晚上会在家,因为他们知道,我常把周末晚上留着自我省察,评估我在这一周中的工作表现。晚餐后,我独自一人打开记事本,回顾一周来所有的面谈、讨论及会议过程。我自问:‘我当时做错了什么?’‘有什么是正确的?’‘我能从这次事件中吸取什么教训?’我一直保持着这种自我分析的习惯,它对我的帮助非常大。”

日本推销之神原一平这样说:“赤裸裸地注视自己,毫无保留地彻底反省,然后才能

认识自己。”任何成功都源于改变自己，只有不断地剥落自己身上的缺点，才能实现自己的进步、完善、成长和成熟，只有随时自省、勉励自己、努力扬长避短、发挥自己的潜能，才能具备成功的资本。

富兰克林在青年时期，发誓要改掉坏习惯，养成好习惯。他给自己制订了培养13种美德的计划，取得了意想不到的良好效果。富兰克林在他的《富兰克林自传》里提到了这种方法：他首先列出了最需要养成的13种美德，他认为要想养成这些美德，不可以立刻全面地去尝试，而是在一个时期内（比如一周内）集中精力掌握其中的一种美德。当掌握了那种美德之后，接着再开始注意另外一种，而在一定时期内，也要注意应用前一种美德的学习成果，这样下去直到13中都掌握为止。

为了检查自己的进步情况，富兰克林做了一个小册子，他把每一种美德分配到一页上，每一页用红墨水分成7列，也就是一周的7天；然后他把每一页再分成13行，也就是13种美德。富兰克林每天都要检查自己，若发现自己关注的哪项美德没有做到，则在对应的空格做一个标记。比如，为了改正自己正在形成的夸夸其谈的坏习惯，他给自己选择了“寡言”，要求自己做到于人于己有利之言才谈，避免了自以为是的空谈。

后来有朋友说他常常表现出骄傲情绪，他又把养成“谦虚”的好习惯列入计划。他每周选出一种缺点进行矫正，每晚必须做自我反省，每天记录自己努力的结果。有时坏习惯没有彻底改变，尚未达到自己理想标准时，就再延长矫正一周，直到好习惯代替了坏习惯为止。

正是由于养成了诸多好的习惯，使富兰克林在众多不同的领域都取得了巨大的成就。

事实上，成功与失败的最大分别，来自不同的习惯。一个人的习惯是很难改变的，但并不是不可改变的。改变是痛苦的，但是，如果不改变，那将是更大的痛苦。与其等到遭受挫败，或者深陷绝境之后，才悔悟自身那些坏习惯所带给自己的伤害，还不如在此之前便自己动手检查，及时认清并消灭它们。

心若改变，态度就会改变；态度改变，习惯就会改变；习惯改变，人生就会改变。当自己改变后，眼中的世界自然也就跟着改变了。只要对自己进行深刻的检讨，采取改进措施，你的精神面貌就会发生巨大变化，就会感觉到自己在一天天地向成功迈进。

(五)保持一颗平常心,坦然面对名利与得失

保持平常心是一种境界,它不是消极地让人不思进取、无所作为,而是希望我们对生命意义的把握进入一种更高的层次。

在高速度、快节奏的现代社会中,人们失去了往日的悠闲,精神上高度紧张。如果患得患失,不能以宁静的心灵面对无穷无尽的诱惑,就会感到心力交瘁或迷惘躁动。应该说,这时候拥有一颗平常心是必要的,也是难能可贵的,对于企业的领导者来说更是如此。

"步步高"总裁段永平曾经说:"我特别推崇'平常心',这不仅对经营企业重要,在做任何事情时都特别重要。比如,在企业中,经常有各种各样的诱惑围绕着你,面对这些诱惑就需要平常心。如果有人推荐一个项目,说投入2000万元,短时间就可以挣两亿元,我们肯定没兴趣。我们所做的,就是播种、耕耘,然后才收获。"

作为掌控企业的领导者,在工作中会面临金钱的诱惑、权力的纷争、宦海的沉浮等问题,这些都让人殚精竭虑。是非、成败、得失让人或喜、或悲、或惊、或诧、或忧、或惧,一旦所想难以实现,一旦希望落空成了幻影,就会失落、失意乃至失志。唯有以平常心看待一切,才会事事平常。

凯文·罗林斯掌控着全球著名的戴尔电脑公司。但在接受记者专访时,罗林斯对所谓"权力"却看得极淡:"戴尔公司流传着一句名言:淡泊名利的人往往会做得更好。对于我来说,尽管头衔改变了,但工作和职责仍旧与以前一样。做CEO并不是我的梦想,我梦想的是做到'杰出',在一家被全世界的人所敬仰的公司工作。"

这应该不是谦辞,实际上,在过去几年,几乎没人相信"二把手"罗林斯能做到CEO。不是质疑他的能力,只是因为创始人迈克尔·戴尔比罗林斯整整小10岁。

然而,迈克尔偏偏就在2004年"禅让"了。实际上,两人联合掌权已持续好几年,大概四年前,迈克尔甚至把他和罗林斯办公室之间的墙壁凿掉而换成了玻璃的,而且办公室之间的门从不关闭——很少有人能如此和谐地分享最高权力。

这对"黄金搭档"又开始将他们的传奇延伸到中国。近年,戴尔在中国的攻势保持着两位数的增长。即便这样,罗林斯依旧不满足,登上戴尔CEO宝座仅八天就来到中国

"督战"。

面对名利之风渐盛的社会,面对物质压迫精神的现状,要能够做到视名利如粪土,视物质为赘物,在简单、朴素中体验心灵的丰盈、充实,并将自己始终置身于一种平和、自由的境界,这样才能掌握真正的快乐。

在现代社会,竞争可以说无处不在。真正看破红尘的人毕竟是少数,功利、名誉对于任何一个平常人来说,都或多或少地具有某种诱惑力。但真正的聪明者在名利问题上,要拿得起放得下,一边享受着名利,一边又不为名利所困扰、所羁绊,否则,人就成了名利的囚徒,这样的人生有何乐趣?

稻盛和夫在40余年的经营生涯中,一手创造了两家世界500强企业,并把个人的股份全部捐献给员工,他退休后皈依佛门,转而去追求至高的精神财富——提升心智。他认为,人生就是不断提升心智的过程。有了这样的超脱和追求,才使他拥有了俯瞰人生的视野。他在书中这样写道:"并非只有失败才是考验,成功同样也是一种修炼。有人成功了,就觉得自己很了不起,态度变得傲慢无礼,这就表示其人性堕落了;但也有人成功了,同时领悟到单凭自己无法有此成就,因而更加努力,也因此进一步提升了自己的人性。无论成功或失败,真正的胜利者都能利用造物主给予的机会,磨炼出纯净美丽的心灵。"

保持平常心就是要做到正视成功的辉煌。物质、名声,相对于生命本质并无太多意义,不过是种外在的东西,名声有与无、得与失并非人生的关键,关键是你到底是名声的主人还是名声的奴隶,在生命中是你支配它还是它支配你,健全独立的人的意志不会被它侵蚀异化。以一种"平常心"看待名声,对于一切,你就可能会很坦然。

保持平常心是一种境界,它不是消极地让人不思进取、无所作为,而是希望我们对生命意义的把握进入一种更高的层次。拥有"平常心",便能充分发挥生命的潜质,使生命更加灿烂地放射出原有的光华。

是的,许多事情我们不必太在意,保持一份心灵的宁静,才会不失做人的本色,才会让人生像水,点点滴滴都是真实的生命。保持"平常心",是自信的表现,也是训练和培养的结果。面对人生中的各种诱惑,若能培养出这种素质,那么终生都将受益无穷。

屈尊勞將

细柳营

周亚夫

周

漢文帝

屈尊劳将[①]

【历史背景】

古人曾评论说，周亚夫如果不是遇到汉文帝这样宽容的君主，恐怕受到的将不是表扬，而是惩罚了。也正因为汉文帝能容臣下守法，所以周亚夫才肯在疆场上效力。后世的统治者，自然应当以汉文帝为榜样。

周亚夫在军事上的才能十分突出，尤其是在治军严谨方面，历史上就有汉文帝屈尊劳将的故事。后来到文帝去世的时候，还特意嘱咐景帝有大事可以找周亚夫商量。后来汉景帝三年的时候，发生了吴王刘濞为首的七国叛乱，景帝让周亚夫做了太尉，带兵进行平叛。当时周亚夫没有直接援助受到攻击的梁国，而是绕道进军，然后再伺机击溃叛军。在这次战役当中，因为周亚夫巧妙的进军计划，最后打败了叛军，恢复了大汉王朝的太平景象。这次叛乱大概持续了三个月就被快速地平定了，战争结束后，大家纷纷称赞周亚夫的用兵之道。但就在这次行动当中梁王却因为他没有及时救援，和他结下了很大的仇，以致在后来做出了对周亚夫不利的事。

周亚夫作为一代名将，受到了汉文帝的高度评价，但是后来却因为自己的忠诚直言被景帝疏远，又因为他人从中挑拨最终含恨死去。

【原文】

汉史纪：文帝时，匈奴[②]大入边。使刘礼[③]屯霸上，徐厉[④]屯棘门[⑤]，周亚夫[⑥]屯细柳[⑦]，以备胡。上自劳军细柳。先驱至，不得入。曰："天子且至。"军门都尉[⑧]曰："军中闻将军令，不闻天子诏。"上乃使使节诏将军："吾欲入营劳军。"亚夫乃传言开壁门。壁门[⑨]军士曰："将军约，军中不得驰驱。"于是天子乃按辔徐行。至中营，亚夫持兵揖，曰："介胄之士

不拜，请以军礼见。”天子为动，改容式[10]车，使人称谢：“皇帝敬劳将军。”成礼而去。既出军门，群臣皆惊。文帝曰：“嗟乎！此真将军矣！向者霸上、棘门如儿戏耳，其将固可袭而虏也。至于亚夫，可得而犯邪！”称善者久之。

【张居正解】

西汉史上记：文帝时，北匈奴入边为寇。帝拜刘礼、徐厉、周亚夫三人俱为将军，各领兵出京，分布防守。刘礼屯于霸上，徐厉屯于棘门，亚夫屯于细柳。文帝亲自到各营抚劳将士。初到霸上，棘门二营，车驾径入，没些阻挡。末后往细柳营。导驾的前队已到营门，被军士阻住不得入。与他说：“圣驾就到，可速开营门。”那军门都尉对说：“我军中只知有将军的号令，不知有天子的诏旨。”少间文帝的驾到了，还不开门。文帝乃使人持节召亚夫说：“朕要进营劳军。”亚夫才传令开营门接驾。临进门时，守门军士又奏说：“将军有令：军中不许驰驱走马。”文帝乃按住车辔，徐徐而行。到中军营，亚夫出迎，手执着兵器，只鞠躬作揖，说道：“甲胄在身，不敢跪拜，臣请以军礼参见。”文帝听说，悚然改容，俯身式车，使人传旨致谢亚夫，说：“皇帝敬劳将军。”成礼而去。文帝出营门，叹美亚夫说道：“这才是真正的将军！恰才见霸上、棘门二营，那样疏略，如儿戏一般。万一有乘虚劫营之事，其将固可掩袭而掳也。至如亚夫这等纪律，可得而轻犯邪！”尝考古者人君命将，亲推其毂[11]，授之以钺[12]，曰：“阃[13]以外，将军主之，不从中制也。”盖将权不重，则军令不严，士不用命，故穰苴[14]戮齐王之嬖臣，孙武[15]斩吴王之宠姬，而后能使其众，以成大功。观周亚夫之纪律严明，诚为一时名将，然非文帝之圣明，重其权而优其礼，则亚夫将求免罪过之不暇，况望其能折冲而御侮哉！后世人君御将，宜以文帝为法。

【注释】

①本文事出于《汉书·周勃传附子亚夫》。记述汉文帝降低身份去细柳营慰劳周亚夫及其军士的故事。

②匈奴：我国古代北方民族之一，也称胡、猃狁、山戎。秦汉时称为匈奴。

③刘礼：汉文帝时将军。

④徐厉:汉文帝时将军。

⑤棘门:古地名。原为秦宫门。在今陕西咸阳市东北。

⑥周亚夫(? ~前143):西汉名将,周勃之子。初封条侯,文帝时为将军,景帝时任太尉,并平定吴楚七国之乱,后迁为丞相。

⑦细柳:古地名。故址在今陕西咸阳市西南。

⑧军门都尉:负责把守军营门的下级军官。

⑨壁门:军营门。

⑩式:通"轼",车前横木。式车即手扶车前横木,古时立乘,以此表示恭敬。

⑪毂:车轮的中心部分,可以插轴,引申为车。推毂,比喻助人成事。

⑫钺:古代兵器。青铜或铁制成,形状像板斧而较大。这里是以之作为权力象征。

⑬阃:门槛。引申为宫廷。阃外,指统兵在外。

⑭穰苴:即司马穰苴,春秋时名将。齐景公时为将军,军纪严明。

⑮孙武:春秋时著名军事家。以兵法见吴王阖庐,曾用吴王宫女演习阵法,为严明军纪而杀掉吴王宠姬。著有《孙子》一书,为中国古代著名军事著作之一。

【译文】

汉代史书中记载:汉文帝在位时,匈奴大举入侵边塞。文帝派刘礼带兵驻扎在霸上,徐厉带兵驻扎在棘门,周亚夫带兵驻扎在细柳,用以防备匈奴的侵犯。文帝亲自到细柳去慰劳屯守将士。前导人员来到细柳军营门,不得进入军营。前导人员说:"天子要到这里来了。"军门都尉回答说:"军队之中只听将军的命令,不听从天子的诏令。"文帝乃派使者拿着符节召告周亚夫说:"我要进入军营慰劳将士。"亚夫才传下命令,打开营门。把守营门的士兵说:"将军有军令规定,军营中不允许纵马疾行。"于是文帝下令扣紧马缰绳慢慢向前行进。到了营中,亚夫手持兵器,对文帝拱手行礼,说:"戎装在身的武士不施叩拜礼,请允许我用军礼相见。"文帝见此状,立即改变态度,端庄地手扶车轼,派人传旨致谢亚夫,说:"皇帝敬劳将军。"按礼仪慰劳军队之后,就离开了军营。文帝出了营门,叹亚夫说:"啊!这才是真正的将军!此前霸上、棘门的防务,有如儿戏一般,驻守在那里的将领就可能被偷袭或被俘获。至于周亚夫,又怎能会被偷袭侵犯呢!"众人都赞叹不已。

【评议】

我们经常听到的“将在外,君命有所不受”的说法,当然,这并不是说大将军在外面行军作战就可以不接受君王的命令,只是在形式上这么说而已,其实是为了通过这样的说法来加大将军的威严便于其行使命令以及在作战中发挥积极性,争取战争的最后胜利。所以在我们的历史当中这个屈尊劳将的故事才得以流传。封建帝王的伟业之所以能够获得建立并得到巩固,最重要的一条就是要知人善任并且用人不疑,要对自己任用的人有实际的了解,给予充分的信任,然后才能使他在工作的过程当中充分发挥出个人的积极性,对自己的事业发挥巨大的促进作用。

【镜鉴】

一、领导者要善于激励人才

激励可以激发人们的干劲,充分挖掘人们的潜力,从而提高工作绩效。领导者用人,必须要学会灵活地运用各种激励方式。通过激励,领导者可以使人才对工作产生稳定而浓厚的兴趣、持久的注意力和高度的敏感性,形成对自身职业的热爱,并产生强烈、深刻、积极的情感动力。这样才能充分释放出每个人的巨大潜能,使其为实现领导者的预期目标而竭尽全力。

(一)激励能点燃人才的心智之火

1.人人都需要激励,激励有利于成长

人一生的成长少不了激励的作用,这种激励包括他人激励和自我激励,它使人们在成长的过程中不断地满足自己。人和动物的条件反射就是在激励之下培养出来的,能够满足自己的愿望和需要的,他就努力去做;不能够满足自己需要的,他就不会去做。人总是根据自己的需要去选择自己的行为,这一心理特征就是激励的本质特性。假如人没有任何需求,或者人不是根据自己的需要去选择行为,而是盲目地采取行动,激励就不可能起作用。

人的成长过程无不伴随着激励。在幼儿时期,父母就以激励的方式协助孩子成长:孩子做对了就对他笑,孩子做错了就对他使脸色。这种最简单的奖对罚错的激励方式,使孩子慢慢懂得哪些事情可以做,哪些事情不可以做,逐渐树立起对、错观念。

每个人时时处处都会受到他人激励或自我激励。有了激励,在生活上会产生赶超别人的愿望;在学习上会产生奋发向上的勇气;在环境的压力下会促使自己更加努力地工作……为了满足自己的愿望和需要,人们的工作和生活中少不了激励。

人们总是希望过得一天比一天好,希望自己比别人好,总是给自己设定一些目标,并朝着这些目标努力奋斗。这些目标实现以后,他们又会设定新的目标,然后再向新目标努力奋斗……人的一生就是一个不断设置目标,实现目标,再设目标,再实现目标的循环往复的上升过程。在这一过程中,他人激励和自我激励都是以不可缺少的,它们使人们在成长的过程中不断地满足自己。

每个人对工作的态度和要求是不一样的。有的人希望少付出,多获取;有的人对精神奖励,如自尊、地位、威望、称赞、成就感等要求较高;有的人对物质补偿,如奖品、薪水、福利、休假等要求较高。而激励的因子可以影响人的行为,支配人的行动,诱导人们前进。智慧用人的一项重要工作,就是采用激励方法,满足人才的合理要求,使其将潜在、巨大的内驱力释放出来,为实现目标努力奋斗。

激励的核心问题是动机是否被激发,所以激励又可称为动机激发。通常,人们的动机被激发得越强烈,激励的程度就越高,工作也就越努力。

2.激励能提高下属的自信心

自信是一种美好的、积极向上的品质。人们办任何事情都需要自信,只有对自己有信心,才可能赢得成功;心存疑惑,认为自己不能成功的人,将一辈子一事无成。

美国前总统罗纳德·里根在从政之前的很长时间里只是一名演员。22~54岁,从电台播音员到好莱坞电影明星,里根整个青年到中年的岁月都陷在文艺圈内。因此,他对从政完全是陌生的,没有什么经验可谈。但是.凭借自信,他当上了加州州长。以后,还是凭借自信,他又向总统宝座发起了冲击,并最终当选为美国第40届总统。

这个例子说明了一个道理：自信是成功的基础。在每一个成功者的背后，都有一股巨大的力量——自信在支持和推动着他们不断向自己的目标迈进。所以，有人说：自信是生命和力量！自信是奇迹！信心是事业之本！有人说，成功的欲望是创造和拥有财富的源泉。人一旦拥有了这一欲望并经过自我暗示和潜意识的激发形成一种信心，这种信心便会转化为一种"积极的情感"。它能够激发潜意识释放出无穷的热情、精力和智慧，进而帮助人获得成功。所以，有人把"自信"比喻为"一个人心理建筑的工程师"。

下属的自信对于组织的发展、事业的成败同样具有重要意义。作为领导者，一项重要的工作便是帮助下属树立自信心。领导者要帮助下属建立信心，不靠威胁利诱，也不靠惩罚恐吓，对下属充满依赖就可以成为激励他自信的动力。领导者相信他们有实力能使组织发展，下属也就会相信自己，将潜能发挥到极点。当然，信心不是建立在沙滩上的城堡，它的基础是实力。

3.激励能提高下属工作的"三性"

这里所说的工作的"三性"，是指工作的自觉性、主动性和创造性，这"三性"是一个人工作取得突破性进展的重要保证，是工作积极性得到充分发挥的体现。一般来讲，个人目标与组织目标的一致性越高，人们的自觉性、主动性和创造性就越能够得到有效发挥；反之，便会出现抵触心理，甚至消极怠工。

在现代领导活动中，激励非常重要。具体说来，其重要性主要表现在以下三个方面：

①领导激励可以提高人们工作的自觉性，提高人们接受和执行组织目标的自觉程度。人的行为是由需要和动机决定的，而行为总是指向某种目标。一般情况下，当组织成员的个人目标与组织目标一致时，组织成员就能充分地发挥其工作自觉性。

②领导激励是将组织成员的个人目标和组织目标统一起来的有效途径与方法。领导干部通过激励，能使组织成员认识到自身的价值，意识到组织目标与个人利益的密切关系，从而增强组织成员接受及执行组织目标的自觉性。

③领导激励能有效地调动组织成员实现组织目标的主动性和创造性。调动组织成员的主动性和创造性，为实现组织目标而努力，是领导者激励的出发点和落脚点。领导者的激励能使组织成员的潜能得到最大程度的调动和发挥，能充分激发组织成员实现组织目标的热情，从而有效地调动组织成员实现组织目标的主动性和创造性。

4.要相信每个下属都有工作的能力

领导者激励的基础是相信下属都有工作的能力。

人人都有工作的能力,领导者给下属提供发挥潜能和显示才干的机会与条件,才能促使每一位下属人尽其才。

下属都希望发挥自己的能力,如为单位献计献策,与领导者一起兢兢业业、勤勤恳恳地为单位做贡献。这种能力的有效发挥需要激励,尤其是对下属工作能力的信任激励。

领导者在把工作交给下属时,一定要相信下属的工作能力。一旦交下了工作,便放手给他,让他用自己的方法解决问题。千万不要在交下工作后,还事事过问,令下属处处都不能放开手脚,使工作愈弄愈糟。假如下属习惯了事事请示,一旦出现问题便征询领导者意见,试问这样的组织或部门能进行创新发展吗?这类下属乐得有领导者代为出主意,自己等于一部机器,久而久之,会养成依赖性,不懂得独立处理问题,领导者的工作也日渐加重。

领导者不要以为事事亲力亲为便会被下属喜欢,这只会断送下属的个人潜力。不要忘记,下属的潜能正是部门或组织未来发展的重要资源所在。阻碍了下属发挥潜能,就一手断送了组织的发展前途。

另外,一些下属对工作也有一定热情和抱负,如果工作交到了自己手上后仍处处受领导者的制约,他们就会怀疑自己的工作能力。当他们发觉问题并不出在他们身上,而是由于领导者不给机会时,很可能形成一股怨气。有能力的人不会在这种环境中工作,很快便会辞职。

其实,下属接到领导者委派的工作后,就会凭借自己的能力去做。每个下属都有不同的工作能力,领导者的专断只会剥夺下属施展工作能力的机会。

(二)灵活地运用各种激励手段

1.物质激励:以待遇满足下属的物质需求

所有下属,都希望自己能从工作中获得满足。工资待遇是满足其生存需要的重要手段。工资收入不仅是他们的生活保障,还是社会地位和个人成就的象征。

工资收入对下属的激励作用取决于动机层次的高低,尤其取决于一个人的成就动机。一般地说,低成就动机的下属比较容易为工资等物质激励所激动,而高层次动机的下属更关心的是他的工作岗位、环境。在这个前提下会出现两种情况:一种是如果工作岗位、环境和其心理需求相一致,则下属对较少的工资也会接受;另一种是如果工作岗位、环境无助于自我实现,他就会要求更高的工资待遇来抵偿心理的失衡。所以,如果工作安排能使高成就动机的人在工作岗位、环境方面得到更多的心理满足,他就会全力工作而不计较工资待遇;而低成就动机的人,他们的工作积极性则会随工资待遇的增加而增长,一旦因为某种原因取消或降低了工资待遇,工作积极性就会随之下降。

工资激励必须贯彻劳绩挂钩、奖勤罚懒的原则。工资水平与劳动成果挂钩,使升了职的人满足,升不了职的人服气。

奖金是超额劳动的报酬,设立奖金是为了激励人们超额劳动的积极性。在发挥奖金激励作用的实际操作中,领导者应注意以下三点:

①必须信守诺言,不能失信于下属。失信一次,就会造成重新激励的困难。

②不能搞平均主义。奖金激励一定要使工作表现最好的下属成为最满意的人,这样会使其他人明白奖金的实际意义。

③使奖金的增长与组织的发展紧密相连,让下属体会到,只有组织兴旺发达,才能使自己的奖金不断提高。

2.尊重激励:以尊重让下属得到心理满足

每个人都有自尊心,都希望被人尊重,一旦被尊重就有不负使命的心理,工作意念与干劲就格外高昂。

一个人不论具有多大才能,若其被尊重的要求无法得到满足,他的工作积极性便会变弱。领导者尊重下属,可以从以下几个方面入手:

①诚恳对待下属;

②与下属相处密切;

③与下属合作无间;

④友善对待下属;

⑤支持下属;

⑥感受性强而有同情心;

⑦严厉中带着随和；

⑧关怀下属的成功；

⑨信赖下属；

⑩帮助下属升迁；

⑪遵守与下属约定之事项；

⑫平等待人；

⑬尊重下属的自尊心；

⑭以下属的立场考虑事情；

⑮不会瞧不起下属。

总之，好的领导者是尊重人的领导者，他并非以工作为重心而加以监督，而是以人为重心而加以信赖，对下属从不以支配者自居，是一种懂得下属心情与立场的领导者。而下属得到领导者的尊重，心中就会有满足感，他们便会更尽力地做事。

3.关爱激励：以关爱增进与下属的感情

人们习以为常的是，身为下属，有必要对领导者进行感情投资，以便为自己创造有利的环境、提供更多的机遇，从而使自己的前途和命运发生改观。对此，很多人都可以理解，也是愿意去做的。

可是，如果说"领导者也需要对下属进行感情投资"，就会有不少人感到不解了。领导者不必对下属进行感情投资，也不能这样做——这是不少领导者都抱持的观点。然而，可以肯定地说，这种观点是非常错误的。抱持这种观点的领导者，绝不会成为成功的、卓越的领导者。

事实上，领导者和下属之间存在着一种互相影响和制约的机制。这一机制，不仅要求下属必须对领导者进行有效的感情投资，也要求领导者对下属进行感情投资。

领导者若把自己所在的单位管理好并作出成绩，仅靠自己的能力是远远不够的，还必须充分调动下属的积极性，发挥下属的能力和智慧。这就是领导者必须对下属进行感情投资的最根本的原因。

一般说来，领导者对下属进行感情投资确实比下属对领导者进行感情投资更容易做到。因为双方所处的位置不同，一方高，一方低，而感情投资就像水一样，更容易由高处

向低处流淌和渗透。

但是,这并不是说领导者对下属进行感情投资是可以轻而易举便能做到的事,尤其是若想使这种感情投资真正有效,更需要下一番功夫才行。

其中的原因,一是因为很多领导者对于向下属进行感情投资的必要性认识不足;二是因为领导者对下属进行感情投资也是一项富有创造性、艺术性的活动,需要具备一定的技巧和方法才能做好。

总之,凡是卓越的领导者,都是善于对下属进行感情投资的领导者。只有通过感情投资,才能使下属感到自己受到了领导者的重视与关爱,因而愿意尽己所能,充分发挥自己的潜在力量。这种情感投资就是通常所说的关爱激励。

作为领导者,想让下属听从你的指挥,拼命为你工作,就不能只靠强制和命令,还必须通过感情投资,即用关爱激励来激发他们的巨大潜能。

4.赞扬激励:以赞美为下属树立成就感

领导者的赞扬可以满足下属的荣誉感和成就感,使其在精神上受到鼓励;可以使下属认识到自己在群体中的位置和价值以及在领导者心中的形象。

在很多组织或单位,下属都很在乎自己在领导者心目中的形象,对领导者对自己的态度非常敏感。领导者的表扬往往具有权威性,是下属确立自己在本组织的价值和位置的依据。

下属很认真地完成了一项任务或做出了一些成绩,虽然他表面上似乎毫不在意,心里却默默地期待着领导者来一番称心如意的嘉奖。领导者一旦没有关注或不给予公正的表示,他必然会产生一种挫折感,对工作的态度也会发生转变:“反正领导者也看不见,干好干坏一个样。”

领导者赞扬下属,还能够消除下属对领导的疑虑与隔阂,密切两者关系,有利于上下团结。

有些下属长期受领导者的忽视,工作成绩明显,领导者也不表扬他;时间长了,下属心里肯定会嘀咕:领导怎么从不表扬我,是对我有偏见还是妒忌我的成就?于是同领导者相处不冷不热,保持远距离,毫无友谊和感情可言,最终形成隔阂。

每一个人都希望得到赞扬,尤其是对于虚荣心强的人,赞扬更是多多益善。当下属做出了成绩时，领导者千万别忘了赞扬他一番。这会使他感到领导者特别关注自己，感到自我价值能得到实现；同时，这也有利于下属进一步提高工作积极性，有助于他做出更大的成绩，同时对其他下属也是个鞭策和激励。假若领导者这样去做了，则完全可以相信，受到赞扬的人会全力以赴把自己的工作做好。

领导者的赞扬不仅表明了领导者对下属的肯定和赏识，还表明领导者很关注下属的事情，对他的一言一行都很关心。有人受到赞美后常常高兴地对朋友讲："瞧我们的头儿既关心我又赏识我，我做的那件事儿，连自己都觉得没什么了不起，却被他大大夸奖了一番，跟着他干气儿顺。"

作为一个领导者，肯定和表扬自己下属的成绩，要想收到好的效果，也有一些小讲究。譬如肯定成绩要讲究及时性，不能在下属做出成绩很长一段时间后，人们几乎淡忘的时候才又去抓住鼓励一番，这就失去了表扬的意义，甚至会使人心灰意冷。表扬一个人也要根据成绩的大小，讲究一定的方法。小到一个肯定的眼神、一个友好的手势，或者用适当力量拍一下下属的肩膀。对于成绩特别突出、影响较大的，要及时总结，表彰奖励。对于那些做出了重大的成绩、表现突出才能的下属，要考虑趁其才华横溢之时提拔一番，防止其"才情薄暮"，以致贻误时机。这种及时的任用、表彰是对下属工作成绩的最大肯定，对组织和下属个人的发展都会产生重大和深远的影响。

5.晋升激励：以提升肯定下属的工作成绩

晋升，是对下属卓越表现最具体、最有价值的肯定方式和奖励方式。晋升得当，可以产生积极的导向作用，培养向优秀下属看齐和积极向上的组织精神，激励全体下属的士气。因此，领导者在决定晋升下属时，要做最周详的考虑，以确保人选合适。晋升还应讲求原则，不能凭个人的喜好而滥用权力。

什么是晋升依据呢？一定要根据下属过去工作业绩的好坏，这是最重要的晋升依据，除此以外，其余条件全是次要的。因为一个人在前一个工作岗位上表现的好坏，是可以用来预测他的将来表现的指标。切忌根据个人的个性以及是否喜欢他的性格作为提升依据。提升不是为了利用他的个性，而是为了发挥他的才能。这也是最公正的办法，它能堵众人之口，服众人之心。

这个道理虽然简单明了，可是许多领导者往往却做不到，主要是有的领导者常跟着

感觉走，被表面的现象欺骗，以致失去了判断力。在很多时候，提升一个人是因为他同领导者对脾气，领导者喜欢他的性格。比如领导者是快刀斩乱麻的人，他就愿意提升那些干脆利落的下属；领导者是个十分稳当、凡事慢三拍的人，就乐意提升性格优柔寡断、谨慎万分的下属；领导者是个爱出风头、讲排场、好面子的人，就不喜欢那些踏实、"迂"的人。这是一个误区。另外，还有一点，领导者普遍喜欢提升性格温顺、老实听话的下属，而对性格倔强、独立意识较强的下属不感兴趣。这样提升，很可能导致用人失当，被提升者虽然很听话，投领导者脾气，也"精明强干"，工作却搞不上去。这样做会浪费一批人才，使一些性格不合领导者意而有真才实学的人"报国无门"。

所以，领导者在提升下属时，千万要记住：不管你喜欢他的个性与否，也不管他个性乖戾、孤僻也好，温顺、柔和也好，都不必过多地考虑，而应把注意力集中在他们以前的工作业绩上，谁的工作业绩好，谁就是提升的候选人。这样既激励了被提升的下属，也激励了其他人。

6.宽容激励：以宽容博得下属的信赖

一般来说，一个领导者的工作能力或管理经验都要比下属胜一筹，领导者居高临下很容易发现下属的缺点和能力的不足之处，而且也容易向他们提出高标准的要求。

领导者应当清楚地了解每一个下属的能力，而且要因才适用，不要总以自己的工作能力来衡量和要求下属。当然对下属严格要求还是必要的，但严格要求和宽容之间并不矛盾。严格要求是指领导者可以为下属制订高标准的工作要求，而宽容则是当下属犯错误或由于某种原因而未能达到工作要求时对他们采取的态度。当领导者宽容了下属时，不但不会使下属因此而散漫，反而会激发他们的工作热情。一个领导者如果老是挑剔下属的毛病，便会极大地削弱下属的工作热情，甚至会使他们反感，这样就会影响他们的积极性、主动性和创造性，从而对组织发展产生不利的影响。所以，每一位领导者都应该努力做到"宽以待人"。

在各种各样的领导者中，有一种上下级都会觉得不好相处的人，这就是那些靠着苦干而当上领导者的人。他们大多是从基层靠着实干而被提升上来的，缺乏领导经验，而往往又特别的自信、顽固、独断。他们常会对下属这样训话："你们谁在干什么，想干什么，我都知道，我说你怎样你就是怎样，我不会看错人的。"

这样的领导者虽有实干能力，但缺乏宽容，很难原谅下属的错误。不少下属跟着这种领导者干，总觉得有点提心吊胆，不敢放开手干，因为怕犯了错误而得不到起码的一点谅解，久而久之则必对工作失去热情。而胆怯的下属遇上这样的领导者就会畏缩不前，领导者不说让他干，他就不会在工作中主动去干，因为这样可以少犯错误。这样一来，他们就根本无法发挥自己的能力，常会有一种憋闷感；有时候刚想表现一下，但因领导者的一句话或同事的一点劝告，也许又会全盘放弃。

因此可以说，宽容也是一种重要的用人之道。领导者必须要学会对下属宽容。

7.批评激励：以批评帮助下属改正错误

有时候，领导者给下属一顿批评是很必要的，但批评的效果有好有坏，能否产生积极的效果，关键在于方法是否正确。毛泽东主张采用“批评和自我批评的形式”，他认为，人民内部的批评都是为团结而批评。由此看来，批评和团结并不矛盾。不少领导者认为批评人会有碍团结，那只是因为他没有一套批评人的好方法。

每一个人都有各自的性格特点。如果只用一种方法去批评所有的人，在多数情况下，领导者就很难获得所希望的效果。

对于一个领导者来说，有两种下属比较容易接受批评：一种是性子比较直率的下属；另一种是能力和魄力强的下属。

软弱的下属被批评之后，多数不会有任何反抗，但是领导者批评得越严厉，他们越会畏缩不前、胆小怕事。如果软弱的下属犯了错误，领导者需要一对一地采取提醒式、鼓励式的批评。例如说“我希望你能发挥出你的全部水平来”，“我估计这种工作质量并不代表你的能力”等等。

每一个领导者都有同样的体会，心怀不满的人最不好管理。因此，批评这种人时必须要十分注意批评的方法。对于心怀不满的下属，领导者要认真听取他们的意见，然后再针对错误进行批评，例如可以暗示，“你本来可以干得更漂亮一点，怎么老像有心事似的”，“要把工作和生活分开，生活可以随随便便，工作起来必须是正儿八经的，这或许是一条人生游戏的规则”。

对于那些油头滑脑的下属则应不介意对他们使用过分严厉的批评，这种人只有严厉批评才会痛改前非，再不偷懒怠工、胡作非为。领导者应用自己的真心话去批评他们，心里怎样想就怎样说，而且要常说，有一点就说一点，毫无保留；只有这样才能收到预期的效果。

(三)领导者激励下属的原则与策略

1.激励的实事求是原则

领导者激励操作的过程，就是根据客观存在的需要施以相应的刺激和鼓励，从而调动人们的积极性以达到激励效果的过程。这就要求领导者必须坚持实事求是的原则，不断满足和引导人们的实际需要。

人的需要是一个复杂的、多层次的网络体系。尽管人们可以根据不同的标准来描述人的需要并对其进行不同的分类，但不管怎么样，就需要的最一般的本质而言，它是人为了生存和发展对外界对象的一种依赖关系。人有物质生活需要和精神生活需要，前者所表现的是人对自然界的一种依赖关系，后者所表现的是人类社会生活中个体对群体的一种依赖关系。一个人的需要越多、越丰富，固然表明他自身越发展，但也表明他对外界对象的依赖性越强。从根本上讲，人的任何需要都是“社会创造”的结果，例如，人类的祖先最初穿上衣服是出于生理上的御寒需要，而现在人们的服饰发生了很大的变化，这些变化已不完全是御寒的需要引起的，这些变化的每个方面都是社会创造的结果。

人的需要，怎样才能得到满足？这始终是一个具体的、历史的过程。一方面，它同一定的生产和再生产过程密不可分。如果从需要为生产提供行为动机这一角度来看，那么满足需要是先行的；如果从生产为需要提供现实来看，那么生产又是先行的。可见，两者之间是互为条件、互为前提的。另一方面，任何生产都是在一定的生产关系中进行的。人类的生产和再生产过程也是人们的社会关系生产和再生产的过程，所以，一说到需要的满足，就只是在一定社会关系下产生和满足的需要。正因为如此，决定需要满足的方式必然是一种具体的社会历史的方式。领导者的激励只有符合社会生产方式发展的客观要求，反映人们的社会关系的历史趋势，才能真正既肯定和满足人的合理需要，又调整和规范这种需要，使其朝着正确的方向发展，成为促进人的发展的必要的社会形式；也只有这种激励才具有合理性、现实性和科学性。

2.激励的公平回报原则

一个人对所得的报酬、奖励是否满意不是看其绝对值，而是要对其进行社会的比较或历史的比较，即看其相对值。

对报酬与贡献的比率进行比较，如果认为这两个比率大致相等就觉得公平合理，人们便会感到满意，感到心情舒畅，工作的劲头就高；如果认为这两个比率不相等，尤其是自己的比率低于别人的比率则会感觉不公平、不合理，从而影响工作情绪和工作劲头。把个人的报酬比率与同时期同事、同行、亲友、邻居等人报酬比率相比较是横向比，把个人的报酬贡献比率与自己以前的比率相比较是纵向比。一般说来，年轻人更愿意横向比。

报酬包括物质报酬和精神报酬两大方面，比如工资、奖金、津贴、住房和晋升、名誉、地位等。贡献包括体力和智力两大方面的消耗，比如技术水平、工作数量和质量与智力能力、工作态度、经验资历等。

根据分析，公平激励法首先是多劳多得。得与劳是密切相关的，想多得就必须多劳。领导者要引导下属相互比贡献，比付出，比劳动，而不是因为自己所得的一部分比别人的所得少了，就口有怨言，胸有怨气；其实若能把自己所得与所劳比率作一全面比较就有可能觉得公平了。

3.领导者实施激励需要把握最佳时机

激励工作适时性原则，是指在激励过程中把握最佳时机，以提高奖励效益。美国名将马歇尔认为，对在战斗中表现突出的部队，应予以迅速表彰。他说，嘉奖令可立即办好，向新闻界宣布；文书工作可随后办理。因要求填写各种报表而造成的时间延误，会使激励的价值减到最低限度。我军在战时搞战评、火线立功等，都体现了奖励要及时的原则。那种认为“有了成绩跑不了，年终算账晚不了”的想法和做法，往往会使奖励本有的激励作用随时机的耽误而丧失，造成奖励走过场的结局。

激励是一种对人的刺激。这种刺激既可以巩固人们正确的行为趋向，也可以改变人们的行为并起到导向作用。然而，如果不能把握正确的激励时机，往往就会使行为主体因得不到应有鼓励而从热望的波峰跌落下来，从而产生不满和消极情绪。这是因为人们的行为具有连续性，奖励不只是对人们的行为的“等价值报酬”，而且有着承上启下的作用。目前，人们比较注重阶段性奖励，诸如“季度奖”“半年奖”“年终奖”等，这些当然是必要,它是对一个人或一个单位一定时期内的工作的肯定。但如果过于偏重这种形式,也就降低了奖励的时效性,影响了奖励的效果。过期的奖励,不仅会削弱奖励的激励作用,而且会使人对奖励产生淡漠心理。因此,奖励应当做到及时,当人们在工作中表现出良好行为或取得一定进步后,应尽可能早一些、快一点给予表扬奖励。

事实上,不仅奖励的时机要掌握好,颁奖的时机及其方式同样十分重要。事先对奖励对象保密,相对地增大神秘感,不迟不早地当众宣布,可以大大加强奖励的效果。

4.物质激励要与精神激励相结合

物质利益是人们从事一切社会活动的物质动因,在奖励时重视它无疑十分重要。但是,重视物质奖励绝不是提倡个人抛开国家、集体和他人的利益,专为自己的物质利益奋斗,绝不是提倡"一切向钱看";而是要处理好国家、集体和个人三者之间的利益关系,处理好长远和眼前、整体和局部的利益关系,引导人们从关心个人到关心他人、集体、国家,发扬团结协作精神。

精神需要是人们的高层次需要,精神利益的满足是促使人们自身能力发展完善的重要动力。实行精神奖励,能促使人们在愉悦的精神享受中陶冶思想情操,加强科学文化知识修养,使自己的各种能力不断发展、丰富,成为有理想、有道德、有文化、有纪律的劳动者。

物质奖励和精神奖励既有联系又有区别,在奖励时要将二者有机地结合起来。在现阶段,既不能只给物质奖励,使人们忘记大目标;又不能超越历史阶段,只进行精神奖励。要在不断满足人们物质需要的基础上(包括奖励的内容和形式),不断提高人们的思想觉悟,对于社会先进分子则应有更高的要求。

5.奖励与惩罚相结合

人们在社会实践中总会有所长,也会有所短,既会有优点也会有缺点,这是完全正常的。激励的目的是为了调动人们的积极性,提高人们的素质。在实施中如何把握奖惩的比重呢?研究证明,作为阳性诱因的奖励总是比作为阴性诱因的惩罚效果好。对一个人的成就予以表扬,不管这种表扬的性质和态度如何,总比忽视他的作用甚至斥责他要好得多。对人的行为的积极性提示胜于消极性提示,鼓励胜于劝阻,提出令人愉快的要求胜于责骂。这是因为,奖励作为一种对人们的正强化的信息反馈,不仅给人们一种愉快的反馈信息，还给人们以某些物质和精神利益的满足，这正是人们所需要和期望的；而惩罚作为一种对人们负强化的信息反馈，不仅给人们一种避讳的反馈信息，还使人们的物质和精神利益受到某种损失，而这却是人们所不希望和惧怕的。

虽然奖励和惩罚都是激励实施中不可缺少的手段，对人们成长和发展都有积极作用，但是，从理论和实践的意义上来说，从两者比较的意义上来说，奖励的效果要比惩罚的效果好。善于发现和强化对象的长处和优点，善于把对象身上的消极因素转变为积极因素，是我们科学掌握激励理论和方法的表现。在运用这两种方法时要注意以下两点：

(1)相互结合，不可分割

奖励和惩罚虽然是激励的两种不同的手段，但在实施时常常是密切相连、不可分割的。有奖有罚，有罚有奖；先奖后罚，先罚后奖；奖中有罚，罚中有奖；多奖少罚，少奖未罚，如此等等，都是我们日常激励实践中经常遇到和运用的。

任何地区、任何单位，为了调动人们的积极性，为了规范人们的行为，必须同时制订奖励和惩罚条例，并保证严格实行，不得轻视或取消任何一方。

为了保证激励对大家都有作用，在赏罚时，要将赏罚的标准和受赏罚对象的情况向集体成员实事求是地介绍，并施以大家能接受的赏罚形式，帮助大家正确认识赏罚的目的和作用。只有这样才能起到奖励一人、带动全体，处分一人、教育一片的目的。

(2)以奖为主，以惩为辅

在奖惩的实践中，要有主有辅，有重有轻，不可同等对待，平分秋色。一般来说，奖励的次数宜多，惩罚的次数宜少；奖励的气氛宜浓，惩罚的气氛宜淡；奖励的场合宜大，惩罚的场合宜小；奖励宜公开进行，惩罚宜个别进行；可奖可不奖者，奖，可罚可不罚者，不罚；在制订奖励和惩罚条例时，要考虑到人们的期望值和承受力。奖，经过努力也达不到；罚，经过努力也难免，这样的奖惩条例不能达到激励的目的。在对人们的行为进行考察时，要着眼于发掘人们的长处和优点，而尽量淡化和忽略人们的短处和缺点。

(四)领导者要善于激发人才的潜能

1.领导者要尽力激发下属的潜能

人才的能力，有“显能”与“潜能”之分。任何能力的提高，都需要经历从“潜能”到

"显能"的发展变化过程。传统的用人原则只注重利用"显能"而不注重发掘"潜能",因而人才的能级和能质只能长期停留在一个可怜的低水平上。人才的"潜能"是一个具有极大开采价值的宝库。使用人才,不仅应该立足于现在,充分地利用人才的"显能",还应该着眼于未来,尽全力激发人才的"潜能"。唯有这样,人才的能级和能质才能得到迅速提高,人才的使用过程才能成为人才的培养过程、提高过程。有的低层次人才,经过精明的领导者的巧妙使用,很快就成长为中、高层次人才;而另一些水平本来不相上下的人才,在平庸的领导者的使用下,却越用越"笨",能力不但得不到提高,反而呈现下降趋势。其中一个主要原因就是,由于前者既重视利用人才的"显能",又重视激发人才的"潜能";而后者只注重"掠夺"人才的"显能",却不懂得发掘人才的"潜能"。

在现代社会,不懂得发掘人才的"潜能"的领导者,绝不是一个合格的领导者。在他的领导下,人才的能级和能质不仅很难得到提高,而且有时还将酿成贻误人才的悲剧。

作为领导者,主要职责在于充分发掘每个下属人才的潜能。在开发人才资源方面,工作的重点应该放在那些尚未受到重视的下属身上,在他们中间或许隐藏着真正的人才。

许多精明的领导者在用人实践中积累了一整套行之有效的激发潜能的经验。他们认为,领导者应该善于选择适当的时机,看准适当的对象,采取适当的激发手段,以取得令人满意的效果。

组织中有各种各样的岗位、各种各样的人才。对下属人才来说,每个人成长的机遇都是不同的,分到一个"好"工作,就比较容易出成果;分到一个"坏"工作,就可能终生默默无闻。倘若把每个人都长期固定在一个岗位上,就势必造成人才成长机会的不平等。不平等的后果是少数机遇较好者可以脱颖而出,而多数岗位的组成成员的潜能则被埋没了。如果定期轮换岗位,给每个人以平等的竞争机会,真正的人才就会表现出与众不同的卓越才能,用实践证明他最适合此岗。同时,也会发现每位成员的长处和短处,知道每个岗位的最好人选,实现劳动者和岗位的最佳组合。

2.准确地识别有潜在才能的人才

潜才一般是指具有高于其所任职位的才能,但由于受各种因素制约又没有充分发挥出来的人才。概言之,潜才就是有潜在才能的人才。这种人才常常有这样一些特征:

①具有超平常人的学识。能力是学识的外化,是学识的一种表现。有潜能的人才往往具有良好的知识积累和异乎寻常的见识。

②不事张扬。有潜能的人才通常是藏而不露的,但真正遇到需要他们的时候,又能当仁不让,显露英雄本色。当然这种显露其实也只是在工作当中的一种自然流露,而不是刻意追求。

③对本职工作感到轻松快乐。由于这种人才具有高于所任职位的能力,所以对职位所要求的工作一般都能轻松圆满地完成,而且显得举重若轻,游刃有余。

④在不同的岗位上均能有出色的表现。这种人才的适应能力强,每到一个新的工作岗位上都能很快进地入角色,出色地完成工作任务。

由于受到诸如在一个单位工作时间较短、工作量不足、没有合适的位子、工作安排未能用其所长、个人守拙不露、有人嫉妒和掣肘、领导和群众对他们还未充分认识等因素的影响,潜才往往"养在深闺人未识"。但一旦把他们用到合适的岗位上,他们就能迸发出巨大的潜力,发挥应有的作用。因此,领导者及时发现、准确识别、充分重视、合理使用这类人才,对人才资源开发、干部队伍建设和事业发展,无疑都具有重要的意义。

领导者识别一个人是否具有潜在的才能,关键在于把握识别潜才的标准。否则,他就有可能指鹿为马,把庸才当人才。领导者识别潜才的标准有三:一是看其是否具有超平常人的学识,这不妨以事试之;二是看其在本职岗位上的工作表现,如果连自己的本职工作都完成得不好,那就很难称得上是人才;三是看其在过去岗位上的工作表现,这要通过跟踪考察他的成长历程才能得出。

为了准确地识别潜才,领导者在实际工作中应进一步分清三个界限:

①潜在才能与内向型性格的界限。诚然,潜才具有不事张扬的特征,但性格却不一定就是内向的;同样,也不是所有性格内向的人都有潜在才能。领导者万万不可把性格内向都看作有潜能,否则就要误人误事。

②偶然的出色表现与潜在才能的界限。任何人只要精心准备和具备适宜的客观环境,都可能在某一项工作或某一个场合中有出色的表现。但这种表现归根到底还是偶然的,他是否是真正的潜才,还必须经过反复和多种环境考验才能证明。因此,领导者不能轻易就把仅有一两次出色表现的人认定为有潜能的人才。

③潜才的时空界限。任何人才都不是万能的,也不是一成不变和长用不竭的。有的人才在一定的时空条件下堪称有潜能,但随着时空的变化,他们的潜能可能就会减弱或不复存在。如一个人在现有某个职位表现出一定的潜能,但调换一个职位或提升到一个更高的职位上,却不能胜任,此时就不宜于将他看作有潜能的人才了。

3.激发下属潜能的手段

从理论上讲,充分激发下属的潜能是不难做到的,但在实际工作中要做到这一点却是很难的。有时候,领导者或许要冒一定的风险,甚至要付出相当高昂的代价。因为在整个激发过程中,面临的不只是激发工作本身所遇到的"技术"难题,还有导致埋没人才的一系列因素,其中包括力图继续维持现状的各种习惯势力做出的强烈反应。只要稍有不慎,领导者就可能遭到"灭顶之灾"。为此,有经验的领导者在激发下属的潜能时,都十分注意选用灵活巧妙的激发手段,尽量做到准确、快速、高效、公正、合理。

在通常情况下,领导者在激发下属的潜能时,比较喜欢选用以下多种行之有效的激发手段:

①向下属提供显示潜能的机遇,让下属通过这种"显示"来证明自己的能力。

②让某下属去从事一件十分重要的工作,以此来让下属发挥自己的潜能。

③在大庭广众之中、众目睽睽之下,有意表扬下属的能力,以此方式来削弱或淡化大家对他的偏见,并且增强他自己进一步展示能力的勇气和信心。

④在人际关系十分复杂的单位里,对于引起人们严重"非议"和"责难"的某个下属,领导者有时候可以摆出一副不偏不倚的公允姿态,尽量通过调查得到的事实本身来显示下属的能力。

⑤领导者要确认自己拥有"威慑"一切的权威和统治手段,足以应付可能遇到的任何风险;这时候,对于某个明显受到"委屈"和"误解"的下属,他也可以采取十分"激烈"的激发手段,公开"肯定"他的能力,以此来彻底砸碎习惯势力套在某下属头上的无形枷锁。

⑥当下属由于各种复杂的原因已被大家"看死",确实很难施展才能时,领导者不妨给他"换换地方",帮助他尽快摆脱不利于成才的恶劣环境,这样做,将使下属获得一次重新显示才能的机遇。

⑦对于下属的潜能,领导者应该看到其成长势头,予以热情鼓励和扶植。这样做,不

仅能使下属的人才价值“增值”,还能使本组织的人才资源永不枯竭。

可见,激发下属潜能的手段灵活多样。各级领导者应根据不同情况,分别选用最为有效的手段,尽力去获取最理想的激发效果。

4.妙用“激将法”激发人的潜能

在一定的条件和环境下,当有些人的自尊心由于遭受挫折、犯了错误而缺乏信心时,为了使之接受上司的意图或意见,而用语言故意贬低他、刺激他,从而激发起他强烈的自尊心,即是激将法。

常言说:“请将不如激将。”在人才的运用中,如能够使用巧言激将法,将会收到意想不到的效果。

巧言激将,一定要注意区分对象,根据性格特征因人施法,犹如对症下药方能于病有益。否则,只会白费唇舌、枉费心机。巧言激将还要看准时机。出言过早,时机不成熟,易使人泄气;出言过迟,又成了“马后炮”。除注意把握时机外,还要注意分寸。运用激将法,不痛不痒的语言犹如隔靴搔痒;但言语过于尖刻,也会使人反感。因而,语言激将要灵活运用。这里介绍几种用法:

(1)直激法

直激法就是面对面直截了当地来刺激对方,羞辱他、激怒他,以激发他的自尊心。

某公司改革用人制度时,对中层干部实行毛遂自荐。能力技术俱佳的技术员小张众望所归。然而,不知何故小张迟疑难决。在公司领导者的暗示下,一位老工人找到他,言词激烈地对他说:“小张,你不是一位大学的高材生吗?大家都对你寄予厚望,没想到你这么没出息,连个车间主任的位子都不敢接,真是窝囊废!”

“我是窝囊废?”小张腾地站起来,说:“我的大学白上了,连个车间主任也当不了么!”说完就满怀激情地走进了公司领导的办公室。

(2)暗激法

暗激法就是有意识地褒扬第三者,暗中贬低对方,运用人们争强好胜的心,激起他压倒别人、超过别人的强烈愿望。

三国时,诸葛亮为了联吴抗曹来到江东,他深知孙权不甘居人之下、轻易不服人的脾性。诸葛亮明知曹军有150万兵马,却对孙权说曹兵100万,兵多势大,所向披靡。孙权

对曹军人数表示怀疑。诸葛亮说："我只讲100万，怕吓坏你们江东的人呀。"孙权中计，忙问："那我是战，还是不战？"诸葛亮乘机说："如果东吴人力、物力能与曹操对抗，那就战；如自觉不敌，那就投降！"

孙权不服，反问道："依你之言，刘豫州缘何不降呢？"

此话正在诸葛亮预料之中，于是他进一步说："田横乃齐国一壮士，尚能坚守气节，何况刘豫州乃皇室之后，盖世英才，众望所归如百川入海，岂能屈膝投降、屈于他人旗下呢？"

孙权果然被激得勃然大怒，发誓要与曹军决一死战。

此例的巧妙之处在于旁敲侧击，刺中对方不甘落后于他人的自尊心，使他萌发一种非要超过第三者、以胜利者的姿态昂然屹立的念头。

(3)导激法

面对不同的被激对象，有时简单的否定、贬低收效甚微，还需要"激中有导"，用明确的或诱导性的语言把对方的热情激发起来。

某校有一差生爱打架。一次，他打了一位同学还自诩为英雄。老师批评他说："打架算什么英雄，学习超过他才是真正的英雄。"那个学生从此发愤学习，在后来的期末考试中果然取得了可喜的成绩。

5.给下属一个富有挑战性的工作

没有挑战的生活会索然无味，没有挑战的工作会使员工变得平庸而没有工作热情。领导者给下属一个挑战性的工作，不但可以提高工作效率，还能发挥下属的长处。

下属要应对挑战，必须充分调动自己的才华和潜能。有时，以为用这种方法一定会成功，但结果却失败了；而有时一些未经仔细考虑、偶然做出的事情却获得了很大的成功。总之，在过程中添些刺激才会富有乐趣。

工作就是这样。如果一直照一定的模式去做的话，任何人都会觉得索然无味。那么，如何在员工的工作中添加刺激呢？首先，领导者必须准许下属尝试错误。有些领导者过于谨慎，唯恐出错，从而无法放手让下属做事，总是一再地做各种指示，使下属不能自由地发挥能力。这样，只注重事情的成败而不管下属的兴趣，下属当然就不可能干劲十足。

要给下属刺激，就要分派给他稍微超过他能力水准的、具有挑战性的工作。同时，也要彻底改正新进人员或女性没什么大作用的想法。因为，问题的关键在于领导者能不能掌握要诀，适当地分派稍微超过下属能力的工作给下属。

某市里曾发生过这样的事情：

有位新进的女员工是第一个有严重残疾还可以进入电信局工作的人，所以她对这份工作充满感激，并表示要发挥自己的长处，尽一切努力做好这份工作。而她的表现也正如她所说的一样，她的潜能被激发出来，创造了很好的成绩。

一个人获得一份超过自己能力的工作时，就会心存感激，为了回报知遇之恩，就会产生工作意愿。领导者给下属有挑战性的工作，就是表示信赖员工；如果只给下属以符合其能力或低于其能力的工作，下属就会认为没有得到信赖。

所以，要给下属有挑战性的工作，激发其工作热情。在这种工作热情的作用下，下属的潜力会得以发挥，工作自然就会进步。

6.相信下属能够自己处理工作难题

许多领导者为了提高工作效率，往往希望以最简单的方式将知识传达给下属，而不让下属自己去思考。如此将无法培养出优秀的下属。这是领导者必须深予警惕的。

当下属由于无法对付某个问题而感到苦恼时，身为领导者不妨以个人的经验为下属提供一些方法。然而，许多时候，情况往往在开始时便弄巧成拙，变了质；领导者虽想用温和的方式传达给下属，但是语气上如果隐含命令的意味，那么下属表面上也许接受，心里却未必服气。因此必须特别注意提供意见的方式。要知道，当下属因为不知如何做而感到闷闷不乐的时候，领导者如果趁机在一旁干预，对于下属而言，或许就意味着对他们的不信任。

在此情况下，领导者应当充分相信下属处理难题的能力，不妨对下属表示："如果是我，我将这么做……你呢?"以类似的做法来指导下属。这样，不但可以保持自己的立场，也可以将意见自然地传达给下属，甚至下属极可能会认为领导者是站在自己的立场上考虑问题的。这样，领导者说服的目的便达到了。

然而，事实上，领导者直接表示自己的方法，毕竟无法让下属真正学到工作的实际技巧。

如果领导者能够指出多种方法，让下属自己有机会加以思考，下属一方面会认为领导者是给自己面子；另一方面则将提高对领导者的信赖感。

在交往中“讲话和谈话”并不困难，但是要让对方理解则不容易。就是说，要让对方用耳倾听并不难，但要让对方用心思考则不是易事。在教导他人时，只有划清二者的差异，才能达到预期的效果。

当下属有过失时，无法将二者划分清楚的领导，便会一味地想把自己的知识告诉对方。例如向他们指出：过失的原因在于此时此地发生此事，经由某作用而产生某影响，所以我们应该如何做。如此就变成讲课了。话虽然进入对方脑中，但却不是对方切身需要的东西，因此他可能无法将之吸收，甚至容易将之遗忘。

所以，最好明确指示其过失所在，但暂时不必教导该如何做，如何防患于未然以及如何弥补过失等方法，让对方有自我思考的余地。而当对方能自己思考，却又无计可施时，自然会发问：“这里该怎么办？”此时再给予适当的意见，才是最合乎实际的教导方法。

蒲輪徵賢
申公

蒲轮征贤①

【历史背景】

汉武帝临政之初采纳了丞相卫绾重儒的建议,并加以实施。他任用当时的名儒赵绾为御史大夫、王臧为郎中令。王臧、赵绾上书武帝,请武帝设明堂,以他们的老师鲁申公为师。武帝求贤若渴,随即就派遣使者去聘请申公。汉武帝听说申公年高,唯恐他旅途劳顿,所以用一马拉的可以坐乘的小车去迎接。为了使车行得安稳,人坐在里面能舒适些,武帝又命人用蒲草裹了车轮,同时又带去了许多贵重礼物。申公感武帝真诚,遂随聘到京。武帝授申公以太中大夫之职,将他安置在鲁王府里居住。申公此时已80多岁高龄了。

【原文】

汉史纪:武帝[2]雅向儒术,以赵绾[3]为御史大夫[4]、王臧[5]为郎中令[6]。二人荐其师申公[7]。上使使奉安车[8]蒲轮、束帛[9]加璧以迎之。既至,以为太中大夫[10],舍鲁邸。上问以治道,对曰:"为政不在多言,顾力行何如耳。"

【张居正解】

西汉史上记:武帝素喜好儒者的学术,因举用当时名儒,以赵绾为御史大夫、王臧为郎中令。赵绾、王臧又荐举他老师申公,说他的学问更高。武帝闻说,即遣使去征聘他。又闻申公年老,恐其途中受劳,因驾一辆安车去迎接申公;又用蒲草裹了车轮,使其行路软活,坐的自在;又用币帛一束,另加玉璧,以为聘礼。申公感武帝这等尽礼,遂随聘到京。武帝授以太中大夫之职,安置在鲁王府里居住。问他治天下的道理何如?申公对说:“为治也不在多言,只是着实行将去便好。”盖议论多,则心智惑。与其托之空言,不若见诸行事之为有益也。夫天下治乱,系贤人之去留,是以古之明君,以屈己下贤为盛事,而亲枉万乘,以尽礼于衡门[11]韦布[12]之贱者,往往有之。汉兴以来,虽不逮古,而武帝此举,犹庶几古人之意。至于申公力行一言,则又治天下之要道也。

【注释】

①本篇出自《史记·儒林列传》。记述汉武帝征聘贤人、重视儒家学说的故事。

②武帝:即汉武帝(前156~前87)。名彻,汉景帝子。前140~前87年在位。

③赵绾:武帝时任御史大夫;因请立明堂事,得罪窦太后,下狱自杀。

④御史大夫:官名。秦置。其位仅次于丞相。主管弹劾、纠察及图书秘籍。与丞相、太尉合称三公。

⑤王臧:汉武帝时为郎中令。与赵绾同为当时著名儒者。

⑥郎中令:官名。秦置。主管宫廷宿卫。

⑦申公:姓申名培,鲁(今山东曲阜一带)人。今文《诗》学中“鲁诗学”的开创者。文帝时为博士。

⑧安车:用一马拉的可以坐乘的小车。古车立乘,此为坐乘,故称安车。用蒲草裹轮。用于高官告老或征召有名望之人。

⑨束帛:古代聘问的礼物。五匹为一束;帛是丝织品。

⑩太中大夫:官名。主掌议论。

⑪衡门:横木为门,喻简陋的房屋。衡通“横”。

⑫韦布:韦带布衣。为古时贫贱者服装。韦是熟治的皮革。

【译文】

汉代史书上记载:汉武帝非常向往儒家学说,任命赵绾做御史大夫、王臧做郎中令。二人推荐他们的老师申公。于是武帝派使者用安车蒲轮,以束帛加璧作为聘礼,去迎接申公。申公到京城后,武帝任命他做太中大夫,让他居住在鲁王的官邸里。武帝向申公询问治理国家的道理，申公回答说："治理国家政事不在于多说话，在于尽力去实行罢了。"

【评议】

汉武帝蒲轮征贤的历史典故，说明汉武帝为图治而对儒家学说及人才的重视。申公之对答，也能切中为政要害。古今中外，为政之要不在多言，而在尽力实行。即作为当政者应避免讲堂而皇之地大道理和空话以惑众，而应多办利国、利民的实事，再多的道理与空话远不如一件真正的利民实事更能征服人心。

【拓展阅读】

汉武帝

中华民族发展史上的开拓者

汉武帝开创了西汉王朝最鼎盛繁荣的时期，那一时期亦是中国封建王朝的第一个发展高峰。他的雄才大略、文治武功，使汉朝成为当时世界上最强大的国家，他也因此成为中国历史上伟大的皇帝之一。死后的庙号为世宗，谥号为武帝。此外，汉武帝是中国第一个使用年号的皇帝。

中央集权

刘彻在位期间，采取了一系列加强中央集权的措施。政治上，继续景帝的政策，先后颁行推恩令、左官律、附益法，并实行"酎金夺爵"，基本上结束了汉初以来诸侯王强大难治的局面；实行一系列打击地方豪强的措施；创立刺史制度，加强对地方的监督和控制；削弱丞相权力，任酷吏、严刑法，建立察举制度，设立太学，加强中央集权的统治力量。经济上，刘彻采纳孔仅、东郭咸阳的主张，将冶铁、煮盐、铸钱收归官营；实行均输平准，算缗、告缗，打击富商大贾；治理黄河，开凿灌渠，大力兴修水利；移民西北屯田，推行“代田法”，促进农业生产发展。思想上，采纳儒生董仲舒的建议，禁止传播儒家以外的各家学说，实行“罢黜百家，独尊儒术”，把儒家学说作为巩固政权的主要思想工具，从此确立了儒家思想的统治地位，这对于当时加强中央集权的政治需要，起到了一定的积极作用，但对于后来束缚中国学术思想的发展，也产生消极影响。在军事上，刘彻先后派大将卫青、霍去病等连续发动了多次打击匈奴的战争，解除了北方农业区域所受的匈奴的威胁；又遣兵灭南越，以其地为南海、苍梧等九郡，统一了今两广一带地区。外交上，刘彻两次遣张骞出使西域，与大月氏、乌孙、安息等地联系，加强了汉朝与西域地区的经济、文化交流，开辟了自长安到欧洲罗马帝国的“丝绸之路”。

武帝后期政治

汉武帝晚年杀戮太过，颇思悔悟。李广利伐匈奴不利，全军覆没。求神仙又不成，又因巫蛊之祸造成父子相残，太子刘据自杀，种种打击使武帝心灰意懒，对自己过去的所作所为颇有悔意。在登泰山、祀明堂之后，武帝在轮台宫殿（并非新疆轮台）里下《罪己诏》，以表示承认自己的错误。天下也因此又逐渐归于和谐，为“昭宣中兴”的盛世奠定了基础。

【镜鉴】

一、言行一致

孔子说：“巧言令色，鲜矣仁！”意思就是花言巧语的人很少是存心善良的，善于溜须拍马、投机钻营的官员，往往都有一套嘴上功夫，吹捧当权者的功绩，投合领导的心意。这种人的目的不过是博取领导欢心，满足个人私欲。然而，作为领导者务必警惕：“拍马屁者的真正目的是为了把你拉下马。”

大千世界，鱼龙混杂，我们稍加注意便会发现，这是官场中的“潜规则”，古今中外不乏其人。如唐朝有一个大臣李林甫，是一个不学无术的人。他什么事都不会，专学了一套奉承拍马的本领。他和宫内的宦官、妃子勾结,探听宫内的动静。唐玄宗在宫里说些什么,想些什么,他都先摸摸底。等到唐玄宗找他商量什么事,他就对答如流,简直跟唐玄宗想的一样。唐玄宗听了挺舒服,觉得李林甫又能干,又听话,就让李林甫当了宰相。李林甫一当上宰相,知道自己在朝廷中的名声不好,就竭力阻塞言路,排斥异己。他当了十九年宰相,凡是大臣中能力比他强的,就千方百计地把他们排挤掉。他要排挤一个人,表面上不动声色,笑脸相待,却在背地里暗箭伤人。凡是为他钻营拍马的小人都受到重用提拔。就在这个时期,唐朝的政治从兴旺转向衰败,"开元之治"的繁荣景象消失,接着出现的就是"天宝之乱"(天宝是唐玄宗后期的年号)。如李林甫这种"口蜜腹剑"的人,在现代也有其人。在"文化大革命"中,"一贯紧跟,无限忠于"毛泽东主席的林彪,极力鼓吹个人崇拜,到处高呼毛泽东主席为"伟大的导师、伟大的领袖、伟大的统帅、伟大的舵手",到处吹捧毛泽东思想是"马列主义的顶峰"。而毛泽东主席把林彪作为"最亲密的战友",并一手培养起来当接班人、副统帅。可是,这个"一人之下、万人之上"的林彪却策划出谋害毛泽东主席和篡党夺权的阴谋。毛泽东主席识破了这个野心家、阴谋家、两面派的"庐山真面目"后,林彪便叛党叛国,仓皇出逃,摔死在蒙古的温都尔汗。这种"口蜜腹剑"的人并非是中国官场的特产,外国也不乏此类"精英",苏联领导人赫鲁晓夫就是一个典型。1939 年 3 月,在苏共十八次代表大会上 20 分钟的发言中,赫鲁晓夫居然把斯大林恭维了 32 次,在 1952 年召开的苏共十九大上他同样大肆吹捧斯大林。1954 年,他还下令刊登斯大林逝世一周年歌功颂德的社论。他经常肉麻地说斯大林是"人类最伟大的天才、导师和领袖","伟大的常胜将军","自己生身的父母"。赫鲁晓夫取得斯大林的信任,掌握了权力。可在苏共二十大上,赫鲁晓夫却咒骂斯大林是"凶手""强盗""赌棍""俄国最大的独裁者"等,把许多脏帽子加在斯大林头上。

应该肯定,我们的广大党政领导干部发扬党的理论联系实际的优良传统和优良作风,做到了言行一致、表里如一,得到了人民群众的认可。也应该看到,在党政领导干部中,虽然那些"口蜜腹剑"的人没有了,但是言行不一、表里不一的"双面人"却有其人。这些人"台上讲廉政,台下搞腐败;台上说他人,台下被人说。"如辽宁省沈阳市委原副书记、市长慕绥新(2001 年因犯受贿罪被依法判处死缓)在当天被选举为市长时,在千人大会上信誓旦旦地向全体代表和市民作"廉政承诺",要做一个有作为而且清廉公正的好官,谁知承诺之后的当天晚上就一次收了10万元赃款。慕绥新通过“作秀”,同样达到“糊弄群众”的效果。1998年沈阳市做过一次民意测评,沈阳人民对市政府的满意率达到94.7%。慕绥新在现身说法时自白:“虽然宣誓了,喊了,讲了,做的都是另一套,没‘廉洁奉公’,而是收钱受贿,整天‘打壶不认锡’,不知不觉地腐败了……自己变成了一手红,一手黑。一手干事,一手捞钱;‘装金’是人,‘刮金’也是人。”又如黑龙江省绥化市原市委书记马德(2005年因犯受贿罪、巨额财产来源不明罪被依法判处死缓)在干部大会上对选拔任用干部提出“五个不用”:“溜须拍马的不用,好吃懒做的不用,跑官要官的不用,平庸不为的不用,无德不廉、形象不端的不用。”他还强调:“坚持用好的作风选人,选作风好的人。”但是,马德在台下却以权谋私,“批发官帽”,疯狂敛财,收受贿赂603万元。当时的马德受贿案是新中国成立以来查处涉及官员最多的买官卖官案。

我们应该清醒地看到,在领导干部队伍中的言行不一、表里不一之辈仍然“前腐后继”。有的明明是以权谋私,中饱私囊,却要装成清正廉明、两袖清风;有的明明是好色之徒、男盗女娼,却要装成正人君子、道貌岸然;有的明明是自吹自擂、厚颜无耻,偏偏要装成勤政为民、政绩显著等。如深圳市原副书记、市长许宗衡在任市长期间,强力推行“强势政府”,要求官员接受审计评议,不合格者下岗。他还有着“清廉市长”的美誉,人称低调黑马。许宗衡当市长之初曾提及四个字:“清、明、勤、思”,在接受人们访问时曾表示,自己每天的工作时间在15个小时左右,是个勤奋的市长,但不是合格的丈夫和父亲。在2009年年初的政府工作报告中,许宗衡的“不飘浮、不作秀、不忽悠”被广为传播。他的“不留败笔,不留遗憾,不留骂名”,更是引来媒体和群众的一片赞誉。他还信誓旦旦地表示,“历史和时间将是最好的检验尺度”。但是,许宗衡在台上承诺要做一个清廉的市长,在台下却利用职务上的便利为他人谋取利益,收受巨额贿赂。2009年6月8日,许宗衡涉嫌严重违纪,被中央纪委查处。2010年8月,经中央纪委、监察部审议并报中共中央、国务院批准,决定给予许宗衡开除党籍、开除公职处分。2011年5月9日,河南省郑州市中级人民法院对许宗衡受贿案做出一审判决,认定许宗衡犯受贿罪,判处死刑,缓期二年执行,剥夺政治权利终身,没收个人全部财产。许宗衡在党纪国法、在施政道德的平衡木上终究失衡了,跌落下他一手标榜打造的清廉“神坛”。他的“不留败笔,不留遗憾与骂名”的承诺幻灭了。此外,还有一些贪官受贿了很多钱,但自己舍不得吃、舍不得穿,穿得很破很旧，装得俭朴。如河南省政协原副主席孙善武及其妻子，收受几千万元，一方面向社会上捐献一点小钱，给人以慈善的假象；另一方面吃穿又相当的寒酸，给人以俭朴的假象。这些人更为狡猾、奸诈，给反腐败斗争提出了新的课题，加大了反腐败的难度，也值得我们反思。

这些以“廉政名言”著称的“双面”官员，虽然“清官”、贪官或红脸、白脸一人演，表演得淋漓尽致，蒙骗了不少善良的百姓，曾赢得无数的掌声，但隐藏不了他们贪婪的本性和贪得无厌的丑态，结局是“机关算尽太聪明，反误了卿卿性命”。实践证明，多行不义必自毙，这是一条自古至今的真理。只要你做了违反党纪国法的事，这颗自我毁灭的炸弹迟早会爆炸。这种言行不一、表里不一的行为，虽然发生在少数领导干部身上，但对党和政府的伤害却是异常严重的。更不容忽视的是，在不少地方还不同程度存在的“作秀”之风，严重地损害了党政领导干部队伍的形象，侵蚀着党和政府的公信力和执政能力，引起人民群众的强烈不满，让民众对党政领导干部产生了不信任感，甚至认为他们的履职承诺都是在“作秀”。究其原因，关键在于个人的世界观、人生观、价值观和权力观错位，经受不起贪权、贪财、贪色的诱惑，才违背了当初履职的誓言和承诺。同时，在领导干部选拔任用上没有真正做到公开、公平和公正，一些地方买官卖官的现象仍屡禁不止，致使一些领导干部“带病上岗”“带病提拔”，继续在台上“演戏”、大讲廉政。这种人一面劣迹斑斑，一面却节节高升。另外，大凡台上讲清廉、台下搞腐败的贪官，其疯狂敛财都是在暗中进行的，彼此的权钱交易，不但“天知地知、你知我知，一比一”，而且有个潜伏期，不易在短期内被暴露，从而导致他们心存侥幸，认为一时查不到自己、抓不到自个，只要自己伪装得好、隐藏得深，一样可以白天当清官，晚上做贪官；台上讲“清廉”，台下搞腐败。就如许宗衡、慕绥新等“双面人”，在被调查前，其公务活动并无异常。这些“当众是英雄，背后是蛀虫”的官员应声而倒，留给人们诸多警示：绝不要被其一时的表象所惑，不仅要“听其言”，也要“观其行”，更要“察其质”，及时让他们现出原形。

要言行一致，必须切实加强个人的道德修养，筑牢拒腐防变的思想道德防线，始终保持共产党人高尚的道德情操和优良作风。古人云：“有德者，必有言；有言者，不必有德。仁者必有勇，勇者不必有仁。”意思是说有道德的人，一定能讲出有道理的话；能讲出有道理的话的人，却不一定有道理。古人还云：“德者，本也。”“百行以德为首。”“是故君子先慎乎德。”“行德则兴，缺德则崩。”胡锦涛总书记在庆祝中国共产党成立90周年大会上的讲话中指出：“要坚持用社会主义荣辱观引领社会风尚，深入推进社会公德、职业道德、家庭美德、个人品德建设，加强对青少年的德育培养，在全社会形成积极向上的精神追求和健康文明的生活方式。”道德是一个人立身的根本和公道正派的保证。如果领导干部在台上慷慨激昂，表示“公正廉明”，在台下却贪赃枉法。这种“演员领导”因缺德而走上违法犯罪的道路。应该肯是，绝大多数党政领导干部在上任之初都是靠锐意进取、勤奋敬业、真抓实干来努力实现履职承诺的。他们都是凭自己的才能和显著的政绩取得组织的信任和人民群众的认可，一步一步走上领导岗位的。我们也完全可以相信，许宗衡当初的豪言壮语不一定是在“作秀”，上任之初亦是雄心万丈，想要干一番事业。他们的思想变质和道德缺失是官位做大之后，没有正确对待地位和权力，经受不起贪权、贪财、贪色的诱惑，才导致发生言行不一、伪装廉政、以权谋私、疯狂敛财的违法违纪行为。也有些贪官在没有案发之前，仍然履行其职责，被迫在台上照本宣科，要求大家反腐倡廉。这种权力异化是因为权力具有天然的腐蚀性，比金钱对人更具有吸引力，随着市场经济和改革开放，社会上的各种诱惑让人眼花缭乱，资产阶级腐朽的生活方式乘虚而入，个人主义、拜金主义和享乐主义应运而生，从而导致手中的权力发生了异化。为此，在全国解放初期，在党的七届二中全会上，毛泽东同志高瞻远瞩地向全党特别是高级干部敲了警钟，提出了“两个务必”的著名论断。要懂得，我们党历来主张言行一致，反对言行不一。党章对党员义务的规定中要求党员“对党忠诚老实，言行一致，不隐瞒自己的政治观点，不歪曲事实真相。”党内政治生活的一条准则是“要讲真话，言行一致”；在党的作风建设“八个坚持、八个反对”和在党的执政能力和先进性建设的要求中，都突出强调了理论与实际相统一、言论与行动相统一、做事与做人相统一。这是我们践行“誓言”“承诺”的必然要求。一些党政领导干部言行不一、表里不一，失去的是最基本的党性修养和最起码的做人道德。做领导的，最大的失败是被那些正直又有才华的人鄙视，却被马屁精前呼后拥。同时，领导干部的思想品德不仅是个人行为，在党内和社会上往往具有重要的示范性、影响力和辐射力。古人云：“民以吏为师。”“其身正，不令而行；其身不正，虽令不从。”“官德正，则民风淳；官德毁，则民风降。”这是要求从政为官者应以良好人品官德来教化一方风气。特别是，党政领导干部是公众人物，其一言一行代表党和政府的形象。

在这方面,许多领导干部值得我们学习。如以擅长经济管理和作风务实著称的朱镕基总理,在九届人大会议结束之日(1998年3月19日),朱镕基举行记者招待会,在回答中外记者提出的问题时坦言说:"不管前面是地雷阵还是万丈深渊,我将一往无前,义无反顾,鞠躬尽瘁,死而后已。"一语激起全场热烈掌声。面对中国经济出现投资膨胀、货币发行过大、物价猛涨、股票集资热的金融秩序混乱的情况,朱镕基采取以治理通货膨胀为首要任务的宏观调控措施,经过近四年的治理整顿,达到了预期目标,过度扩张的国民经济运行成功地实现了高增长低通胀的"软着陆"。中国经济出现了同期世界各国经济发展中罕见的好形势。正是这些瞩目的政绩,朱镕基赢得了党组织的信赖和老百姓的口碑。朱镕基还曾表示:"我只希望在我卸任以后,全国人民能说一句,他是一个清官,不是贪官,我就很满意了。"朱镕基既是这样说的,也是这样做的。有道是.政去人声后。虽然朱镕基渐渐地从公众的视野中消失了,但他极其崇高的人格魅力和言行一致、表里如一的做事风格,将永远留在人们心中,永远是各级领导干部学习的典范。为此,各级党组织要切实加强对党政领导干部严格要求,严格教育,严格管理,严格监督。特别是要加强党性修养和职业道德教育,不断夯实廉洁从政的思想道德基础,筑牢拒腐防变的思想道德防线,使其严于律己,洁身自好,坚持操守,任凭"权、钱、名、利、色"的糖衣炮弹狂轰滥炸,都确保思想道德防线不垮。同时,党政领导干部要把加强党性修养,恪守职业道德作为终生课题,通过自我修养和不断的改造世界观,把党的政治原则和道德规范转化为自己的思维方式,转化为躬身笃行的价值标准,做到面对灯红酒绿的诱惑,经常想一想党和人民的重托、人民群众的期望,经常想一想自己肩负的责任,想一想曾经对组织做出的承诺,始终慎独、慎初、慎微、慎终,自重、自省、自警、自励,始终保持共产党人的高风亮节和高尚的道德情操,以良好的形象、扎实的作风和高尚的人格力量,营造言行一致的良好社会氛围。

要言行一致,必须坚持正确的用人导向和健全选人用人机制,真正把言行一致、人品官德好的干部选拔到领导岗位上来。古人云:"以言取人,饰其言;以行取人,人竭其行。""用一贤人,则贤人毕至;用一小人,则小人齐趋。""用得正人,为善者皆劝;误用恶人,不善者竞进。"胡锦涛总书记在庆祝中国共产党成立90周年大会上的讲话中指出:"要坚持把干部的德放在首要位置,选拔任用那些政治坚定、有真才实学、实绩突出、群众公认的

干部,形成以德修身、以德服众、以德领才、以德润才、德才兼备的用人导向。”因为,选人用人的导向作用,就在于它确立一个标杆、树一面旗帜,体现了一种政策,倡导了一种风气,引导、促进干部群众“见贤思齐,见不贤而自省。”正如河北省邯郸市丛台区委原常委、组织部长王彦生说的:“选人用人是事关党的事业兴衰成败的大事,用好一个人,会激励一大片;选错一个人,会挫伤一群人。我们肩头有万千责任啊!”那些“口吐莲花大唱廉政歌,心怀鬼胎暗藏贪婪欲”的贪官,正是迎合一些领导的个人好恶和用人的导向,言行不一,唱高调,做表面文章。如果领导喜欢选拔任用这类嘴上说一套、实际专干“漂浮、作秀、忽悠”之事的“人才”,那么官场不“前腐后继”才怪呢!从事实看,近年来因东窗事发被惩处的贪官,基本上都是“带病上岗”“带病提拔”的。正是一个人一边腐败,却又一边“进步”。如全国人大常委会原副委员长成克杰在广西腐败,却在后来升为国家领导人。河北省国税局原局长李真在秘书的位置上就已经罪行累累,却高升为国税局长。因此,要坚持公道用人、清廉用人,不以个人好恶和关系亲疏用人,旗帜鲜明地支持和保护干部干事创业的积极性,让想干事、干好事、会干事、不出事的人受到重用,让说空话、大话、言行不一的人没有市场,努力营造风清气正的政治环境和公平、公正、公开选拔任用干部的良好氛围。同时,我们选人用人要坚持德才兼备,以德为先的原则。古人云:“才者,德之资也;德者,才之帅也。”胡锦涛总书记在庆祝中国共产党成立 90 周年大会上的讲话中指出:“在新的历史条件下提高党的建设科学化水平,必须坚持五湖四海、任人唯贤,坚持德才兼备、以德为先用人标准,把各方面优秀人才集聚到党和国家事业中来。”中共中央政治局常委、国家主席习近平在全国组织部长会议上强调指出,干部德的标准应当包括干部的政治品德标准、职业道德标准、家庭美德标准和社会公德标准,要把德才兼备、以德为先贯穿于干部工作全过程和各个环节。我们确定这样的原则,既说明了“德”的重要性,也保证了廉洁操守修养所应该具备的内心动力和思想条件。德才兼备,德和才是辩证统一的,强调以德为先,也决不能忽视才。德是才的统帅,决定着才的作用的方向;才是德的支撑,影响着德的作用的范围。德与才相比,德始终是第一位的。同时,要始终坚持两点论和重点论的统一,既重德也重才。相对于才而言,德更为根本,没有高尚的道德做基础,当官就失去了脊梁骨;道德高尚可以弥补才能和本事的缺陷,而有天大的才和本事也无法填补道德的残缺。“有德有才是正品,有德无才是次品,无德无才是废品,无德有才是毒品。”因为，有德无才会贻误事业，有才无德会毁掉事业，德才兼备才能开创事业。因此，在考察干部的德、能、勤、绩、廉的表现时，要着重考察德方面的表现，始终坚持以德为先。这就是说在选拔任用干部时，要以“德”为前提、“德”为先决，失去“德”，就失去了提拔重用的基本资格。要健全考察制度，创新考察机制，防止考察失真。考察使用干部不是要听他说得多么动听，更主要的是看他做得怎么样，是不是要求别人做到的，他自己先做到，要求别人不做的，他自己带头不做；是不是说的和做的一样。要特别警惕那些在台上说的是一套，台下干的又是另一套的“两面人”，真正做到“听其言，迹其行，察其所能而慎予官。”对德方面表现差的可一票否决。另外，要进一步完善干部的考核评价机制。要拓宽监督渠道，始终坚持群众公认原则，切实保证群众对干部选拔任用的知情权、参与权、选择权和监督权。领导干部工作生活在人民群众之中，是人民群众的公仆。对领导干部的德才素质、是非功过，人民群众最清楚，最有发言权。群众的眼睛是雪亮的，一个人的德才如何、表现怎样，群众自有公论。投机钻营者，也许可能蒙骗一时，但不大可能蒙骗一世；可能蒙骗个别人，但不大可能蒙骗广大人民群众。埋头苦干者，即使他自己不去宣扬，人民群众也会看在眼里、记在心里。要想选准人、用好人，就必须注意群众公论，善于借助群众的慧眼来选人用人。坚持群众公认的原则，就是要把群众拥护不拥护、满意不满意、赞成不赞成作为重要标准，在选人用人的各个环节坚持走好群众路线，充分征求各个层面群众的意见。只有这样，才能有效防止凭感情用人、凭好恶用人、凭印象用人等不良现象的发生；才能选拔那些德才兼备的干部，也就是政治上靠得住、工作上有本事、作风上过得硬、人民群众信得过的高素质的干部。特别是要关注和选拔任用那些做出显著政绩的老实人、正派人、不巴结领导和不盲从、不奉迎、不看眼色行事的人，真正做到“对千里马型干部不亏待，让开拓者无忧；对老黄牛型干部不忽视，让实干者无悔；对包青天型干部不挑剔，让公正者无畏；对智囊团型干部不嫉妒，让谏言者无虑。”正如胡锦涛总书记在庆祝中国共产党成立90周年大会上的讲话中所指出的：“要坚持凭实绩使用干部，让能干事者有机会、干成事者有舞台，不让老实人吃亏，不让投机钻营者得利，让所有优秀干部都能为党和人民贡献力量。”

要言行一致，必须夯实党纪国法防线，以惩处的威慑力消除其侥幸心理。治国必先治党，治党务必从严。古人云：“正法以齐官，平政以齐民。”“刑一而正百，杀一而慎万。”

胡锦涛总书记在庆祝中国共产党成立 90 周年大会上的讲话中指出:“全党必须警钟长鸣,充分认识反腐败斗争的长期性、复杂性、艰巨性,把反腐倡廉建设摆在更加突出的位置,以更加坚定的信心、更加坚决的态度、更加有力的举措推进惩治和预防腐败体系建设,坚定不移把反腐败斗争进行到底。”江泽民在十六大报告中强调:“对任何腐败分子都必须彻底查处、严惩不贷。”对沦丧了做人的良知底线、缺乏起码官德的人不能心慈手软,不能“以观后效”,必须“不给出路”“一棍子打死”。否则,“养虎成患”,害民害国害党。多年来,全国纪检监察机关和检察机关一直保持惩治腐败分子的强劲势头,致使许多贪官纷纷“落马”。然而,令人痛心的是,时下仍有一些官员还在执迷不悟,心存侥幸,认为一时查不到自己、抓不到自个,只要自己伪装得好、隐藏得深,一样可以在台上讲“清廉”,在台下搞腐败。但是,殊不知,要想人不知,除非己莫为。伪装的就是伪装的,欺骗总是会被识破的。再狡猾的狐狸终究逃不过猎人的眼睛;再聪明的贪官也逃不过法律的制裁。这是千古不变的真理。那些贪官一旦东窗事发、锒铛入狱,后悔已经来不及了,再催人泪下的忏悔也无济于事了。实践证明,从长远看,当老实人不会吃亏,吃亏就在于不老实。那种投机钻营、言行不一的人看起来很聪明,实际上往往是聪明反被聪明误,很难达到往上爬的目的。更重要的是,倘若私欲膨胀,官迷心窍,沿着这条路走下去,迟早要跌大的跟头。古人云:“凡善怕者,必身有所正,言有所规,行有所止,偶有逾矩,亦不出大格。”中央组织部部长李源潮在讲话中说,当干部要有敬畏之心,一要敬畏历史,使自己的工作能经得起实践和历史的检验;二要敬畏百姓,让自己做的事情对得起养育我们的人民;三要敬畏人生,将来回首往事的时候不会感到后悔。对领导干部而言,“怕”是一种政治上成熟的表现,是对权力的一种清醒把握,是一种党性修养,是一种严格自律。人一旦没有敬畏之心,往往就会肆无忌惮、为所欲为,甚至无法无天。不懂敬畏的人是可怕的,不知道应该敬畏什么的人是可悲的。从政为官者,不外做三件事:做人,做事,做官。清清白白做人,踏踏实实做事,最后才谈得上稳稳当当做官。同时,仅仅把清廉的希望寄托于个人的道德觉悟是不够的,如果缺乏严密的监督制约机制,就会给这些“双面人”留下可乘之机。因此,要打消他们心存侥幸的心理,各级纪检监察机关和检察机关还要不断加大查办案件的工作力度,对腐败分子不管隐藏得多深,不管权多重、位多高、功劳多大,都要一查到底,严肃惩处,决不姑息养奸。特别是要严肃查处言行不一的腐败分子,让他们深深感受到被惩处的威慑力而消除侥幸心理，从而望而生畏不敢腐败。同时，要加强对干部执行政策、纪律、制度等各种规矩的督促检查，做到言必信、行必果，坚决维护党的规矩的严肃性。另外，要建立用人失察、失误责任追究机制。对违反《党政领导干部选拔任用工作条例》规定，用人失察失误，而导致让其"带病上岗""带病提拔"造成不良影响的，要追究其纪律责任或法律责任，遏制和纠正用人上的不正之风。

总之，"行胜于言"，"不让老实人吃亏""不让投机钻营者得利"不仅仅是弘扬正气的口号，而且是向腐败开战的真枪实弹。各级党政领导干部要始终坚持老老实实做人、干干净净做事、清清白白做官、一心一意为民谋利，以卓有成效的政绩取得组织的信任和人民群众的认可。

二、尽心尽职

应该肯定，大多数领导干部是尽心尽职、奋发进取、严于律己、廉洁从政的。但是也应该看到，有些领导干部在其位、不谋其政、不尽其职。有的只想当官、想升官，不想会办事、办成事，无所作为，无所用心，不思进取，得过且过，当一天和尚撞一天钟。这种领导干部的精神状态是："清晨起床，打拳；上午开会，打盹；中午吃饭，打嗝；下午上班，打哈；晚上加班，打牌。"有的工作不落实、作风不扎实。工作部署了，口号提出来了，没有督查抓落实，甚至欺上瞒下，应付上级，应付群众。有的奉行好人主义哲学，原则性不强，明哲保身，不敢抓不敢管，遇到问题绕道走，碰见矛盾和稀泥，怕得罪人，怕掉选票。有的循墨守位，循规蹈矩，按部就班，四平八稳。有的不看书学习，思想不开阔，观念不更新，遇到新问题拿不出新主意、想不出新办法、提不出方案，精力和心思没有用在工作上，以为会开过了，话讲过了，工作布置了，责任就算尽到了。有的官僚主义，作风漂浮，不了解群众生产生活的实际情况，甚至官大脾气长，在人民群众面前摆架子、显威风，盛气凌人，主观独断、盲目决策，方法简单、作风粗暴，对群众指手画脚、强迫命令。有的搞形式主义，做表面文章，热衷于搞劳民伤财的"形象工程""政绩工程"。有的衙门作风，"门难进、脸难看、事难办"。上述这些不尽心尽职行为，虽然没有贪赃枉法那么严重，但是它贻误了党的事业，损害了党的形象，影响了党群干群关系。

要尽心尽职，必须永葆共产党员的先进性本色。做一个名副其实的共产党员，是尽心尽职的思想基础和强大动力。古人云:“心尽则职亦尽,自无愧怍于己。”“鞠躬尽瘁,死而后已。”党章规定:“中国共产党党员必须全心全意为人民服务,不惜牺牲个人的一切,为实现共产主义奋斗终生。”邓小平同志在回答国际青年代表团提问时说:“中国共产党党员的含义或任务,如果用概括的语言来说,只有两句话:全心全意为人民服务,一切以人民利益作为一个党员的最高准绳。他的目的是要实现社会主义、共产主义。”胡锦涛同志在党的十七大报告的最后部分,谆谆告诫全党:“我们党自诞生之日起就勇敢担当起带领中国人民创造幸福生活、实现中华民族伟大复兴的历史使命。为了完成这个历史使命,一代又一代中国共产党人前仆后继,无数革命先烈献出了宝贵生命。当代中国共产党人必须继续承担好这个历史使命。”要懂得,加入共产党是一种心灵的净化,是一种觉悟的提高,是一种特殊的奉献。每个共产党员都不应忘记,自己从入党的那一天起,就意味着全心全意为人民服务,不惜牺牲个人的一切,为实现共产主义奋斗终生。由于市场经济和改革开放的浪潮,如排山倒海般地改变着人们的生活,改变着人们生存的环境;同时,资产阶级腐朽的生活方式及其极端个人主义、拜金主义和享乐主义的思潮,如一股强大的暗流,冲击着人们的心灵,改变着人生的理想信念。因此,党员领导干部都面临着执政和改革开放的考验。宋德福同志也曾对人说:“这个世界已经变了,这我心里很明白,我也不是刻板的人。但我一辈子培养形成的信念,我不愿再改变了。人总要有点精神。要想做一个好党员,做个男子汉,总要有所坚守,有所舍弃。”正是因为他坚守做一个好党员,所以才几十年如一日,无怨、无悔、无愧地尽职、尽责、尽心、尽力。特别是他调任福建省委书记之日,正是福建省处在困难之时。在中央的正确领导下,他紧密结合福建实际,提出“理直气壮抓发展,旗帜鲜明反腐败”的工作思路,在凝聚人心的基础上,着力构建山海协作、对内连接、对外开放三条战略通道,按三个层面、三个阶段同时推进全省经济协调发展;在完善基础设施,改善创业环境,调整发展布局,扩大经济腹地,促进生产要素优化组合等方面做了大量工作,使福建省的各项工作有了长足的发展。他在《我尽力了,福建》那篇讲话中,深情地回顾了在福建工作的经历,说往事、谈感触、抒见解,真心、真情、真诚地同福建干部谈心,当他最后说到“我尽力了,福建”时,与会同志报以热烈的掌声。宋德福同志不愧是一个好党员、好公仆、好领导。河南省兰考县委书记焦裕禄为改变兰考落后面貌,带领兰考人民根治风沙、内涝、盐碱三大自然灾害,病倒在工作岗位上。几十年过去了，焦裕禄同志尽心尽职、殚精竭虑、鞠躬尽瘁的敬业精神仍然为广大党员领导干部树立了一座永远的丰碑。党员领导干部应当深刻认识到，党和人民把自己放到领导岗位上，就是希望自己能够干好工作、推进事业，为党争光、为民造福；自己负责的工作和事业绝不是获取个人利益的手段，而意味着一份职责和使命，需要以立党为公、执政为民的情怀和求真务实、开拓创新的勇气把它做好。为此，作为一名党员领导干部，面对党和人民的信任与重托，面对繁重的工作任务，必须进一步增强责任感和使命感，千万不能背叛自己入党的初衷和誓言，始终忘不了党的培养教育，忘不了自己是一名共产党员，忘不了为党的事业奋斗无怨无悔；始终坚定马克思主义信念和共产主义理想，不断加强党性锻炼，加强思想政治修养，永葆共产党员的先进性本色；始终抱有强烈的事业心和高度的责任感，不辱使命，不负重托，忠实地履行宪法赋予我的职责，想干事、肯干事、能干事、干成事，为工作尽心尽力、尽职尽责、无怨无悔、忘我奉献，殚精竭虑，鞠躬尽瘁，不负众望。

要尽心尽职，必须爱民、为民、惠民。古人云："官乃民之所举，情理当为民所系；民为衣食父母，利不可不为民所谋；禄是民之所给，权焉能不为民所用?""饱食终日，无所用心，难矣哉!""习勤劳以尽职"。旧社会的七品芝麻官唐成都懂得"当官不与民做主，不如回家卖红薯"的道理。然而，我们共产党人更应该懂得，为党争光、为民造福。鲁迅先生说过："我们从古以来，就有埋头苦干的人，有拼命硬干的人，有为民请命的人，有舍身求法的人……这就是中国的脊梁。"中国共产党从成立的第一天起，就把全心全意为人民服务作为根本宗旨。胡锦涛总书记在十一届全国人大闭幕会上发表了履行职责的重要讲话，向全国人民作了承诺："我一定忠实履行宪法赋予的神圣职责，恪尽职守，勤勉工作，为民服务，为国尽力，决不辜负各位代表和全国各族人民的重托。"我们党之所以得到广大人民群众的充分信赖和拥护，就是因为共产党人用真诚、无私、无畏的品格甚至生命为人民谋福祉，让人民认识了共产党，选择了共产党。许多党员领导干部尽心尽职、殚精竭虑，真正做到爱民、为民、惠民，得到人民群众的认可和赞誉。正如胡锦涛总书记指出的："全心全意为人民服务是我们党的根本宗旨。我们党的根基在人民、血脉在人民、力量在人民。群众在我们心里的分量有多重，我们在群众心里的分量就有多重。"宋德福同志说："从 2002 年底到 2003 年初，所有的节日我不敢离开福建，十分牵挂节假日的百姓生活与社会治安。涉及群众利益的不过问、不强调就放心不下。"宋德福同志尽心、尽力、尽职、尽责地为福建的发展事业操劳，即使在治疗期间，仍然始终关心福建的工作。他说："每当台风正面登陆、遭受洪水袭击，我都到指挥部昼夜坐镇指挥。大的活动可以不参加，因为群众的生命财产比那更重要；领导来了可以不陪同，因为领导就是希望我们关心群众疾苦；身体不好可以不顾及，因为群众的利益高过我自己。"周恩来总理在新中国成立后首次回到延安，看到群众生活仍然很艰苦，眼含泪水说："作为国家总理我深感羞愧，对不起大家！"孔繁森看到百姓很贫穷，愧疚地说："阿里的贫穷，就是我们的羞耻。"温家宝若不在重庆调研时偶遇敢向他讨薪的农妇，农民工的欠薪问题就不会瞬间成为社会、新闻媒体舆论的焦点，从而推动了"全国清欠农民工工资"的工作进程。在四川省大地震发生后，温家宝总理坚守在抗震救灾的最前沿，临危不惧，不怕牺牲、不怕疲劳，穿行于泥水、水泥碎块和瓦砾堆之间，爬上破损的建筑，嗓子哑了，手摔破了，满含热泪地安抚受伤流泪的孩子。他的一举一动、一言一行，体现出的是国家领导人亲民爱民的崇高情怀、心系天下的高尚人格魅力。金杯银杯，不如老百姓的口碑。一个党员领导干部，不管他的地位有多高，如果心里没有人民群众，或者压根儿瞧不起人民群众，人民群众就不可能信赖他。因此，党员领导干部要在思想上视人民群众为"主人"，感情上把人民群众当"亲人"，工作上做人民群众"仆人"，少些"官味"，多些"民味"。我们每一位领导干部，要在对党和人民忠心耿耿、对工作尽职尽责、对群众满怀真情、对成绩谦虚谨慎上下功夫，不论在何岗位，做何工作，都要满腔热情，保持一股干劲儿，不分心，不走神，一件一件地把事情办好，一个一个地把问题解决好。要常怀亲民之心、常念为民之责、常思富民之策、常兴利民之举，尽心、尽力、尽职、尽责地把民生问题摆在重要位置，增强工作的责任感和紧迫感，发扬党的优良传统，弘扬求真务实精神，切实改进领导作风和工作作风，在了解民意、顺应民意、实现民意上多下功夫。要主动走出机关、走出大院，深入第一线，深入人民群众中，沉下身子静下心，竖起耳朵认真听，全面地了解实际情况，深入地了解和把握人民群众最关注的难点、热点问题，努力实现好、维护好、发展好人民群众各方面的利益，真正做到在思想上尊重群众，在感情上贴近群众，在工作上深入群众，在生活上关心群众，满怀为民真情，恪守公仆之责，切实为民解难事、做好事、办实事，让我们做的每一项工作，建设的每一项工程，取得的各项政绩，都经得起人民的检查，经得起历史和时代的检验。

要尽心尽职,必须廉洁从政,两袖清风。廉洁是一种施政品德,是党员干部综合能力得以充分发挥的基础和保证。只有心清,才能志高;心浊必然气短,秉公尽职应无半点私心。古人云:“为善为公,心之正也。为恶为私,心之邪也。”“吏不畏我严,而畏我廉;民不服我能,而服我公;公生明,廉生威。”胡锦涛总书记在十一届全国人大闭幕会上发表了履行职责的重要讲话,他说:“我们要始终保持不骄不躁、艰苦奋斗的作风,自觉树立社会主义荣辱观,正确使用手中的权力,诚心诚意接受人民监督,严于律己、廉洁奉公,兢兢业业、干干净净为国家和人民工作。”廉为为人之本,德为从政之要。我们应该懂得,共产党人“朗如日月,清如水镜”,是一种巨大的人格力量。正是这种人格力量,我们才赢得人民的衷心爱戴和尊敬。宋德福同志逝世后,老百姓对他的评价是:“清正廉明,两袖清风。”难能可贵的是,宋德福同志敢说:“我敢保证一点,我没有以权谋私。”在《只留清风在人间——记宋德福同志在福建二三事》一文中,作者写道:“唯一的儿子结婚,他不让办酒席,连女方也不能办,担心别人利用这个机会送红包。”“可以肯定地说,宋书记一辈子,包括在最后病重住院期间,他没有收过别人一分钱!”“包括兄弟姐妹在内,宋书记一家人没有一个经商的。”“在福建工作期间,除公务之外,他的秘书从来没有与别人出去吃过一餐饭。”特别是他从来没有收过别人完整的一包烟。宋德福同志说:“我坚持了勤政廉政、改革发展,无论是业务工作还是部内建设,特别是干事、用人,我很在意群众的利益,很在意群众的心愿,也很在意群众的意见。”由于宋德福同志心底无私天地宽,官无所求,所以他服从组织上安排,哪里需要哪里搬;他光明磊落,一身正气,坚持原则,刚正不阿;他到新岗位后,锐意改革的劲头不减,重视人才人事工作的思路不换,为老百姓做事的决心不变。党员领导干部只有为官清廉,光明正大,才能不受蒙蔽,明辨是非;只有一身清白,大公无私,才能处事公正;只有自身行得正、坐得稳,才能产生感召力、亲和力和凝聚力。

明辨詐書
漢昭帝
霍光

明辨诈书[1]

【历史背景】

汉昭帝刘弗陵是西汉王朝的第六位皇帝，汉武帝最小的儿子，其母亲是赵婕妤，也就是历史上有名的钩弋夫人。据历史记载刘弗陵从小就聪明过人、足智多谋，又长得身高体壮，汉武帝极其宠爱这个儿子。太子刘据被杀之后，太子的位置一直空缺。武帝当时很想立刘弗陵为太子。鉴于汉代初期的外戚力量过于强大对汉室产生的不利影响，为了避免吕氏之乱再度发生，汉武帝做出了历史上很让人费解却有其用意的决定，把刘弗陵的母亲赵婕妤赐死，从而免除了外戚参与政权的忧患。第二年，在汉武帝临死之前下诏立刘弗陵为太子，并且留下遗诏让大司马大将军霍光等辅佐年少的皇帝。

当时，汉昭帝的姐姐盖长公主、上官桀和御史大夫桑弘羊等人对霍光执掌大权十分不满。昭帝的哥哥燕王刘旦，也因为自己没被立为太子当上皇帝，心怀怨恨。昭帝即位之初，刘旦谋反，其党羽被处死，他本人则受到宽大处理，未予追究。此后，刘旦非但不思悔过，反而心怀异志，伺机夺位。

昭帝依靠霍光迅速予以平定刘旦的反叛。盖长公主、燕王刘旦畏罪自杀，上官桀、桑弘羊等人则被灭门九族。这就是史书上所谓的“明辨诈书”的前因后果。

在霍光的辅佐下，汉昭帝继承了武帝末年的富民政策，对内减轻徭役和赋税、实行与民休息的政策，对外则与匈奴和亲。因此，在汉昭帝在位的时候，“百姓充实，四夷宾服”。但是很不幸，本来可以有所作为的汉昭帝还没来得及尽展自己的雄才大略，二十一岁的时候便在长安因病去世，被葬在平陵(今天的陕西咸阳市西北十三里处)，尊谥孝昭皇帝。

【原文】

汉史纪：昭帝[2]时，盖长公主[3]、左将军上官桀[4]及其子安，及桑弘羊[5]等，诈令人为燕王旦上书,言大将军霍光擅调幕府[6]校尉,专权自恣[7]。书奏帝,留中[8]。明旦,光闻之,不入。有诏[9]召大将军,光入,免冠顿首。上曰:“将军冠。朕知是书诈也。将军调校尉未十日,燕王何以知之?”是时帝年十四,尚书[10]左右皆惊。而上书者果亡。后桀党有谮[11]光者。上怒曰:“大将军忠臣,先帝所属以辅朕身。敢有毁者,坐[12]之。”桀等乃不敢复言。

【张居正解】

西汉史上记:昭帝年幼登极,大将军霍光受遗诏辅政。那时盖长公主、左将军上官桀与其子上官安及桑弘羊等,各以私恨霍光,而燕王旦以帝兄不得立为天子,亦怀怨恨。于是上官桀等欺昭帝年小,设谋要排陷霍光,教人假充做燕王的人上本劾奏霍光,说他擅自更调幕府校尉,加添人数,专权自恣图为不轨。昭帝览奏,留中不下。霍光闻之,待罪于外,不敢入朝。帝使人召光入,光见帝,取了冠帽叩头伏罪。昭帝说:“将军戴起冠,朕知这本是假的,将军调校尉还未满十日,燕王离京师数千里,他怎么便就得知?可见是诈。”那时,昭帝年才十四岁,左右之人见帝这等明察,莫不相顾惊骇。那上书的人,果然涉虚逃走。以后上官桀的党类又有谮毁霍光者,昭帝即发怒说:“大将军是个忠臣,先帝因朕年幼托他辅朕,再有言者即坐以重罪!”自是桀等惧怕,不敢复言。而霍光辅相昭帝,竟为贤主。若使上官桀等之谗得行,则霍光之祸固不待言,而汉家宗社亦危矣。于戏!托孤寄命,岂易事哉?

【注释】

①本则故事出自《汉书·昭帝纪》。本文主要讲述了汉昭帝虽然年纪很小,缺识破了奸佞之人陷害大将军霍光阴谋的故事。诈,伪装,欺骗,欺诈。

②昭帝:也就是汉昭帝刘弗陵(公元前94年—公元前74年),西汉的第六位皇帝,汉武帝少子,母赵婕妤(即钩弋夫人)。幼年即位,初由霍光、金日磾、桑弘羊等共辅国政,继续实行武帝时期政策,曾多次击败匈奴等,加强了北方的边防。进一步更改武帝时制度。罢免了做事不得力的官员,减轻赋税,与民休息。

③长公主:即帝王的姐妹,在这里专指的是汉武帝的姐姐。

④上官桀：西汉陇西上邽人，约武帝、汉昭帝时人。武帝时任太仆。后来上官桀密谋欲废昭帝，但事情败露，被诛灭。

⑤桑弘羊：是西汉武帝时（公元前152年—公元前88年）名臣，洛阳（今中国中部河南洛阳东北）人，生于公元前152年，有的则说是公元前141年（第一种比较可信），死于公元前80年。因为与大将军霍光争夺权位，失败后被杀。

⑥幕府：将帅在外的营帐。这里指京师近卫部队。

⑦专权自恣：肆意使用权力。恣，肆意，无所顾忌的。

⑧留中：皇帝把臣下的奏章留在禁中，不批示，不交议，称为留中。

⑨诏：诏令，诏书。

⑩尚书：官职的名称。职位不是很高。

⑪谮：诬陷，中伤。

⑫坐：获罪。这里指惩治。

【译文】

汉昭帝在位的时候，因为长公主、左将军上官桀与他的儿子上官安及桑弘羊等相互勾结生事，让一个人假托燕王刘旦的口气与身份，向汉昭帝上书，说大将军霍光擅自调动幕府校尉、扩充军力，独揽大权，肆意使用权力，并且说霍光要谋反。在收到这封陷害忠良的诬告信后，汉昭帝并没有做出任何的表示，只是将奏章留在禁中。第二天，霍光得知有人诬告他的消息，没有上朝拜见。后来汉昭帝下诏书召他觐见，霍光进入朝堂之后就摘下了头上的帽子，向皇帝叩头请罪。昭帝说："将军请戴上帽子，朕知道这是一封伪造的奏章。将军调任校尉这件事还不足十天的时间。燕王远在几千里之外，他怎么可能这么快就知道消息呢？"这件事发生的时候，汉昭帝才刚刚十四岁，尚书以及汉昭帝身边的人见昭帝虽然年龄很小却是这样的明察是非，没有不感到惊讶的。果真，那个上书的人很快就知道自己的阴谋已经败露、无法实施就悄悄地逃跑了。此后，上官桀等人还是想方设法地设计陷害、说霍光的坏话。汉昭帝大怒说："大将军霍光是忠诚的大臣，所以先帝才在遗嘱当中交代他来辅佐我成就一番大的事业。从此以后如果有人再敢诽谤诬告霍光将军的，我一定要严加惩治，决不宽恕。"于是，上官桀等人才不敢再造谣生事了。

【评议】

通过这个故事我们可以得到一个结论,那就是用人不疑。在古代的时候,皇帝身边任用的大臣往往都是经过多年的考察才最终被委以重任的,例如故事当中的霍光。这样的人,在朝廷中发挥着巨大的作用,皇帝的一些事情都会与之商议,于是就不可避免地要受到其他人的嫉妒、诬陷或者是陷害。如果君主不够明智或者受到蒙蔽,就会产生极其悲惨的后果,这也是我们在历史上看得最多的。这个故事给我们的是正面的启示,那就是要相信自己所任用的人,当然是在你对他真正了解的基础上,不要为其他人的诬陷所欺骗。只有任充分信任的前提之下才能将事业做好,另外还告诉了我们不仅仅要信任你所任用的人,还要会保护这样的人。在现代社会,这个故事还有其积极的现实意义,领导在选用人才的时候,一定要做到"远小人而亲君子",重视人才,尊重人才,最为重要的就是要信任人才,因为只有这样才能给他们以真正发挥自己潜力与才华的空间和保证。要学会使用自己的智慧来看事情,而不要被事情的表面或者他人的话语来左右对人才的看法。

【拓展阅读】

汉昭帝

英明少主

汉昭帝时,因内外措施得当。使得武帝后期遗留的矛盾基本得到了控制,西汉王朝衰退趋势得以扭转。史称"百姓充实,四夷宾服"。

昭帝继位

刘弗陵,在武帝在弥留之际被立为太子。在此之前,武帝为了防止自己死后主少母壮，吕后之事重演，将刘弗陵的生母赵钩弋赐死。武帝病死后，霍光等人于同月奉刘弗陵继位，第二年改年号为“始元”。刘弗陵继位时年仅8岁，遵照武帝遗诏，由霍光辅政，故“政事一决于光”。因霍光大权独揽，与很多大臣结怨。左将军上官桀、桑弘羊和霍光不和，多次设法陷害霍光。公元前81年，霍光在长安附近检阅羽林军，并将一名校尉调入自己府中，上官桀乘机造了一封燕王刘旦（刘弗陵兄）的信，派人冒充燕王的信使，送将刘弗陵，说霍光有谋反之心。第二天，霍光进宫朝见刘弗陵，得知这一消息，吓得伏地不起。刘弗陵却说：“你检阅羽林军，调用校尉都是最近的事，长安离北方距离那么远，燕王怎么能这样快就知道，即使能知道，写好信送到长安，也不能这样快，再说，你真的有心谋反，也不用靠调用一个校尉。所以，足以证明这信是假的，有人想陷害你大将军。你不必害怕，请起吧。”霍光和众大臣听了，无不佩服刘弗陵年少英明。

上官桀等谋反

后来，上官桀又伙同御史大夫桑弘羊、鄂邑公主等人，勾结燕王刘旦密谋杀霍光，废刘弗陵，由刘旦即位，霍光知道这一阴谋后立即奏告汉昭帝，昭帝立即命田千秋发兵以谋反罪诛杀桑弘羊、上官桀等，迫使刘旦自杀，避免了一场政变。

治国政策

针对武帝末年因对外战争、封禅等造成国力严重损耗，农民负担沉重，大量破产，使得国内矛盾激化。在霍光等的辅佐下，刘弗陵多次下令减轻人民负担，罢不急之官，减轻赋税，与民休息。

对外方面。改变武帝时对匈奴长期作战的政策，一方面加强北方戍防，多次击败进犯的匈奴、乌桓等；另一方面重新与匈奴和亲，以改善双方的关系。从而使得武帝时期的大规模战争停息下来，有助于国内的经济恢复与发展。

在经济方面，因武帝实行盐铁专卖引起天下议论，于公元前81年召开“盐铁会议”，对武帝时各方面政策进行讨论。这次政策大讨论的情况，保存在桓宽所编著的《盐铁论》一书中。经过争论，取消了酒的专卖，而保留盐铁专卖。

【镜鉴】

用对人,才能做对事

(一)请合适的人上车,不合适的人下车

“如果你有智慧,请你拿出来;如果你缺少智慧,请你流汗;如果你既缺少智慧,又不愿意流汗,请你离开!”这是蒙牛集团始终坚持的一种用人观,也是任何一个企业都在追求的一种用人观。毕竟任何一家企业,需要的员工都是要能创造效益的有价值的员工。

企业要发展,就必须提高自身的竞争能力,而团队职业化的高低直接影响竞争能力的强弱,团队的整体职业素质是制约团队发展、团队业绩提升的瓶颈。要想突破这个瓶颈,就要确保每一个员工的素质都要达到一定的水平。这就要求企业从一开始就要做好员工的选拔工作。

有一群虫子在草地上开联谊会,它们一边兴奋地聊着天,一边开心地吃着可口美味的食物。不多久,就把准备好的汽水喝了个精光。

聊了很久,大家口渴难耐,于是就商量要派一个代表跑腿帮大家买汽水,而卖汽水的地方离这里有一段很长的路程,小虫子们认为要解决口干舌燥的急事,就一定要找到一位跑得特别快的代表,才能胜任这样的任务。

大伙你一言我一语,终于一致推选蜈蚣为代表,因为它们认为蜈蚣的脚特别多,跑起路来,一定像旋风那么快。

蜈蚣在所有小虫子们的期待下,起身出发为大家买汽水,小虫子们则放心地继续嬉闹欢笑,一时忘记了口渴。

过了好久,大家东张西望,焦急地想蜈蚣怎么还没回来。情急之下,螳螂跑去了解究竟发生了什么事。它一推开门,才发现蜈蚣还蹲在门口辛苦地穿鞋呢!

有的领导者往往会根据外表来判断一个人的能力或人格。然而,实际上看走眼的几率是相当高的。毕竟,一个人的能力或人品实在无法单凭外表来评判。此外,人们也常

常产生先入为主的偏见，以为只要腿长或脚多，就一定跑得快。然而像故事中的蜈蚣一样，虽然脚多，却不见得跑得快。所以，客观地评估价一个人的优缺点对于选择人才是很有必要的。尤其对人事主管而言，在招聘或任用时，更应站在不偏不倚的角度，去除个人的偏见，甚至发展或建立一套客观的评估标准来选择合适的人才，才不会造成人力资源的虚耗。

在选拔人才时只将合适的人请上车还不够，还要定期将不适合企业的人请下车。老鹰是所有鸟类中最强壮的种群，根据动物学家所做的研究，这可能与老鹰的喂食习惯有关。

老鹰一次孵出四五只小鹰，由于它们的巢穴很高，所以猎捕回来的食物一次只能喂食一只小鹰，而老鹰的喂食方式并不是依平等的原则，而是哪一只小鹰抢得凶就给谁吃。在此情况下，瘦弱的小鹰吃不到食物都死了，最凶狠的存活下来，代代相传，老鹰一族愈来愈强壮。

这个故事告诉我们：适者生存，公平不能成为组织中的公认原则，组织如果没有适当的淘汰制度，常会因为一些小仁小义而耽误了进化，在竞争的环境中将会遭到自然淘汰。

一般而言，企业里往往有四种人：

第一种是为国家创造财富、为企业增加积累的人；

第二种是不思进取但求无过的人；

第三种是赚钱买花戴的人；

第四种是职位低、权力大的人。

对于第一种人，领导者应该积极鼓励；对于第二种人，领导者要稳定；对于第三、四种人，领导者则有必要进行教育。

然而，如果教育之后，他们仍旧是停滞不前，不思进取，那就应该采取果断措施——辞退。企业里的人才要有进有出，绝不能像死水一潭，要让员工有危机感，坚信人无压力，便无动力。

（二）知人善任的能力不可少

人才是企业永恒的资本和决定因素，优秀的领导者要具有一双“慧眼”，善识人才，善用人才。识人准确，用人恰当，辨其贤愚，端其良莠，让藏龙腾飞，卧虎猛跃，在激烈的企业竞争中，只有知人善任才能战无不胜。

"知人"是"善任"的前提条件，用好人才，必须首先做到"知人"。所谓"知人"，不仅应"知"人才的长处和短处，而且要"知"人才的过去和现在，更要"知"人才的将来。例如，有的人雄才大略，既有战略眼光，又有组织才能，可以放在决策部门担任领导工作；有的人思想活跃，知识面广，综合能力强，既有真知灼见，又能秉公直言，可以担任智囊参谋部的工作；有的人铁面无私，耿直公正，执法如山，联系群众，可以从事监察工作；有的人社交能力强，适合采购、推销部门；有的人语言表达能力强，适宜放在宣传教育部门。

所谓"善任"，就是选拔人才加以任用时，领导者要善于发挥人才的长处，克服其短处。善于调动人才的积极性，从各方面为人才才能的充分发挥创造条件。企业用人最忌讳勉为其难。人有共性，也有个性，每个人既有与其他人相同的地方，也有其独特的地方。如果领导者能用人所长，那么他就能大显身手，而如果领导者用人所短，勉为其难，那实在是不明智之举。

美国前总统罗斯福就是一个知人善任的总统，他于1933年上台以后，就雷厉风行地推行大规模的改良政策——"新政"，缓解了美国的经济危机，使美国经济走出困境。

在实施新政过程中，罗斯福针对当时美国严峻的形势，并不以政见取人，只要是有助于恢复经济，无论是持有新思想、新主张的还是具有正统思想的，他都一概将他们吸收到内阁里，从而大大提高了政府的综合决策能力。

罗斯福组织内阁，对内阁成员的任命虽然不拘一格，可是他任命的内阁成员在工作中都发挥了不可估量的作用。最有影响的一个是预算局长道格拉斯，他协助罗斯福实行节约政策，做出了非常出色的成绩，以致罗斯福在就职一个月后就称他为"政府发现的用途很广的最大宝物"。因为道格拉斯把钱袋的绳子抓得很紧，很快他就获得了"决一死战的预算平衡家"这一美名。

值得一提的是，罗斯福的用人智慧完全是建立在"知人"的基础上的。然而现代企业中存在一种误区，一些领导为了显示自己对人才的重视，一开始就授予这些人很大的权力，并给予很高的福利待遇。

尽管这些领导者顺利地留下了人才，但是其带来的消极作用也非常明显：首先，很多人来到企业并不是真的做事,而是看中企业在招聘时开出的职位或待遇,缺乏对企业的认同感;其次,享受这些优待的人才会产生一种莫名的优越感,从而会形成一种不正常的心态,不利于形成踏实的工作作风;再次,其他下属并不一定买他的账,从而不利于人才权威的树立和企业共同理念的形成;最后,由于缺乏经验或者对企业实际的了解,这些人才难免会出现工作上的失误,通常这些工作失误对他们来说是毁灭性的,因为这会使得企业对他们的期望值下降。

因此,企业领导者若想发挥人才真正的潜能,就必须向罗斯福学习,做到"知人善任"。一个领导者是否做到"知人善任",可以从以下几个方面进行判断:

(1)任用此人是否符合人尽其才的原则,其担子是轻了还是重了?

(2)任用此人是发挥了其长处还是限制了其长处?

(3)任用此人是否符合人才群体结构和理论的要求?

(4)任用此人对面前的工作困难,有没有力量克服?困难来自何方?

(5)此人能否在工作岗位上有所建树?发展趋势如何?

通过对以上问题的反思,领导者可以自我检验"知人善任"的程度,或者可以发现自己过去用人不当之处。

领导者只有充分做好人才的知人善任工作,才能发挥人才的潜能,为企业发展贡献一分力量。否则,就会阻碍企业的发展。

(三)掌握方与圆的用人智慧

在企业中,领导要掌握方与圆的智慧。"方"指用人的原则性,包括用人的规范和范围,是用人的内在要求。"圆"指用人的灵活性,包括用人的技艺和策略,是用人的艺术形式。方与圆的智慧其实就是"方"与"圆"的辩证统一,也就是原则性与灵活性的有机结合。过于求"方",可能有"迂腐"之嫌,会导致下级和员工敬而远之;过于求"圆",则会有"圆滑"之嫌。出现这样的结果,都是领导者没有掌握方与圆智慧的缘故,没有通过运用方与圆的智慧发挥人才的最大效益,是领导不称职的表现。

如果你想成为一名称职的领导,就必须做到"方"与"圆"的辩证统一。那究竟如何做到方与圆的统一呢?就是在管理过程中要方中有圆,圆中有方,方圆相济,方圆适应。

具体地说,有以下几个方面:

1.开局需先圆后方

开局即领导刚刚走马上任之时。俗话说,“新官上任三把火”,作为领导,就一定要把这“三把火”烧出艺术来,不能烧得太急。因为这时即使自己有不少的抱负,由于对新环境不熟悉,要经过一段时间的摸索才能逐渐进入角色,才能把自己的抱负付诸实施。三把火烧好了,有利于领导者以后顺利打开工作局面。开局用人艺术应该是先圆后方,首先着眼于人际沟通,与上级的沟通,与同级的沟通,与下属的沟通。着力于调查研究,增进相互了解,逐步在领导活动中扩大用人权的使用范围,由圆而方。

2.进局需外圆内方

进局是指开局过后,新的领导者要改变或发展前任领导留下的局面,形成自己用人风格的领导过程。这时的用人艺术是:在继承和模仿中融入己见,在容忍中纠错。对于前任领导的用人弊端既要有宽宏的肚量,又不能为求稳定而遵循守旧;对前任领导的成功用人之道,要继承和发扬,通过兴利除弊来形成自己的用人之道,这就叫作外圆内方。

3.中局需人方我圆

中局是指进局过后,领导可以而且应该站在源头,以开拓和创新的用人气概做出自己贡献的时期。这个时期领导者要讲究人方我圆的用人艺术。这种用人艺术的关键之处在于充分调动人的积极性,也就是我们常说的用干部出主意。主意出得好,用人用得好,就可以让别人按照自己的意图主动去开拓创新,领导只需适当介入,着重从旁观察、背后支持和当面制约,并不断地探索,不断地总结经验。

4.定局需上圆下方

定局是指领导者形成自己相对稳定的领导格局的状态。在这种状态下总体上代谢减弱,以维护自己的领导格局与开拓兼顾为宜。这一时期,领导对上级的工作意图要彻底掌握,不能完全自行其是,应该把自己在用人方面的开拓与创新也纳入上级领导的范畴之中,做到原则性与灵活性相统一,这就是“上圆”。所谓“下方”,是指领导在这一时期用人必须坚持原则,排除各种制约因素,只要自己认准了的,就应当坚持到底,而不应畏缩不前。

5.选才需腹圆背方

所谓"腹圆"，是指领导在行使用人权时应该有开放的心态和容才的海量，善于接纳各种类型的人才，知人善任，不要怕他们"分权"。所谓"背方"，是指领导用人时要坚持标准，严格要求，公道正派，切不可任人唯亲。

6.立威需近圆远方

领导通过一系列手段建立自己的威信叫作立威。对领导而言，至少需要立两种"威"：一是在企业中的威信，二是在行业中的威信。前者可使领导有效地实现领导目的，后者能使领导及其单位在社会上树立良好形象，吸引各种人才的关注与兴趣。领导立威艺术在于近圆远方。

所谓"近圆"，是指领导在企业内部要充分尊重各类人才，善于听取他们的意见，尊重他们的意愿，多为他们排忧解难，多为他们办好事、办实事。所谓"远方"，是指领导在参与各种外界活动的过程中，要坚持站在本企业的立场上代表本企业的利益，这"方"是维护本单位以及本企业人才的合法权益，而不能用损害他们的利益来换取别人的好感。

7.激励需形圆神方

激励的目的在于调动人的积极因素，团结和谐，形成群体合力。所谓"形圆"，是指激励时要注意手段和方法，并加以灵活应用。所谓"神方"，是指激励必须坚持正确的原则，即针对不同需要，注重工作和人才本身，努力做到公正、公平。

8.处事需方圆兼顾

企业是一个复杂的群体，人与人之间的各种争端和矛盾不可避免。领导在处理争端和矛盾时一定要做到方圆兼顾，既要通情达理，又要合情合理，不能失之偏颇。只有方圆兼顾，才能公正；只有公正，才能平衡，才能减少人才的内耗与矛盾。

9.协调需小圆大方

沟通协调，是领导处理人才之间相互关系常用的方式，它的艺术在于小圆大方。所谓小圆大方，即在整体上和方向上坚持原则，在细节与局部上宽宏大量。领导要把握好原则与细节、整体与局部的关系：其一，求大同存小异，求"大方"而可"小圆"。其二，善于"委曲求全"，增加人才之间的相互依赖与信任。

10.建立领导模式需表圆本方

"表圆"旨在保住新用人模式的认同基础，以免格格不入；"本方"旨在继承中发挥自己的优势,形成自己的独特风格,把人才对前任领导的认同慢慢转移到自己身上来。

(四)来说是非者,便是是非人

任何团队或组织中都会有一些喜欢搬弄是非、挑拨离间的人,领导者要对这些人保持足够的警惕,不能耳根发软,听信他们的离间之语,而导致在用人方面做出错误的决策。离间术能扩大人与人之间的分歧,或加深误会,或编造谎言、制造矛盾、破坏他人团结。离间术的目的就是使人人为己,抑人扬己,损人利己。作为领导者,在对下属产生怀疑时,一定要警惕离间术乘虚而入。"来说是非者,便是是非人",领导者在用人问题上,我们要警惕某些人因为种种原因而采取的离间术。

一般情况下,离间术有以下特征:

1.目的性

任何离间术都有其明确的目的。只有在目的的驱使下,离间的所有行为才可以表现出实际意义。离间有时是为了获取个人的某种利益,有时则表现为满足个人的某种心理,有时也可能是为了小集团的利益,但无论如何,它都是建立在私欲、颓废、反动之上的。离间者的目的不在离间过程本身,而在于达到离间之后的结果。

2.隐蔽性

离间者的目的决定了行为的隐蔽性。因为伴随着离间术的实施,离间者对被离间者的侵害行为已经开始,而这种侵害又是巧借被离间者之间的摩擦力量去进行的,况且,一旦离间成功,被离间者的利益受损则是绝对的,所以,离间者只有使被离间者在表面上知情,而不能在根本上知底,才能达到他离间的目的。因此,隐蔽性贯穿在离间活动的始终。

3.欺骗性

离间的隐蔽性决定了离间手段的欺骗性。因为离间是一种侵害行为,而且要借助客体之间的摩擦力量才能实施,又要做到隐蔽得"天衣无缝",这就很难采取正当公开的手段实施。所以,离间者往往会制造假象欺骗客体,使其产生错觉,做出错误的判断,形成错误的认识,以便让对方在不知不觉中落入圈套。

离间术虽然有以上三个方面的特征,但是也并非是不可破译的。要想破译离间术,

需从以下三个方面进行分析。

首先,是联系分析。任何离间者要想达到离间他人的目的,必然要与被离间者发生这样那样或明或暗的联系。因为没有联系就无法借助客体之间的摩擦力量,再高明的离间术也无法得以实施。因此,谁突如其来地与你发生联系,谁就有可能在实施离间术。

其次,是利益分析。一般说来,离间术通常是伴随着利益冲突而实施的,而离间者往往又是被离间者发生矛盾后的直接或间接受益者。因此,领导者对人际冲突制造者的利益得失进行分析,就会有利于识破离间者的真面目。

最后,是反常分析。任何离间术,无论如何高明绝伦,只要它付诸实施,就一定会留下一些反常的痕迹。因此,领导者要对反常的蹊跷行为进行认真分析,进而反向思维,弄清人际冲突的来龙去脉,这对于破译离间术很有帮助。

总而言之,离间术的破译应建立在对其行为特征的综合分析之上,领导者既不能盲目猜疑,又不可掉以轻心。

(五)疑人不用,用人不疑

“疑人不用,用人不疑”的核心就是“信任”。作为一个合格的领导者,具备这样的用人之道,毫无疑问是其最基本的素质之一。但是,在具体运作的时候,很多人会觉得真正做到这一点是十分困难的。

与员工建立良好的信任关系,是领导者试图达到的一种理想的用人状态。所谓“疑人不用,用人不疑”,讲的就是这个道理。问题的关键是:你如何在用权的时候赢得下属的信任,或者如何使下属对你的权力支配心甘情愿呢?一些领导者之所以紧抓住权力,其中一个重要的原因就是不信任下属,怕下属把事情办砸了。因此,领导者放权的一个前提就是信任下属。没有信任,上下级之间很难沟通,很难把一件事处理好,这样,领导用起人来,就很困难,甚至受到阻碍。

信任下属——要做到这一点,必须用人不疑,疑人不用!这就是说,必须是在可以信任的基础上用人,否则可以坚决弃而不用。因为没有信任感地用人,即使委以重任,也形同虚设,起不到应该起的作用。“疑人”是必要的,但不是“用人”的前提。假如一个员工某些方面存在严重不足,已经属于“疑人”范围,要么弃而不用,要么等到条件成熟后再用,不必非要冒险,这是常识。

日本人曾盛誉松下公司创始人松下幸之助为“用人魔鬼”。他在用人方面,就很有手腕。

松下幸之助是一位在日本企业界,乃至全世界的企业家中大名鼎鼎的人物,被誉为日本的“经营之神”。在日本现代企业经营史上,获得成功的大小企业家数不胜数,但只有松下幸之助一人被誉为“经营之神”。之所以如此,是因为他不仅是一个白手起家的成功者,而且是一个优秀的企业经营思想家。

松下幸之助的成功,与他的用人之道分不开。松下幸之助可以称得上是用人不疑,疑人不用的企业家的典范。他的秘诀之一,就是充分相信自己的下属,最大限度地调动他们的工作热情和积极性。

在松下幸之助还只是个20岁的小伙子时,对人的理解就已经达到了相当高的水准。当时日本流行一种用沥青、石棉和石灰等构成的烧制材料。为了维护各自的利益,一般的企业都把这种烧制材料的制作配方作为企业的秘密严加保护,除了亲属绝不外泄。

但是,年轻的松下幸之助却一反常规,他不仅不对自己的员工保守秘密,而且还毫不犹豫地将技术传授给刚招进厂的新职工。有些人很为他担心,松下幸之助却不以为然地说:“只要说明原委,新职工是不会轻易背信弃义随便向外泄露秘密的。重要的是相互信任,否则不仅事业得不到发展,也无法造就出人才。”结果,他的工厂不仅没有发生泄密的事情,而且还收到了良好的效果,职工因受到信赖而心情舒畅,生产热情十分高涨。

这件事也让松下幸之助初次尝到了用人不疑的甜头。后来松下幸之助为了扩大市场,需要在西海岸的金泽市开办一家营业所,推销产品,为此必须派出一名主任领导这项工作。在营业所主任的人选上,他看中了一名初中毕业参加工作才两年的年轻人。别人认为这个小伙子没有经验,资历也不够,但松下幸之助坚持己见,破格提拔他为主任。

松下幸之助对这个年轻人说了这样一段话:“你已经20岁了,这个年龄在古代已是武士到阵前取回敌方大将首级的年龄了。你也有了两年的工作经验,一定可以胜任这个职位。至于做生意的方法,你认为怎样做对,你就怎样去做。你一定会干好的,你要相信自己。”

结果,这个年轻人因为松下幸之助的充分信任而激动万分。他信心十足地率领派给

他的两个学徒在新的地点拼命工作，不仅很快打开了局面，而且获得了极大的成功。

这件事一直是松下幸之助最为自豪的往事。松下幸之助从这件事得出了这样的结论："人只要有了自觉性和责任心，就有力量去完成乍看起来好像不可能完成的困难任务。"

松下幸之助的用人之道至今在日本的企业界被到处传诵着。他的成功，除了具有胆识和魄力以外，还主要源于他对人的了解。只有充分了解各种各样的人，才有可能从中发现人才，并将其放到能发挥作用的地方，合理使用人才。银行界大亨摩根把他无数的钱财，全部交给属下分别掌管，这并非是他不重视这些钱财，而是他已经训练出他的属下具有了确实负起责任而无疏忽大意的能力。当然，摩根的信任绝非盲目，他先将小的责任交给手下人，待手下人陆续用事实证明自己确实可信任时，再委以重任。

可见企业领导者最好的用人办法是给员工充分的信任和鼓励，大胆起用人才，做到疑人不用，用人不疑。

(六)关键岗位敢用外人

企业除了要最大限度开发利用好自身的人力资源外，还要善于利用外部的人力资源。借助他人为自己谋利，善于借用他人的力量为自己的企业创造财富。"好风凭借力，送我上青云"，借助他人之力能促进企业少投入多产出，飞速发展，走向辉煌。尤其在一些关键岗位上，敢用外人，更能体现出领导者的胸怀和魄力。

1.领导者要善于发挥智囊团的作用

现代社会纷繁复杂，政治、经济、文化各个巨大系统。纵横交织在一起，而现代科学技术和生产力的飞跃发展，又使社会中的各个系统，都处在不断变化之中。面对如此复杂且不断变化的社会，任何高明的领导者，都不可能单靠一己之力做成大事。他还必须借用他人的力量，即发挥智囊人物或团体的决策参谋作用。而智囊人物往往担任企业的关键岗位，领导者要敢用外人才能有助于获得更多更好的建议，利于企业的发展。

在现代企业，决策具备"断""谋"分家的特点。"断"是领导者的决策，"谋"则是指专门智囊人物或团体想出的各种方案。在领导者决策之前，智囊团积极地发挥作用，为领导者提供各种信息资料，拟定各种可供选择的方案。然后领导者再查看每种方案，作出最后决策。可以说,现代企业领导者的决策正是智囊团“谋”的结晶。因此,任何一位高明的领导者都必须充分认识智囊团的功能,并积极发挥其作用。

2.尊重贤士,视其为知己

智囊人员并不是在任何时候都表现得很高明,也不是处处比领导者厉害,领导者绝不是事事必须听他们的意见,但是,智囊人员的确是学有专长,在某些方面比领导者了解得更多更透彻。富有才华的领导者也不可能处处高明,只有借用智囊人员的高明之处,才能真正做到决策中万无一失。因此,领导者切忌刚愎自用,端着架子指使别人,而应该虚怀若谷,恭以待人。只有这样,善于借用外脑,才能算得上是真正高明的领导者。

3.不设任何限制。任其自主

领导者不应以任何形式把自己的主观意志强加给智囊人员,而只需积极地为他们创造一个独立进行工作的环境。领导者必须尊重他们工作的独立性,不干涉他们的工作,让他们通过研究得出他们自己认为是科学的结论。这样才能真正让智囊团发挥作用。

4.兼听百家。决断自主

领导者要有“兼听”的胸怀,应认真借助咨询机构的力量,但是又不能为智囊人员的意见所左右。毕竟最终做出决策的还是领导者本人。

俗话说:“一个篱笆三个桩,一个好汉三个帮。”一个人再怎么聪明,再怎么能干,终究不过是一个人而已。

作为领导者最大限度地发挥多数人的主观能动作用,比起只相信自己,只靠自己劳神苦思的孤家寡人策略要高明得多。

(七)善于用人之长,避人之短

《淮南子·道应训》中有记载:

楚将子发非常喜欢结交有一技之长的人,并把他们招揽到麾下。当时有一个其貌不扬、号称“神偷”的人,子发对此人也是非常尊敬,待为上宾。有一次,齐国进犯楚国,子发率军迎敌。由于齐军强大,三次交战,楚军三次败北。正当子发一筹莫展的时候,那位其貌不扬的“神偷”主动请战。当天夜里,在夜幕的掩护下,“神偷”将齐军主帅的帷帐偷了回来。第二天,子发派使者将帷帐送还给齐军主帅,并对他说:“我们出去打柴的士兵捡

到您的帷帐，特地赶来奉还。”那天晚上，“神偷”又将齐军主帅的枕头偷来，然后又于次日由子发派人送还。第三天晚上，“神偷”又将齐军主帅头上的发簪子偷来，次日，子发照样派人送还。齐军士兵听说此事，甚为恐惧，主帅惊骇地对手下们说：“如果再不撤退，恐怕子发要派人来取我的人头了。”于是，齐军不战而退。

一个企业需要的人才是多种多样的，同时，每个人也只能够在某一方面或某几个方面比较出色，不可能在各个方面都非常出色。高明的领导者在用人时，不会盯住人才的缺点，而是发现人才的长处，让他的某方面特长能为团队的事业做出贡献。

明代永乐皇帝朱棣是一位很有作为的皇帝。他当皇帝二十多年，摸索出了“君子与小人”的一套用人经验。有一次，他和内阁辅臣聊天时谈到用人，对现任的六部大臣逐一评价，说了一句：“某某是君子中的君子，某某是小人中的小人。”这两个人当时一个是吏部尚书，一个是户部尚书。

用“君子中的君子”我们很容易理解，举国上下那么多人，为什么朱棣还要让一位“小人中的小人”担任那么重要的职位呢？这正是朱棣用人高明的地方：让“君子中的君子”做吏部尚书，不会结党营私，把自己的门生、亲戚和朋友全部安排到重要岗位上，而是以国家利益为重，为国家、朝廷选拔人才；而“小人中的小人”做户部尚书，能为了把财税收起来不择手段。朱棣每年的军费开支非常大，正常的财政收入根本无法应付，除了常规的赋税外，每年还必须要有大量的额外收入来支撑军费。所以他必须找一个会给他搞钱的“小人”。

有人说：没有平庸的下属，只有平庸的领导。每个人都是长与短的统一体，任何人只能在某一领域是人才，一旦离开他精通的领域，人才就会变成庸才。因此领导者在用人时，只能是择其长者而用之，恕其短者而避之。任何人的长处，大都有其固有的条件和适用范围。长，只是在特定领域里的“长”。如果不顾条件和范围，随意安排，长处就可能变成短处。

有那么一位颇具盛名的女园艺工程师，专业上很有造诣。不料被上司选中，一下子提为某局局长。结果，女工程师的业务用不上了，对局长的工作呢，既不擅长，又不乐意干，两头受损失，精神很苦恼。这就叫作“舍长就短”。举人者也是出于好心，想重用人才，但由于不懂用人的“长短之道”，反而浪费了人才，造成了新的外行。

领导者应以每个下属的专长为思考点,安排适当的位置,并依照下属的优缺点,作机动性调整,让团队发挥最大的效能。最糟糕的领导就是漠视下属的短处,随意任用,结果总是使下属不能克服短处而恣意妄为。一个成功的领导者,在带领成员时,并不是不知道人有短处,而是知道他的最大任务在于发挥他人的长处。

然而,如果一个人的短处足以妨碍其长处的发挥,或者妨碍到团队组织的纪律、正常运作与发展时,那么领导者就不能视而不见,而且必须严正地处理了。尤其是在品德操守方面,正所谓:人的品德与正直,其本身并不一定能成就什么,但是一个人在品德与正直方面如果有缺点,则足以败事。所以,领导者要容忍短处,但也要设定判断及处理的准则。

(八)敢于用比自己强的人

敢不敢用比自己强的人?这恐怕是领导者在用人中对自己最大的考验,同样也是老板最容易犯的错误。

"他都比我强了,那别的员工眼里,他是老板还是我是老板?"

有些领导者认为:(1)别人比他强就意味着自己不称职,同时意味着会在员工心目中丧失威信,而后就做不了老板。(2)员工中有比自己强的人,那他一定会对自己的位置虎视眈眈,总想取而代之,不能养虎为患。(3)有能力的人或多或少都是有野心的,明知等他们强大后会自立门户,为何却还要给他营造个发展的机会,多个强劲的对手呢?(4)在企业,我称老二就不能有人敢称老大……

在这类心态的支配下,领导者往往就希望别人无限放大他的才能,而他自己却无限缩小别人的才能。当员工工作取得比领导者好的成绩,获得更多的支持时,领导者就会觉得他们是在树立自己的威信并且威胁到他的领导权。领导者在这种心态支配下,势必会严重挫伤这些员工的积极性。

其实,一个优秀的领导者,想获得成功,不是要处心积虑地去压制属下,而是要想方设法雇用比自己优秀的人,并且让他们受到重用,让这些比自己更优秀的人来效忠。

全球零售巨头沃尔玛的总裁李·斯科特,就是一位敢于聘用比自己更优秀的领导者。

1995年,斯科特雇用了一个员工迈克·杜克负责物流工作,向自己汇报。到现在,迈克已经是沃尔玛的副主席了。

当时迈克被提升接管物流部门的同时,斯科特自己也升职了。那一天他正在法国,忽然收到了一封传真,调任他做新的销售部总经理。

这让斯科特有点吃惊,之前他一直负责物流和仓储运输,从来没有从买方的角度来工作。于是他就问老板为什么要自己来负责全球最大零售商的销售,得到的答案是:因为斯科特可以找到一个雇员,做得比自己还好。即使斯科特把销售部搞得一团糟的时候,至少还有迈克可以让物流部保持原样!

正因此,斯科特一直认为是因为他雇用了比自己更强的人,他才能够走到今天这一步。

凡是想要成大事的人,都应该像斯科特一样,能把比自己强的人招揽到自己旗下,并诚心相待。

美国的钢铁大王卡内基的墓碑上刻着:"一位知道选用比他本人能力更强的人来为他工作的人安息在这里。"卡内基的成功在于善用比自己强的人。在知识经济时代,领导者就更需要有敢于和善于使用比自己强的人才的胆量和能力。

领导者要想成功,除了敢用比自己强的人外,还要做到以下三点:

(1)领导者要具备足够的胆量。因为,任用比自己强的人,往往会产生一种"珠玉在侧,觉我形秽"的危机感。作为一名领导,要想做到乐于用比自己强的人,就必须有胆量去克服嫉贤妒能的心理。那些生怕下级比自己强,怕别人超过自己、威胁自己,并采取一切手段压制别人、抬高自己的人,永远不会成为有效的领导者。所以,领导者敢用和善用比自己强的人,一定要有足够的胆量。

(2)"强者"并不等于"完人"。优秀的人才最可贵的地方就在于他有主见、有创新能力,不随波逐流,不任人左右。真正的人才需要具备很强的创造力,能为组织带来绩效及为领导开创局面,甚至其能力超过领导者。然而,他们也并不就是完人,所以领导者还要具备容人之雅量。

(3)要允许失败。失败乃成功之母。在创造性的工作中,失败是常有的事,不能因为他们强就剥夺他们失败的权利。

领导者只有在敢用比自己强的人的基础上做到以上3点，才能真正保证企业在市场上保持持久的竞争力，获得成功。

(九)让下属不好意思失败

许多人都是冰棍做的性子，你越冷，他越硬，能折不能弯。跟你过几招他敢，照顾你几拳他敢，要他服软可就难了。他们声称自己：文打官司武打架，软的硬的全不怕。

实际上，这种人也不是真的什么都不怕，他们也有一样怕的东西。他们怕敬。“你敬我一尺，我敬你一丈。”所以企业领导说下属难管，不是他们不好管，而是管的方法不当。

先看《水浒传》里宋江说服霹雳火秦明的那一段，梁山好汉要杀他时他不服软，可是宋江往地上一跪，一声“将军”称呼下来，立刻让他惊讶不已，再自称一声“罪囚”，就吓得他滚在地上叫“哥哥”，立马就当了朝廷的叛徒。

再看明朝大将常遇春，他也是个天不怕、地不怕的人。普天之下，他就怕两个人，第一个是老婆，第二个是朱元璋。他的老婆，并不是一个凶狠彪悍的母夜叉，相反，她知书达理，深明大义。常遇春为什么怕她呢？因为她敬重他，将他当成一个人物，对他寄予厚望。常遇春阵前争锋，屡立战功，有一半的原因就是怕老婆失望。朱元璋虽然是上司，让常遇春害怕的，仍是一个“敬”字。朱元璋同样把常遇春当成一个人物，对他寄予厚望。常遇春出生入死，也是怕朱元璋失望。

在企业中，怕别人敬重，不怕别人贬低的人很多。他们怕表扬，不怕批评。他们觉得自己把事情做得漂漂亮亮很难，但马马虎虎对付却很容易。领导看低他，他正好拣容易的做，马马虎虎对付一下。领导把他看高，他好意难却，只好勉为其难地往好里做。

还有的人生怕别人不贬低他，故意自我贬低，也是这种避难就易的心理在作怪。对付这样的下属，领导最好用的就是一个“敬”字，敬他，让他不好意思失败！

(十)让合适的人做合适的工作

“垃圾只是放错了地方的宝贝。”人们的短处和长处之间并没有绝对的界限，许多短处之中蕴藏着长处。有的人性格倔强，固执己见，但他同时必然颇有主见，不会随波逐

流，轻易附和别人意见；有的人办事缓慢，手里不出活，但他同时往往做事有条有理，踏实细致；有的人性格不合群，经常我行我素，但他很可能有诸多奇思妙想，富有创新精神。

因此，用人贵在合适。所有的事都由合适的人去做，所有的人都做相应的事，这样就能充分挖掘人才的潜力，产生巨大的效益。

有一只很富有的蜥蜴，它拥有自己的庄园，手下还有几十名仆人。

最近一段时间，蜥蜴心情很不好，原因就是家里有很多的苍蝇和蚊子，吵得它没办法睡觉。严重的睡眠不足导致它白天没精神、头脑混乱，炒股常买错号，一赔再赔，生意越做越差。

这一天，蜥蜴把家里所有的仆人都召集到一起，说："你们中会捉苍蝇和蚊子的站出来，老爷我有重赏。"

话音刚落，蜻蜓、青蛙、壁虎和蜘蛛就陆续地站了出来。蜥蜴一看有这么多仆人都自告奋勇，对"杀蚊蝇计划"充满信心。它马上开始分派任务——蜻蜓和青蛙负责在自己的卧室捉蚊蝇，壁虎和蜘蛛则负责在水塘捉蚊蝇。任务分派完后，蜥蜴高高兴兴回屋准备睡个好觉。

蜻蜓和青蛙来到了主人的卧室，各自分了工，青蛙在地面上捕捉，蜻蜓在空中捕捉。结果蚊蝇看到青蛙就飞到高处，看到蜻蜓就钻进墙缝，结果把蜻蜓和青蛙累得趴在了地上，它们只好无功而返。

这边，壁虎和蜘蛛也来到水塘边，看到很多蚊蝇在水面上空盘旋，可就是够不着。壁虎一看到水就头晕，蜘蛛结的网也都被水融化了，没有办法，它们也只好无功而返。

第二天，蜥蜴暴跳如雷，一气之下把蜻蜓、青蛙、壁虎和蜘蛛全都解雇了。

蜥蜴永远也不会明白：明明四个捕捉蚊蝇的高手，为什么一到它这儿就变得一无是处了呢？原因就在于它并没有真正地了解它们的特长，没有把适合的人安排到适合的职位。相信如果让蜻蜓和青蛙负责水塘，让壁虎和蜘蛛负责卧室，情况就会完全不一样了。

"尺有所短，寸有所长"，"金无足赤，人无完人"，选择合适的人去做合适的事才是一名领导的用人之道。

在一次工商界聚会中，几位老板谈起自己的经营心得，其中一位说："我有 3 个不成才的员工，准备找机会将他们炒掉，一个整天嫌这嫌那，专门吹毛求疵；一个杞人忧天，老是害怕工厂有事;还有一个经常摸鱼不上班,整天在外面闲荡鬼混。”另一位老板听后想了想说:“既然这样,你就把这3个人让给我吧!”

这3个人第二天到新公司报到,新的老板开始分配工作:喜欢吹毛求疵的人负责管理产品质量;害怕出事的人,让他负责安全保卫及保安系统的管理;喜欢摸鱼的人,让他负责商品宣传,整天在外面跑来跑去。3个人一听职务的分配和自己的个性相符,不禁大为兴奋,兴冲冲地走马上任。过了一段时间,因为这3个人的卖力工作,居然使工厂的营运绩效直线上升,生意蒸蒸日上。

人才并不意味着样样精通,他们只是在某一方面做得特别出色,而有的方面的能力也很一般。让所有的事都由合适的人去做,让所有的人都做相应的事,这样就能充分挖掘人才的潜力,产生巨大的效益。

(十一)不要让“助手”变成“对手”

众所周知,再高明的领导者也离不开得力的助手。有了得力的助手,领导者就更能够游刃有余地驰骋商海,取得成功。但是,在严酷的市场竞争中,有时也会出现助手变成对手的可怕现象。遭遇这种情况,往往会使企业处于万分危险的境地。因此,领导者不可不慎。

仔细分析起来,助手变成对手的原因,不外乎以下几种:

(1)助手贪财好利而临阵倒戈。

(2)助手觉得怀才不遇而另投他家。

(3)助手一心谋求“自我发展”,而另立门户。

(4)因领导者自身的弱点,使助手弃他而去。

那么,企业领导要怎么做才能防止助手向对手的蜕变呢?一位哲人说得好:并非每一片乌云都能带来风暴,然而一切风暴,事前却必定有乌云。在助手变成对手之前,肯定也会有大量的征兆,精明的领导者必定能从中发现不少蛛丝马迹,从而及时化解危机。

不过,要想彻底防止助手变成对手,领导者还应防微杜渐,从点点滴滴的小事做起,让助手变得忠心。

(1)领导者在选择自己的助手时,要仔细考察对方的品行如何,这一点很重要。不少领导喜欢“量才录用”,这固然不错,但是,有才者未必一定就有德,选择助手一定要德才兼备才行。

李总是某投资公司的负责人,无论他出现在什么场合,身旁总带着那位其貌不扬、憨厚笃实的助手。接触多了,大家渐渐发现,李总的那位助手在公司并非精明能干之流,只是一个中等人才而已。于是,有人禁不住好奇,询问李总为什么不选一个才华横溢、能力超群的人做自己的助手。李总淡淡一笑:“人才固然好,但是他们多不安分,总是这山望着那山高,一有机会,就可能要‘人往高处走’,到那时,他的才华越高,能力越强,对本公司的威胁也就越大。既然一流人才不好留,我们干脆就选用那些顾全大局、勤勉肯干的中等人才,这样有利于公司的稳定和发展。”虽然李总的话并不完全准确,但是也从另一个角度揭示了领导者在决定助手人选时应考虑的一面。

(2)领导者一旦选定自己的助手,就要像老师对待徒弟一样倍加爱护、严加指导,并且用之不疑,大胆地让其行使自己的权力。千万不要认为,对方不过是自己的助手,事事都必须由自己支配,从而束缚了助手的手脚,使他的才华得不到充分的发挥。要知道,领导者适当地下放权力,助手们的工作会变得更加主动积极。

(3)领导者要多给助手一些“感情投资”。根据马斯洛的原理,人的需求分为5个层次,对物质利益的需求只是一种低层次的要求,人们往往在物质基本能满足自己的一般需求后就希望实现更高层次的需求,即精神需求。尤其是在如今这个生活节奏越来越快的社会,人们对精神方面的需求日趋强烈。而领导者适时的关心、发自内心的欣赏和爱护、真诚的赞美与尊重,这些都会使领导者与助手们形成一种亲密的战友关系,在这种情况下,助手才可能是永远忠心耿耿的助手。

总之,警惕助手变对手的最好方式莫过于让助手时刻觉得自己的利益和命运与公司休戚与共,这对于所有希望梦想成真的领导者来说,都是一门必须掌握的艺术。

成功的领导都离不开得力的助手。但正因为助手位置的举足轻重,又必须谨慎防止出现助手变对手的局面。其根本方法,首要的是选择德才兼备的人,其次要严加指导、倍加爱护、放手使用,再次要多一些“感情投资”,建立一种休戚与共的关系。

(十二)有幸得到一个好助手,就不要换来换去

聪明的领导都知道一个好的助手对自己的意义有多大:一个好的助手胜过一大沓存

单。因为一个好的助手对于领导者而言,不仅仅是增加了金钱方面的优势,更重要的是他能为领导分担很多精神上的负担,能够让领导从一些琐碎繁杂的事情中脱身,有真正的放松和休闲的时间。

所以,很多领导者都在寻找好的助手。他们知道,“智者当借力而行”。真正聪明的领导者永远都不嫌助手太好。而绝大多数的领导者都认为,最好的助手一个最基本也最可贵的品质就是忠诚。

著名商业大师巴纳姆认为:“如果你得到一个好帮手,最好能一直把他留在身边,而不要换来换去。他每天都能够有新的收获,你可以因为他经验的积累而获益匪浅。他对你的影响力今年比去年大,如果他没有不良的习惯并且一直对你忠心耿耿,无论如何你都不应该让他离开。”因为忠诚对于领导而言,不仅是利益的需要还是精神的需要。但并不是每一个助手都能对领导忠心。一旦助手背叛领导,那对领导者而言会比失去了一个绝好的商业机会更为痛心。

所以,如果领导者有幸得到一个好助手,就不要换来换去。

(十三)用人要精而不要滥

求贤若渴,实为领导者的高明之举。但如果因为人才紧缺,对其渴望过度,饥不择食,用人过滥则会适得其反,欲速则不达。

然而现实中就有那么一些企业,在用人方面滥而不精,主要表现为两方面:

一是用人多,人浮于事,不能充分发挥每个人的作用,从而导致资源浪费;二是人员素质不高,有滥竽充数的,有不能胜任的,有特殊照顾的,有看人行事的,这势必影响企业团结和规章制度的推行。总之,用人过滥,会给企业带来很多问题,成事不足,败事有余,是企业一大弊端。

中国有句古话说:“龙多不治水,将多不打仗。”本来只需一个人干的活,领导却要安排两三个人,结果是机构臃肿,人浮于事。一个人干,一个人看,还有一个人在捣乱,三个人倒不如一个人干得多、干得好。所以才有“一个和尚挑水吃,两个和尚抬水吃,三个和尚没水吃”的现象。

在古代,唐太宗李世民在用人方面,披沙拣金,宁缺毋滥。在唐太宗统治的二十多年

间，政府官员，数量不多，却非常精干，办事效率也极高。李世民的高效管理体制，是古代社会实行大社会、小政府、低成本运行机制的一个典型代表，是非常有借鉴意义的成功范例。

隋文帝统治时期，官僚机构非常庞大，当时有"官多民少，十羊九牧"的说法。经过机构改革，州县合并，裁汰冗官，从而节省了政府的开支，提高了行政效率。

经过隋末农民大起义，政府官员被杀了许多，急需补充人员，而李世民手握大权，却不轻易授官于人，李渊的妃子想为家人捞个一官半职，都被李世民一口回绝，为此得罪了不少人。

在国外，德国著名的大众汽车公司，在几十年的经营活动中都较为顺利。但当世界出现石油危机时，这家大企业就遇到了前所未有的困难，1974 年发生了高额亏损，1975 年亏损的势头加剧，使这家闻名全球的大企业面临着崩溃的边缘。

在这关键时刻，斯米克尔应聘接管该公司总经理职位。他上任后对本公司做了全面的了解，发现客观原因是导致公司经营困难的一个方面，但企业内部机构和人员过多所造成的各种阻力，才是更为主要的一个方面。据此，他果断地采取了一项措施，就是精简公司的机构和各级领导班子人员，清除了那些不干实事、提不出建议的领导和管理人员，对那些争权夺利、给企业生产造成内耗或不利于提高生产效率的人员，均予解除。经过这么一改，大众公司的员工从 11.2 万人减少到 9.3 万人。由于减少了中间环节，政令畅通，工作效率大大提高了，同时，公司的费用支出也大大减少了，到 1976 年，公司扭亏为盈，实现利润 10 亿马克。从此以后，大众公司恢复了元气，走上了稳定发展的道路。

斯米克尔从大众公司在 20 世纪 70 年代初陷入的高亏损中，总结出企业各级领导者如不称职，庞杂的机构和过多的冗员会相继产生，整个企业的管理系统就会形成恶性循环的教训。如果企业各级领导班子和人员能够精干，不但可以节省各项费用，还可以提高效率。特别是在科学技术迅速发展的当今，在很多情况下电脑代替人脑，机械手取代人手，精干的人员已成为企业普遍追求的现实，亦成为衡量企业的竞争能力的条件。

在有的企业里，一般不存在用人多、人浮于事的问题。企业老板为了节省费用，该用三个人办的事他只用两个人。但用人唯亲的情况却是相当普遍的，这就难以保证人员的素质，也堵塞了选用贤者、能人的路。社会主义国营企业用人有一定的制度，对滥用私人有一定的约束,在这一方面比之私人企业要好一些。但是用人多,人浮于事的问题却比较突出。人多事少,分工过细,既影响其工作积极性和聪明才智的充分发挥,把人越养越懒,又会因无事生非,制造出很多矛盾来,影响职工团结和企业的凝聚力。

要防止企业发生用人过滥的问题,最重要的是坚持用人制度,严格按照有关的规章办事,一方面教育干部在用人问题上要树立廉洁作风,一方面要加强对用人的不正之风的检查处理。这样,就可以使企业在用人问题上能沿着一条正确的、健康的道路走去,防止用人过滥而搞乱了企业。

(十四)用人不要带有私人情感

《韩非子》中有则寓言,说的是宋国有个富人,一天,大雨把他家的墙淋坏了。他的儿子和邻居家的老人都说,不修墙,必然会失盗。晚上,富人家果然丢失了财物。富人觉得他儿子很聪明,而怀疑邻居老人是个窃贼。

可见感情亲疏对事物的认知能产生很大的影响。

唐玄宗李隆基对杨国忠一再地委予重任就带有很深的私人情感。刘备不听诸葛亮之劝,不用谨慎行事的赵子龙,而用好意气用事的关云长镇守荆州,结果关云长大意失荆州,这是桃园结义之"情"起的作用。后来又不听诸葛亮苦谏,一意孤行出兵东吴为两结拜兄弟报仇,果然遭惨败,病死白帝城。战国时,秦以外的大多数国君任用亲人辅己,非亲则难得重用,因而杰出的人才都投奔到秦国,实际上是输送人才以强敌,因而削弱自己,这便是当时大国之所以被秦国逐个消灭的关键原因。

现代企业,也有因领导者用人带有私人情感而导致企业受损的例子。

松下幸之助曾有位好朋友叫武久逸郎,是不可多得的经营人才。所以松下将刚成立的电热部交给他管理。

1927年1月10日,武久走马上任,辅佐他的是松下电器的技术专家中尾哲二郎。中尾推出"超级电熨斗",月销10000只,在市场上一枝独秀。在当时的松下电器,电热部是公认赢利很大的部门之一。

松下只制定经营策略,具体事务由武久与中尾负责。中尾负责技术指导,管理洽谈一类的事由武久来做。武久在松下公司声誉日隆,有人说:武久是继松下之后的经营全

才.松下也认为武久人才难得。

可是到了定期结算时却意外发现电热部亏损。财务人员一度认为计算错误,然而经过认真核算,不得不确定电热部确实是亏损了!报表交到松下手里,松下第一反应是:这怎么会呢?武久也不相信,但确确实实亏损了啊!

松下最先反省,错在哪里呢?是当初计划太草率?是定价不合理?是生产成本偏高?是日常消耗过大?思索良久,松下终于确定了问题的症结:经营策略没错,但在执行时发生偏差,漏洞颇多,武久要负主要责任。

武久对此始终不解:怎么亏损了呢?松下要武久对管理进行回顾反思,武久不知所云,一派茫然。

于是松下深刻检讨自己的用人之道:过高地估计了武久的经营才能,私人感情占了上风。俗语说:隔行如隔山。武久原来是开米店的,他对电器行业完全是外行,两者的复杂程度,绝不可同日而语。就算武久是可塑之才,也该让他从小点的职位做起,熟悉过程。可自己一下子就委予武久全盘负责重任,这是典型的用人讲情面、头脑发热的举动。

松下经过反复思索,制定了拯救措施:

(1)电热部不宜共同经营。

(2)今后由自己直接管理。

(3)经营态度非彻底认真不行。

(4)用人、管人一定要讲政策,抛开私人情感。

之后,松下找到武久,和他彻夜长谈。最后武久下定决心愿意在松下公司从小职员做起,好好磨炼。

松下感动之余,紧紧握住武久的手:“欢迎你,武久君,你真了不起!我失去了共同经营的伙伴,可我却得到了值得依赖的职员!”

从此以后,松下立下一条规矩:不管什么人,都要从基层做起,根据实际表现再提升职位,绝不能用人唯亲讲情面,开后门。

领导用人千万不能因私人感情而讲情面,这样不仅难于管理其他的人,而且很可能会为自己带来不必要的损失。

(十五)不要忽视"小人物"

领导者如果现在自恃地位高,忽视一些小人物,就等于为自己树立了一个个强大的敌人;相反,若是懂得尊重他们,也等于为自己带来了朋友。领导者事业上的成功,除了靠大人物提拔,更多的时候还必须依靠广大"小人物"的支持和共同努力。

从古至今,任何有所作为的领导都非常了解尊重群众的重要性。

《战国策》记载了这样的一个故事:

中山国君宴请都城里的军士,有个大夫司马子期在座,只有他未分得羊羹。司马子期一怒之下跑到楚国,劝说楚王攻打中山国。中山君被迫逃走,他发现,逃亡时有两个人拿着戈跟在他后面,寸步不离地保护他。中山君回头问这两个人说:"你们是干什么的?"两人回答说:"我们的父亲有一次快要饿死了,你把一碗饭给他吃,救活了他,父亲临终时嘱咐我们:'中山君如果有难,你们一定要尽死力报效他。'所以我们决心以死来保护你。"中山君感慨地仰天而叹:"给予,不在于多少,而在于正当别人困难时;怨恨,不再于深浅,而在于恰恰损害了别人的心。我因为一杯羊羹而逃亡国外,也因一碗饭而得到两个愿意为自己效力的勇士。"

《史记·魏公子列传》中说,魏无忌为人仁厚,又能礼贤下士。凡是士人,不论才能高低,魏无忌都能谦虚地以礼相待,不因为自己富贵就怠慢他人,所以各地的士人都争相前往归附,因而他的食客共有三千人之多。在那时,各诸侯国因为魏无忌贤能、门客又多,所以十多年都不敢侵犯魏国。

当时魏国有个隐士名叫侯嬴,已经70岁了,因为家里很穷,只好去做夷门的守门人。魏无忌听说后,就带了丰厚的财物前去问候,但侯嬴不肯接受。于是魏无忌就改摆酒席,大宴宾客。

当客人坐定之后,魏无忌带着礼物,空着车子左边的座位,亲自去夷门迎接侯嬴。侯嬴整了整破旧的衣帽,就毫不谦让地上车坐在了上首,想借此来观察魏无忌,不过魏无忌反而对他更加恭敬。

之后,侯嬴又故意对魏无忌说:"我有个朋友住在街上的屠宰坊里,希望您能顺便带我去拜访他。"

魏无忌不以为意，随即驾着车子就来到市场。侯嬴下车去会见朋友，他边跟朋友谈话，边暗中观察魏无忌，但魏无忌的脸色更加温和，即使市场上的人都看着这个场面，他仍然保持恭敬有礼的态度，没有一丝不耐烦。

很长时间过去了，侯嬴都没有出来，这时随从人员都在暗地里骂侯嬴。

侯嬴观察到魏无忌的脸色始终不变，才辞别朋友，登上车子。来到魏无忌家后。魏无忌领着侯嬴坐在上位，并为他一一介绍宾客。到了饮酒正酣时，魏无忌起立，来到侯嬴面前向他敬酒。

这时，侯嬴才对魏无忌说："我不过是一个守门人，但公子却亲自驾着马车去迎接我。我本不应该去拜访朋友，却委屈公子跑了一趟。然而，我侯嬴想成就公子的美名，故意让公子的马车久久停在市场上，借此观察公子，但公子却更加恭敬。百姓们大都把我看作小人物，而认为公子是有德行的人，能谦恭地对待士人啊！"

此后，侯嬴成了魏无忌的上宾，并为魏无忌的事业做出了许多贡献。

魏无忌之所以对许多别人看不进眼里的"小人物"如此恭敬，原因就在于他了解"小人物"中蕴藏的巨大潜能，而且只要能妥善掌握这个潜能，就能借助这种力量去成就自己、成就大事。

同理，企业领导也该如此。要知道，人是最复杂的动物，想要成为卓越的领导者，就不要忽视"小人物"，在他们身上的投资，可能会带给你意想不到的连锁反应。

相反，如果领导者只是因为一点私事而心情不好，甚至把这种不良情绪带到了工作环境中，并且不加遏制地迁怒于下属，把那些微不足道的"小人物"当作出气筒、受气包，那么领导者就可能遭到反噬。

当然，大多数下属都只会忍气吞声，但是一旦遇到的是个有个性且自尊心很强的人，他就会在某天乘你不备之时重创你。也许，这个人有非同一般的家庭背景，他的家族中有人可以决定你的升迁，但你却无端对他发火，那岂不是自己葬送了机会和前程？也许这个人颇有才华，几年以后，就会站到与你同级或比你更高的位置，这样一来，岂不等于为自己树立了一个未来的敌人吗？

这个世界是不断变化的，没有一成不变的事情。"小人物"不会甘于永远充当"小角色"，或许有一天也会变成"大人物"，多一个朋友总比多一个敌人强。

(十六)人才搭配要合理

搭配人才,也是领导者的必修课。人才搭配合理,既能让每个人才各展所长,又能让组织结构务实高效,还能让整个团队更具有战斗力。

法国骑兵与马木留克骑兵作战。骑术不精但纪律很强的法国兵与善于格斗但纪律涣散的马木留克兵作战,若分散而战,3 个法国骑兵战不过两个马木留克骑兵;若百人相对,则势均力敌;而 1000 名法国骑兵必能击败 1500 名马木留克骑兵。原因在于,法国兵在大规模协同作战时,发挥了协调作战的整体功能,说明系统的要素和结构状况对系统的整体功能起着决定性作用。

这是恩格斯讲的一个经典寓言,说的就是人才搭配的问题。领导者对于人才的使用,要争取做到让整个队伍的构成呈现出优化组合的状态。所谓优化,绝不是最优秀人才的聚集,而是各类专门人才的汇总。通常来说,一个团队中要有以下几种人才:有高瞻远瞩、多谋善断、具有组织和领导才能的指挥型的;有善解人意、忠诚积极、埋头苦干的执行型的;有公道正派、铁面无私、心系群众的监督型的;有思想活跃、知识广博、善于分析的参谋型的……如果团队中全是同一种类型的人才,即便他们个个都极为优秀,也肯定搞不好工作。只有合理地搭配人才队伍,才能做到人尽其才、各展所长,整个团队才更具战斗力。

唐太宗就很注意合理搭配使用人才。他将手下个性迥异、能力有别的人才一个个都放在了适合的位置上,从而使得人才队伍构成合理、组织结构务实高效。房玄龄处理国事总是孜孜不倦,知道了没有不办的,于是太宗任用房玄龄为中书令。对于国家大事,房玄龄能提出许多精辟的见解和具体的办法来,但却不善于整理,很难决定颁布哪一条。杜如晦虽不善于想事,却善于对别人提出的意见做周密的分析,精于决断。于是唐太宗将他们俩搭配起来辅佐自己,从而形成了历史上著名的“房谋杜断”的人才结构。

此外,唐太宗任用敢于犯颜直谏的魏徵为谏议大夫,任用文才武略兼备的李靖为刑部尚书兼检校中书令,都做到了人尽其才、才尽其用。房玄龄、杜如晦、魏徵、李靖等人的合理搭配,既各得其所,尽展风采,又让大唐初期的这个管理层在历史上有口皆碑。

价值连城的钻石和普普通通的石墨,一个坚硬无比,一个柔软细腻,但两者的构成元素却是一样的。同为碳原子。仅仅因为排列的不同,就产生了截然相反的两种物质。同样,合理安排人才的组合方式,既能让每个人才超水平发挥作用,也会使整个人才队伍的能量成几何数增长。

李嘉诚就是一个精于搭建科学高效、结构合理的人才队伍的优秀领导者。在他组建的公司领导班子里,既有具有杰出金融头脑和非凡分析本领的财务专家,也有经营房地产的老手;既有生气勃勃、年轻有为的国人,也有作风严谨、善于谋断的洋人;既有公司内部的高参、助手和干将,也有企业外部的智囊、谋士和客卿。正如评论家所说的那般:“既结合了老、中、青的优点,又兼备中西方的色彩,是一个行之有效的合作模式。”

一台发动机或一辆汽车,甚至一架飞机,拆散了不过是一堆不起眼的零件,没有计划、没有组合地堆积在一起,也只能算作一堆废铁。正因为搭配合理,才价值不菲。企业中用人也是一个道理,领导者要对于每个下属在能力、性格、爱好等方面的不同特点做到心中有数,然后按其特性将他们合理搭配,才能使个人和队伍都能够发挥出最佳的人才效益。

一加一等于二,这是尽人皆知的简单数理逻辑,可是用在人才使用的组合上却不一定。如果搭配得恰当,一加一不但等于二,还很可能等于三、等于四,甚至一千、一万。可是,如果搭配不当,一加一不但可能等于零,还可能得出负数来。所以,领导者不但要考虑到下属的才智和能力,还要特别重视人才的合理搭配。

(十七)从严对待“不听话”的下属

对于领导者来说,可能遇到的最难处理的一种情况就是一位员工不接受指示或者干脆把指示当成耳旁风,或者在开会时当着其他员工的面顶撞自己。这种员工的存在直接影响领导的威信和工作的顺利进行,不可小视!

这些“不听话”的下属也分不同类型,有能力型,这类人自视很高,眼高于手,看不起领导,处处刁难、为难领导,工作不配合;有平庸型,这类人胸无笔墨,志大才疏,工作下来他根本无力去完成,一拖再拖;有后台型,这类人有背景、有依赖,觉得了不起,总喜欢对现任领导评点,好像领导的位子就掌握在他手里,网罗一些人不仅不干活,反而指点评说别人;有投机型,有利可图就干,无利可图就甩手,工作忽冷忽热;有棋子型,这类人头脑简单，为了一时的义气或利益，听信别人的教唆，充当棋子，与领导对抗，使别有用心的人坐收渔翁之利；有自私型，这类人心胸狭窄，由于自己的利益、目的没达到，迁怒于现任领导，或掣肘，或对抗；还有就是刺头型，这些人天生就有叛逆的心理，看谁都不顺眼，跟谁都对抗。

然而无论是哪种类型，对于领导的危害都是一致的，那就是损坏领导形象，扰乱大家工作情绪，阻碍工作的开展，百害无一利。要想工作顺利进行，领导者就要从严对待这些不听话的下属。

领导者在面对“不听话”的下属时，要做到“三个不能”。

(1)不能因此而乱了方寸。凡事不听话的下属都会有冲撞行为和恶语相向，这时你要有涵养，不能被对方的情绪所感染，你是正义的，他是非正义的，你要明白自己的目的，你是为了工作，不是为了吵架，不然你就会处于被动。

(2)不能报复下属。下属再错毕竟是下属，你是领导，你不能与他一般见识。他错了、无礼了，你可以批评、教育，但你因此记恨他、报复他，这就不是一位领导的心胸了。

(3)领导者不能退让。作为一个企业的负责人，一定要有自己的尊严，要维护自己的威信，要做到有理有利有节，不能给人软弱的形象，该讲方法讲方法，该用硬手腕一定要用，不然会无立足之地！

对领导来讲，最不能容忍的，不是下属无能，而是下属有能力，却各自为政，不听自己的。一把钝刀可以磨，可以重新敲打，好歹能使；一把不顺手的利刃，却可能弄伤自己，这样的利刃，越锋利越危险。所以，不听话的下属，必须清理出核心队伍。

(十八)用人不拘一格，不论资排辈

闻鼙鼓而思良相，人才的重要地位和作用，在一切团队管理中都是举足轻重的，善于用人是领导者必备的素质之一。团队要想在竞争中获胜，就要有大批真才实学的人才。而要想群贤毕至，就需要领导者在选任人才时不要有固定不变的模式，敢于打破文凭、资历、年龄这些条条框框，任人唯才，唯才是用，只要有才就应为我所用。

1.不计年龄

据统计，人的一生中25~45岁之间是创造力最旺盛的黄金时期，被称为创造年龄区。

如果领导者不敢重用年轻人才，既耽误年轻人才的前程，也会不利于自己的事业。当然，用人不计较年龄并不是说"唯小是举"，还是要唯才是举，只要有才，都可为我所用。

领导者用人千万不能以年龄为标准一刀切，假如你制定一个53岁就不能再提拔的政策，那么50岁出头的人工作态度肯定要大打折扣。"年龄是个宝，能力做参考"就是讽刺用人唯年轻化的现实，领导者不能不引以为戒。

2.不拘小节

领导者用人用的是才，只要这个人能帮你做好事情，就不应该求全责备。人才的那些高傲、偏执、好强的性格缺点以及邋遢、懒散等行为习惯完全可以忽略不计，至于那些嗜酒、好色、贪财的毛病，也应该予以宽容，但要注意将其控制在一定的范围内，不至于酿出大祸。

著名将领吴起在离开鲁国后，听说魏文侯很贤明，就想去投奔他。魏文侯问大臣李克："吴起这个人为人怎么样？"李克说："吴起贪心而好色，但是他用兵的能力连司马穰苴也不能超过他。"于是魏文侯就任命吴起为将军，率军攻打秦国，果然，他骁勇无比，连克五座城池。

但凡优秀的领导者都懂得人无完人的道理，在识人用人的时候不拘小节，看重才干。如果要想发展，则必须依靠有才干的人来冲锋陷阵。

3.不看外貌

人有美丑之分，但长得丑不是一个人的错，更不能说明这个人无才。《三国演义》中的张松、庞统，虽然人丑但是很有才。如果一个领导者只因为一个人看起来不顺眼，"咔嚓"一声把此人的才能否决了，那绝对是识人的错误。

一个人才既有好看的外表，又有满腹才略当然最好，然而相貌丑陋，才华横溢的也与大局无妨。领导者用人是要用他的才，而非他的貌，千万不可本末倒置。

4.不分亲疏

不任人唯亲，要唯才是举，这样的话说起来简单，但领导者要真正做到又是何等的艰难。只有具有顽强的意志和极高的情操，才能克服私心、私欲，真正做到任人唯贤。卡尔诺将军在拿破仑执政前，曾竭力反对拿破仑当"第一执政"和皇帝。几年后，当他愿为拿破仑效力时，拿破仑即任命他为安特卫普总督，之后又任命他为内务大臣。知人善任，不拘一格，使拿破仑成了统率劲旅、横扫千军的旷世伟人。

5.不藏私心

领导者要避免用人唯亲的错误，就要做到“内举不避亲，外举不避仇”，要有公正之心，不能藏有私心，不能为了立山头、拉帮派或者打击异己而失去了公正。领导者能否做到公心选才，既关系到人才的命运，也关乎自己的命运。如果领导者只凭个人好恶、亲疏、恩怨、得失来识人用人，一方面会使德才平庸、善于投机取巧的人得到重用，另一方面又会埋没一些德才兼备的人。

6.不管门第

“英雄问何处，当初皆贫寒。”大凡贤能之士多产生于卑贱贫苦人家，只有独具慧眼的领导才能发现、提拔、任用他们。

比如汉代的朱买臣，家里很穷，靠砍柴卖柴来维持生活，他妻子吵着要离婚，这在封建社会对一个男人而言，实在是莫大的耻辱。但朱买臣不以为然，继续背他的书。后来严助向皇帝推荐了朱买臣，他被召见，同汉武帝谈论《春秋》《楚辞》，汉武帝十分赏识他，提拔他当了会稽太守。

7.不迷表象

真正具有真才实学的人才往往是大智若愚的，而那些多少有点才的人往往善于言谈，这让领导者很难辨别谁是真正的人才。赵孝成王重用纸上谈兵的赵括，诸葛亮轻信志大才疏的马谡，都是因为被其光鲜的外表所迷惑了，犯了识别人才时的一个常见错误——“耳目之误”。

领导者在识别人才时，千万不能被表面现象所迷惑，要从工作实践中去观察其能力，从工作业绩中去判断其水平。

8.不重资历

没有出名的“小人物”一开始总容易被人看不起。

如法国年轻的数学家伽罗华 17 岁时写出关于高次方程代数解法的文章，进到法兰西科学院，没有受到重视。20 岁时，他第三次将论文寄去，审稿人渡松院士看过之后的结论是“完全不可理解！”又如美国科学家贝尔想发明电话，他将自己的想法说给一位有名的电报技师听，那位技师认为贝尔的想法是天大的笑话，还讥讽说：“正常人的胆囊是附

在肝脏上的，而你的身体却在胆囊里，少见！少见！”

龚自珍认为，论资排辈的用人制度阻碍了人才的发掘，导致了“朝廷无才相、地方无才吏、边关无才将、田野无才农、集市无才商、山林无才盗、陋巷无才偷”的荒唐局面，所以他疾呼“我劝天公重抖擞，不拘一格降人才”。尽管一百多年过去了，龚自珍老先生的声音犹旋在耳！

(十九)大胆起用新人

新进人员，尤其是年轻人，他们在新的环境中雄心勃发，有一展身手的欲望。领导者如果能充分利用这一点，开掘新人的潜力，大胆起用新人，则其前景辉煌。

太平天国的洪秀全临危之际使用陈玉成就是一个敢用新人的好例子。

太平天国打下半壁江山后，1856年，发生了天京事变，杨秀清等一大批猛将死于内讧之中。这个时代，洪秀全任用了一大批新人来当将帅，其中，就有年轻的陈玉成。

陈玉成出身于贫苦农家，生长于穷乡僻壤，十四岁参加起义，冲锋在前；十七岁破武昌建奇功，被荐升为正典圣粮，负责一万余人的给养；十八岁为大将，带兵作战，被封为殿右三十检点。随后，他独当一面，攻城掠地，屡建奇功，打了许多出色的胜仗，1856年，陈玉成率领几名壮士，单船闯入被敌人层层封锁的镇江，更是把陈玉成传奇般的作战经历推向了顶峰。

鉴于陈玉成的传奇般的经历，洪秀全让二十岁的陈玉成成为太平天国的最高军事将领，全面负责太平天国的军事行动。仅1857年一年，陈玉成带领手下军队转战安徽、湖北，“马不离鞍，人不卸甲”，到底攻破多少城池，占领多少州县，他自己都无从数起。提到他的名字，清军就禁不住战栗。

由此可见，正确大胆地起用新人，能成就大事。

麦当劳是驰誉全球的快餐店，其总部设在美国，并在世界100多个国家和地区设立了30000多家分店。麦当劳的成功，实际上也是领导者善于选用人才和使用人才的结果。

麦当劳的用人策略之一就是用“生”不用“熟”。经过三十几年的奋斗，麦当劳在用人上积累了一整套成功的管理经验。企业招聘时宁可用对业务一窍不通的新人，也不愿用所谓"熟练"的人员。因为他们要用自己的经验来培训员工,而决不用他人的框架来局限自己,这种极有创意的管理方法为麦当劳赢得了成功。

新人,尤其是年轻人,他们在新的环境中雄心勃发,有一展身手的欲望。领导者如果能充分利用这一点,开掘新人的潜力,则其前景辉煌。

广东格兰仕集团一直把人视为第一资本。从创业时期的数十人,发展到如今的1.8万人,格兰仕一直以大胆采用新人著称,并在企业内部形成"能者上,庸者下"的格局。

格兰仕会不定期招聘一些优秀的应届毕业生,放到基层锻炼,然后从中筛选出优秀的人才,提拔使用。格兰仕把这一举措称为"人才蓄水"。经过几年的锻炼之后,一些人就会脱颖而出,担任区域经理、营销中心经理等重要职务。

20世纪90年代初,当第一批大学毕业生来到格兰仕时,一些老员工并不认同,在企业内部还引起了争议。几年的实践证明,一个大学生并不一定是最好的,但是一群大学生的可塑性不可低估。现在,格兰仕1.8万员工中,大学生的比例达到28%。

敢用新人的举措,给格兰仕注入了新的血液,不滥用新人,也保证了格兰仕人才的能力水平。

因此,对于领导者而言,为了企业的长足发展,要能大胆起用新人。与此同时,又不能不管能力水平地滥用新人。

(二十)不要偏袒有经验的员工

很多领导者无论是在招聘人才的时候,还是用人的时候,都比较偏袒有经验的员工,他们觉得经验可以让人少犯错误,尽快地完成任务。但有时候经验并不一定真的有用,相反还会成为一个人思想的桎梏,致使他犯下不可饶恕的错误。

我们从历史上的成功案例中看到,许多有伟大成就的都是经历不多的年轻人,因为他们不受固有模式的束缚,可以敏锐地感受到事物的一些细微的新变化,能从现有的形势出发;而富有经验的人,往往囿于许多的成见之中,墨守成规,照搬以前的经验和经过检验的真理,却不知这样更有可能埋下失败的种子。

但是在现实生活中,偏袒有经验的员工是大多数领导者最容易犯的一个错误。领导者不妨用不带偏见的眼光,看看身边那些富有经验的员工,他们是不是更多时候被他的经验所限制。

丁瑞要求跟总裁私下谈谈，他最近感到很委屈，因为总裁最为得力的助理李珂被调升为分公司的经理，而自己比他有经验得多，却没有获得该职位。他想知道原因，“李珂到公司的时间比我晚得多，为什么得到那份工作？我来了有12年了，而他只有6年。”总裁花了很长的时间说明“经理”这一职务所需要的条件。在讨论过程中，不时提醒丁瑞，很多年前，他就被视为不适合参加公司举办的主管培训计划，其中包括由公司付钱业余时间到大学选修一些课程。“李珂则能把握住每一个类似的机会。”他补充说。“但我有经验。”丁瑞提出抗议，“12年的经验。我对自己的工作了解透彻，我也没有李珂那种在自己的公司里作草率改进的事。”

“也许，丁瑞，这就是你犯的最大的错误，”总裁打断他的话，“不错，我让李珂去试验他的想法，虽然其中有不少我怀疑根本不可能成功。我承认，李珂吃了一些苦头。但是，我宁愿设法让一匹快马慢下来，也不愿尝试鞭策慢马加速。”然后，他以相当温和的语气做了个总结：“丁瑞，你没有12年的经验，你只有连续12个1年的经验。”

作为领导者，如果想让自己的员工富有创造力，最好在招聘时就不要考虑那些有经验的人。他们都是“套装”的，而且很可能就是深灰色或黑色的“套装”——这样的人做事最容易落入俗套。很多时候都不如那些没有经验的“外行人”带来的惊喜多，因为“外行人”能让企业充满活力。

(二十一)适时提拔能干的下属

日本某设备工业公司材料部有位优秀的组长，名叫山本。因为他精明能干，科长便分给他很多工作，而山本自己还有许多其他工作，诸如同其他部门协作，建立单位的管理系统等。山本工作积极、人品好，深受周围同事的好评。曾在该公司做过调查与采访的富山芳雄认为山本这个人未来一定会很有前途。

然而，时隔数年，当富山芳雄再次到这家公司时，竟然发现山本的现状与自己所想相差甚远。富山芳雄原以为山本已升任经理了，谁知他才是个小科长，而且离开了生产指挥系统的第一线，只当了一个材料部门的有职无权的空头科长，既没有正经的工作，也没有一个下属。此时的山本，给人的是一副厌世的形象。

为什么会出现这样让人意想不到的变化呢？经过调查，富山芳雄才明白了事情的真相，原来这些年，山本的上司换了3任。最初的科长，因为山本精明能干，又是个靠得住的人，丝毫就没有让他调动的想法。第二任科长走马上任时，人事部门曾提出调动提升山本的建议。然而，新任科长不同意马上调走他，他的理由是：山本是工作主力，如果把他调走，势必要给自己的工作带来很大的困难，由此而造成的工作损失他是不负责的。这样，哪任科长都不肯放他走，山本只好长期被迫做同样的工作，提升之事不了了之。

最初，山本似乎并没有什么想不通的，工作干得还不错。然而，随着时间的推移，他逐渐变得主观、傲慢、固执，根本听不进别人的意见和见解，加上他对工作又了如指掌，对下属的意见根本不肯听，独断专行，盛气凌人。结果，使得每个下属都不愿意在他身边长久干下去，纷纷要求调走。然而领导却认为，他虽然工作内行，堪称专家，却不适应担任更高一级的职务。于是，山本虽然工作能力很强，却比同期进入公司的人提升科长晚了一步。这又使他变得越来越固执，以致工作出了问题，最终被调离第一线的指挥系统。

可见，领导者千万不能总是让下属原地踏步，尤其是对那些能干的下属，更应该适时予以提拔。

每个人在某个岗位上，都有一个最佳状态时期。身为领导，要经常加强考察，研究下属在能力饱和曲线上已经发展到哪个部位了。一方面，对在现有岗位上已经锻炼成熟的干部，要让他们承担难度更大的工作，或及时提拔到上一级岗位上来，为他们提供新的发展空间；对一些特别优秀的员工，要采取“小步快跑”的破格提拔方式使他们充分施展才干。

另一方面，对经过一段时间的实践证明不适应现有岗位锻炼的干部，要及时调整到下一级岗位上去加强锻炼。如果我们在岗位问题上对下属良莠不分，在任职时间上搞“平均主义”，必然埋没甚至摧残人才。如果该晋升的没有晋升，不该晋升的却晋升了，那就糟了。只要领导者在岗位问题上坚持实事求是，按照人才成长的规律办事，客观地任用下属，就一定能够造就一批又一批的优秀人才。

(二十二)让能人扎堆不一定有效率

智慧和能力相同或相近的人不能扎堆儿，因为能人扎堆往往会对企业发展不利。看这样一个例子：

3位能力极强的老板合资创办了一家高新技术企业，3人分别担任董事长、总经理和常务副总经理的职位。一般人认为这家公司的业务一定会欣欣向荣，但结果却令人大跌眼镜——这家企业非但没有赢利，反而连年亏损。原因很简单，3位老板都擅自决断，都想说了算，最后啥事也没干成，管理层内耗导致企业严重亏损。毕竟是身经百战，3位老板中的一位自动退股，另寻他路。有人猜测这家亏损的公司再经这一番撤资打击之后，一定会垮掉，没想到在留下的董事长和常务副总经理的齐心努力下，公司竟然发挥了最大的生产力，在短期内使生产和销售总额达到原来的两倍。不但把几年来的亏损弥补过来，并且连连创造出相当高的利润。而那位另寻他路的老板，自担任董事长后，充分发挥自己的实力，表现出卓越的经营才能，也缔造了不俗的业绩。

这确实是个值得研究的例子，3个经营人才，搭配在一起却惨遭失败，而将他们分开，分成两部分，反而获得了成功。所以领导者用人，不光要考虑其才能，更要注意人员的编组和配合。

一个人的能力再强，也不可能单打独斗就成功，企业需要综合数人的意见，集思广益。然而，每个人都有智慧、思想个性，如果意见不一或个性不投缘，往往容易产生冲突，这样一来，力量就被分散或抵消。一般来说，一个单位或一个部门中，最好不要都配备精明强干的人。假如把10个自认一流的优秀人才集中在一起做事，每个人都有其坚定的主张，那么10个人就会有10种主张，根本无法决断，计划也无法落实。但如果10个人中只有一两个才智出众，其余那些才智平凡的人就会心悦诚服地遵从那两位有才智者的领导，工作可以顺利开展。所以，领导者用人，不光要考虑其才能，更要注意人员的编组和配合。

让下属团结，是用人的基本要求。封建军阀安排人事总故意树立对立面，其出发点是怕下属机构形成“铁板块”，从而失去控制，这种“组阁”办法造成决策机构和下属之间同床异梦。这种“权术”万万不能用于企业，企业班子需团结一致，同心同德。

团结就是力量。如果一个企业出现无所适从的情形时，就应立即施行“手术”，以减少内耗。当然，人员调配并不容易，由于每个人都重视自己的意见和观点，相互排斥对立现象的事时有发生，而解决对立又能使公司效率运转最有效的办法，就是别让能人扎堆儿。

(二十三)用人,就要尊重人

用人,就要尊重人。在企业中,领导与下属之间应该是相互尊重的。尊重下属的人格,与下属平等相处,才能营造一种平等、民主、和谐的内部关系,才能让下属自动、自觉、自发地去工作。

如果领导者颐指气使,对下属不尊重,下属中肯定会出现消极怠工、阳奉阴违等行为,进而严重削弱团队的战斗力。

领导者只有以诚待人,尊重人,才能得到下属的忠心,才会让下属心甘情愿地为团队效劳。

韩国某大型公司的一个清洁工,本来是一个最被人忽视、最被人看不起的角色,但就是这样一个人,却在一天晚上公司保险箱被窃时,与小偷进行了殊死搏斗。事后,面对大家的询问,他的答案却出人意料。他说,当公司老板从他身旁经过时,总会不时地说上诸如"你扫的地真干净""辛苦了""感谢你的劳动"这样的话。

这些简单但很有人情味的话语感动了那个清洁工,也是这些简单的话让那个清洁工感受到了尊重,令他在关键时刻,为了公司利益不惜以命相搏。

有句老话说得好:"士为知己者死。"领导者对下属的尊重会催生出不凡的力量。

人与人之间,虽然在学问、财富、地位上有差别,但人格是平等的;领导者与下属,虽然存在着能力、职务、权力上的差异,但人格上也是平等的。尊重下属的人格,用平等的心态与下属交往,这是一个好领导应该具备的基本素质,也是充分调动下属积极性的一个关键因素。怎样才能做到与下属平等相处呢?

(1)领导者在与下属的交往中要有正确的态度,不是飞扬跋扈、高高在上,而是以平等甚至是谦虚的心态去与下属沟通、交心,创造出一种亲切、融洽、无拘无束的伙伴关系。

(2)领导者要尊重下属的劳动,一项工作完成后,领导者要充分感谢下属为此付出的努力,要旗帜鲜明地肯定他们的工作成果,表彰他们的创见和贡献。对下属的偶然失误,要与他们分析原因,共同担负责任。

(3)领导者对下属的意见要正确对待,即使不完全正确,也要充分肯定其正确的部分，要做到“闻过则喜，从谏如流”，不可耿耿于怀，甚至粗暴地以言治罪。

(4)领导者批评下属时要讲究方法，要本着对事不对人的原则，实事求是地指出下属的错误，帮助他们分析原因并找到改进的办法。切忌当众严词批评与指责，这样只会把事情搞得更糟。

领导者只要能营造一种平等、民主、和谐的内部关系，就能让下属自动、自觉、自发地去工作。

(二十四)给员工创造一个好的工作环境

惠普公司的创始人比尔·休利特说过：“所有员工都想把工作做好，如果提供给他们合适的工作环境，他们就会做好。”

一棵小树苗，要成长成一棵参天大树，适当的土壤和环境是起决定性作用的。对企业员工来说，也是如此。当一个领导者把一个人才招募到公司时，就如同种下一棵树苗，只有为他提供适当的环境，他才能发挥出全部的才能，为公司创造利润。

但是，不幸的是，许多领导者并不能意识到环境对于员工的重要性，他们只知一味地向员工要业绩，却从不给他们提供产生业绩的环境，结果一切要求都只是徒劳。

一家企业，如果能登上成功的顶峰，理由肯定不止一个。但众所一致的是，所有成功的企业都离不开“人”。人才，是企业竞争力的根源。但是如果企业不能给人才创造一个好的工作环境，那么能力再大的人，也发挥不出他的才能。

如果一个踌躇满志、满腹才华的人，在工作时却总是受到上司的压制，受到同事的排挤，那他根本不可能做好自己分内的工作，更别说发挥潜能，去做更多的事了。

所以说，要想让员工把自己的能力发挥出来，就必须给他提供一个良好的环境——就如同给优秀舞者提供舞台，他才能跳出优美的舞蹈是一样的道理。舞台有多大，人才的能力就有多大。

沃尔玛公司的成功，就与其对待员工的策略分不开。这个策略中很重要的一点就是，给员工提供发挥才能的环境。

沃尔玛创立之初，就强调了一条用人原则：“吸纳、留住、发展”，而后在实践中摸索，又将其演变成了“留住、发展、吸纳”。这并非是单纯的文字顺序的位置调换，而意味着沃尔玛更加重视完善企业内部的用人机制，通过给员工提供良好的发展空间，从企业内部培养、选拔优秀的人才，而不是一味从外聘用。

为了将这一用人原则落到实处，沃尔玛采取了一系列的做法：

首先，沃尔玛把员工当作是合伙人，领导者与员工的关系也形成了真正意义上的伙伴关系。

沃尔玛在企业内部，实行利润共享政策。曾有一段时间，沃尔玛有80%以上的员工，借助利润分享计划，或通过员工认股计划，都直接拥有了公司的股票。这使沃尔玛的员工真正和公司合成了一体，将公司的利益看成是自己的利益，从而更加努力地工作。更加充分地发挥自己的才能。

另外，沃尔玛还采取损耗奖励政策——对有效控制损耗的分店进行奖励，这一举措使沃尔玛在面对零售业的最大敌人——损耗时，优势远远超出其他零售企业。

沃尔玛还通过分享信息和分担责任，让员工产生责任感和参与感。在沃尔玛的各个商店里，员工们能清楚地知道该店的利润、进货、销售和减价情况。这使得员工感觉自己是企业的“合伙人”。

其次，沃尔玛还善用终身培训机制来发展人才。沃尔玛为员工安排一系列的培训，包括入职培训、技术培训、工作岗位培训、海外培训等等，并且还对管理人员进行领导艺术培训。在美国沃尔玛总部还专门设有沃尔顿零售学院，不定期地从世界各地的沃尔玛公司.选拔优秀人员前往接受培训。培训内容涉及零售学、商业运作以及管理、高级领导技术等；培训时间从数周至数月不等。

此外，沃尔玛还通过轮岗制，让各级主管担任不同的工作，接触企业内部的各个不同层面，寻找最适合自己的发挥途径和方法，最终把握公司的总体业务，并掌握各种技能。

在沃尔玛如此广阔的舞台上，沃尔玛员工们有了充分施展的空间，使得他们的潜能得到充分的发挥。人们总是不断惊奇地看着一个平凡的人，走进沃尔玛后变成了一个非凡的人才，这就是沃尔玛的“舞台”作用。

所以，在管理一个企业时，领导者给员工创造一个好的工作环境，是激发他发挥所有才能的首要条件。否则，企业只会陷入一种怪圈：领导者守着“人才”，还感叹“人才匮乏”，而后又不断地去招募新人，却仍然摆脱不了“人才危机”。

(二十五)信任当然必要,监督也必不可少

领导者要信任下属,但不能放任下属。信任是一种理解和依赖,放任则是一种散漫和纵容。信任下属是必要的,但监督也必不可少!

在一个团队中,领导往往必须承担最大的风险。一个企业倒闭,一个团队出现问题,负责任的是领导,要处罚的也是领导,而下属依然还是下属,似乎不关他们的事。由此看来,平时如果对下属缺少监督,那最终受伤最重的往往还是领导者本人。

从人性的角度看,人都是有惰性的,也都是自私的。因此,企业领导不仅要建立起科学有效的激励机制,还必须建立科学的监督机制,这样才能规范下属的行为。这既是对事业、对团队、对领导者自己负责,也是对下属负责。放任自流不可取,有监督的信任才能将信任的力量发挥到极致。

王总就是因为用人时对下属的放任自流而吃尽了苦头。有一次,他无意间发现库管为了牟私利,居然悄悄卖货。等到月底价格下降了,又去市场上收货来平仓,赚取其中的差价。虽然事情暴露了,但王总却很难处理。因为这一事件还涉及业务助理与财务,只有三方“同心协力”才能完成此事。法不责众、尾大不掉啊!难不成要把他们三个全都炒掉吗?他们三人可都是熟练的员工,炒掉以后,公司的正常运行肯定会遇到不少困难,而且,他们被炒以后,万一到竞争对手那里,那公司就没有秘密了,多危险呀!但如果不炒的话,今后还如何管理下属?思前想后,王总还是犹豫不决,不知该如何处理。他后悔当初没有对下属加强监督。

有监督的信任就是“用人以疑”。这与前面说的“用人不疑”并不互相排斥,而是相得益彰的一对矛盾的统一体。“用人以疑”不是两面三刀,更不是要阴谋诡计,而是对事不对人的监督检查制度,是稳定团队、防微杜渐的最好办法。

对于人才,领导的做法是,既要相信他们、大胆使用他们,又要做好监督,否则,“放手”就变成了“放羊”,信任就变成了放任,最终会给团队甚至领导者本人带来“灭顶之灾”。英国的巴林银行就是因为对驻新加坡的负责人里森听之任之,结果里森一直做假账隐瞒亏损,仅 3 年时间就使银行遭受巨额亏损,致使有 200 年历史的老牌巴林银行破产。

《韩非子》中有这样一个故事：

鲁国有个人叫阳虎，因触犯鲁王被驱逐出境，逃到晋国受赵简子任用。赵简子十分赏识他的才能，任他为首辅。近臣向赵简子进谏说："听说阳虎私心颇重，你怎能用这种人打理朝政呢?"赵简子回答道："阳虎或许会寻机谋私，但我一定会小心监视，防止他这样做，只要我拥有不至于被臣子篡权的力量，他阳虎又怎么能轻易地达到目的呢?"这样，阳虎在首辅位上如鱼得水地施展自己的抱负和才能，而赵简子则在一定程度上监督着阳虎，使他不敢也不至于越位，最终使赵简子成了晋国最强大的世卿。

法国启蒙思想家孟德斯鸠说过："绝对权力产生腐败。"这句话套用过来就是：绝对的信任带来危机！因此，企业要避免危机，就应该在信任的同时，也不忘进行监督。

褒奖守令

汉宣帝

褒奖守令[1]

【历史背景】

汉宣帝选用官员，极为重视知府知县这两级官员。为了扩大识人的范围，汉宣帝还敕令在京五品以上官员，及外面的刺史，各自推举所了解的好县令一人，奏闻于上。起用之后，便适时考察那县令贤否，作为举主的赏罚，所举者贤，与之同赏；所举者不肖，与之同罚。汉宣帝还对那些在任期内政绩卓著的好太守不次擢用。

【原文】

汉史纪：宣帝[2]时，极重守令。尝以为太守吏民[3]之本，数变易则下不安。民知其将久，不敢欺罔，乃服从其教化。故二千石[4]有治理效，辄以玺书勉励，增秩赐金，或爵至关内侯[5]。公卿缺，则选诸所表，以次用之。是故汉世良吏于是为盛，称中兴焉。

【张居正解】

西汉史上记：宣帝选用官员，极重那知府知县两样官。尝说道："各府太守，最是亲民之官，第一要紧。若是到任不久，就转迁去，百姓便不得蒙其恩惠，且迎新送旧，徒见劳扰。必须做得年久，然后民情土俗、百姓甘苦，他都知道，施些恩惠，行些政事，也都晓得头脑；那百姓也欺哄不得，自然顺从他的教化。"所以宣帝时做守相，食二千石俸的，都要久任。若是历任未久，就有功劳，也只降敕书奖励，或就彼加升官级，或赏赐金帛，或赐以关内侯的爵级，仍照旧管事。到做的年岁深了，遇三公九卿有缺，即把向前旌表的好太守不次擢用，如黄霸[6]以颍川太守入为太子太傅，赵广汉[7]以颍川太守入为京兆尹。宣帝之留心守令如此，所以那时做官的，人人勤勉，好官甚多，而天下太平，中兴之美，后世鲜及焉。夫官惟久任，则上下相安，既便于民；日久超擢，则官不淹滞，亦便于官。此用人保民之善法也。后来科目太繁，额数日增；升转之期，计日可俟；席不暇暖，辄已他迁。视其官如传舍⑧，视百姓如路人而已，其何以治天下哉？

【注释】

①本篇出自《汉书·宣帝纪》及《循吏传》。记述汉宣帝表彰重用守令的故事。守令：指地方长官。守指太守，令指县令。

②宣帝：即汉宣帝（前91～前49）。本名刘病已，字次卿，即位后改名询。为大将军霍光所立，前74～前49年在位。

③吏民：治理民众，统治老百姓。

④二千石：汉代官员以食俸定等级，朝中九卿、郎校和地方守、尉，均为二千石。中二千石，月得谷一百八十斛。

⑤关内侯：二十等爵制中仅次于彻侯的爵位。

⑥黄霸（？～前51）：字次公，淮阳阳夏（今河南太康）人。宣帝时历任扬州刺史、颖川太守、御史大夫、丞相等职，封建成侯。为当时"循吏"代表之一。

⑦赵广汉（？～前65）：涿郡蠡吾（今河北博野西南）人。宣帝时任颍川太守。曾诛杀豪强原氏、褚氏等。迁京兆尹。

⑧传舍：旅馆。

【译文】

汉代史书上记载：汉宣帝在位时，极为重视州郡一级的守令官员。宣帝认为太守是治理民众的根本。如果多次调换，老百姓便会产生不安。如果民众知道他将在这里久任，就不敢欺骗他，就会服从他所实施的政教风化。所以当太守等地方官有显著的治民政绩时，就用加盖皇帝印章的御书加以鼓励，增加他的俸禄品级，并赐给金钱或增爵至关内侯，但仍照旧管理原地政事。遇到朝廷三公九卿有缺位时，就选拔那些得到褒奖的人，按次加以任用。因此，汉朝历史上好的地方官众多，被称之为"中兴"。

【评议】

史载,汉宣帝在位时,极为重视郡县一级的地方官员。他认为太守这一级别的父母官是治理地方的根本。如果经常更换地方官员,老百姓就会产生不安的情绪。若百姓知道地方官员将在这里长久任职,不能欺哄,就会安心服从他所施行的大小政令。因此,像俸禄二千石这样的地方官员,当他有显著政绩的时候,就会得到皇帝下的谕书,鼓励他治理有方,表彰他尽忠职守造福于一方百姓,并给他升职、赐赏或封他为关内侯这样的爵位,但是仍然离不开旧任,依然供职于地方。一旦朝廷的中央官员有了空缺,就会从那些得到过表彰的地方官员当中挑选,按次第顺序加以任用。

汉宣帝在位期间,地方官员在“有效治理”的前提下,长期留任、予以嘉奖,并适时提拔,所以优秀的地方官员层出不穷,这些官员是成就“中兴之世”的重要力量。本篇故事也说明了一个简单的道理,只有那些在基层锻炼出来的官员,才与民众的接触最深,最能够了解基层的情况,与百姓打成一片,民隐才能够通过他们得以申明。那些深居简出、从不下视的官员,他们制定的政策必然是脱离实际,没有群众基础的。

【镜鉴】

一、以人为本的管理艺术

企业里人心涣散,你争我斗,是极具杀伤力的事情。人际关系又是相当微妙复杂的,其中的道理成千上万,但是,其中最基本的一条就是诚恳待人,不卑不亢,此为立身处世之本,也是生意场上的决胜之道。

(一)“领导力”来自“亲和力”

作为领导,要懂得本部门、本单位的发展单靠自己的力量是难以实现的,要靠你与下属之间的通力合作、紧密团结,才能顺利实现工作目标,完成工作任务。

没有这种团结，整个部门、单位的工作效率就会大受影响。如果一个组织已经是一盘散沙、不成一体，那么很难想象，它还能开展什么实际的工作。

汉高祖刘邦非常善于用人，巧于聚集人才、招贤纳士，与属下精诚团结。4年楚汉战争，君臣一心，共图大业，最终战胜了项羽，建立了大汉王朝。这是与下属建立良好关系的一个范例。

水能载舟，亦能覆舟。商纣王昏庸无道，贪恋酒色，刑罚严厉，残暴成性，终日荒于政事，弄得满朝的忠义之臣个个寒心、人人胆惊。最后，商纣王只落得众叛亲离、自焚鹿台的结果。这个故事，虽然夹杂一些神话小说的虚构色彩，但却是取材于史实，深刻说明了如果不能处理好与下属的关系，就会招致意想不到的恶果的道理。

举以上两个例子，无非是想说明处理好与下属关系的重要性。如果你正在做领导，是不是也应该有一种危机感呢？"吾日当三省吾身"，仔细反省一下自己的所作所为，想一想自己与下属的关系究竟如何，自己的椅子坐得是否还稳当，这是很必要的。

作为一名领导，要善于把握与下属的距离。与下属保持适当的距离，使自己的领导职能得以充分发挥其应有的作用，这一点是非常重要的。

如果你想把所有的下属团结成一家人似的，那么，这个想法至少是很可笑的，事实上也是不可能的。如果你现在正在做这方面的努力，劝你还是赶快放弃。

退一步说，即使你的每一个下属都与你八拜结交、亲如同胞兄弟。但是，你想过没有，你既然是本部门、单位的领导，那么你与下属之间除去有亲兄弟般的关系以外，还有一层上下级的关系。当部门、单位的利益与你的亲如兄弟的下属利益发生冲突、矛盾时，你又该如何处理呢？

所以说，与下属建立过于亲密的关系，并不利于你的工作，反而会带来许多不易解决的难题。

在你做出某项决定要通过下属贯彻执行时，恰巧这个下属与你平常交情甚厚，不分彼此。你的决定很可能会传到这个下属的耳中。他如果是一个通情达理的人，为了支持你的工作，会放弃自己暂时的利益而去执行你的决定，这自然是最好不过的。但是，如果他是一个不晓事理的人，就会立即找上门来，依靠他与你之间的关系，请求你收回决定，这无疑是给你出了一个大难题。

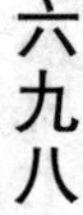

你如果要收回决定的话，必然会受到他人的非议，引起其他下属的不满，工作也无法开展。

不收回，就会使你与这位下属的关系出现恶化，他也许会说你是一个太不讲情面的人，从而远离你。

与下属关系密切，往往会带来许多麻烦的事情，导致领导的工作难以顺利进行，影响领导形象。

但是，与下属关系过于疏远，躲进了世外桃源，也不意味着就寻找到了最佳的方式而万事大吉了。

与下属的距离太远，你往往难以获得来自下属的意见、建议，听不到他们的呼声，许多信息你也接收不到。在你下达一项命令之后，由于过分强调与下属保持距离，命令在下属手中执行时，你往往难以给予有效的控制，导致过程失控。你不满意，下属也会有很大意见。

何况，不接近下属的领导，往往给人以摆"官架子"的感觉。下属会认为你过于注重自己做领导的尊严，不愿意同下属们交谈、贴近，下属会开始鄙视你、厌恶你，工作中也会有所怠慢。你与下属之间便产生了一种无形的厚厚的隔膜，不但不能征服人心，而且下属们还会离你越来越远。表面上你是一名有尊严的领导，实际上你已不能有效地发挥领导的作用。

因此，当你在发现下属不自觉地与你疏远的时候，你必须立即采取适当的行动，把彼此的心理距离拉近一些。假如每个下属每次见到你的时候，总是勉强打个招呼就匆匆而去，而且绝大多数下属都未曾踏进你的办公室一步。那么，你简直就像一只脱离群兽的狮子，或者更像一个摸大象的瞎子，靠自己一个人去努力，而这种努力又是非常盲目的。

久而久之，由于下属与你之间距离的拉大，你的决策常常失去下属应有的参谋，因而会失去客观性和准确性。这时，你也许对自己的决策也开始怀疑，甚至犹豫不定，造成工作的推迟或反复。

距离过远，绝不是一个好的方式。你可能会在这种疏远的关系下，悄悄地丢掉你的领导职位。

保持距离是一门领导艺术，需要在实践中不断充实、不断积累。

要想坐稳自己的椅子，还必须加强与下属的交流，与下属之间保持经常性的信息沟通，就能使彼此统一步调和意志，保证工作的顺利进行。

而这种交流的方式则是不拘一格的，要按情况而定，可以是实际工作中的交流，也可以是书面或口头的交流。这样，作为领导者，才能够及时、准确地接收和获取各种动态消息，并作出适当的、相应的决策。

有时候，你不要忽视下属的几句牢骚和气话，如果能马上捕捉住，这往往是一些你最需要、最真实的情况，能帮助你发现工作中被一些表面现象所掩盖的不足，从而使你能够迅速给以矫正。

也会有一些巧嘴多舌的人，会经常跑到你的办公室来，故作神秘地给你透露一些小道消息。你且不要信以为真，因为你不知道这消息里究竟掺了多少水分，更不知道他是出于什么目的来告诉你这些小道消息。

对于这些向你报告小道消息的下属，你也不必有讨厌之意甚至声色俱厉。假如对方是出于好意，岂不伤了对方的自尊心吗？你要和颜悦色地感谢对方所给予的信息。但也要善意地提醒对方，请对方把信息的正确性再确实一下，然后再告诉你。你要让对方明白，提供一些确凿的信息会更好一些。

你不能总是以领导命令的方式，将几位下属叫到你的办公室来，以生硬的语气，让他们给你的领导工作提出意见，对部门发展提出看法。这往往会形成场面的紧张化，收不到预期的效果。

制造一种宽松的气氛，鼓励大家积极发言，以目光、表情来传达你对大家的信任，相信大家是会畅所欲言的。

即便是你遇到了什么突如其来的难题，也不要风风火火地把下属找来，神色急切地向他们寻求对策。因为你作为领导都慌张到这种地步，下属哪里还敢提出什么对策呢？就算是有万全之策，你这副样子，也容易把下属已有的对策压在肚里、不敢道出。因为万一事情有什么闪失，他们怕担不起责任，反而会受到你的怪罪。

没有信息的沟通是不行的。大家对你领导的工作好坏的评价，如果你一无所知，那么你也就不知道自己在下属心目中的地位，是在上升，还是在下降；是交口称赞，还是不得人心。

你对自己缺乏正确的认识,以致走进了泥潭,却还未发觉,只会越陷越深,不能自拔了。

你作为一名领导者,要能够广泛地接触下属,了解情况,洞察端倪。这样才能做到胸有成竹、运筹帷幄,在不利的事物出现之前就提早加以预防,将损失减少到最小。下属如果出现了不满情绪,你也可以早早做说服工作,以免出现不良势态。

我行我素,独断专行,只能使自己的路越走越窄。下属如果发觉你是一位霸道的领导、听不得意见和建议,抵触情绪就会滋生发展。终有一日,你的上司也会发现真实的情况,而你从领导位子上跌下来的可能性就会大大增加。

(二)给员工正确的评价

在一个大的企业(或公司)中,需要你的英明领导以及全体员工的共同努力。不要因为你是领导者就我行我素,目空一切。你要时刻注意到员工的思想波动,注意倾听他们的牢骚,不要忽视任何一个员工。因为一个小蚂蚁可以蛀倒一棵大树,一个小鬼也可以置阎王于死地。同样,一名员工采取什么样的态度和做法也会影响到全公司的工作全局,他甚至可以让你这个领导者睡不了安稳觉,甚至更严重地说——让你下台。真的,一个人的力量尤其是反面力量的作用是无法估算的。

为了避免这种尴尬的事件发生,你应该怎样做呢?首先:

不要因为属下最近犯了一次错误而抹杀他这几个月来的工作成绩;

不要图省事便给属下过高的评价。

给他们一份发展计划,告诉他们下次会谈时你将谈哪些方面。调查发现,属下们倾向于过高评价自己的表现,如果上司的评价低于他们的估计,他们就会失望、不满。属下无视上司的信息反馈,坚持高估自己的原因有二:一是反馈信息不够详细具体;二是不愿接受消极的反馈信息。因此,当上司的评价不高时,要及时解释清楚,缓和会谈气氛。这种解释有时也是难以接受的。属下们习惯于把表现不好归咎于客观原因,如工作条件、工具、各种不合理的限制等等。如果双方不能就原因达成一致意见,属下就会拒不接受上司的评价。

研究表明,属下们对评价的反应是他们总以为这次评估和提升、加薪有关系,因而比较拘谨、保守。即使这之间没有什么正式联系,他们也总会这么猜测,对一些消极评价极力辩护,不愿承认错误和缺点,担心它们会影响到自己的发展。上司应当非常明确地声明,这次评价和加薪晋级没有什么关系,以便顺利开展会谈。

另外,文化差异也会影响到会谈的开放性、坦率性。俗话说:“逢人且说三分话,未可全抛一片心。”阿拉伯也有一句俗话:“说话前把你的舌头在嘴里翻转七次。”可见保守性的文化传统是非常广泛地存在着的。在中国,要学习西方的管理经验,模仿他们的坦率与开诚布公,需要克服文化上的差距。

要肯定下属员工的工作成绩。

通过制定目标,领导者能让下属知道对他们的期望是什么,怎样才能获得奖赏,促进下属的工作愿望,激发他们的工作热情。由于工作出色受到奖励,下属们还能认识到整个组织的行为方针,认识到领导者注意着他们的任何工作成绩,心里会有被承认的满足感和被重视的激励感,并进而保持高昂的工作热情和责任心。这种奖励体系对于维持整个组织系统的高水平运作是非常重要的。

如果工资只和工作时间及生活费用的增长有关,和个人行为表现关系甚小,属下的经济动力就会减小,不求有功,但求无过。许多奖励,如额外休假、发奖金、加薪、提升等等,都会增加公司的开支负担。

经费紧张的时候,可以采取另外一些奖励方法,如表扬,加重其责任心,当着别人的面给予肯定,增进私人关系等等,这些也是很有效的刺激。运用这些方法能使职工期待上司的表扬或肯定,因而更加自觉努力地工作。至于加重其责任心,不仅仅意味着给他更多的工作,还要给他更多的自决权,对后果负更多的责任,减少监督以示信任,这也是一种奖励。它给予下属以发展的机会和个人价值被承认的满足,属下越值得信任,你的监督就越少。

在许多企业中,评价过松,几乎每个人都获得过不同程度的表扬,而优秀的工作人员都不能脱颖而出,被埋没在普通人之中,“优秀”的评价也失去了原有的含义。还有,评价优秀的人如果没有获得一定的实际利益,如提升,调动到其他更喜欢的岗位上,这种评价也同样毫无意义,下属的工作热情就会消退。

必须注意这些问题。

领导者必须区别每个工人工作的好坏,以给不同的人以不同的评价和物质待遇。你可以要求属下们互相注意各自的表现,判断各自获得的评价是否公正。不公正的评价,不论是过高还是过低,都会打击属下的士气,降低领导者的信誉。而作为领导者,则必须保持自己的信誉,否则你的各种评价都会为下属们所不屑,你也就失去了影响他们的力量,你要使你做出的行为评估能够永远留在下属们的个人档案里。

如果你确实很想给某个人的出色工作以一定的回报,你可以给你的领导者写一封信专门介绍这个人,同时将副本给本人。这封信将成为这个下属的家庭快乐之一。如果你给所有的属下以很高的评价,那么你自己的行为评估将受到影响。当然,给出的评价是很容易的,特别是新上任的领导者,很难写下不好的评语。但是一定不要使好评语泛滥,要敢于实事求是,褒奖得宜,如果你做好了随时记录的话,这其实不成问题。

(三)对人宽容不是软弱

宽容,对人对自己都可成为一种毋需投资便能获得的"精神补品"。学会宽容不仅有益于身心健康,而且对赢得友谊,保持家庭和睦、婚姻美满,乃至事业的成功都是必要的。因此,在日常生活中,无论对子女、对配偶、对老人、对学生、对领导、对同事、对顾客、对病人……都要有一颗宽容的爱心。宽容,它往往折射出待人处世的经验,待人的艺术,良好的涵养。学会宽容,需要自己吸取多方面的"营养",需要自己时常把视线集中在完善自身的精神结构和心理素质上。

当然,宽容绝不是无原则的宽大无边,而是建立在自信、助人和有益于社会基础上的适度宽大,必须遵循法制和道德规范。对于绝大多数可以教育好的人,宜采取宽恕和约束相结合的方法;而对那些蛮横无理的屡教不改的人,则不应手软。从这一意义上说"大事讲原则,小事讲风格",乃是应取的态度。

处处宽容别人,绝不是软弱,绝不是面对现实的无可奈何。在短暂的生命里程中,学会宽容,意味着你的人生更加快乐。

法国19世纪的文学大师维克多·雨果曾说过这样的一句话:"世界上最宽阔的是海洋,比海洋宽阔的是天空,比天空更宽阔的是人的胸怀。"雨果的话虽然浪漫,但很有现实意义。相传古代有位老禅师,一日晚在禅院里散步,看见墙角边有一张椅子,他一看便知有位出家人违犯寺规越墙出去溜达了。老禅师也不声张,走到墙边,移开椅子,就地而蹲。少顷,果真有一小和尚翻墙,黑暗中踩着老禅师的背脊跳进了院子。当他双脚着地时,才发觉刚才踏的不是椅子,而是自己的师傅。小和尚顿时惊慌失措,张口结舌。但出乎小和尚意料的是师傅并没有厉声责备他,只是以平静的语调说:"夜深天凉,快去多穿一件衣服。"

老禅师宽容了他的弟子。他知道,宽容是一种无声的教育。

有人说宽容是软弱的象征,其实不然,有软弱之嫌的宽容根本称不上真正的宽容。宽容是人生难得的佳境——一种需要操练、需要修行才能达到的境界。

宽容,首先包括对自己的宽容。只有对自己宽容的人,才有可能对别人也宽容。人的烦恼主要来源于自己,即所谓画地为牢、作茧自缚。电视剧《成长的烦恼》讲的都是烦恼之事,但是他们对儿女、邻居的宽容,最终都把烦恼化为了捧腹的笑声。

每个人都各有所长,各有所短。争强好胜容易失去做人的乐趣。只有承认自己某些方面不行,才能扬长避短,才能不因嫉妒之火吞灭心中的灵光。

宽容地对待自己,就是心平气和地工作、生活。这种心境是充实自己的良好状态。充实自己很重要,只有有准备的人,才能在机遇到来之时不留下失之交臂的遗憾。知雄守雌,淡泊人生是耐住寂寞的良方。轰轰烈烈固然是进取的写照,但成大器者,绝非是热衷于功名利禄之辈。

三国时,诸葛亮初出茅庐,刘备称之为"如鱼得水",而关、张兄弟却不以为然。在曹兵突然来犯时,兄弟俩便"鱼"呀"水"呀地对诸葛亮冷嘲热讽,诸葛亮胸怀全局,毫不在意,仍然重用他们。结果新野一战大获全胜,使关、张兄弟佩服得五体投地。如果诸葛亮当初跟他们一般见识,争论纠缠,势必造成将帅不和,人心分离,哪能有新野一战和以后更多的胜利呢?

唐朝谏议大夫魏征,常常犯颜苦谏,屡逆龙颜,可唐太宗以宽容为怀,把魏征看作是照见自己得失的"镜子",终于开创了史称"贞观之治"的太平盛世。

如果一语龃龉,便遭打击;一事唐突,便种下祸根;一个坏印象,便一辈子倒霉,这就说不上宽容,就会被百姓称为"母鸡胸怀"。真正的宽容,应该是能容人之短,又能容人之长。宽容的过程也是"互补"的过程。别人有此过失,若能予以正视,并以适当的方法给予批评和帮助,便可避免大错。自己有了过失,亦不必灰心丧气,一蹶不振,同样也应该吸取教训,引以为戒,重新扬起工作和生活的风帆。只要你具备了真正的宽容,必能取人之长,补己之短,使自己受益匪浅。

(四)晓之以理,还要动之以情

能否成为一个成功的领导人,一方面是要有卓越的工作能力和竞争意识,努力使自己的愿望变为现实;另一方面则要有高超的驾驭下属的能力,这样使每一个下属都人尽其才,才尽其用。没有下属的功劳和成绩作根本保证,领导者的工作等于零。

不要为整天笼络不到能够促进团体发展与进步的人而忧心忡忡,也许有不少的有能力的人就在你的下属里面,如果能够将其潜力善加挖掘,他们的能力就会很好地发挥出来。昔日以论辩擅长的毛遂就是自己向平原君赵胜推荐的,而为信陵君窃得兵符,败退秦军的侯嬴只不过是城边的一个看门人。不要以为那些整天沉默不语、几乎找不出一点儿优点的人就一无是处。关键还在于你的塑造和点拨。就像一块粗坯,在不懂的人眼里只是一大块废物,而在慧眼识英、技艺高超的工匠手下,它会变成晶莹剔透、惹人喜爱的美玉。是美玉还是废物,关键在于你的手法。

你有无数个下属,每个人都有不同点,或性格有内向外向之别,或学历有高低之分。他们的无序组合组成了一个芜杂繁乱的集体,你就是这个集体的领导。要想使这个集体出成绩,你一方面需要激发每个人的创造力,另一方面还要实施统驭才能,使其有团结一致的合力。那么,如何进行有效的统驭呢?

若论治军才能,三国时的诸葛亮可谓其中高手,单从挥泪斩马谡一事即可见一斑。马谡大意失街亭之后,西蜀屏障全无,诸葛亮当即决定将马谡斩首示众。而到临刑之际,诸葛亮却又痛哭流涕,细数马谡的长处,感动得马谡也痛哭失声,如遇爹娘知己,而后毫无怨言平心静气地赴死,众将士也都为诸葛亮的执法如山和体恤下属所感动,自当效死捍卫蜀国。这是诸葛亮的高明之处。如果马谡失街亭之后,他先是大哭一通,而后再冷脸斩马谡,那么情形就不一样了。估计有很多人会以为他这是在猫哭耗子假慈悲,军心也必然会由此涣散。

高明的领导要做到赏罚分明,先是严明纪律,而后再讲人情味,这样才会使威慑力和情感力良好地结合起来。不能一味地讲严,也不能一味地求人情味,更不能本末倒置,否则就会失去领导者应发挥的作用。

下属都希望自己的领导不但要有出众的才能,要有出色的运筹帷幄的决策能力,有大将风度,责人宽、责己严,不偏袒,不紧揪别人错处不放,要有人情味,更要起到工作中的表率作用。而且,领导对下属的赞扬和认可常常会产生意想不到的效果。如果你曾经对一个下属批评指责过无数次,那么你的一句肯定,一次赞扬会使以前的批评指责荡然无存,他会带着你的这份认同毫无怨言地尽心尽力去工作。

作为一个领导,要掌握苛责和感情输入的良好运用。苛责过分,下属会认为你不近人情,缺乏理解,从而产生逆反心理,消极怠工,不愿干出成绩;感情输入过分,会使你显得比较软弱,缺乏应有的威慑力,下属也会对你的命令或批示执行不力、甚至是置若罔闻。那么如何才能更好地把握这个尺度呢:

(1)要记住赞扬是必要而且有效的。哪怕是下属只是有了一点小小的进步,也不要忘记对他表示你的赞扬和认可;

(2)要成为言出必行、言而有信的领导,这样的领导者更容易产生威慑力。制定的规章制度,一经成形并得到下属的认可就应产生效力,无论是谁,都该按制度办事。当然,你自己应当首先遵守;

(3)赞扬要简短,不要说起来不停,那样就会失去赞扬的应有作用;

(4)某些自己可以做的事情就尽量自己去完成,不要总是麻烦你的下属;

(5)地位和交流同等重要,整天板着面孔并不能增加你的领导魅力;

(6)给下属以惊喜。你可以在大家都想不到的时刻请大家吃顿饭,为某个下属开个生日聚会,甚至以私人身份突然敲开下属的家门。但注意这些行动不要过多过滥,否则下属会以为你这是在刻意收买人心;

(7)不要以为自己是全知全能的,你可以从下属身上学到很多东西;

(8)工作之余,下属们难免会聊上几句,谈论一会儿大家关心的问题,你也可以参加,但不要忘记你是领导者,这样的"小型座谈会"应该由你首先决定在恰当的时候结束;

(9)不要因为两次类似的失误而完全否定个别下属的能力,大家都有过犯错误的经历,而且相同的错误并非不会再犯第二次。时机允许的情况下,你可以把任务交给他一个人去完成,这样他会更加谨慎小心地完成这项他认为来之不易的工作。

你交给下属去完成的工作非常多,你也不可能有精力一一过问,所以其完成的结果往往并不能与你预想的相一致,遇到这种情况,不要只是一味地对下属大加责难。只要事情有所成而没有搞砸,那么你就有必要进行赞赏。

基恩是美国新泽西州的一家证券公司的经理。他虽很年轻,但他的经营业绩却比许多在证券业发展多年的经营人还要好,而且他的下属们也个个精明强干,都能很好地完成自己的业务。基恩的工作就是统筹调配,搞好整个公司的宏观把握。许多公司都想从他的身边挖走他的助手,但没有人成功过,他们好像粘在一起似的,是一个具有极强凝聚力的团体。

那么,是不是他和他的助手都比别的从事证券业的人更有能力呢?从基恩自己的叙述中我们即可尽知详情:

"许多人都以为我们的公司职员个个都非常出色,其实这犯了一个大错误,在很多时候,这些愣头愣脑的家伙都把交给他们的工作弄得一团糟,搞得客户对他们甚为不满,我就得放下手中的活计为他们填补这个漏洞。有时我就想,我这是干什么呢,简直是费力不讨好,我甚至想解雇他们,但最终我忍住了自己的脾气。

不要以为我会因此饶恕他们,我会狠狠地批评他们一顿,甚至把他们说得一无是处。但是我仍旧会把工作交给他们去做,而且对象仍是他们所得罪的老客户。自己惹下的祸事得由自己亲自来搞定,否则就可以退出,我不会阻拦的。我会在自己认为恰当的时候把我的夸奖毫不吝惜地分给他们。至于物质奖励,我也擅长,我让他们自己选择应该获得物质奖励的人,而他们的选举结果也往往与我的想象大致合拍。

我不以为自己做得很出色,应该说我也许付出了比别人更多的努力。我相信一分辛劳,一分收获的古训,而我的下属们也非常赞同这个观点。"

该强硬的时候必须强硬,该温情的时候也必须温情。下属的潜能究竟有多少,有时连他自己也弄不清,而能够使其尽情发挥的原动力就是你的工作方法(正确而有效的方法)。使其感到尊严的存在却又承认你的领导地位,同时让他明白工作不单是为他个人,也是为了整个集体,这样就能使下属更好地努力工作。

如果有一天你一觉醒来,觉得自己的情绪非常糟,连你平常很爱护的妻子和孩子都

看不顺眼，总想和他们发一顿脾气，那么你一定要不停地提醒自己，切莫发火。如果有可能，你可以找自己最亲近的人倾诉一番，或者找个机会把心头郁积的火气发泄一下（比如在一个空旷无人的地方大喊大叫一番）。千万别带着这种郁闷烦躁的情绪去工作，否则你的下属将会遭殃，他们也会因此而丧失对你的信心。因为你连起码的自控能力都没有，就更不用说成为优秀的领导者了。

精神烦躁，心绪不宁甚至坐立不安是繁重劳动的负效应，这是很正常的，你不要因此而以为自己是成就不了大事业的人。遇到这种情形，最重要的是你要先设法使自己平静下来，而后才能考虑其他事情。作为一个成功的领导者，不能靠情绪统驭你的下属，而要依靠你的头脑、智慧及你的分析能力。

下属们所怕的不是你狠狠地责备他们，而是不给他们以表现自己的机会。所以，对于下属，责备、批评和承认、赞赏同等重要。责备和批评能够激发下属改进的热情，而承认和赞赏则恰恰能激发下属创新和进取的欲望。古代有许多杰出的军事家和领导人物，一方面他们有着卓越的指挥作战才能，另一方面也有着高超的统驭下属的能力，这些下属肯为他们做一切可以做的事情，甚至牺牲自己的生命。关键是他们能够融情于理、于法，法情并重，情理并重。

（五）手心手背都是肉

作为领导者，如何调解下属之间发生的纠纷，实在是个非常棘手的问题。如果处理不当，一旦公事变成私人恩怨，恐怕日后在工作中就会成为难解开的结。俗话说："明枪易躲，暗箭难防。"其实在官场上，如果有人向你发一支明箭，也足以叫你头痛的了。如果对下属间的矛盾处理不当的话，极有可能埋下一颗定时炸弹。比如，某个下属，平时没有什么特别之处，你对他印象平平。可就是他，在某一天竟向你的顶头上司提出对你的不满，尤其是指你工作分配不均。

发生这种情况，很可能是由于你平时对下属间的纠纷处置不当造成的。中国历代官场都流行窝里斗的恶习，同事之间为了争权夺利明争暗斗。如果掌权者能够巧妙地加以利用和操纵，便可收到意想不到的效果。一个能够控制住局势的掌权者，总是善于在派系林立、派系纷争的局面中寻求平衡。

美国首任总统华盛顿就是一个精于此道的高手。华盛顿在组阁时,一方面让起草过《独立宣言》、精通国际关系、深受国民敬慕的杰斐逊任国务卿,同时又让具有卓越的法律、行政才能的汉密尔顿任财政部长。但是,杰斐逊和汉密尔顿却像是"一根木桩上的两头驴子",相互使蹄子踹对方。俗话说,"一根木桩上拴不住两头叫驴"。华盛顿反其道而行之自有其道理。杰斐逊和汉密尔顿分别代表了北方的工商业资产阶级和南方的种植园主,由于双方利益不同,在制定政策时分歧迭出。政府的权力分配又加剧了两个人之间的矛盾。汉密尔顿为财政部长,实权却相当于"首相",并插手外交事物;在外交上汉密尔顿亲近英国,而杰斐逊亲近于法国。英、法两强之间又是矛盾重重。他们之间的巨大分歧,使两人像两只好斗的公鸡天天在内阁里打架,后来竟发展到在报刊上相互攻击。华盛顿这个"头儿",就夹在这"两头驴子"的中间,还要有效地驱使他们,没有一点用人的点子谈何容易!

华盛顿的点子是:在对立与不和中寻求"中间通道"。用他们两人目标的相同点来消除他们手段上的差异,始终把内阁维持在一个统一体中而不至于破裂。

华盛顿就是这样把两个第一流的人物团结在他的身边,使内阁的力量始终不减第一流水平。

这就是"拴驴子"的用人点子吧。

无独有偶,大名鼎鼎的乾隆皇帝也是位精于此道的高手。他把和坤、刘罗锅两头"叫驴""拴"在自己的身边,使他们两人经常闹些矛盾,双方相互踢咬,防止两人联合起来对付自己;同时,又以"和事佬"的身份出现,使两人围在自己的身边团团转。

据说,有一天乾隆在新任宰相和珅和刘罗锅的陪同下,游山赏景。乾隆随口问了一句:"什么高,什么低,什么东,什么西?"饱有学识的刘罗锅随口即应:"君子高,臣子低,文在东来武在西!"和珅与刘罗锅素来不和,两人明争暗斗已非一日,此时他见刘罗锅抢在自己前面,十分不快,随即相讥:"天最高,地最低,河(和)在东来流(刘)在西!"因为当时的皇家礼仪中,上首为东,下首为西,此话暗示:你刘罗锅再老再有能耐,还在我和珅的下首。

刘罗锅当然知道和珅的用心,心里也极为不满。当三人来到桥上,乾隆要他们各自以水为题,拆一个字,说一句俗话,做成一首诗。刘罗锅张口即来:"有水念溪,无水也念奚,单奚落鸟变为鸡(繁体为'鷄')。得食的狐狸欢如虎,落坡的凤凰不如鸡。"和坤一听,好呀,老家伙骂我是鸡!岂能饶过他,"有水念湘,无水还念相,雨落相上便为霜,各人自扫门前雪,休管他人瓦上霜"!告诫刘罗锅,给我当心点儿!乾隆听出了二人不和的弦外之音,二相不和,有损大清事业!于是,他一手拉一人,而对湖水中映出的三人影说道:"二位爱卿听着,孤家也对上一首:有水念清,无水也念青,爱卿共协力,心中便有清。不看僧面看佛面,不看孤情看水情。"二人听罢,心中为之一震,深为乾隆的如此循循善诱而不降罪的龙恩所感动。和坤和刘罗锅立刻拜谢乾隆,当着皇上的面握手言和了。

如果两位下属发生了矛盾,很可能是"公说公有理,婆说婆有理"。对上司来说"手掌是肉,手背也是肉",不便指明谁是谁非,于是就"和"起了"稀泥",矛盾往往就这样给"不明不白"地解决了。

(六)以情动人要掌握分寸

领导者若是遇到虚伪狡诈的人,就应该用真诚的心意来打动他;若是遇到凶恶残暴的人,也要用温和的态度来感染他;如果碰到邪恶自私的人,就用道义节操来激励他,那样的话,天下人就都受到感化了。

所谓"精诚所至,金石为开",真诚的情意能够令奸恶之人从善,能够化解人与人之间的隔阂。

或许可以说恶人皆为小人,但不可以说,小人都是恶人。

有些时候,有的人,因为某些原因,出于某种目的,做出为君子所不齿的事,我们便说他为"小人",但这样的"小人"却又与其他小人不同。

应该说,没有地地道道、彻头彻尾的小人。人皆心存善根,只是在社会竞争中,为了生存或是为了一时之利而做出损人利己的事来。

况且,人都是有情感的。

以情动人,不仅仅适合对君子,同样也适合对小人。尤其是做领导的人,若能运用好此术,不但能使小人改过,而且很可能会令小人为你出力效劳。

有些势利小人,趋炎附势,欺强凌弱。对付这样的小人,作为领导者,根据不同对象和不同情况,可以适时采用此战术,以情动之。

以情动人,用真诚去感化不是恶人的小人不但能够使领导者得到一颗心,更重要的是在旁观者看来,会觉得领导者肚量宽广,有人情味,自然而然会对你产生敬意,也就会对你产生几分信赖,当然就会肯为你出心出力,帮助你成就事业。

毋庸置疑,以情动人,要动真情。只有真挚的感情才能真正使人心动。尤其是作为领导对待下属,更需用真情才能起作用。

一般认为,上级对下级,领导对下属,大多是命令与被命令,指派与被指派的关系,很少会有人想到真情之事。

换句话说,在一般人头脑中都有一个先入为主的观念,其实也可以说是一种偏见,都认为领导对下属都冷冰冰的,很少热情。

固然,做领导不是做普通员工,需要讲究与群众打成一片,但这绝非就意味着要对下属个个笑容可掬,整日温情脉脉。那样,不但使领导者得不到民心,甚至会使他威仪顿消,令出不行,禁出不止。

而做领导者的也绝非没有情,领导者也是人,能让他动情的,他自然会动真情。

更多的情况是领导者动情并不被别人承认,人都以为,领导者一般不会动情,即使偶尔动情也无非出于权术,拉拢人心,所以,很多情况下人们对领导者的"情"都抱有怀疑态度,这自然也有领导者自身原因。

的确,有的人是纯粹出于私利目的,而企图以"情"动人,演猫哭耗子的假戏。这样的所谓"情"怎会感动他人。别说是假情,就是真情,也往往会招人怀疑。

由此可见,要想打动别人,非得动真情才行。

也许有人会说,对待君子,以诚相待,以情相悦这很好理解,也说得过去,可对小人,却也以真心换心,岂不是向狼作揖,与虎谋皮吗,这不是犯傻吗?

此言差矣。我们的观念中有一个模式不能突破,那就是总以为小人就不能相处,就应避而远之。可是,你也得想想,真正的君子有几个?扪心自问,我们自己就没有小人之念吗?又有谁敢站出来,拍着胸脯理直气壮地说自己就是君子,十足的君子,没有半点儿小人之心?

而领导者,更不应该盲目排斥一部分人。昔者孟尝君甚至收纳鸡鸣狗盗之徒,缘由为何?小人也有长处,短处固是人所不齿,但毕竟可以扬其长,避其短,择而用之。

再者说，领导者不仅仅要领导好人，更要学会使用小人。如果笼统地划分，人可以分为君子和小人两种的话，那么，领导者只会领导君子或只会领导小人，都算不得是好的领导者，因为他起码是失去了一半的力量，有一半资源他不曾开发。

说这么多，无非是想证明，适时对小人动之以情是有必要的，也是不必怀疑其正确性和有用性的。

也许你会说，这"以情动人"本身不就是一种权术吗？

可以说是，也可以说不是。说它是，是因为笔者介绍给你的的确确是一种笼络人的方法，说它是权术不为过；说它不是，是因为这里所言"以情动人"之"情"是发自肺腑，出自内心的，绝不是"黄鼠狼给鸡拜年"那种。是真心诚意，因而说这又不是权术。

简言之，法本无定法，无法即是有法。以情动人便是与小人交往的无法之法。

可谓，该动情时就动情，轻轻松松做领导。

情可动人，也容易伤人，用此方法不但要选准对象，而且更要谨慎，滥用此法，恐怕会引出许多意想不到的麻烦，也有可能团结一部分人的同时，打击挫伤了另外一部分人的热情。

用情去感化人，用得好会事半功倍，用不好，会更激怒小人，事倍功半甚至无功有祸。

因此，此方慎用。

（七）产出最高的感情投资

感情作为联系人际关系不可缺少的纽带，存在于领导与被领导之间。这种感情是互相影响的。想让下属理解你、尊重你、信任你、支持你，首先你应懂得怎样理解、尊重、信任、关心、爱护和支持他们。有投入才会有产出，有耕耘才会有收获，不行东风，哪得春雨？所以，作为一名领导，一定要高度重视向自己的工作对象进行感情投资。

这种"投资"之所以必要，是因为人人都有这种需要。马斯洛的"需要层次论"认为：凡是人，都希望别人能尊敬重视自己，关心体贴自己，理解信任自己。这种需要，是属于心理上和精神上的，是比生理上或物质上的需要更高级的需要。这种需要如果得不到满足，他就不会有真正的动力和持久的积极性。物质只能给人以暖饱，精神才能给人以力量。

领导者要进行感情投资，这种"投资"之所以必要，还由于感情这东西不是单向的，而是双向的，双方互相影响，互为因果。中国民谚里这样的话触目皆是，如"投之以桃，报之以李""你敬我一尺，我敬你一丈""人心换人心"等等。在现实生活中你要想得到别人的理解和尊重，首先你要学会理解和尊重别人；一个对别人冷漠无情、麻木不仁的人，他也很难得到别人的关心和体贴。一般人之间是如此，领导与被领导之间也不例外。有的领导者不懂得这一点，以为别人尊敬、关心、支持自己的生活和工作是天经地义的；而把自己对别人的关心和尊重则看作是一种"恩赐"；而且就连这种"恩赐"式的关心也少得可怜。他们整天板着面孔，一本正经，冷若冰霜，使人敬而远之；处理起问题来，只追求目的而不讲究艺术，不善于设身处地，将心比心。结果，领导者与群众的关系不仅不够和谐，有时候还搞的势同水火。在这种情况下，有的领导者不是严于律己，从自身找差距，而总是抱怨同事和下属不理解，不支持他。严格地说，这种给予群众的甚少、要求群众的甚多，只知道索取，不懂得奉献的人，是不配做领导的。

领导者向下属进行感情投资时，有几点是需要注意的：

第一，有"投资"就必然有收获。但这种收获不应当是别的，而只能是群众与领导的心贴得更紧了，对工作更加支持和热爱了。

有这些就足够了，这就是进行"感情投资"的唯一目的。如果领导者要求人家感恩戴德，从私人利益方面报答，那就大错特错了。

第二，这种"投资"，必须是自觉地、一贯地、一视同仁地，而不应当是消极地、偶尔地，也不应该对张三一样，对李四又一样。对先进人物和骨干分子需要进行这种"投资"，对后进人物和犯错误的人更需要这种"投资"。

第三，对于"投资"后的反映，要有一个正确的认识。有时能够立竿见影，有时则需要较长的时期才能结出果实。因为人是各种各样的，对事物的反应方式也不尽相同，有的时候，你对他百般关心，他对你横眉立目。但应当坚信，"人非草木，孰能无情"，"精诚所至，金石为开"。只要功夫下到了，误解消除了，他总会破颜一笑的。

第四，这种"感情投资"不排除某些语言上的赞赏、慰藉和物质上的帮助，但它与吹捧、讨好、拍马、行贿、拉拢完全是两码事。

切不可把"感情投资"庸俗化，以"感情投资"之名，行歪门邪道之实。要把"感情投资”与坚持原则结合起来，就是说领导对下属进行感情投资，一定要在原则的指导下进行。

（八）让公司成为温暖的大家庭

社会的进步，增强了其自身的有机性，减少了机械性与等级观念，这种作用也促成了管理业的青春。

在组织或公司中，雇主与雇员，管理者与被管理者应该成为历史的概念，你应该让你的组织跟上时代的脚步，在一个分享民主与参与管理的氛围中建立起你温暖的大家庭。

其实，在现代的组织中的每一个人，在他们的内心深处都有着强烈地成为主人的愿望与使命感。因为人类的本性就是向往着自由，渴望成为主宰自己命运的主人。社会的不断进步，终于冲破了那些桎梏人性发展的不平等制度与观念，解放了人们的思想与行动的手脚，当他们在寻求自我发展，实现自我价值的探索中进入了你的组织，成了组织的一员的时候，你是绝不能用停留在六七十年代的方式来“驯化”压制他们的，组织对于他们来说应该是一个自由交流思想，充满人情味的大家庭，在这样的氛围下，那个潜藏在内心深处的主人翁责任感与精神便会无止境地迸发而出！

对于经理们来说，与员工的座谈或是聚餐似乎是司空见惯的事。也许你会认为这是你所能想出的最好的感情交流的方式了。其实这还远不够！

在一家集团化的大企业，一位经理就建议每隔几个月在各个单位搞一次“会餐”，准备一些普通的自助餐或份饭，请全体员工和家属自由参加。

会餐在工厂食堂内举行。在那里，大家无拘无束，享受着自己喜欢的食物，畅所欲言，特别是厂领导与员工及其家属们一起举杯，为他们所创造的业绩相互祝贺。

对于那些职工家属们，那位经理一脸的惊喜：“真令人惊叹，对有的人来说，这是他们开始在本公司工作以来的 12 年里家属们第一次跨进公司，第一次看见她们的丈夫或妻子、儿子是在什么样的地方工作。”

这些家属在享受美餐的同时，还会领到公司发送的纪念物以感谢对公司的支持。

当无数个小家庭融入了组织这个大家庭后，雇员们从他们小家庭成员的笑脸上得到了身为组织一员的荣耀，同时也意识到只有组织这个大家庭的发展才有他们小家庭的美满幸福！这似乎比起那种所谓的“座谈会”所具有的效力要强得多！

在你创建的温暖大家庭中除了具有组织对成员的温情，还要给他们一些活动的余地与空间，让他们的奇思妙想尽可能成为现实！

在一家中型计算机公司，一位雇员将自己拟好的销售计划在下班时塞在了经理办公室的门把手上，不久，他便被邀去说明情况。在他进门后，经理开门见山地说：“计划写得不错，就是字体太潦草了”。这位员工紧张的心放松了下来，随即问道：“这项计划可是预算开支较大啊？我要不再与两个同事一起来参谋参谋，然后再向您汇报一下，我们如何开始干？”经理不等他说完便打断了他：“费用问题对于我们的公司来说是不大的，我看计划确实不错，你要有信心干好，那就去干吧，别让时机错过了！”

员工先是大吃一惊，然后信心十足地拿起计划离开了，大约两个月以后，这位雇员将销售战绩摆在了经理桌上，又说起了扩大营销的策略。

这位经理事后说道：“如果当时我们再去审核、考证，那不但耽误战机，而且肯定对员工产生心理上的负担，要知道，牵扯这么大数目的费用，他再有胆量，也还是要犹豫的，看看现在不是干成了吗，给他们留出充分的发挥空间，对我与组织都没坏处！”

在这里，又要提到信任的问题了，在你的大家庭里，组织成员间的彼此信任是家庭气氛和睦健康的前提。

在组织发展的过程中，遇到的最大难题其实并不在于外在的环境，而在于内部的氛围。如果每个人在组织中都切实有自己的一方天空，都能自主地管理相关的事物，在和谐的空气中无阻碍地交流信息，那你这个家庭就是稳定的，主人翁精神便会成为每个人实现自我价值的最终追求！

这里又要提到一个来自日本公司的案例，他们甚至将温暖大家庭的公司组织理念用在了年轻员工的能力开发上，并收到了非常好的成效。

日本神户制钢所为了提高本企业研究部门新进年轻员工的开发能力，他们开始推行一种被称为“兄弟制度”的互助共学方式。所谓的“兄弟制度”就是每位新进的“家庭”成员，都必须与一位在神户制钢所工作达五年以上的资深研究成员结成对子，拜为兄弟，在共同的“家庭”生活中，兄长负责新进员工的培养教育工作，而作为弟弟的员工必须在谦虚求学的基础上，为“大家庭”的发展献计献策。

由于“兄弟制度”的推行，使得新老员工之间有了一种紧密联系的纽带，虽然，这是非血缘关系的，但那种朝夕共处，相互切磋的组织生活方式在新老员工之间培养了犹如兄弟般的情谊，而且一向冷漠的研究开发部门，变成了人情味洋溢亲密的场所。

温暖大家庭的建立是组织中每个成员共同的向往，这不仅需要你积极健康的引导，也需要每个人主人翁精神的回归。

(九)何妨让下属寻寻开心

寻开心也是一个能博得好感的办法。特别是在遇到那些没必要争执的或者不值得争论的问题时，有时候说说玩笑话，拿“头头”穷开心，也能收到好效果。当然，对于那些沉默不语的头头，则要心领神会，不可过分取笑他。

现在，市场经济发展得越来越热闹。公司经理、企业老板等处于领导地位的人，往往喜欢幽默。当然，这在我国尚属新生事物。不过，据说在美国，取笑老板已经成为现代美国人的一种习惯。

例如，现代美国工商界的大人物们都能接受别人的玩笑，其中有些人不仅乐于接受取笑，还善于用玩笑礼尚往来。有幽默感的老板们甚至以欣赏的态度对待他人的玩笑。在他们看来，开玩笑表示喜欢。下面是常见的几句玩笑话：

“老板为部下所做的事情，只用小手指就能计算出来。”“若不是他拼命工作，哪会有今天这种成就？要知道他的老板并没有女儿。”“那些人取笑老板也太过分了，连相貌都要取笑一番。我无法取笑老板，因为我觉得老板什么都没有。”“老板说是授权于人，在我看来他是在推卸责任。”

有人认为，当老板太可怜了。喝咖啡的时候还得不时看看钟点；早晨总是头一个赶到办公室；他得留心注意是哪些人迟到。有位秘书刚上班一天，便对别人说：“我们老板很狡猾，不过也很公正，因为他对每个人都那么狡猾。”

开几句老板的玩笑话，可能会帮助你缩短人际关系的距离，不仅包括和同事的关系，也包括与老板的关系。难怪有人说，最好的沟通办法是让上司和你一起笑。假如你遇上了一位富有幽默感的上司，你可以说“我已经快被压扁了，不是肩膀碰了别人的车轮，就是脑袋碰上了别人的长矛。谁愿意在那个位置上工作？”

他可能这样答复你:“好吧,我给你升一级,希望你在这最后的半个月工作中感到满意。”

有的专家研究认为,在说玩笑话的时候,常常用反语来表示真正的含义,所以玩笑往往是夸大其词。在现实生活中,如果你是一位领导者,应该注意:

首先,当别人向你开玩笑或取笑你的时候,尽量和大家一道笑,以此表现一位领导者所具有的幽默风度。如,一个老职员说:“经理已经同意在我的金婚纪念日那天放一天假。他可真是慷慨,甚至提醒我注意,不要每隔50年就麻烦他一回。”

其次,在笑自己的时候,不要以自己为中心。要运用幽默的方式表现对下属的体谅与关心,从而鼓励他们的乐观态度。“经理可真行,他要求我们准时上班不要迟到,办法就是只给75位职员提供50个停车位。”

第三,就是对玩笑要有适当的节制。为了工作的正常进行,你和下属都不可能把大量时间花费在无休止的玩笑中。玩笑多了也会使人感到懈怠和厌烦。总的来说,上级与下属之间的玩笑应当有利于工作的进展,否则就是无聊的玩笑了。

让我们再看一下,明智的人用幽默促进工作的小例子。有个推销员在向“头头”汇报推销成绩时说:“我们的销售数量在图表中上升到了前所未有的高度,不过这图是倒过来看的。秘书小姐说我这个人过于固执。因为我说过每个字只能有一种写法。我不知她一分钟能打多少字,只知道她一分钟之内能擦去30个字。”

这个推销员的这番“神侃”巧妙地转移了话题,并表现出幽默的才能,因而受到“头头”另眼看待。其实“头头”也是人,每位处于领导地位的人,都自觉不自觉地和下属打交道。在明智领导者的眼里,下属的成就也是他的成就。如用幽默鼓励别人,这样做的结果,你可以把重大的责任托付于人,减轻你的负担,以便你更主动、更自由地发挥你的创新精神,在事业上有所建树,取得更大的成就。

还要看到,在人生的长河中,任何人在工作中都会发生失误,而许多失误在于墨守成规,失去进取的冒险精神。但反过来看,正是失误和过错,才能使我们更准确地了解自己,因而产生更强的自信感。只有那些能够意识和接受自己所犯错误的人,才算是真正地认识了自己的能力。承认自己的过失也许是个冒险,很多人不愿意或不可能这样做。可是这冒险是值得试一试的,比别人早一步承认自己的过失,有可能使你失去一些东西,但你得到的也许更多一点。因为承认自己过失的举动证明你是个诚实的人,尽管这种做法有的人会认为"犯傻",但更多的人对你的批评或指责反倒会理解。假如用幽默的方式显示出自身的缺点和过失或工作中的矛盾,就可能在你和同事之间形成一种轻松亲切的感情交流,在相互理解、礼貌友好的交谈之中,建立起良好的工作共事关系。

专家认为,当工作环境发生重大变化时,尤其需要这种感情交流和协调的关系。也许部门要改组,人员要增减,个人的工作量要加重,这一切变化尚未成定局的时候,此时人们的情绪可能最易激动,甚至发生不必要的争执和对抗。这时,调动你的幽默细胞用它来影响自己和别人共同接受这变动的挑战,便是当务之急。如果你早有一个较好的形象,别人认为你是个值得信任的人,那么就能帮助他们适应这变动。你必须牢记,首先是让他们了解你,然后是喜欢你,最后才是相信你。

(十)让员工感到自己重要

不管有多忙,领导者必须花时间让员工感到他是重要的,这对于员工保持积极的工作心态尤为重要。

1.使别人觉得重要,他们就会重要

相信每个人都有能力完成某些重要的事情,要有这种我认为每个人都是重要的想法。管理人员应该对部属持这种看法,但这种态度是装不出来的,你必须真正相信每个人都是重要的才行。

这是基本的一课,你以前也许听过许多次,可是还是要提醒你,因为有太多商业人士在工作时都把它忘了。"生意就是生意,"他们说,"你不必用那种方式来对待员工,使他们觉得重要这并不是我的工作啊!"

他们完全错了!让员工觉得重要正是领导者的工作——因为使员工觉得重要,会鼓舞他们有更好的工作表现。洛克菲勒就说过:"我会付更多的薪水给擅长处理事务的人。"高昂的士气是增进生产力的重要因素,优秀的管理人员应该不断地勉励每一位部属,提高他们的自尊和士气。

领导者如何使部属觉得重要呢?首先,要聆听他们的意见。让他们知道你尊重他们的想法,让他们有机会表达自己的意见。有这样一个故事,一家零售公司的老板告诉他的经理说:“你不可能告诉我任何我没想过的问题,所以除非我问你,什么也不要告诉我,明白吗?”想想那位经理会丧失多少自尊,这必定浇熄了他所有的销售热忱,大大地影响他的表现。当一个人的自尊受挫时,活力也会降低。反之,当你让一个人觉得重要,他或她就会如走在九重天上——生气勃勃。

2.没有权利的责任百害无益

当人们被赋予责任时,他们也会觉得重要。但徒有责任没有权力会摧残一个人的自尊。你曾注意过一个小女孩第一次被派出照顾小弟弟的情形吗?她会兴奋异常,因为她获得了成人的地位。但如果她有责任照顾小弟弟,她也就应该有权力在小弟弟不乖时,要他早点上床睡觉。那位零售公司的老板不仅不聆听部属的意见,同时也剥夺部属做任何决策的权力。最后,那位经理由于失去自尊,便离开公司到另一家敌对的公司去了。在那儿,他不但有责任,也被赋予权力,他开始觉得自己很好,不断地提供创新的零售观念。由于他的贡献相当有价值,使他迅速被提升到比他原先老板还要高的地位。

下面的小例子会增强你的印象。

一位律师告诉我,他的事务所人员如何安排他们和当地银行的会议。这些午餐会原先是他的一位合伙人负责,他每次总是到附近的餐厅买冷盘,使得这家事务所未能留给当地银行深刻的印象。后来,有几位事务所的合伙人开始抱怨,于是几个礼拜之后,由一名女职员负责这项工作。她有权安排与另一家银行的午餐会,并有较高的预算。

在了解午餐会对事务所的重要性后,这名女职员深以担任此项工作为荣。于是,她前一天晚上便在家里准备了开胃小菜,并定了一些当天直接送到会议现场的热食。这名女职员成功地扮演了女主人的角色,和每一位参加午餐会的银行家寒暄致意。她之所以能将工作做得如此完美,正因为赋予她午餐会的重责大任,让她觉得自己很重要。那次会议十分成功,当时就接到多位银行家赞美精致午宴的贺条,不久之后,这家银行便开始将某些法律事务交给这家事务所处理了。

3.让员工知道你在赏识他们

你要经常让部属知道你是多么赏识他们,这是对你的建议。没有不喜欢被赞美的人,如果你也认为如此,那你就应该经常表达你对他们的欣赏。甚至只是称赞准时上班,对方就知道你重视守时。我认为那真是太好了,“A,你每次都能在8点钟准时上班。我真佩服能守时的人。”对你的部属说这些话，你会发现他以后迟到的次数就更少了。或许，你喜欢某个人的礼节或绅士风度，每个人总有些可赞赏之处——就让他知道，不要藏在心里！

我们的一切都是第一流的，尽管很昂贵，却很值得，因为我们的人员会因此觉得重要。

一开始，我们就确定我们的员工要的是第一流的东西，如果那样东西实在太昂贵了，我们就干脆不用，也不会用二流的东西来替代。例如，我们一年举办一次高级的晚宴，而不举办两次普通的晚宴。为何如此呢？想想你到一流餐厅参加晚宴时的重要感，任何东西都是完美的安排，女主人热忱的招待，精心调制的点心等等，给予你满足感，实非二流的晚宴所能比拟的。

就如同一流的餐厅让顾客觉得重要一般，我们也尽量做许多努力，让员工有同样的感觉。如果他们无此种感觉，便是我们没有做好我们的工作。我想每位领导者都必须记住那个看不见的讯号：让我觉得重要！

（十一）提高公司凝聚力的八大手法

中国人具有“非友即敌”的二分法民族性格，同时也是极端的个人主义者。在两种特征之下，一般人“利己”与“利吾友”的倾向甚浓，因此极致发展的结果在生活上容易影响公益，在工作上容易造成团体精神的缺乏。

一个聪明的领导者要使他的员工具有对工作团体的向心力，可以依照下列八个方法来提高内部的凝聚力。

1.给予员工全体合一的认同

不论在会议的场合或指派命令的时刻，要在谈话中强调“我们”“我们这个部门”或者“我们这个团体”，如此，才能使得员工觉得领导者与他们同一阵线。如果一味地讲“你如何……”或“我怎样……”，员工的心目中便会觉得工作团体不甚重要，所以也容易显得满不在乎。

2.建立团体的传统

一方面在适当的场合偶尔可以把过去一些好玩、特殊而刺激的事件，不露痕迹地向员工叙述或娓娓道来;另一方面每当员工生日或其他值得祝贺的事件发生时,领导者应该主动安排庆祝会,这样日子一久,团体的历史逐渐形成,有了历史,工作团体自然增加对员工的吸引力。

3.强调团体工作的重要性

领导者应该以身作则地表示“只要我们赢了,谁应该居功都无所谓”的观念,换句话说,领导者时时刻刻要担心这个工作团体是否能达到目标,而不必担心谁出风头谁居功的问题,如此,大家都会全力以赴。

4.适当对优良的员工行为给予认可褒奖

领导者必须小心翼翼揣摩员工的心理,观察员工的表现,随时给予协助、认可、鼓励与赞扬,明确地向员工说明他对团体的重要性。如果有哪一位员工赞美同仁的表现,那么也应该褒奖这一位员工的建设性行为。久而久之,这个工作团体的气氛就会显得和谐而融洽。

5.设立清楚而容易达到的团体目标

在建立公司的长期目标蓝图后,应该摘要其大纲传述于员工,但是更应该在这项长期计划的参考架构内,制定一些短期而明确的目标,这些短期的目标应该让人一目了然,而且具体可行,唾手可得。如果目标过于笼统而高不可攀,则员工的斗志容易丧失。

6.实施团体激励的措施

除了个人奖金的制度以外,应该设定一套奖赏的办法,以便配合团体激励的政策;此外公司得到特殊的奖励,也应该与员工共享成果。

7.心理上与员工保持亲近

要采用参与观察态度与员工保持联系,适度参与员工的团体,以了解他们的感觉与想法,同时必须保持距离,否则过度的深入参与会带来彼此的相稔,而相稔容易招致员工的轻视。

8.把员工当作人来看待

许多领导者养尊处优,己贵人贱的观念难免乘机在脑海里生根,于是容易期望员工多付出一点,也认为应该如此。如果把员工当人来看待,容易产生彼此的谅解。

另外,与员工增进共同的体验也可产生伙伴意识。此项共同的体验,如果是共同经历劳苦,则更可增进密不可分的伙伴关系。

所以,与其与员工共进午餐,不如当员工晚上在公司加班时,你也加入他们之中,如此必能加强同甘共苦的患难意识。

例如,某公司管理部的某经理,有一天因工作需要,将两名员工派往与其业务方面有接触的公司,处理有关业务索赔的问题,而该经理当天凑巧也留在公司加班。

此时,两名员工打电话回公司报告事情已处理妥当,经理正好得以在电话中加以慰劳及鼓励一番。

该员工在日后谈及此事时即一再表示:经理担心我们事情处理不好,所以留在公司里等候消息。

经理在无意间听到这句话,虽感到相当难为情,但这件偶然的事情却也发挥了共同体验的效果,使得该公司上下的伙伴意识大为增强,所有人员的学习意愿与工作效率也自然获得相应地提高了。

小团体是一个很有效的改变工具,要促使员工改变工作行为(不是工作态度,因为态度较难改变),把他纳入小团体的范畴之内,然后,慢慢使得团体意识巩固起来,继而使团体的凝聚力提高。但是如果水到渠成,领导者应该耐心地予以支持。

在一个企业组织里,各种团体如具有高度的凝聚力,那么,员工之间的隔膜会消失,产量会提高,工作会有效率,而且看重团体的名声,如此一来,整个组织的目标易于达到,企业得以生生不息。

(十二)让别扭的人不再别扭

做人有一道难题,这就是如何让别扭的人不再别扭。人与人之间都是按照“关系”的法则而结合在一起共事的,你不善于在这个问题上心明眼亮,就会犯下低级错误。我们劝你:交际不要挑肥拣瘦,应该和各种各样的人打成一片,从中找话题、找感觉,在关键时刻还能找到帮助呢!要不然,这些人在你需要他们表态的时候,给你打一下冷枪,让你生足了气。

怎样让别扭的人不再别扭呢?这是一门做人的学问。下面几点意见可供参考:

1.善于交往职衔比你低的人

当你和同一家公司的主管与普通职员会面并交换名片时，一般都会较珍视主管的名片。由于想要拥有立即可以发挥效用的人际关系，因此目光完全投注于眼前地位最高的人。然而所谓建立人际关系，务必以更长期性的观点进行思考。所谓同辈的普通职员，未来必定不断往前突进。轮到自己将来担当重任时，可以助你一臂之力的正是他们。

因此，如果眼前因为对方职位低下而加以漠视，稍后便会形成阻碍。等到对方变成重要人物之后，即使予以亲切接待，彼此也绝不可能结成莫逆之交。

所以，愈是不久后即可能发迹的普通职员，愈需要郑重地看待对方。如果只看重眼前的职衔，人际关系的建立便会立即受到限制。

看准将来，在职衔低微时即先行投资，肯定可以获得重大回馈。

2.吵过架的对象可以变成知己

一般人和初次谋面的对象，大概都会以温和的话题来打发时间。然而有时候，也有可能从一开始就产生争论，或彼此发怒，陷入形同吵架的状态。虽然在分手之后有可能感到后悔，“啊，我和对方大概无法交往下去了”，然而事实上，你根本无须为此感到闷闷不乐。一开始就产生激烈争论的对象，反而更有可能与你成为知己。

年轻时虽然不能随随便便就向人发脾气，但是在遇上重要人物时，不妨抱着年轻人惯常爱找碴的心境。由于对方向来受到爱奉承的一群人包围，所以对能大胆说出内心想法顶撞自己的人，反而会出乎意料地产生好感。

比方说对方是一位独断专行的主管，围绕在其身边的人总是尽量配合他的心情做出反应。几乎没有人敢和主管唱反调。因此一旦自己被询问到意见时，只要你另有不同的看法，就应该诚实地说出来。即使把持相同意见，也应该在修辞方面下功夫，以争论的方式表达出来，但是，在大胆争论顶撞的情况下，如果不预先估算善后方法，即有可能单纯地以争吵告终。

虽然因为想法不同才顶撞对方，但是反过来说，可以导致争论的原因，是因为彼此共同拥有某项沟通基础的部分。倘若是不投缘的对象，恐怕连架也吵不起来。

3.愈难缠的对手愈该认真打招呼

打招呼这种事情，只要一旦错失时机，就会变得不好意思开口。结果，却不得不在那种尴尬的气氛下和对方共事。

愈是自认难以对付的对手,愈该掌握时机先打招呼。否则,单就没打招呼一件事,就可以让你心情低落。想到自己不善应付的人在场时,虽然容易产生尽量不碰面的念头,但可以反过来将立即打招呼当作一种免罪符。

不过,有些不善打招呼的人其实是生性害羞,本性却非常善良。无论和谁都能满不在乎地打招呼的人,事实上有些却是厚颜无耻的。无论是谁,与人打招呼时必定会感到一定程度的紧张。倘若对手又是棘手人物,紧张的程度愈加升高。

所以,不可只因为自己未获招呼,就因此立即动怒,至少自己好好地先向对方打过招呼,心情自然会变得轻松起来。这是自己在工作上的情绪问题。

例如,在进入工作现场时总会以相当洪亮的声音打招呼,有时可以因此提升情绪。

此外,打招呼的态度切忌草率。最糟糕的情形是,打招呼时眼光不看对方。虽然说打招呼时必须点头常受到强调,但那通常是毫无意义的。重要的是,是否与对方目光交接。

目不正视只靠声音打招呼的话,虽然只需要重复招呼个两三遍就了事,但这却形同没有打招呼一样。像这样的礼仪,紧紧牢记在心便有收获。由于工作的顺利与此紧密相关,上班族也绝对不可忽视打招呼的礼节。

4.救助落魄之人

在陷入遭到众人漠视的状态,连原本交往密切的人也离弃时靠拢上前的人,反而愈令人心存感激。在落魄时伸手援助自己的人,值得与之交往一生。

这种成功者与失败者之间明暗最易凸显的例子,可以在选举时看到。在获胜的候选人办公室里,虽然连素昧平生的人也纷纷涌到,落选的候选人办公室却无人问津。仔细一瞧,有时甚至连选举期间原本支持失败候选人的人,也转而投靠到政敌的办公室。这是十分落魄的境地。在选举失败下,人人求去的情景更令人感到凄凉。倘若是前回获胜的现职候选人,必然加倍感伤。因此,在此时如果有人造访办公室,此人必定大感欣慰。倘若得到来访者一番诚挚的勉励,“下次选举一定要好好加油!”因此产生往前迈进的奋起心。

在这种情形下建立的关系,不会因为少许挫折即告崩溃。更何况,当时失败的人,未必永远处于失败的处境。倘若希望在对方下回胜利时与其结成莫逆,就应该在其失败时即已伸出援手。

在上班族的世界里,荣枯盛衰亦是常伴之物。既有逐步攀升的人,也有失足没落的人。得意的人身旁有大批人包围着,落魄的人身旁却无人靠拢。

然而,一度失败的人在某种机缘下再度翻身爬起的例子并不在少数。如果等到对方再度成功之际才来攀附交情,则为时已晚矣。就像股票如能在低价购入便可赚钱一样,在别人落魄时伸出援手,帮忙解难的行为,在建立人际关系方面十分重要。

5.愈难亲近的人越值得信任

害怕难亲近类型的人是毫无必要的。看起来神情不和悦的人,大多数的情况下,只因天生个性害羞。他们绝对不是充满恶意的人。我们毋宁说,比起轻率即能接近的类型,难以亲近的类型中反而好人更多。

他们本身虽然也希望自己平易近人,但是由于生性害羞,因此无法完美地表现出平易近人的气质。而且,由于外观看起来冷漠平淡,人人避之唯恐不及,“为什么人家总是远远地躲开我呢?”他们总是怀抱着这种孤独感。这种孤独感,会使他们陷入愈来愈难亲近的处境。这是恶性循环的结果。

因此,对于这种类型的对象,你反而可以怀着大胆闯入的心情来接触。比方说,你不妨鼓起勇气试着接触公司内看起来最令人敬畏的对象。对方必定出乎你意料之外地张臂欢迎你。而且,在稍后可以成为你信赖对象的,正是这一类型的人。

因此,即使最初必须爬越的墙极高,一旦你和难以亲近的人展开交往时,大都可以简单地成为知己。反之,在最初阶段墙越低的人,由于内心大都另有一道墙,即使可以简单建立起肤浅的交情,却不容易往下推展彼此关系。

做人难啊,但你不能因为难,就不去巧妙做人,否则就会成为一个受气包或出气筒。

二、没有什么能比晋升更有诱惑力

管理者要为下属提供晋升的机会,以持续晋升的途径来激励下属。当下属发现你时刻都在为他的前途和未来着想时,就会加倍地努力工作,同时这也显示了你非凡的工作能力与领导才能,出色的人才自然就会聚集在你的手下。

(一)为员工描绘美好的未来愿景

三个工人的故事想必大家都知道。

在一个建筑工地上有三个工人,有人问:“你们在做什么?”

第一个工人头也不抬地说:“砌砖。”

第二个工人抬了抬头说:“我正在赚钱。”

第三个工人热情洋溢、满怀憧憬地说:“我正在建造世界上最美的殿堂。”

十年后,第一个工人成为一名这个手艺行当里的老师傅;第二个工人成了这个建筑工地的工长,而第三个工人则成了当地赫赫有名的建筑师。这是为何呢?因为第三个人有“愿景”,心中装有的是一座殿堂。

盖房子的时候,建筑师都是先把自己的想法具体地表现在蓝图上,再依照蓝图完成建筑。如果没有建筑师的具体规划,那么整个建设就无法完成。同样的道理,企业在运行时也必须要有一个行动的蓝图,用专业术语说就是愿景。在这里,愿,就是心愿,景就是景象。愿景是人们永远为之奋斗希望达到的图景,概括了未来目标、使命及核心价值,是愿望实现以后伴随而来的美好景象。

既然愿景是最终希望实现的图景,那么愿景就能让我们在行动之前就有所准备,并接近我们所需要的,远离我们不需要的。愿景能够给我们带来力量,激励我们去争取自己真正渴望的东西。正如已故的管理大师彼得·德鲁克所说:“预见未来的最好方式就是在大脑中先创造一个未来。”

一个优秀的管理者,一定是一个善于描绘未来的人,一定是一个善于用企业愿景激励员工的人。因此,管理者激励员工的一个重要方法就是在未来愿景上下下功夫,能够将大家所期待的未来愿景着上鲜丽的色彩,并用充满自信且热情洋溢的话语,向员工描述企业广阔的发展空间。

当员工了解到企业的优势和发展目标及企业的美好前景后,他们在做决策的时候,脑子里会有明晰的最终结果,而且对下一步该做什么也将变得清晰了。在这种文化氛围下,员工就可以做出明智的选择,并且激发出工作热情和实现目标的强烈渴望,全力以赴地朝着愿景前进,最终达成目标。

当年为打败严重威胁法国安全的欧洲反动联盟，在进攻意大利之前，拿破仑还不忘鼓舞全军的士气。他说："我将带领大家到世界上最肥美的平原去，那里有名誉、光荣、富贵在等着大家。"拿破仑很正确地抓住士兵们的期待，将一个美好的未来愿景展现在他们的面前，以鼓舞他们的斗志。

关于愿景的重要性，《现代汉语大词典》第5版也给出了这样的解释："愿景，目前已经成为企业领导者所必需的一种职业期许，企业领导者具备了并树立自己的愿景，才能让员工更好地得到一种发展的设想与空间，才能更好地建立团队稳定性与战斗力，从一定程度上延长团队寿命！"

《领导力》一书里有一句类似的话："领导者就是贩卖希望的商人。只不过他卖的不是一般的商品，而是希望！他们与下属的关系很明显：我把希望给你，你把支持给我。不管是国家领导人还是企业领导人，一个成功的团队领袖，首先就要是个伟大的造梦者，依靠梦想来引导大家前进。"

通俗地讲，一个普通的上班族，其最大愿望无非是追求物质上的满足，衣食住行的高档消费品、可靠的红利及带薪假期等就是他所期待的愿景。愿景是一个打工者奋斗的动力，是促使其努力工作的兴奋剂。一个成功的管理者要做到，把未来的愿景说给员工听，让员工相信"跟着领导有饼吃"。

不可否认，愿景在本质上是一种看不见摸不着的企业文化，但是一个强有力、形象生动的美好愿景对员工的激励作用不容低估。员工越了解公司未来的愿景，归属感越强，公司就越有向心力。

那么，管理者该如何向员工描绘愿景呢？

1.重视员工对愿景的看法

作为企业的领头人，管理者必须明确要把团队带到哪里去。不论你最初是如何起草愿景的，重要的是你先要得到员工对愿景的看法和相关信息，只有这样才能运用团队成员的知识和技巧，从而创造出真正激励人心的最佳愿景。

为此，你可以问员工以下几个问题："这个愿景令人感到激动和鼓舞吗？"、"这个愿景对你有指导意义吗？"、"你愿意为具有这样愿景的组织工作吗？"、"你能看到你与愿景的契合点吗？"、"这个愿景会帮助你确立工作的优先顺序吗？"、"我们还遗漏了什么？我们应该去掉什么?”……

2.愿景必须要明确具体

一场长跑,是需要一米米地往前跑的,而长跑运动中需要有分阶段的目标和供给。每一个愿景都是堪称伟大的,都不是一蹴而就的,正因如此,将愿景进行分解就更显其必要性。因此,领导者不但要为员工描绘美好的愿景,而且要保证愿景必须是明确的,要干什么,达到什么程度,都要清清楚楚。愿景必须是具体的,用什么办法去达到,什么时候达到,要明明白白。把愿景和实实在在的工作结合起来。员工知道自己在做什么,也知道为什么要这样做,他们自然就会毫无疑惑地追随。

不断地向员工展示企业发展的宏伟蓝图,让员工对企业前途充满信心,是松下先生的重要“攻心”谋略。早在1932年,松下幸之助在向企业员工演讲使命感的时候,就曾描绘了一个在250年内达成使命的愿景。其内容是:把250年分成十个时间段,第一个时段的25年,再分成3期,第一期的10年是致力于建设的时代;第二期的10年继续建设,并努力活动,称“活动时代”;第三期的5年,一边继续活动,一边以这些建设的设施和活动的成果贡献于社会,称“贡献时代”。第一时间段以后的25年,是下一代继续努力的时代,同样要建设、活动、贡献。如此一代一代地传下去,直到第十个时间段,也就是250年以后,世间将不再有贫穷,而是变成一片繁荣富庶的乐土。

松下的这种具体而详细的规划,让每个员工都拥有了灿烂辉煌的梦想,使员工对企业前途充满了信心,从而提高了他们的工作热情和积极性,提高了工作效率,促进了企业的快速发展。其作用是不可估量的。

松下为员工描绘的未来愿景,可以说是绝无仅有的,不仅在企业界未有先例,就是那些赫赫有名的政治改革家,也没有多少人有这样宏伟的规划。难能可贵的是,时至今日,可以说他的愿景正在一步一步实现着。

3.领导者应身体力行

一个团队或一个部门,犹如一艘航行于大海中的轮船,作为这艘船的领导者,应成为何种角色,是船长还是舵手,是摆在每一位管理者面前的问题。因此,为了共同愿景的实现,管理者必须身先士卒、身体力行,发挥“头雁”的作用。而且,对于管理者来说,这个共同愿景也应该是你的个人愿景,而且管理者的个人愿景在共同愿景中占有很大的地位,这就更需要身体力行,进而激励员工行动了。

《圣经》里说:没有愿景,民就放肆。这话的意思是说,如果没有希望和愿景,人心就散了,队伍就不好带了。企业的管理者就是要给员工描绘一幅美好愿景,让大家朝着这个方向迈进。如果你不能给员工带来希望和愿景,你就不是一个好的带队者,队伍迟早要垮,或者,你被人取代。

(二)任何人才都需要一个发展事业的平台

一段时间里,sun 企业为了提高工作效率,经常最大化员工的价值,导致一个人干两人的活。软件工程师帕特里克·纳夫顿对工作感到厌倦。对 Sun 的开发环境感到不满,决定离开 Sun 企业去 Next 企业工作,于是向公司董事会主席斯科特·麦克尼里递交了辞呈。本来对于 sun 这样一个人才济济的企业来讲,走一两个人是无足轻重的,但是麦克尼里敏感地意识到了企业内部可能存在着某种隐患,于是他请求纳夫顿写出他对企业不满的原因,并提出解决的办法。

当时,纳夫顿抱着“反正我要走了,我无所谓了”的想法,大胆地指出了 Sun 企业的不足之处。他认为 Sun 企业的长处是它的开发能力,但是员工往往是完成上一个工作,马上赶下一个工作;完成一个项目,立刻赶下个项目,没有总结、回顾的时间,更谈不上工作的创新、持续改进,这不利于个人才能的发挥,企业应该早日改变这种现象,才能真正做到以技术取胜。

对于纳夫顿的意见,麦克尼里做了慎重的思考,而后他通过电子邮件将一封信送给了许多 Sun 的项目软件工程师。信中说:“公司将投入一大笔资金,用于帮助员工们在技术领域方面的研究和革新。”很快,纳夫顿的电子信箱就塞满了回信,这些信件都来自支持他对企业现状进行改进的员工,当然也包括麦克尼里。

很多企业都讲以人为本,其实以人为本最简单的一个体现就是能够尊重员工的个人发展意愿。企业不应该是扮演索取员工剩余价值的机器,而是应该作为一个社会责任的承担者,引导他们、推动他们的职业生涯不断发展。而勤恳上进、胸有大志的员工,其实是企业很需要的,也需要留下来的骨干。

一颗树种,要成长成一棵参天大树,适当的土壤和环境是起决定性作用的。对企业的员工来说，也是如此，当一个管理者把一个人才招募到公司时，就如同播下一颗树种，只有为他提供适当的平台，他才能发挥出全部的才能，为公司创造利润。但是不幸的是，许多管理者只知道一味地向员工要效绩。

例如，有些企业过分强调工作的效率，往往把员工在工作中需要做的知识总结的时间、改进或创新需要的思考和讨论时间等都忽略了。这些都是重要但不紧迫的事情，看起来短期影响不大，但很可能令那些勤恳上进、胸有大志的员工产生再干下去也没有发展前途的感觉，于是在失望中寻找新的企业。

因此，除了为员工提供升值和培训的机会外，管理者还要从长远着手培养员工，给员工提供一个良好的平台、一份长远发展的事业，提供可持续发展的机会和空间，这样会让员工感到选择公司不只是选择了一份工作，更是选择自己一生的事业，如此自然会全力以赴地投入工作。

可以说，谷歌取得的成功源于其创办人——当时还是学生的拉里·佩奇和谢尔盖·布林非凡的想象力。时至十几年后的今天，谷歌已然发展成为拥有2万名员工、市值高达200亿美元的全球搜索引擎霸主，其成功的秘诀还在于他们重视人才，努力给每一位人才提供发展事业的平台。

作为信息产业，创新是一种持续性的生产力。为了鼓励创新，谷歌鼓励员工在上班时间尝试不同的事情，员工可以利用20%的工作时间做自己工作以外的事情，这可以理解成一个星期一天或是每五个星期一个星期，拉里·佩奇认为“总结提炼、分享学习、使用和创新，需要给员工一些时间”。这一点很特别，公司很多产品就是在这20%的时间里开发出来的，比如谷歌新闻和谷歌电邮。

另外，谷歌还鼓励员工们通过自主创新发展自己的事业，这可以是内部创业，也可以是外部创业。员工外部创业时，谷歌创业管理机构会根据投入的创业基金、创业者的智力和技术等划分股份，作为合资方入股新创立的企业。当然，新创立的企业一旦盈利就必须按照比例与谷歌分成，成果显著。

就这样，谷歌对每一位年轻人都充满了吸引力，谷歌优秀的计算机科学专家遍及世界各地，谷歌精彩的创新也来自四面八方。

员工能否忠诚于一个企业，他们又为什么要忠诚贡献，其中最关键的因素是，在他们的成长道路上，作为管理者是否能够对他们多多栽培。有多少企业愿意让一线工作人员，特别是骨干人员，将10%～20%时间花费在创新上或知识传承上呢？重视眼前利益，而忽略长远利益，这就导致了留不住人才。

一个企业人何以拥有成功人生？这是一个目标管理的问题。企业在高速发展一段时间后，就会发现，员工专业能力稀释了，导致了质量问题、成本控制问题、客户满意度问题、员工流失率问题。这时候，企业就不得不调整目标，放慢发展速度，加强员工专业方面的训练，调整几年，再重整旗鼓。也有些快速发展的企业，因为员工能力和创新跟不上竞争的要求，就倒下了。

鉴于此，管理者一定要及时了解员工对环境的需求和想法，尽力提供有利于其施展才能的环境，给予有能力的员工一定的发展空间，鼓励他们勇敢地创新，大胆地尝试，自由地发挥，让他们有充分的自由去做一些自己想做的事情，实践自己的一些想法，这对于企业只有益处没有害处。

当然，要给员工一个发展事业的平台，还要注意把员工放到合适的地方去，我们在后面的章节中将对此详细阐述。

（三）把员工放到合适的地方

蜻蜓、青蛙、壁虎和蜘蛛是大庄园蜥蜴的仆人。某个夏夜，蜥蜴准备好好睡觉，却被周围讨厌的蚊子吵得无法入眠。见此，蜻蜓、青蛙、壁虎和蜘蛛聚集在一起，商讨如何捕捉蚊子。很快它们分了工，壁虎和蜘蛛捉院子池塘边的蚊子，蜻蜓和青蛙负责处理卧室的蚊子。

壁虎和蜘蛛来到院子里的池塘边上，壁虎一看到水就晕，生怕自己掉进水里淹死了；蜘蛛刚在水边结上网，哪知没过一会就被水泡坏了。看着那么多蚊子在池塘边上狂欢，壁虎和蜘蛛只能干瞪眼。

此刻，蜻蜓和青蛙做得也很辛苦，虽然两人一上一下，可是蚊子很聪明，它们聚集在房顶的角落里，青蛙够不到，蜻蜓捉不着。蜻蜓飞来飞去，青蛙跳上跳下，两人把卧室里弄得劈噼里啪啦响，但还是捉不住蚊子。

蜥蜴本来就恼火，看到蜻蜓、青蛙、壁虎和蜘蛛捉不住蚊子，便将它们大骂了一顿，赶出了庄园。被开除的蜻蜓、青蛙、壁虎和蜘蛛想不明白自己忠心耿耿地为主人捉蚊子，怎么反而被责骂呢。

通过这个寓言故事，我们可以看出这样的一个事实，蜻蜓、青蛙、壁虎和蜘蛛之所以捉不住蚊子，惨遭主人开除，并不是它们没有认真工作，而是因为它们事先没有找到自己的最佳工作位置，能攀壁的壁虎和会织网的蜘蛛负责池塘，而会飞的蜻蜓和会水青蛙则被留在了卧室。

反观此道理，我们可以得出结论：每位员工都是人才，只不过所擅长的方面不同而已，需要找到适合自己的工作岗位；管理者一旦将员工放到不合适自己的地方，这样不仅对工作的开展毫无意义，而且还会挫伤员工的积极性，导致管理工作的失败。

有一位哲人说过一句话，意思大致是这样的：如果把宝贝放错了地方，那么宝贝就会变成废物；如果把宝贝放对了地方，但却没有好好地加以利用，同样也会使其成为废物。作为管理者，让每个员工都有适合他自己的工作，最适合自己发展的平台，是必要的管理工作之一，也是激励员工的一大法宝。

管理者应该知道，没有不称职的员工，只有不称职的管理者。能否做一个慧眼识人的伯乐，是选人用人的大前提。大多数时候，企业中并不是无才可用，而是管理者的能力不足，不能够使员工量才而用，各尽其所。正如清代思想家魏源所言："不知人之短，不知人之长，不知人长中之短，不知人短中之长，则不可以用人。"

的确，员工要想有所作为，要想取得成功，除了所具备的自身素质和专业知识外，还需要更为重要的一个因素——机会。而管理者就是提供机会的人，要懂得识才用才之道，为员工提供表现的机会——就如同给优秀的舞蹈家提供舞台，他才能跳出优美的舞蹈是一样的道理。

就拿诸葛亮来说吧，他是一代英才，上通天文下知地理，对治国安邦、指挥作战、发展经济都很有一套办法。而诸葛亮的才能之所以能够发挥得如此淋漓尽致，与他能遇到刘备这位领导有关。如果没有刘备三顾茅庐，请诸葛亮出山并委以重任，诸葛亮的雄才伟略也只能隐入山林之中。试想，如果诸葛亮没有被刘备所用，而是投到曹操门下，又得不到曹操的器重，那么诸葛亮更不会名垂青史了。

可以说，一个管理者如果能够拥有一份识才用才的智慧，那么他的事业就已经成功了一半了。事实上,员工的短处和长处之间并没有绝对的界限,许多短处之中其实往往蕴藏着长处。没有无能无用的员工,只有不会合理安排工作的领导。这就是一个因人而异,量才适用的问题。

下面这则故事就很能说明问题。

某个城市里的企业家自发组织了一个友谊交流会,目的就是大家聚在一起交流一些心得体会,共同进步。转眼间,又到了开展友谊交流会的日子。这些企业家们快乐地谈笑风生,整个会场的气氛非常活跃,一位老板却显得心事重重。

在旁的一位朋友问及原因,该老板忧心地说道:"唉,我有三个不成材的儿子,老大杞人忧天,老是害怕工厂有事;老二整天就知道吹毛求疵;老三又经常在外面闲荡鬼混,不爱规规矩矩地上班。哪天我要是退休了,我怎么放心把公司交给他们啊。"

朋友想了想,笑着回答道:"老兄,你真是不知足啊。如果我有三个这样的儿子,我会非常高兴的。要不这样,你让你的三个儿子先到我的公司上班吧,我有办法让他们像其他人一样成为一个合格的员工。只需要三个月时间。"

第二天,老板的三个儿子到新公司去报到,老板朋友根据他们的性格分配工作:让害怕出事的老大,负责安全保卫及保安系统管理;让喜欢吹毛求疵的老二负责管理产品质量;老三就让他负责商品宣传,整天在外面跑来跑去。这三个儿子一听满心欢喜,非常认真地做起了本职工作,而且工作效率很高。

可见,作为管理者,要想让员工发挥出他的全部潜能,就必须对员工的本性有一个较深入的了解,对员工个人的爱好、兴趣、素质、对专业知识的掌握等方面有一个了解,最主要的是了解员工的优点所在。在这方面多花费些心思,根据员工的优点顺势安排工作,就能收到很好的效果。

比方说,对那些进取心很强,但做事马虎的员工,就不能把要求准确无误、毫无差错的工作交给他。这样的员工最适合做临时性工作,如果企业有需要迅速处理的工作,就交给他好了,但别忘了还要找一个做事谨慎的职员加以审核才是。当然,如果有充裕的工作时间,可以交给谨慎型的职员,以求完美无缺。如果你的员工都属于快速型的,这说明你以前在招聘时没有好好考虑过这个问题。

再比方说,对于那些爱表现但能力不足的,干脆就在无关紧要的工作上让他好好表现,也不要去批评他、压制他,把薪酬低、工作量大的事情给他干,这样既不会亏了公司,还能让他感到自己的重要性。对于那些做事小心谨慎且善于处理人际关系的人,你可以让他们尝试一下管理的职位,他们或许会带给你一些意外的惊喜。

总而言之,在任何一家企业里都有各种各样的工作,也都有各种各样的员工,善于用人的领导能根据每位员工的本性,把他们都安排在合适的位置上,最大限度地激发员工的工作热情,为企业创造更大的价值。这是企业管理者的职责,是其领导才华的体现,更是激励员工的一大法宝。

(四)激励人才的关键——不断提高要求

自古以来,就有这么一个传说:鲤鱼只要跳过龙门,就可以变成龙。鲤鱼的祖宗把跳龙门的事一代一代传下去,告诉自己的子孙,并且鼓励它们去跳龙门。这不仅是出于“望子成龙”的心理,而因为在鲤鱼家族里如果能有一条鲤鱼成了龙,岂不是全族的光荣?因此,世世代代,年年月月,鲤鱼们都去跳龙门。

可是,没有一条鲤鱼能跳过龙门。河里的乌龟劝告鲤鱼说:“‘鲤鱼跳龙门’,这是不切实际的痴心妄想。你们应有自知之明,何必去白花力气呀!”鲤鱼回答说:“不错,我们鲤鱼至今还没有能跳过龙门的,但因为这样高标准要求自己,锻炼了我们鲤鱼跳跃的本领,所以才能胜过河里所有的水族,登上跳高冠军的宝座。”

尽管没有鲤鱼能够跳过龙门,但是“跳过龙门就能成龙”这一目标,一直激励着世世代代的鲤鱼们不断地跳龙门,正是这样一种高期望值的激励措施,练就了鲤鱼们跳跃的本领与生存的才能。联系到企业管理,只有不断地提高要求,利用高期望的愿景激励机制,才能最大限度地引爆员工的潜能。

在实际工作中,不少管理者们会发现这样一个问题,有些员工原本是能力出众的,而且工作热情也很高,但是工作时间一长,尤其是有所成就之后,他们就会满足现状,不再积极进取,很多还沦为不起眼的人。面对这种员工,管理者应采取的激励办法正是:不断地提高要求,发展员工的能力。

能力出众、斗志昂扬的员工更喜欢迎接挑战,如果管理者能不断地提出高标准的目标,为他们提供新的成功机会,他们的潜能就会不断地释放,进而做出更为优秀的表现。

美国一位名为克雷格的管理顾问说："设立高期望值能为那些富有挑战精神的贤能之士提供更多机会，这是激励人才的关键。"

IT 行业的元老级人物堪查尔斯·西蒙伊、史蒂夫·鲍尔默在微软的成长历程就是很好的例子。

1980 年，西蒙伊加盟微软公司，之前他已经在 IT 行业取得了不俗的成绩，他原以为自己在微软的工作会很轻松，但是很快他就发现盖茨给他的工作多么富有挑战——进行电子表格程序、贸易图形显示程序和数据库应用程序软件的创作。微软提供的舞台让西蒙伊找到了挑战自我，挑战极限的快感，最终他凭借自己的努力完成了 3 个软件的创作。

微软从 1981 年开始开发 WINDOWS 操作系统，当时已经是微软商务经理的鲍尔默挺身而出，承担起开发的责任。盖茨只说，如果视窗软件不能在 1985 年春前上柜台销售，他就要鲍尔默走人。在当时这个挑战性的工作几乎是一个不可能完成的任务，不过鲍尔默却体验到了挑战的快乐，最终他没负盖茨所望，1984 年 11 月成功地把 Windows3.0 推向市场，不仅使自己声望大增，还赢得了总裁的位置。

对此，盖茨解释道："微软觉得，有一套严格的制度，你就会做一个很规矩的人，但你的潜力发挥到 70%就被限制住了，微软要每个人都做到 100%。特别是做软件，需要人的创造力，所以微软有一种激励的文化，如果你现在的情况能做到 70%，那公司给你资源，公司给你方向，公司给你鼓励让你去达到 100%"。

当公司给员工的资源也够了，给的待遇也够了，给的奖励也够了，那么员工还追求什么呢？在微软，这个答案是唯一的，那就是对员工不断提出更高的要求，让他们开展挑战性的工作，为他们提供新的成功机会。

的确，一个真正吸引人的公司应该是一个能够让员工不断挑战自我的公司。喷泉的高度不会超过它的源头，思想高度决定人生高度。一个人只有不断地挑战，才能使自己的思想才更积极，眼界更宽阔，进而激发内在的潜能为无限的成就，那么，未来的高度就有可能"会当凌绝顶，一览众山小"。

日本东芝公司在总结企业用人方面的成功经验时，也曾指出激励人才的关键就是不断提高要求。他们认为，当一个员工能挑 50 公斤的担子时，而你只给他 30 公斤或 20 公斤，不仅难以发挥员工的能力和创造力，同时也会极大地挫伤员工的积极性和主动性。

相反的,当承受的“担子”重量超过他日常的负荷能力时,他就会全力以赴,想方设法地提高自己,完成工作任务。

更为重要的是,这些被委以重任的员工在这种激励的鼓舞下,能够深刻地体会到领导层对他的信任和期望,能够感受到自己晋升的可能,从而激发出强大的精神动力,不遗余力地投入工作,从而形成良好的企业文化氛围,人人都对自己抱有较高的期待,人人都渴望更大的成功,这对企业无疑是非常有利的。

因此,对于自己的员工,尤其是满足现状的员工,管理者要学会不断地提高要求,给他们提供新的成功机会。当然,这里需要掌握一定度,过度的期望则会加重员工的心理负担,令人惶恐不安,有时还会产生反抗的心理。

(五)“经营即教育”,加强对员工的培训

风行全球110多年的可口可乐公司是全世界最大的饮料公司,也是软饮料销售市场的领袖和先锋。其产品包括世界最畅销五大名牌中的柙个(可口可乐、健怡可口可乐、芬达及雪碧)。产品通过全球最大的分销系统,畅销世界超过200个国家及地区,每日饮用量达10亿杯,占全世界软饮料市场的48%。而重视员工培训,正是这家传统饮料公司之所以能够长盛不衰的一个重要原因。可口可乐人事部Claudia说:“可口可乐是一家培养人才的公司,生产碳酸饮料不过是我们的副业。”

在可口可乐中国分公司,培训分为高、中、低三级。高层员工的培训主要是以总部培训发展组提供的培训项目为主,如每年挑选一些高级经理去清华大学接受一个月的培训。对中层员工的培训则主要侧重于他们掌握新的管理知识、新的技能,优秀者去厦门大学培训一个月。至于一般员工则侧重于本职岗位的专业技能培训,在培训中主要抓住潜力好、能力强的员工进行重点培训,这些培训主要是多提供给他们一些新领域的知识与技能,以达到升职后工作岗位的需求。而企业中层的重点员工与基层的重点员工,一般来说是企业培训的重点,公司会集中资源对他们进行强化培训。

在业务技能的培训上,可口可乐系统的培训是经常性、全员性的。如对于新的业务员,由老的业务骨干(业务主任、经理)在本单位内定期或不定期进行业务培训;对于老业务骨干(业务主任、经理)则分批到高层管理部门(称为可口可乐管理学院)参加培训,不

断从实践的总结和理论的指导上提高业务技能。

在可口可乐公司，员工的流失率是非常小的，而且员工们的工作热情普遍十分强烈。对此，一名员工解释道："好公司大家都愿意留下来并为之努力，既给公司创造价值，同时也给自己一个实现自己价值的平台。这使我认识到我不仅仅是在为公司工作，而且也是在为自己工作。"

企业经营的目的是什么？相信绝大多数的管理者会给出这样的答案——"赚钱"，即让企业正常发展壮大，然后获利。这种说法并没有错，但是管理者若一味地依照这一目标经营企业，那么是很难激发起员工的工作积极性的，也是很难留住人才的。因为我们每个人都希望进步，都有上进心，员工也不例外，他们总是期望和考虑公司给自己提供更多的学习机会和进步空间。

因此，管理者要想提高员工的竞争力，并将他们的力量有效地凝聚起来，要使他们更好地为企业服务，最好的办法是树立"经营即教育"的观念，对员工进行一定的教育和培训，支持员工提升自己的专业水平。培训能让员工觉得自己是有用之才，更是有效的沟通方法，能使得员工的行为模式、思维模式和老板的经营理念达成一致，进而实现员工利益和企业利益的统一。

"帮助别人发挥他的潜力，一方面是我们道义上的责任，另一方面对我们的业务也很有帮助。"强生威尔的CEO史代尔说，"人生应该有抱负，充满学习欲的人是欣欣向荣的，他们是快乐的人，他们也必定是好员工。充满学习欲的人有进取心，有想象力，一家公司如果有很多这种员工，这家公司一定不会打瞌睡。"海尔的张瑞敏曾对他的管理人员这样说过："员工刚进入公司素质不高，不是你们的错，但一段时间后，员工的素质还是不高，就肯定是你们的错"，可见，对员工的培训是多么重要。

有些管理者也不是没想过要对员工进行培训，但是培训就得有投入，他们会存在这样一种疑问：企业注重了培训，更多地投入培训管理，那么员工会不会"学有所成"离开自己的企业，如果员工离开的话，这岂不是给企业造成了浪费？这确实是一个比较矛盾的问题，但是我们应该看到，员工的专业技术水平提高了，才能够更好地为企业服务，为企业创造更多的价值。如果仅仅是怕他提高了跳槽，那说明这个企业自己就没有底气，自己的基础就差，这种公司留下来也没意思。而且，这样做会造成恶性循环：员工愈是能力不足，这样的管理愈是失败。

基于此，如果你认为企业里的每个人都应该发挥他最大的潜力，来使企业繁荣发展，那么，适当的训练是绝对必要的。具体说来，就是为企业内部的员工提供各种大量、灵活的培训方式，增加员工的学习机会，让他们更有效地提高自身能力与素质，从而促进企业的快速发展。

一份工作除了能够养家糊口外，还能促进个人成长，这是让员工倍受鼓舞，并且终生受益的，而且这对企业的可持续发展也是非常有利的。可见，企业培训是一项有意义而又实实在在的工作，对于激发员工的主人翁意识，培养企业的团队精神大有裨益，而这种团队精神正是企业的管理之魂。

利用员工培训来激励员工的积极性是员工激励最有效的手段之一。要想经营好企业就必须集合众智，使得每个员工都把自己当作企业的经营者，做好应做的工作，并在取得成功的过程中体现自身的价值，管理者必须要树立一种“经营即管理”的观念，在平时的工作中加强对员工的培训。

那么，管理者如何加强对员工的培训呢？以下五个原则是必须遵循的。

1.岗前培训至关重要

实践证明，开展培训的最佳时机应该是新员工进入企业之初，在激发新员工的工作热情的同时，还能加快员工进入工作状态的速度，增强新员工对企业的了解和认可，并且及早地设定自我目标。如果不能把握岗前培训的最佳时机，新员工就会对企业产生距离感，无疑这对企业是不利的。

在这里，最重要的是对企业文化的介绍，包括企业的经营理念，企业的发展历程和目标，通俗地讲，就是告诉新员工公司是什么样的一个企业，在同业之间的地位如何，最主要的竞争对手是谁，公司的发展目标和方向，等等，这些至关重要。

2.重视员工的培训请求

培训的目的是想让每一个参与培训的人员得到知识的补充和技能的提高，因此其主动性十分重要，因此主管者一定要对员工的培训请求十分重视，因为这是最好的培训时机，一旦员工发现自己在工作中存在不足并且亟待解决的时候培训往往是他们首先做出的反应，抓住他们的需求，能起到事半功倍的作用。

比如,一些新员工急需的就是技能上的提高和公共知识的补充,但是对于老员工来讲,这些已经对他们构不成任何吸引,他们自然不会重视培训的机会,进而使激励效果大打折扣。这时候,管理者不妨先找到他们的问题,然后再刺激他们的需求,才能有效地制订出合理的培训方案,有的放矢。

3.要为员工拟订培训计划

毫无疑问,如果让员工自己凭感觉或者靠有限的经历去摸索提高自己的工作能力,效率低是肯定的,而且一旦他们被困难所阻,就会丧失信心,甚至对公司产生反感。即使能勉强应付,也会形成不少不良习惯,给以后的工作带来麻烦。如果管理者能够有预见性地为员工拟订培训计划,自然会起到事半功倍的效果。

4.培训形式多种多样

狭隘单一的职业培训会使员工产生厌烦,甚至抵触情绪,因而培训的形式要全方位、多层次。事实上,培训的形式是多种多样的,简直是无处不在,贯穿在日常工作的每一个细节中,因此管理者不一定要选派员工出去参加固定的培训班,也不一定要请专家前来讲课。抽时间和员工坐在一起聊天,说说新近发生的事情,这种谈话都可以被视作一种培训。因此不要吝啬你的语言和想法,哪怕它很不成熟,而在这个过程中对事件的不断完善则可被看作是对每个人最好的培训。

日本的松下公司就是这样一家企业。松下把创造、培育人作为公司经营的根本指导思想,十分重视对"创造产品的人"的培育和训练,并且培训形式多种多样,灵活生动。他们有时会请一些专家讲座,有时会请优秀的员工分享自己的经验,有时会有员工"一对一"的对话。松下把"训练和职业发展"作为企业方针,公司的所有员工都受到了经常性、持续性的培训。公司通过对员工的培训,不但训练出了很多具有高度生产能力的员工,而且还培养出一大批既有实际工作能力又有丰富生产和销售经验的优秀人才,这些员工成为松下公司不断发展的动力。

5.重视员工培训的导向性

给员工的培训以及帮助员工实现自己的目标,前提是把员工的个人发展目标和企业发展目标有机结合,让员工明白在努力为公司工作的时候也是在实现着自己的目标,从而激发其主人翁的意识。因此,管理者对员工的导向是非常重要的,通过各种培训潜移默化灌输给员工，员工就会朝着这个方向发展。

（六）让企业的目标与员工的目标相一致

沃尔特·迪斯尼公司：让人们快乐；

3M 公司：创造性地解决那些悬而未决的问题；

惠普公司：为人类的幸福和发展做出技术贡献；

玫琳凯化妆品公司：给女性无限的机会；

索尼公司：体验发展技术造福大众的快乐；成为全球最知名的企业，改变日本产品在世界上的劣质形象；

沃尔玛公司：给普通百姓提供机会，使他们能买到与富人一样的东西。

自 20 世纪 80 年代初开始，企业文化热风靡了世界管理舞台，特别是在发达国家，许多企业纷纷将自己的追求用简练概括的语句表述出来，冠以“企业哲学”“企业精神”的名目，并力求在员工中达成共识。实践证明，这种明确化了的价值观念，在凝聚力量、统一思想和行动方面都起到了重要作用。

一个企业的凝聚力的形成，来源于员工个人目标与企业目标的一致性，也就是共同目标。著名经济学家毛仲强曾说过：“现代企业管理的重大责任，就在于谋求企业目标与个人目标两者的一致，两者越一致管理效果就越好。”

的确，一个优秀的团队，必然是建立在相同的目标之上。试想，如果大家没有一个共同的目标，必定无法使所有人的力量凝聚在一起。就像十个大力士去推一辆货车，他们不是朝着一个方向使劲，而是你朝东，我向西，最终的结果可想而知。

相反，共同目标的建立，则就像灯塔一样，不仅为航船指明了前进的方向，还能给航船以前进的精神动力，一股较强的感召力，创造出众人一体的感觉，而使各种不同的活动融合到一起。这样的景象无疑是任何组织单位都追求和期望的，这种工作氛围可以展现每个成员的个人才华，形成强大的合力。

在企业，“共同目标”是企业中所共同持有的“我们想要创造什么”的一种愿望，始终为企业指明前进的方向，指导着企业的经营策略、产品技术、薪酬体系甚至商品的摆放等所有细节，是企业的灵魂。当这种共同愿望成为企业全体成员一种执着的追求和一种强烈的信念时,它就成了企业凝聚力、动力和创造力的源泉。

由此可见,管理者在鼓励企业成员为自己打拼之前,一定要让企业的目标和员工的目标相一致。既然企业目标的实现与加强员工的职业管理是一致的,那么,它们两者的一致性怎么体现,或者两者的结合点在哪里呢?管理者怎样才能使员工和企业的发展目标一致,使员工和企业和谐发展,共同实现目标呢?

以下几个要点,管理者一定要牢记:

1.经济利益目标要一致

企业与员工目标的一致性首先表现为经济利益目标的一致性。企业追求效益目标是其存在的前提,员工获得经济利益是其最终的目的,企业最大的经济效益与员工最大的满意是相辅相成的,二者缺一不可。看来,组织与员工是相互依存的关系,两者都是为了求得良好的发展,这就是目标上的一致性。

比如,联想公司、方正公司、同方公司等在媒体上宣称:在多少年之内造就多少百万富翁。其实,这是企业发展的一个目标,也正好迎合了员工在利益方面的期望。当然,这也是吸引员工为企业效力的有效激励措施之一。没有这些人的努力,企业不可能发展;没有良好的企业环境,这些人才也难以成为百万富翁。

因此,企业与员工在利益追求上是一致的,这也是职业管理的有机结合点,管理者一定要关注员工的利益。员工的满意必定会带来企业的效益,不考虑员工个人利益而获得的企业效益是不会长久的,也谈不上真正实现了企业的经济目标。

2.贯彻"共同目标"这一理念

有了共同的目标之后,管理者就要想方设法地把"共同目标"这一个理念贯彻到每一个员工的心里。只有让员工深刻认同共同的目标之后,看到自身在企业中的定位,看到自身的历史责任,才能使他们感到自己隶属于一个优秀的团队,感到自己极具敬业精神、乐于奉献,进而更好地为了这一共同目标而奋斗。

日本大荣公司总裁中内功就善于利用共同目标统一员工行动,他以"大荣誓词"来统一思想、规范行为,以形成颇具个性的经营思想,在员工中间贯彻"共同目标"这一理念,创立大荣在市场中的良好形象。

"大荣誓词"是大荣公司经营哲学、价值取向以及公司精神的结合体,是体现大荣的价值追求的形象口号。大荣誓词为大荣公司的精神大厦打下了三根基础桩:第一,通过我的工作,为顾客提供高质量的生活服务。第二,真实诚恳,为不断提供物美价廉的商品而劳动。第三,热爱顾客,热爱商店,努力不已。

除此之外,大荣总店和分店还实行连锁经营制,从视觉上统一标识、统一认识。办公用品规格化,员工服饰标志分明,进一步弘扬和实践了大荣的经营理念,使员工们认识到这是一个优秀的团队,并且愿意为企业目标奉献力量,进而极大地提高了大荣的知名度,使大荣在市场上脱颖而出。

可见,如果要使员工为了实现公司目标付出努力,就必须使他们首先能够认同这些目标。对于管理者来说,能把企业的目标以通俗易懂、简洁明了的方式和盘托出,清清楚楚地传达给团队成员,是至关重要的。

3.要以员工个人目标为基础

要让员工把企业的目标当作自己的目标,那么企业目标必须相当具有包容力,才能使全体人员参与,从而让企业目标体现在日常工作之中。企业目标应建立在员工个人目标的基础上,只有以此为前提,才能激发出员工工作的积极性,充分发挥其创造力。为此,管理者在确立企业目标之前,最好应了解每位员工的个人目标是什么,借此最终确立一个能够得到整体认同的、可发挥员工凝聚力和创造力的共同目标。

总之,在企业和员工之间塑造一个共同的目标,创建共同的价值立场和相同的价值理念,是引发员工积极性和工作动力的重要手段。因为员工认同企业,同时企业也认可员工。这样一来,激励便非常有效。

(七)有效的晋升制度,让员工"把根留住"

日本企业界权威富山芳雄曾经亲身感受过这样一件事:

日本某设备工业企业材料部有位名叫P君的优秀部长,因为精明强干,上级交给他很多工作,而P君工作积极、人品好,深受周围同事的好评,富山芳雄也认为他是很有前途的。但是10年之后,当富山芳雄再次到这家企业时,竟得知P君这几年来一直只是一个小员工,而现在他已经辞职了。

对这一情况,富山芳雄感到很惊异,经过调查了解他明白了事情的真相。原来10年之间,P 君的上司换了 3 任。第一任上司因为 P 君的精明强干,且是个靠得住的人物,丝毫没有让他调动的想法。第二任上司在走马上任时,人事部门曾经提出提升 P 君的建议,然而新任上司认为 P 君是工作主力,如果把他调走,势必要给自己的工作带来很大的威胁。总之,哪任上司都不肯放 P 君走,P 君只好长期被迫做同样的工作,提升只能不了了之。

P 君最初似乎没有什么想不通的,干得不错,但是随着时间的推移他逐渐变得闷闷不乐、脾气暴躁,甚至愤世嫉俗,对工作不再像以前那么上心了,以致工作出了问题。就这样,上级人员认为,P 君虽然工作内行,堪称专家,但是工作态度不够好,便将他调离了第一线的指挥系统,不久 P 君辞职了。

在企业中,让员工原地踏步是不可取的。因为每个员工都很重视工作上的成就感和自己的发展空间,不给员工晋升的机会,这给员工的感觉是你不信任他,不放心他,怀疑他的能力,他肯定是不会尽心竭力去工作的,跳槽也就是自然而然的事情了。正如美国密歇根大学工商管理学院教授戴夫·沃尔克所说的:“员工在一段时间内会关注薪水,但如果雇员对工作失去了兴趣,单单靠金钱是不能留住他们的。”

那么,我们怎么让员工一直对工作保持兴趣,选择留在公司呢?制定有效的晋升制度!晋升,既是一种对员工能力的一种肯定和赞许,又会给员工更大的发展空间。让出色的员工适时地得到提拔,可以满足员工的心理需要,并且让他感觉到上级对他的信任,从而忠心于所在企业。

不要怀疑这一点,在我们身边有这样一些人,他们辞掉收入较高的工作而跳槽到收入相对较低的企业工作。为此,有关研究人员曾针对 150 个高级职员的跳槽行为进行了调查,调查结果显示其中 41%的人是因为晋升的机会有限,25%的人是因为他们的业绩没有得到赏识,只有 15%的人是因为钱的因素。

有专家研究发现,人才,特别是高级人才在看待一项工作时,最看重的是事业上的成就感,也就是自己是否有晋升的机会。行为科学家赫兹伯格的双因素理论也指出:工资、工作条件、工作环境等属于“保健”因素,不具有很强的激励作用,而工作成就、发展前途等因素才是真正的激励因素。

要真正留住人才,使人才有用武之地,就得靠晋升来激励员工。那么,管理者如何制定有效的晋升制度呢？概括起来，职位晋升有四种方法：

1.职位阶梯

职位阶梯是指一个职位序列列出了职位渐进的顺序，序列包括每个职位的头衔、薪水、所需能力，经验、培训等能够区分各个职位不同的方面。管理者以这些职位阶梯为指导来水平或垂直地晋升员工。有了职位阶梯，员工的任职资历就将成为其是否被晋升的依据。

2.职位调整

职位调整的目的在于晋升那些职位发展空间非常有局限的一小部分员工。管理者会从他们中选择晋升候选人，而不会考虑其他资历更老的员工。如果这一小部分员工中没有合格的人选，并且该团体并没有达到其承诺的目标，那么管理者宁愿从外部招聘也不会晋升不属于这一部分的员工。

3.职位竞聘

职位竞聘是指允许当前所有的员工来申请晋升的机会。其好处在于增强了员工的动力，同时减少了由于管理者的偏爱而产生的不公平晋升的可能。然而，职位竞聘意味着大量的文字工作和过长的竞聘时间，管理者必须做出正确的判断，排除不合格的员工，而且必须对被淘汰的应征者做出合理解释。

4.职业通道

职业通道是指一个员工的职业发展计划。对企业来说，可以让企业更加了解员工的潜能；对员工来说，可以让员工更加专注于自身未来的发展方向并为之努力。这一职业发展计划要求员工、管理者共同参与制定。员工提出自身的兴趣与倾向，管理者对员工的工作表现进行评估，并且负责评估其未来的发展可能。

一般来说，资历和能力是管理者做出晋升决策的基本依据。资历可以从员工服务年限、所在部门以及工作岗位来衡量；能力可以从技能、知识、态度、行为、绩效表现、产出、才干等方面进行衡量，总之能力衡量是一个复杂过程。不同类型的企业以及同一企业中不同的等级所需的能力结构是不一样的。

除了衡量员工能力之外，在做出晋升决策之前，管理者还有必要首先评估新工作本身。明晰该工作目前和未来存在的问题，并设立短期目标；评估该工作所需的知识、技能和个人品质。最佳的候选人应该达到新职位的最低标准。基于这样的系统评估方法，管理者就能够找到最合适的任职者。

不过，晋升制度一定要讲究公正公平原则，让所有的员工都有平等的机会，绝对不能晋升不称职的员工。不公正、不公平的晋升会引起员工的抵触、猜疑和担心，使得企业的正常运作被打断，让企业的效率低下，从而影响到最终目标的实现。为此，不妨鼓励员工进行职位竞聘，所有员工都可以加入晋升选择中去。这样，可以使员工得到很好的激励和回报，并实现企业绩效得到改进的目的。

总之，晋升机制是对企业管理者和员工的一种良好激励，实施得好，能形成良好激励氛围，提升个人和团队的业绩，留住人才。管理者在平时的工作中，要多多对员工进行晋升方面的帮助和培训，做到扶上马并送一程。

（八）为年轻员工提供持续晋升的机会

赵旭经营着一家大型互联网公司，在元旦发完工资后，有8名员工同时离职，其中有5名年轻职员。对此，赵旭感慨道："IT行业人员流动性非常大。一般都是刚毕业的'80后'、'90后'，他们对换工作也不在乎。有的人来了两三个月就走了，离职的原因也五花八门，考研、考公务员甚至是回家过年！"

赵旭目前最头疼的是怎么熬过年底这段时间，明年要认真考虑招人和如何留住员工的问题："明年我是不是不该再招聘年轻员工了？不过，年轻员工大多要求的工资比较低，可以减少公司的开支，到底怎么办呢？"

"其实，不是我想辞职，谁不希望有一份长久的工作啊"，田宏曾是赵旭公司的一名职员，说起自己的辞职，他给出了这样的解释，"在公司我工作一直很努力，能力也得到了经理的赞赏，但是一有晋升的机会时，经理总是先考虑那些老员工，这让我觉得在这里干下去没有意思，还不如赶快走人呢。"

在这里，先提问一个问题：准备提一个部门经理，有两个人可以选择，一个是公司的资深老员工，工作经验挺丰富，但学历不高，工作能力相对薄弱；另外一个是刚到公司二年的新员工，但工作能力很强，做事也有思路和想法，你会选择谁呢？

相信许多企业管理者，有和赵旭一样的想法，一有晋升的机会首先考虑那些老员工，一是老员工经验丰富，二是老员工对自己忠诚。与此同时，认为年轻职员经验欠缺，心浮气躁，还需要在基层更多的进行磨炼。

殊不知，这是一种多么错误的想法。从心理学角度来看，年轻人富于朝气并喜欢新鲜事物，年轻的员工当然也是，他们喜欢面对挑战，并希望自己的工作充满乐趣并富于变化，不愿意整天工作在单调乏味的工作环境中，迟迟得不到晋升的机会无疑会打消他们的工作积极性，忍无可忍之时他们就会选择跳槽。

有一个大型招聘单位，曾在对中国30个省级行政区的9986名年轻职场人士进行调查，报告显示，在很多年轻人眼里，如果工作了几年还没有得到晋升，就是“混得不好”；92%的员工希望晋升至高管职位。72%的职场员工因为得不到晋升机会想在5年内转换职业发展方向（包括转换行业、专业及公司）。

换一个角度说，既然年轻员工希望工作能满足其成就感和好奇心，并渴望获得及时、明确地肯定和承认。那么，管理者不妨大胆地使用能力突出的年轻人，并以持续晋升的途径来激励年轻的员工，这样不仅能使他们与企业之间产生有益的互补共振效应，还可以增强与提高企业的实力。

在任用将领时，拿破仑坚持的原则是“勇气过人”“机智天才”“遵循兵法规律与自然法则”，当然最好的一点是“年轻有为”。拿破仑曾经说过：将领是一个军队的象征，任用年轻的将军，就等于拥有了一支年轻的军队，等于拥有一支如狮子般的军队。

我们来看一下，拿破仑年轻而威武的军队将领阵营：

拿破仑手下的名将马尔蒙，26岁任意大利法军炮兵司令，27岁任军长和炮兵总监，32岁任达尔马齐亚总督；达乌，28岁，远征埃及的骑兵指挥官；苏尔特，25岁任准将，30岁晋升少将；奥什，25岁任准将，29岁任集团军司令……

可以说，拿破仑手下的将领绝大多数都是年轻人，拿破仑之所以能在短时间内创造所向披靡的神话，无不得力于他手下一大批优秀的青年将领。

为勤奋上进的年轻员工提供持续晋升的机会，也是麦当劳最吸引人的地方。

麦当劳晋升的机会是从最琐碎的小事开始的，每一位刚进入麦当劳的年轻人，不论他有什么文凭，一律都要从头做起，从事最基本的琐碎工作：炸薯条、做汉堡、烤牛排、每天两次擦洗门窗等，这个过程一般持续4至6个月，这也是每一个走向成功的麦当劳人的必由之路。

通过这些最基本的琐碎工作，有才能的年轻人被晋升为一级助理，他们除了抽出一定的时间负责餐馆工作外，还要承担起如进货、排班、计划、统计等的管理工作。已被提升为餐馆经理的年轻人同样还有充分的发展空间，只要业绩优秀就可以晋升为监督管理员，也就是说，同时负责三四家餐馆的监管工作。三年后，优秀的监督管理员将晋升为地区顾问。到那个时候，他将担任总公司的"外交官"派驻其下属的企业，而作为公司这一地区的全权代表，担任起重大的企业责任。当然，成绩优秀的地区代表仍然可以晋升，成为更大区域的地区代表，地位可高达麦当劳某一国家或行政区的副总经理、总经理和董事长。

就年龄而言，麦当劳的经理群与员工群都是非常年轻的人。每个经理都要管 100 多人的中型餐厅，而他们的平均年龄仅为 25 岁左右。这种情况在其他公司简直是难以想象的，不过很显然正是这一措施使得麦当劳公司的年轻职员奋发向上，努力工作，而且它保证了麦当劳的管理人不会出现断层，公司业绩稳步上升。

为新来的年轻员工提供成长的机会，提供持续晋升的机会是麦当劳的重要特点和成功之道，难怪一位经理这样说："无论管理人员多么有才华、工作多么出色。如果他没有预先培养年轻有为的员工，没有培养自己的接棒者，那么他的管理就是不成功的，公司将有权不考虑其升迁。"

对于有较高才能的年轻下属，应该提拔到更为重要的岗位，让他们得以尽早地、充分地发挥才干，这样才能早出人才，快出人才，为企业服务更长的时间，带来更大的效益。有了优秀人才而迟迟不重用，不仅对企业发展无益，而且在目前的人才流动机制下，也不易留住真正有才能的人。

一个更为严峻的现实是，企业发展到一定规模后，老员工的能力和精力已经跟不上企业发展的需要，但是还是"占着茅坑不拉屎"，倚老卖老，压制年轻人或刚来不久的新人，甚至阻碍企业制度的执行，破坏企业规则，如此在某种程度上还制约并影响了公司的发展，成为企业发展的障碍。

因此，真正的管理者要能站在企业发展的全局晋升为企业创造价值的人，年轻人学习能力强、精力充沛、适应现代竞争环境，选择是让新员工晋升还是老员工出局，答案应

该是不言而喻的。

(九)晋升最可靠的方法:扩大下属的责任范围

James 是某家居公司研发部的一名工程师,在不到一年的时间里,他先后做了几个大项目,并获得了客户的一致好评。总经理见此很是高兴,便将 James 晋升为了研发部的经理。晋升为公司中层干部了,James 心里挺开心的,心想"老板对我这么信任,我一定要好好干",但是升职后才半个月困惑就来了。

因为技术研发岗位与管理岗位上所需的知识、技能和态度是完全不同的,面对突然降临的晋升机会,James 在管理能力上的不足很快暴露出来。管理能力不足,下属都看在眼里,James 很难树立领导者的权威,干什么都没底气,没自信,又得不到他人的帮助,结果寸步难行。

晋升是管理者未来愿景激励员工的一个绝招,值得注意的是,如何用晋升的手段激励员工也是有大学问的。因为晋升下属并不是简单地给对方一个更高的头衔就够了,而是一个交付工作、承担责任的过程。如果他挑不起这个担子,那就意味着公司又增加了一位名不副实的高级经理。如此,这种晋升就是毫无用处,甚至本末倒置的。

正确的做法是,可以先扩大下属的责任范围,等到证明了他确实有足够的工作实力,能够适合将要从事的新职务之后再授予头衔。这样一来,公司的其他下属也就不会有任何异议,因为这个头衔的确是用能力换来的。这一原则是"德才兼备"标准和"量才任职"原则的引申和具体化。

大学毕业后,陈倩倩进入一家出版社担任编辑工作。她很有才华,做事干脆利索,稿子质量高,工作效率高。对于这样的人才,社长自然是求之不得,他一心想提拔陈倩倩做编辑部主任,但是考虑再三后,他交给了陈倩倩一个比较难的选题,这种选题一般都是编辑部主任才能够做出来的。

接下任务后,陈倩倩就夜以继日地忙碌起来。工作上有很多不明白的地方,她就通过请教大学老师、在网上查阅资料等方法弄明白,最终她拿出了一份非常完美的策划。在此期间,陈倩倩认真负责、踏实卖力的工作表现给其他同事们留下了深刻印象,她的完美策划也引来了一片喝彩声。

鉴于此，社长正式任命陈倩倩为编辑部主任。对于晋升，陈倩倩在承担起这份份沉重的责任时，恰恰也得到了提升能力的好平台，她依旧尽职尽责，不仅创造出了很好的业绩，而且还带出一支十分优秀的编辑队伍。

记住，你是在培养一个人，而不仅是提拔一个人，培养的效用远远大于提拔的效用。员工只有能够胜任将要从事的新职务，并且确实能够取得实际工作成绩时，方可予以提升。在一个职责划分明确的公司里，扩大下属的责任范围，给予他特别的任务或者挑战性的计划，可谓晋升最可靠的方法。

举几个例子来说，工作表现杰出的员工，你可以送他去接受更高层的职业训练，你也可以让他负责训练别人，这样他就能扮演一个较活跃的角色；对于最优秀的员工，你可以让他扮演他的部门与人事部门之间联络人的角色，也可以让他担任其他部门的顾问；假如你们有跨部门的问题、计划，或部门之间共同关心的事情，可以让这位最优秀的员工代表你，去与其他部门的人组成一个合作的团队。

而且，如果一再地给一些杰出员工特殊的责任，或者让他参与挑战性的任务，无形中，你已经告诉大家说，你对这个人非常器重，那么其他的员工必然会注意到这种情况，受到这种情况的启发，因而奋起直追，想要获得同样的器重，如此即便没有晋升机制，也同样会起到激励员工的功效。

如此看来，管理者在通过晋升方式激励员工的过程中，不妨先尝试扩大下属的责任范围。

詔儒講經

蕭望之

漢宣帝

诏儒讲经①

【历史背景】

汉宣帝刘询,系汉武帝的曾孙,继汉昭帝后即位。汉武帝晚年,太子刘据与其子使皇孙都因“巫蛊之祸”而死,当时刘询出世仅数月,失落民间,并成长于百姓中,因此深知民间疾苦和吏治得失。所以,他亲政后励精图治,任用贤能。他尊崇儒学,尚“五经”,但实际中儒、法并用。主张“霸王道杂之”的德化和法治相结合的政治思想。

【原文】

汉史纪:宣帝时,诏诸儒讲“五经”②同异,萧望之③等平奏其议,上亲称制④临决焉。乃立梁丘⑤《易》、大小夏候⑥《尚书》、谷梁⑦《春秋》博士。

【张居正解】

西汉史上记:宣帝好文,见得“五经”所言,都是修身治天下的大道理。自经秦人烧毁一番,到今表彰之后,虽已渐次寻出,但诸儒传授互有异同,不得归一;而诸家传注,亦且各以为是,无一定之说。因此,诏诸儒臣讲究“五经”异同。如经文有不同的,便要见谁是真传、谁是错误;传注有不同的,便要见某人说的与经旨相合、某人说的与经旨相悖。又命萧望之等评论他们讲究的谁是谁非,奏闻于上,上亲称制临决,而裁决其可否。这“五经”中,定以先儒梁丘贺传授的《易经》,夏侯胜、夏侯建传授的《尚书》,谷梁俶传授的《春秋》为真当。于是将这三经各立博士之官,着他教习弟子,以广其传。其《诗》《礼》二经,盖先已有定论,故不述也。自宣帝以来,“五经”如日中天,传之万世,为治天下者准则,其功亦大矣。

【注释】

①本篇出自《汉书·宣帝纪》。记述汉宣帝诏儒讨论修订儒家经传的故事。

②"五经":儒家整理流传下来的五种古代经典,即《诗》《书》《礼》《易》《春秋》五本书。

③萧望之(?~前47):西汉时儒者。宣帝时任太子太傅。甘露三年(前51)主持石渠阁会议,评议诸儒对"五经"同异的意见。

④称制:行使皇帝权力。

⑤梁丘:名贺,字长翁。西汉经学家,主治《易经》。官至少府。

⑥大小夏侯:即夏侯胜与夏侯建。胜字长公,建字长卿。二人是叔伯兄弟。皆为当时著名经学家,以治《尚书》闻世。皆为博士官,官至太子太傅。

⑦谷梁:名俶;又一名赤。经学家,主治《春秋》经。

⑧博士:六国时置,秦汉相承,都是教授官。

⑨传注:解释古籍的文字。传是相承的师说;注是本人的意见。

⑩如日中天:好像太阳升到正中。比喻事物正发展到最兴盛的时候。中天:天空之中,指中午。

【译文】

汉代史书上记载:汉宣帝在位时,下诏令各派儒者讲论"五经"的同异,让萧望之等人公允评论,然后将情况上奏给汉宣帝,宣帝再以皇帝权力进行裁决。于是在朝廷中设立传授《易经》的梁丘贺、传授《尚书》的夏侯胜和夏侯建、传授《春秋》的谷梁俶等博士。

【评议】

本则历史事实,说明汉宣帝对儒家学说的高度重视及对之进行评判、划一,目的是使之更适合于加强思想统治。这种行为表面上看是对儒家经学的重视,实际上是非常有害于"百家争鸣"的,因为"一枝独秀不是春","万紫千红"才能春满园。不过,汉宣帝所为,使我们可以窥视出封建社会对思想统治高度重视的一个侧面，也使我们了解了经学发展情况及汉代对经学的重视程度。这是我国思想史和学术史上的一个重大课题，仍有待于深入展开研究。

【镜鉴】

不断学习打造新本领

信息时代、知识经济已成为今天我们这个时代的代名词，新的东西每天都会大量地涌现出来，新的技术、新的经营方式层出不穷。“学习”已成为这个时代最重要的特征之一。只有灵活地适应这些变化，并在变化中抓住机会，才能在这个时代很好地生存下去。

（一）不断地学习充电

当时间老人轻快的脚步把我们带到 21 世纪的时候，人们见面打招呼或老朋友互相问候的话语已经从 20 世纪六七十年代的“你吃了吗”，变成“你充电了吗？”

1.不充电很快就会没电

在这个日新月异网络信息技术日益升温的今天，你如果不每天学习，不充充电，那么很快你就会落伍，就会被这个时代抛弃。因此，无论在何时何地，每一个现代人都不要忘记给自己充充电。尤其是在竞争激烈的工商业界，个人必须随时充实自己，奠定雄厚的实力，否则难以生存下去，一个有干劲的人，时不时地充充电，就不会被社会所淘汰。

古代著名的大教育家孔子就常常强调干劲及学习的重要性。在孔子的众多弟子中，并非每一位都充满干劲，都勤奋好学。例如，宰予虽然有一副绝好的口才，但却怠于学习。对于宰予，连孔子也不禁摇头叹道：“朽木不可雕也。”再多的责骂，这种人也是难改其性，可以说这种人是不可救药之徒，终将被社会所淘汰。

在学习的过程中，除了干劲以外，还需要有另一种观念，即学习充电的观念，尤其在现在这个时代，“学而不思则罔，思而不学则殆”，正是最好的启示。然而书本的知识只是基础，必须再以自己的理解力将其消化吸收才行，社会是一本大书，需要经常不断地去翻阅。须知,在现代社会中,不充电就会很快没电。

现代生活的变化迅速,节奏加快,要求我们必须抱定这样的信念:活到老学到老。你也应该记住:一步也不放松的人,是最难胜过的劲敌。

我们常会有"那个人是属于大器晚成型的"之类的话,意思是说,他现在虽然并不怎么样,但日后总会成功的。

同样是在新的场所工作,有人能立刻得到要领并灵巧地掌握。这实在是很难得。但这种人往往在中途就干不下去,甚至退步变坏。

与此相反,起先摸不清情况而不顺畅的人多方请教前辈或上司,同时自己也认真用功并继续保持这种态度,大致会取得很大的成就。

人都是由许多人的帮助与指导才逐渐成长的。比如双亲、师长、朋友等的指导,在适当的时机恰当地施予,才能完成一个人的正常成长。

可是,更重要的,就是对这种帮助与教导要自动去学习吸收。

大多数人从学校毕业后进入社会就失去进修的心,这种人以后是不会再有什么进步的。反之,学生时代即使不显眼,但到社会后仍然勤勉踏实地尽本分,自觉学习应学的事,往往都会有长足的进步。

能继续保持那种态度的人是只有进步没有停顿的。他一定一步一步随着岁月踏实地发展,经过一年就养成一年的实力,经过两年就养成两年的实力。进而10年、20年、30年,各养成与其时间相称的实力。这种人才是真正的"大器晚成"。工作每天都有新情况,新挑战,你每天都要面对新事物,学习与生活相伴,生活就是学习。

对一份工作,许多人干一段时间就觉得没意思了,想换一份工作,而换一份工作就得有条件,有实力,实力来自自身。现代社会的机会很多,你只要天天学习,就会天天有进步,天天有机会,你的生活就会富有生机。

假如你不想跳槽,想把现在的工作当作一生的工作,那以何种态度面对呢?如果因为目前的工作进行得很顺利就感到很放心,每天优哉游哉地过安逸日子,那么目前的情形就不一定能维持很久了。失败的日子一定不远了。

与此相反,能将这份工作当作一生的工作而埋头苦干,不断进修、不断创造新的东西,始终能"活到老学到老",他的进步一定是无止境的。这种人就能日日以清新愉快的心,有效地做自己的工作。这样自然就有希望,不至于失去理想,当然也不觉得疲倦了。

而这种人对自己的工作会有一股拿生命作赌注的热忱,他把自己的使命刻在心里,为了使命,甚至愿意舍命去完成。这里所说的舍命,不是要真正把生命丢弃,而是指让自己强而有力地卖命。

2.不断进修才能更上层楼

只有不放松自己,不断进修的人,才有资格与人较高下。

一位颇有魄力的老总在公司的经理会上说了这样一段话:

“美国的大公司,在开办新的分公司或增设办厂时,往往是50年代的人,就任主管职位。但是现在如果公司命令你担任技术部部长、厂长或分公司经理的话你们会怎样回答?‘我会尽力回报公司对我的重用。作为一个厂长,我会生产优良产品,同时也会好好训练员工’。或者说:‘我能愉快地胜任,好好干厂长的职务,请安心的指派我吧。’你们能否马上回答我呢?”

“一向在公司工作,任职10年以上的你们,有了10年以上的工作经验,平时不断地锻炼自己,不断地进修。一旦被派往主管职位的时候,有跟外国任何公司一较高下、把工作做好的胆量吗?你们有这种把握吗?有把握的请举手。”

发现没有人举手后,他继续说:“各位可能是谦虚,所以没有举手。到目前,有很多前辈被委以重任,表现优异,深受公司、同业和社会的称赞。由于他们的领导,公司才有现在的发展,他们都是从年轻的时候就在自己的工作岗位上不断进修,不断磨炼自己,认真吸收工作要领,所以一旦被委任为主管,就能够发挥他们的力量,取得十分良好的成果。

不管时代怎样变化,这一点是不变的。艺术界的名演员,都是很有天赋的人,但他们仍会分秒必争地认真习艺,不断地下功夫,提高自己的演技。如果报纸上的影评、剧评指责他的缺点的话,他会一夜不眠地考虑自己的缺点。这就是我们能鉴赏到优秀演出的原因。对公司来说,平时认真地磨炼和努力是同样重要的。没有不断地努力和磨炼,是绝对不能培养出自己的信心和实力来担任主管的工作的。

虽然说起来很简单,是理所当然的事;但是每天不断努力这回事,其实不那么简单。所以要你时常自我激励,重新认识自己,不断保持创新的意念。

(二)要活到老学到老

常常有机会看见那些天分颇高的青年,一生只做些平凡的事。他们的天分虽高,却没有受过充分的训练、培植。他们从来没有意识到自己的进步。他们熙来攘往,所看到的只是月底领的薪水,以及领到薪水后的几天中的快乐时间,结果他的一切总是微不足道。

人们只能利用其一小部分的天赋从事事业,而不能尽其教育与训练全部的天赋才能,所以他们在事业上一定要受很大的亏累。本来足以领导人的人,因为没有受过相当的教育与训练就不得不降为领导于人了。

教育即是力量。你可以利用十分钟时间读一些书籍,在自修上下一分功夫,就足以助你在事业上得一分上进。许多志在成功者的早期,年薪很低,工作却很苦,但他们利用其闲暇的时间,自修自习以求上进,比之他们在日间的工作更为努力。在他们看来,薪水并不是大事,而追求知识、要求进步则是真正的大事。

一个人愈能储蓄则愈易致富。你愈能求知,则你愈有知识。你能多储一分知识,就足以多丰富你的一分生命。这种零星的努力,细小的进益,日积月累,可以使你于日后大有收益,可以使你更充实、更丰满,更能应付人生。

孜孜以求进步的精神,是一个人的“优越”的标记与“胜利”的征兆。

只要能够知道,一个青年怎样度过他的工休时间,怎样消磨他的浪漫的秋日黄昏,那么就可预言出那个青年的前程怎样。

有的人或许以为利用闲暇的时间来读书总得不到多大的成绩,其成绩总不能与学校教育相等,因而不想在闲暇的时间读书。这无异于一个人因为自己进款不多,以为即使尽量储蓄,也不能致巨富,所以一有金钱,尽数挥霍,不屑储蓄!但是你没看见有许多人,就是因为利用了零星的闲暇时间求得了与学校教育相等的教育吗?

教育的实质之高,对于我们人生历程的重要性,无过于今日。生活竞争日趋剧烈,生活情形日益复杂,所以你必须具有充分的学识,受充分的教育训练以作为你的甲胄。

我们大多数人的问题,就在一心希望在顷刻之间成就大事。其实事情是要渐渐成就的。我们应该不断地努力读书自修,不断地充实我们的知识宝库,渐渐地提高我们知识的地平线。

用一段一节的闲暇时间，换来种种宝贵的知识——知识可以给予我们能力，使我们得以上进——这种机会难道你能不知轻重地抛弃吗？

一个没有书籍、杂志、报纸的家庭，等于一所没有窗户的房屋。小孩子常常接触书本，自会培养出读书的兴趣，自会于不知不觉之中摄取其中的许多知识。时至今日，几乎每个家庭都不可能没有书籍。家庭的藏书在古代是一种奢侈，在现代却已是一种生活的需要。

学生在学校时最应该培养的一种能力，就是熟悉各门学科的相关书籍。在图书馆中，要从汗牛充栋的藏书中，挑出几部最有价值的书以供阅鉴；这种能力，对于他的一生，真是大有裨益。这仿佛是一个人在选择适当的工具以从事知识开拓，以利于今后为社会服务。

耶鲁大学的校长海特莱曾经说："各界人士，如商业界或产业界中人，都曾告诉我：他们最需要、最欢迎的大学生，就是那些有选择书本能力及善用书本的。而这种选择书本与善用书本的能力的最初养成，最好是在家庭中——具备各种书籍的家庭中。"

一个天资比较高的儿童，只要常有接触书、使用书的机会，就一定能从书本中摄取丰富的知识。

凡是备有不少辞典、百科全书以及其他种种有益的书籍的家庭，其儿童往往会于不知不觉之间，利用那容易虚掷的空闲时间来充实和教育自己。这种教育的代价，只是书籍的准备，要比学校教育所花费的代价便宜十倍以上。书籍可以将家庭布置得幽雅、美观，使儿童乐于呆在家中。而那些忽略教育设备的家庭，他们的儿童会厌恶家庭，喜欢到外面乱闯，以致陷入种种危险之中。

家庭是一个人接受最主要的生活训练的地方。在家庭中，我们养成习惯，形成志趣，而这些习惯、志趣，将影响我们的一生。

穿褴褛的衣服、破旧的鞋子，这都不要紧，但千万不要在购买书籍上过分节约。假使你不能使你的子女受高等教育，那么就应供给他们以必要的书本，这将把你的子女从现在的地位提举到较高一级的地位上去。

无论一个人平时怎样忙碌，总有很多的光阴是虚度或浪费掉的，假使能善于利用这些虚度的光阴,则一定能产生大益处来。

许多主妇从早到晚忙忙碌碌,在她们自己看来,她们是绝无读书阅报的时间了,然而假使她们对家庭事务的处理能彻底的系统化,则一定能得到不少的空闲时间。“秩序”“系统”最能节省时间。所以我们做事,必须力求秩序化、系统化,以求在我们的日常生活之中节省出一部分时间来,用在“自我改进”与生命扩大的必需——读书中。

原哈佛大学校长艾略特曾说:“养成每天读10分钟书的习惯。这样每天10分钟,20年之后,他的知识水平一定前后判若两人。只要他所读的都是好的东西。”所谓“好的东西”,即是为大家所公认的世界名著,不管是小说、诗歌、历史传记,或者其他种种。

大多数人都肯在自己所喜欢的事上留出相当的时间来。假使你真有求知之饥渴、自修之热望,你总会挤出时间来的。“苦无志耳,何患无时?”

(三)熟谙学习之道,方可事半功倍

学习必须讲究一定的方法,才能提高学习效率。

第一,培养兴趣。兴趣是学习入门的向导,有了良好而稳定的兴趣,就会使人在学习中孜孜以求,学而不厌,表现出高度的自觉性与积极性。何以建立良好与稳定的兴趣呢?一是要有责任感。要认识到好好学习是祖国、人民和民族的重托,是家长与朋友的期待;二是要有紧迫感。要认识到这是自己在未来社会发展中生存与发展的需要,是实现人生价值的必要步骤,可以说未来既对我们有强大的吸引力,也有很大的威逼力;三是要有理智。不能凭自己的原始好恶对待专业,以自己的理智与毅力改变对目前所学专业的逆反心理,用意志力量培养兴趣,一旦认识到所学专业的价值时,学习兴趣就会随之产生。

第二,专心致志。学习是复杂的脑力劳动,它需要调动所有的感觉器官,全神贯注,并且使大脑的兴奋神经中枢处于最佳状态,任何一点分心都会影响学习效果。心不在焉,必然学无所成。学习时必须用坚强意志克服外界的干扰,同时要用自我调适的方法排除如疲倦、贪玩、思想困扰等内部干扰。

第三,重在理解。学习不能全赖于死记硬背,理解才是真正地为学之道。他人知识只有经过理解消化,才能得以沉淀与固化,为我所用。如何做到理解有方呢?其一,通过感知加深理解。既可以通过图解、实验、参观、录像资料与社会调查等进行直接感知,也可借助自己的生活经验和原有知识，通过联想和想象进行间接感知。其二，通过分析表述概念、定义、原理的语言构成来加深理解。其三，通过比较、分析、综合、运用逻辑思维的方法理解新概念与新知识。其四，通过运用知识来理解知识。要珍惜利用并创造一切实践机会，通过实践加深对知识的理解。

第四，强化记忆。记忆是一种非常重要的学习手段。何以强记呢？一是复习，通过阶段性、周期性地循环复习来强化记忆。二是化繁为简，把复杂的内容化成简单的纲要，即遵循“从厚到薄”，再“从薄到厚”的途径。三是比较异同，掌握特点，即通过比较异同，抓住事物的区别与联系，这是避免记忆混淆的好方法。四是寻找联系，抓住联系，哪怕是无关紧要的联系，都可帮助记忆。五是经常整理，真正理解，通过对知识的整理，使之系统化，再按系统组合知识，这不仅可以加深理解，也便于记忆。

第五，从严务实。学习是实实在在的功夫，来不得半点的虚伪和骄傲。读书不求甚解，好像做给别人看的，那是学不好的。学习必须从严要求，务实求真，扎扎实实，做到真正掌握，融会贯通，举一反三，触类旁通。

第六，善疑好问。古人曰：“学贵善疑。”学习不能靠完全被动地接受知识，要多动脑筋，多作思考，多问几个为什么，要养成质疑问难的好习惯。孔子说：“敏而好学，不耻下问。”孔子这样的大圣人，他进太庙还要“每事问”，何况我们一般人呢？

第七，循序渐进。学习不能幻想一口吃成胖子，急于求成，必须循序渐进，逐步积累。只有循序渐进，一步一环地去完成，才能扎扎实实学到知识。否则，丢掉哪一步、哪一环，都会造成知识体系的缺陷，或者造成夹生饭，消化不良，再想弥补，代价可观。而且，急于求成，精神压力太大，还有损身体健康。

第八，学以致用。学习的目的是为了应用，是为了解决实际问题。如果我们读了许多书，学了许多知识，只是把它奉为“教条”，束之高阁，或者用来装潢门面，或者借以吓人，那是毫无意义的。学以致用，就要有的放矢，以各种理论知识为“矢”来射社会实践之“的”，做到理论联系实际。

第九，积学储宝。古人把读书学习活动称作“积学储宝”。怎么储存“知识宝藏”使之更有利于应用呢？就是按系统的理论把知识组合成各种系统，加以系统化后再储入大脑。这样不仅可以像电脑软件储存信息一样，随时可以按程序调出使用；而且还可高屋建瓴，居高临下地加深理解原有知识和学习新知识。

(四)与事业的成就关系最密切的学习内容

专家指出，与一个人事业的成就关系最密切的学习内容有以下几方面。

1.智力学习

智力就是人们通常所说的智慧和聪明。它是保证人们有效地进行认识活动的那些比较稳定的内在心理特征的有机结合。一般说，在青年的成才活动中需要培养的智力包括：观察力、记忆力、思维力、想象力、注意力5个方面。

观察力是智力活动的门户。观察力的培养对青年的学习成才十分重要。但观察力的培养并非轻而易举。青年在观察力的学习与培养过程中，既要学会观察事物的全貌，又要学会观察事物的各个组成部分；既要观察事物发展的全过程，又要观察事物发展的各个阶段；既要观察事物的相似之处，又要观察事物的细微差别；既要观察事物比较明显的特征，又要观察事物比较隐蔽的特征。世界著名作家莫泊桑说过，要使自己对事物有更深的洞察力，"对你所要表现的东西，要长时间很注意地去观察它，以便发现别人没有发现过和没有写过的特点"。

记忆力是智力活动的仓库。人们智力结构中的所有要素都离不开记忆力。培养记忆力，首先是要增强记忆力的敏锐性、正确性、持久性和备用性；同时也应当借助思维的帮助，通过思维加强对知识的理解，建立起必要的联想，这是通向记忆的坚实之路；还要正确对待遗忘，一方面要掌握遗忘的规律，同遗忘做斗争；另一方面只有遗忘那些不必记住的东西，才能牢记那些必须牢记的东西。

思维力是智力活动的核心。失去思维力，观察力、记忆力、想象力和注意力的作用都无从发挥。青年在学习的过程中，一定要"善于思考、思考、再思考"。有人曾把青年的学习分为3种不同的水平：记忆的学习水平、理解的学习水平和思考的学习水平。第一种水平只求记住学习材料，甚至不惜死记硬背。第二种水平则要求弄懂学习材料的意义，力求融会贯通。第三种水平是以问题为中心，通过积极思考，力求发挥自己的创造性，主动去解决问题。应该说，在青年成才的学习中，这三种水平的学习都是客观存在的。但就实际的情况来看，还是第一二种水平的人占多数，第三种水平的人数很少。因此，对处于前两种水平的人而言，要努力把自己提高到后一种水平上来，否则，成才之路就会变得黯淡失色。因为“思维着的精神”是“地球上最美的花朵”。

想象力是智力活动的翅膀。想象力的作用，在于使人的智力奔放起来，腾飞起来，推动人们去创造。培养想象力，就要不断增强想象的丰富性、新颖性和独创性。但是我们又不能提出那种毫无根据、完全不着边际的胡思乱想。想象，只有同现实紧密联系才富有创造性，才是真正难能可贵的，才是成才所必需的。

注意力是智力活动的维护者。注意力的作用在于使心理活动指向、集中或转移到某种客观事物上。人们的一切智力活动，包括观察、记忆、思维、想象，都只有在注意力的参与下，才能有效地顺利地进行。因此，我们在自己的学习生活中，必须善于掌握和调整自己的注意力。

2.能力学习

能力就是人们通常所说的才能和本事。它是一个人运用知识和智力成功地进行实际活动的本领。

学习是成才的基础。学习贯穿着青年成长的整个过程，并为今后成才打下坚实的基础。实践证明，创造能力与知识的多少成正比。“才以学为本”，“非学无以成才”。“学者，学者，学而为智者；不学而为愚者。”这是人类从实践中总结出来的真理。在学习中掌握智力、能力、科技知识、品德、个性等方面的知识，是造就人才综合素质的根本保证。无数成功者的经历都证明了这一论断的正确性。

知识与智能的统一，是青年成才的重要因素。在学习知识和发展智能的问题上，青年中存在着两种片面的倾向：有的人读书较多、涉猎较广、注重智能、喜爱思考、但却或多或少地轻视系统知识的学习；而较多人，则习惯于把学习的任务仅仅归结为知识的积累，对智能的培养较少关心。这两种倾向都有一定的片面性。尤其是后一种倾向，将会严重地影响青年的成才速度，要特别引起注意。我们认为，克服单纯知识的倾向，重视智能的培养，对于青年成才尤其重要。首先，从自身条件看，青年人的大脑发育基本成熟，已经具备一定的生活经验和基础知识，所以，这一时期是一生中发展智能的最好时期，错过了这一时期，就会使自己的潜在智能得不到充分的开发，这对今后向更高的人生目标迈进是极为不利的。其次，从长远的发展看，我们生活的时代是科学文化迅速发展的时代，一个人要想在高度知识化的时代中有所作为，单靠一两次系统学习是远远不够的，还要善于随时随地学习新知识、掌握新本领，以达到不断增长才干的目的。这一切都需要具有统筹掌握知识，综合运用知识等较高的智能水平。因此，青年的成才中应该特别关注的是智能的培养。

创造能力是青年成才的重要标志。创造能力是一个人知识、智力、能力的综合反映，是表现一个人能创造出有价值的新思想、新方法、新成果的本领。高创造力不是每个人都具有的，它是智力"金字塔"顶上一颗闪光的明珠，一个人只有在不断的学习与奋进过程中才能摘取。青年要使创造能力真正发挥出来并促进自身成才，还要在知识、经验、技能和个性品质等综合素质方面下功夫，培养解决实际问题的能力。

从这个意义上说，学习是成才的基础，而能力的学习比知识的学习更重要。

在青年的成才活动中，应当具备以下 4 种最基本的成才能力：

(1)自学能力。自学能力就是按照自己的意图、依靠自己的力量主动去获取知识的能力。自学能力包括的内容是多方面的，比如，从实际出发正确制定学习计划，恰当安排学习时间，掌握科学的读书、听课方法，学会积累资料和使用工具，及时总结经验，不断提出新的学习目标等等。随着社会的发展以及对终生教育要求的提高，人们的自学能力显得越来越重要。无论是现在还是将来，对自学能力的培养，是成才中一项根本性的建设。

(2)创造能力。创造能力，指的是在学习前人知识、技能的基础上，提出创见和做出发明的能力。在成才所应具备的各项能力中，创造能力是核心。缺乏创造能力的人，只能永远跟在别人后面爬行。但是，目前我国的学习教育中，对学生的创造力培养是十分薄弱的。一些外国学者在评价中国学生时，也不乏中肯的批评：东方的学生有一个共同的特征，考试能力强，独创精神弱；知识量不少，创造力较低。这话值得我们深思。

(3)表达能力。表达能力就是以口头或书面的方式表达自己的思想、认识和情感的能力。培养表达能力，关键在于提高表达的准确性、鲜明性和生动性。准确是表达的基本和首要条件，表达不准确，信息就无法从你的口中和笔下如实传递出去，也就完全失去了表达应有的作用。表达也要鲜明和生动，只有这样的表达，才能更好地排除人们接受信息时的各种障碍，有利于表达目的的实现。

(4)组织管理能力。组织管理能力，是把人群组织起来有效地完成某种任务的能力。

这种能力不仅领导者、管理者应当具备,各行各业的从事社会活动的业务人员同样应该具备。在许多业务活动中,常常会遇到统一人们的意志、协调人们的行动的问题,没有一定的组织管理能力是根本不行的。所以,青年在学习过程中,要通过各种方式锻炼和提高这方面的能力。

3.科学文化知识的学习

科学文化由3个基本的层次组成:第一个层次是器物层次,比如新的技术、设备和物质产品等。在现代社会生活中,不会使用科技产品和高科技工具,很难在现代社会生活中立足,更不用说有所作为了。第二个层次是制度层次,制度层次的科学文化,主要体现在社会各个领域的体制和组织管理的一系列变革中,其中最重要的就是强调科学人才在各个领域中的比重。制度层次科学文化的深入发展,将为成才者提供制度上的保障。第三个层次是价值观和行为规范层次的科学文化。这一层次的科学文化集中体现在由近代科学技术发展所提倡的科学精神中,比如批判、创新、理性、规范、求真、献身、公平、宽容、效率、协作等科学精神,这些精神不仅为近代科学技术的持续发展提供了重要思想理论基础,也为走向知识经济时代的成功者提供了宝贵的精神基础与思想前提。每一个青年都要努力学习知识经济所带来的一切科学技术成果,全面提高自身素质,迎接知识经济的挑战,在知识经济时代中成才。

4.品德学习

很早以来,史学家、文学家、思想家就提出了德、识、才、学、体是成才的5大内在因素,而"德"为5大因素之首。品德是成才的根本保证,这一点古今中外学者都一致认同。"德薄者,终学不成也"。道德作为一种知识,需要在长期的追求中,才能成为人内在的品德素质。人才的品德包括一般品德和劳动品德。一般品德指在日常学习、生活中所表现出来的道德品质,如爱国、爱民、爱公、民主、团结、守纪、礼貌、谦虚、助人、尊重、守信、诚实、勇敢、勤劳、正直、律己等。劳动品德指人才在进行创造活动的过程中所表现出来的道德品质,如为民造福、严谨认真、坚持真理、团结协作、热爱事业、艰苦探索等。这两个方面并不是截然分开的,两者之间相互渗透,共同对人才的成长产生影响。

5.个性学习

个性,是指一个人在生活、生产活动中表现出来的比较稳定的、带有一定倾向性的特征,比如坚定性、灵活性、敏捷性、严谨性、独立性、主动性、专注性、灵活性等。人才的成长不仅与智力有关,而且与非智力的个性因素有关。高尔基在《遗传的天才》一书中提出:热情、勤奋等品质是构成天才的重要因素。特尔曼则认为:成就的75%取决于进取心、自信心和坚持力等人格特征。我国学者也认为:成功离不开良好的个性品质,如目标坚定而远大、兴趣广泛而专一、情绪积极而稳定、有好奇心和求知欲、有道德感和美感、有坚持力和自制力、有自信心和进取心、有独立性和创造性、富有幽默感等。个性心理品质虽然有一定的遗传因素,但更多的是在后天的学习中培养出来的。因此,个性学习是一个人成才学习中必不可少的学习内容。

(五)选择科学的学习方法

学习的方法也是灵活多样的。我们可以根据自身的特点和具体情况,精心选择适合自己的方法,常见的学习方法有:

1."锥型学习"法

诺贝尔经济学奖获得者——美国的西蒙教授曾提出了这样一个见解:"对于一个有一定基础的人来说,他只要真正肯下功夫,在6个月内就可以掌握任何一门学问。"西蒙立论所依据的实验心理的研究成果表明:一个人一分钟可以记忆一个信息,心理学把这样一个信息称为"块",估计每一门学问所包含的信息量大约是5万块,如果一分钟能记忆一"块",那么5万块大约需要1000个小时,以每星期学习40小时计算,要掌握一门学问大约需要用6个月。

为了形象地说明,我们把这种学习方法比做一把锥子。知识的专一性像锥尖,精力的集中好比是锥子的作用力,时间的连续性好比是不停顿地使锥子往前钻进。这种学习方法所支配的学习活动,呈现出一种尖锐猛烈、持续不断的态势。

这种学习方法的原理由一个浅显的事情就可说明白:烧一壶开水,如果断断续续地烧,1万公斤柴也烧不开;如果连续烧,10斤柴就够用了。

"锥型学习"需精力高度集中。频繁地使用大脑,会不会造成精力衰竭呢?研究表明,人脑潜力是很大的,据称人的大脑是由150亿个神经元组成的,每个神经元可以接受数千种不同的信息;人脑的功能相当于一台这样的电子计算机,它可以贮存相当于一个人读了 300 万年书所接受的信息量。以记忆力而言，据有关资料介绍，假定 18~35 岁的记忆力为 100，36~60 岁为 95%，60~85 岁平均 85%~80%。过了 30 岁后，记忆力量开始衰退，但每年衰退还不到 1%，虽然记忆力减退，但由于理解力的加深和经验的增多弥补了这个缺陷。

假定一个人的知识是 100，那么他的有效知识的百分比是多少呢？他实际需要的知识就是他的有效知识，人的知识面总是大于实际需用的知识，现代人的有效知识大约相当于他总知识的 10%。也不妨用电子计算机对学校的教材进行计算，看教材中有多少是现代科技成果所需要的知识？然后再按有效知识进行教学活动。学习者没有必要面面俱到，应从本职工作出发接受创造目标的需要学习知识，这样学习的知识都是有用的，像打井一样，照准一个眼深钻下去你就会取得清澈的泉水。

现代的学习者，你没有必要把一切都往脑子里塞，学习锥子，向时代的深度进军，任何浪潮对你造成的压力不过只是向自由活动的空间挺进。

2."螺旋上升"式学习法

用什么样的方法，才能在最短时间内，最大限度地获得知识呢？是步步为营的金字塔式，还是孤军深入的电线杆式？目前一种螺旋上升式的学习方法已经在撞击着人们的神经，它在悄悄告诉我们：现代学习的一种诀窍，就是在螺旋上升中前进。

所谓螺旋上升的学习法，就是用一系列的循环知识单元，来代替平铺直叙的知识积累和阐述。每一循环都比上一个循环更高一层，更进一步。与"金字塔"式的学习方法相比，它能够更迅速地理解和获得知识；与"电线杆"式的学习方法相比，它能更广泛地了解所学内容的全貌。这种"螺旋上升"式学习，可以说具有"格式塔"的特征。"格式塔"指的是把许多现象综合为功能单元的一种系统。通俗地说，是整体大于各部分总和的一种循环。后一循环需要以前一循环为基础，而又比前一循环更深、更高；而后一循环的学习，又使前一循环得到丰富和补充。

"螺旋上升"式学习法，以学习者感兴趣，或想研究的内容为目标。起点可以是某个基本概念、某个公式、某个实验现象、某个疑难问题，甚至可以是自己的某种设想。从这个起点出发，围绕着中心内容，学习、掌握与中心内容有直接关联的基本知识。同时了解那些与中心内容有联系、但并不直接影响的有关知识。经过一个阶段的学习，使基本概念得到掌握,公式得到理解和运用,实验现象得到分析,疑难问题得到解释,设想得到丰富和完善。同时还了解与所学内容有关的知识领域,领略所学知识的概貌。在这一循环的学习中,又会遇到新的概念、新的问题,再以此为新的起点,进一步循环、进一步学习、进一步开阔视野。同时,为了解决起点所提出的课题,需要认真地钻研、理解、掌握;需要我们去查找书籍、寻求解答根据、说明材料,这不仅仅是掌握知识的过程,也是培养扎实钻研作风的过程,同时还是训练快速查阅书刊文献,有效利用资料能力的过程。由此可说是"一箭三雕"。

"金字塔"式的学习,对于具有系统学习条件和充裕学习时间的人来说,无疑是有利的;"电线杆"式的学习,对于那些聪明颖慧、理解力强的人,也是可行的。那么,对于那些既无大学学习条件,又不具备超群智力的广大学习者,用勤奋和毅力,借助图书馆的书籍、资料,以"螺旋上升"式方法学习,在"知识爆炸"的今天,一定能够在较短的时间内获得较多的知识。

3.快速学习法

知识的更新越来越快,信息如同洪水一样不断涌来。传统的死记硬背的学习方法根本无法对付新知识的洪流。几年前日本出现了一种新的学习方法——"快速学习法",它能使人们以高于常法5倍的速度灵活、迅速地掌握新知识。

人们都有这样的经验,一件难记的事情或一道难解的数学题,若是你有意识地向别人讲述几遍,就能大大地加深印象,易于记住或理出头绪。这是因为当你讲述的时候,为了说明它们,脑筋也紧张地活动,许多概念在"表现"它们的时候得到了强化,化为自己的东西。许多杂乱无章的"因子"在"表现"它们的时候,得到了整理,使它们条理化、清晰化了。"快速学习法"正是根据这个展开学习的。在用这种方法学习时,先不求完全的理解,也不去听别人的讲述,而是拿到教材后,直接根据书前的目录,动员自己所有的潜在知识(即以前学过的有关知识、概念等),进行一次"自我讲授"。讲完后才打开书本,进行第一次通读。通读时不记笔记,更不问人,只是在不甚理解的地方划上记号。经过这次通读,第一次"自我讲授"的不足之处、谬误所在都会"跃然纸上",使你体会颇深,受益匪浅。然后你就可以用自己的语言编制出一张精炼适用的"目录一览表",对照着它进行第二次自我讲授。这次的讲授就比第一次更完善、更丰富,许多模糊之处也会渐渐清晰起来,印象也大大加深。再者,又可以第二次通读教材,这次的通读所获得的感受、心得和体会便会像闪光的亮点一样永远记在心里。当你再进行第三次自我讲授时,就会更加顺利,发挥得更加出色……这样,经过了4~5个回合的自我讲授和通读、精读后,你就能得心应手地掌握这门新学问。

(六)把握4项最基本的学习技能

一家闻名全球的会计师事务所在北京大学招聘员工。与大多数人的印象不同,这家专业性极强的事务所所开列的招聘基本条件并不包括会计专业出身或会计实务经验,而是要求英语能力与计算机运用能力出众。

该公司招聘人员解释说,这并非是因为我们需要英语与计算机专业人才(需要的是会计和审计人才);英语与计算机能力出众只是意味着你已经具备学习的能力。只要具备学习的能力,我们自己可以来培训你的专业技能。因此只有一个条件:你必须具备学习的能力。按我们的理解,英语与计算机的熟练运用在很大程度上并非是老师教出来的,而是学生自己学出来的(当然计算机和英语专业自当别论)。要学好这两项科目,必须具有学习的努力、领悟和坚忍不拔的执着,举一反三的推导能力,这就是这两种技能成为测量学习能力的标准的原因。

这是一个变革的信号。现在单位招聘新人时问的不再是过去的"你可以做什么",而是要知道"你可以学什么",你是否能够学会我们要你掌握的东西。上述这家事务所新员工上班第二天,每人发给一台笔记本电脑和一套财务软件,放假一周,学会后再来公司上班。

具备学习的能力,才谈得上占有和更新知识,接受和处理信息,才能不断地跟上世界知识革命的步伐,也才谈得上对知识的应用。

许多教育学家指出:现代社会的发展对"学会学习"提出了越来越高的要求。未来的文盲不再是不识字的人,而是没有学会怎样学习的人。这绝不是危言耸听。"学会学习",在这里意味着把握4项最基本的学习技能:读、说、写、作。

1.学会读书

读书之事,由来已久。读书多少为宜?杜甫说:"读书破万卷,下笔如有神。"可赵普

却说:“半部《论语》打天下,半部《论语》治天下。”这恐怕是我国最早的一本书主义。显然,这些说法都有些夸张。实际上,读书的数量以适当为界,以人的读书能力为限。

不谈专业的差别,就人才个体来说,读书宜多不宜滥,恐怕也可以看作是一个原则。宜多不宜滥,就是说读书要有个数量界限。那界限应该根据所学专业和个人具体条件来划定。比如,有的学者就认为作为大学生,应以教材 10 倍数量读书,也许比较现实,也比较合理些。那就是说,一个本科生,要学 20 几门课,就应读与之有关的 300 册书为宜。

读书除了把握读书的数量外,还应该把握读书的技能。我们把读书的技能概括为三个“相结合”:其一,读与思的结合。读书唯有经过思考、观察和实践,才能“读到糊涂是明白”。对于思考与读书的关系,古人议论很多。张载说:“万物皆有理,若不知穷理,如梦过一生。”朱熹说:“后生学问强记不足畏,惟思索寻究者为少畏耳。”鲁迅先生也说:“倘只看书,便变成书橱,即使自己觉得有趣,而那趣味其实是已在逐渐硬化,逐渐死去了。”因此,为防止读书硬化,甚至逐渐死去,第一要则就是思索。其二,读与问的结合。提问是解决问题的一半。凡有创造者,无不从发问始,创造者,必然精慎细密,却又眼光锐利,他能够看出问题,于是发而问之,无论什么权威,不明白的就要问,问不倒的权威才是真权威,问清楚的答案才是真理解。其三,读与做的结合。读书应与实干相结合。读而不做,时间长了,就会有点呆头呆脑,自己看别人不明白,别人看你也有点奇怪。现代的人才,不但要有知识、有文化,而且要有技术、有实际工作能力。如此这般,才能学海无涯,书山有路,将古往今来的优秀书籍化为人生丰富的营养。

2.学会语言

我们知道,就一个国家的文化水平和文化结构来说,语言是一个非常重要的方面,而社会成员的独白能力如何,又是社会文化进步程度的一个重要标志。独白语言是一个人独自进行语言活动的一种语言形式。我们认为,学会语言就是要学会和掌握独白语言的 3 要素:立论正确,言之成理;感情真挚,以情动人;讲究技巧。技巧很难一言而尽,从最低的标准讲大致包括:语言完整,晓畅明达,逻辑清楚,首尾相顾,结构合理,节奏适宜,手势得当,声音清楚,还要能够进行即兴发挥以及可以比较顺利地回答问题。

3.学会写作

写作能力在古代是很重要的。古人称:“文章能事”。近代以后,专业多了,写作独尊的地位也就没有了,但写作仍然是诸业之首。我国的学校教育,从小学到大学都设有写作课,可见其重要。那么,如何学会写作呢?有学者将其概括为:其一,勤写。懒于动笔,是最要不得的事。欲使自己提高写作能力却懒得动笔,这令人不可思议。其二,要有较高的标准。散散漫漫是学不好写作的。目标既不高,要求也不严,错别字也不在乎,文法不通也不重视,结构不好也无所谓,这样写出来的文章是绝对不会让人产生愉悦之感的。其三,多读名著,精研范文。好文章不多读,脑子里没有相当多的词汇,写起文章来就会语言贫乏,辞藻生涩。而且好文章有一种口不能言的好处,只有烂熟于胸,才能充分体味其绝妙,日后提起笔来,那种写作的神韵也会油然而生。其四,善于改写文章。人说文章是改出来的,古人把它概括为"语不惊人死不休"。现在看来,这仍然是锤炼文字的座右铭。

4.学会操作

操作技能,指的是对高科技产品的实际操作和对现代科技知识实际应用的能力。这种能力对现代社会生活影响日益显著。曾风行世界的《第三次浪潮》,作者的资料来源主要依靠对各种报纸和杂志的剪裁,而通过重新裁剪和编排后的资料,却出现了一个个极精辟的思想,展示给世人一个全新的视野,这就是一种高超的操作技能,一种艺术的创造能力。因此,经济合作与发展组织(OECD)国家,都十分重视促进公众接受多种操作技能的训练,特别注重掌握学习的能力,以提高人力资本的素质。对现代青年来说,掌握这以下技能将是十分必要的。

(1)学会计算机。计算机与我们的日常生活已须臾不可分离,已成为完成日常工作的一个重要组成部分。不会计算机,将很难在现代社会中立足。

(2)学会掌握资料。掌握资料,就能掌握社会的最新发展动态,这对于寻找成才机会将是十分重要的。资料的整理和积累是一门学问。资料本身是客观的,但掌握哪些资料,利用哪些资料,如何整理和编排资料,却体现了一个人对自己专业方向的把握,对掌握有用信息的灵敏以及对资料的综合运用能力。

(3)学会调查研究。在现代社会中,无论是决策还是管理;无论是制定计划,还是处理各类问题,都需要了解情况。了解情况就是调查。因此,调查研究是青年制定学习、生活计划不可缺少的基本功。

(七)花点时间让自己兴奋

学习是一件艰苦的事,但有的人却能乐此不疲,就像干一件非常有趣的事一样埋头其中,这一方面可能是他们有超人的自控能力,想干什么就能尽力去干,但另一方面是他们能持续保持学习的兴趣,在学习中保持相当的兴奋度,就像有些小孩子打三天三夜游戏机也不觉得累,原因是他们一见到游戏机就兴奋不已。

显然,当有一天我们能一想到学习而不再愁眉苦脸,一捧起书就兴奋不已,那么古人所说的"苦读"就去掉了一个"苦"字了。

那么,如何让自己保持旺盛的学习热情呢?

憧憬未来是让自己兴奋的一种有效方法。当你想到学好外语以后,就能在高校或大公司更好地施展身手或出国深造,当然能兴奋起来,每天多背十几、几十个单词。有了这种憧憬似乎也很容易自觉地订个计划,然后把它贴在墙上,以便经常督促和约束自己。

当然学习不是靠一时的兴奋就行了,很多人总会在刚开始兴奋后,很快就偃旗息鼓,故态复萌,就像跑马拉松一样,能坚持到最后的总是很少的几个人。所以我们要设法让自己一直兴奋,起伏可以有,但不能一去不复返。

为了激励自己,我们还可以偶尔拜访一下成功者。如果你发奋考律师,那么当你感觉动力不足、看书无味,甚至有点讨厌法律条文的时候,到一个律师朋友的事务所去坐坐,看看他们的工作环境,感受一下他们的工作热情,以及那种工作时的成就感和神圣感,再比较一下自己的平淡窝囊,相信你马上会起身回去拼命看书。如果你准备学吉他,练了几天就感觉没了激情,不妨去找几个吉他高手,看他们弹,听他们弹,不用多说,你自然又会兴奋起来,如果再听听他们苦练的经历,相信回去后你会比以前练得更刻苦。

当然如果有机会跑到大都市、大公司去看看,亲身感受一下快节奏的现代生活和知识经济时代的特殊氛围,我们就会深深感觉到学习绝不是学校里学生的日常功课,终身教育已是现代人的必修课,这样你自然会有一种强烈的危机感和学习的紧迫感。

改进学习和工作的方法,使本来枯燥单调的学习和工作变得有趣些,也会增强自身的兴奋度。大凡学英语都要背单词,但如何背却各有其法,如果你能想出一种独特有效的方法,自然不会觉得很枯燥了。在学习中我们可以经常想一些新方法。如归纳一张图表,列个提纲,想出个口诀等等,都会让你感到学习的乐趣。乐趣也正是学习的最好动力。

(八)让你的大脑充满活力

你所以有活力,是因为你认为你有活力。

人,作为自然的产物,当然遵循着自然规律。每个人总有一天会衰老,这是自然规律,谁也违背不了;但同时人又是社会的人,作为几万年进化的结晶,人不仅仅只是消极地顺应自然,他可以通过自己的心态调节来延缓衰老,保持一颗永远年青、充满活力的心。所以,我们可以看到有些人虽然生理年龄已经进入了老年,然而其心态仍然很年轻,充满了活力。

他们有什么灵丹妙药吗?

有!这灵丹妙药就是他们积极的心态。

如何永远年轻,充满活力,可能每个人都有一套独特的本领。但下列生活方式可供你参考:

1.从现在开始,建立勤奋学习的好习惯。这样,你的头脑就不会随着岁月的更迭而衰老,会始终保持着灵活、敏锐的运转状态。不过,有一点你须注意,学习的内涵不仅仅指从书本上学习知识,还包括你智能的提高和各种技巧的训练,生活艺术的思考,以及人际交往的学问等等。这些都可以列在你终生学习的范围之内。

2.多使用你的大脑,坚持做智慧体操。所谓"刀不磨要生锈,人不学习就衰老"。刀越磨越亮,大脑越用越灵光。不论你年轻还是年老,你尽可以多参加一些以研究为内容的读书活动,参加你感兴趣的一些智力竞赛或是游戏,收看一些智慧性的电视节目,掌握一门棋艺锻炼你的空间思维能力,使经常更新的智慧始终活跃在你的大脑里。

3.用科学的态度搞好大脑的营养平衡和大脑卫生。这里的营养,包括物质营养和精神营养,卫生也包括生理卫生和精神卫生。适量地补充大脑所需的维生素,以维护大脑机能的正常运转;同时,给大脑一个良好的伦理环境,让你的大脑保持着和谐乐观的精神状态。

4.关注大脑的"一举一动"和活动的规律,使大脑兴奋、抑制的功能保持良好的调节机能。保证每日高效率的睡眠。关键是睡前要使大脑神经充分松弛,做到所谓“先睡心,后睡眠”。睡眠,是大脑的一种深度抑制,也是大脑恢复生机活力的主要方式。

5.给大脑定期“放假”,使大脑获得积极的“休养生息”的机会。你可以从事一些跟你自己的专业相距甚远的活动,如从事经济活动的人可以去找文艺青年聊聊天;脑力劳动者可以去从事一些简单的体力劳动或体育运动。这种智力活动内容的变更,有利于大脑各区的平衡发展和协调作用,促进大脑的智力发展。

6.防止大起大落的情绪对大脑的深度刺激,尽量少出现所谓的“激情状态”。建立理智的生活秩序。青少年则要尽量避免色情所引起的纵欲,以及由于感情问题所造成的负面影响。

7.喜欢一种运动。运动能使你的身心都得到锻炼和愉悦,它会使你永远年轻。

8.多动手做事。寻找一种可以精细地锻炼你的手指的活动,例如,你可以多做家务,因为许多家务劳动都具有能够精细地锻炼手指的功效。这样做的好处多多,一方面活跃了大脑机能,另一方面还有益于家庭的和睦幸福,使大脑得到精神营养的滋润。

9.对一切好奇。好奇,是大脑年轻、有活力的具体反映。对待新鲜事物要保持一种积极的探求心理,不断地为自身打开一个又一个通向新世界的窗户,不断地从新世界中汲取抗衰老的“长生不老药”。

你所以有活力,是因为你认为你有活力。只要心年轻,人就不会老。如果你一直都以一种积极的年轻的心态去看待人生,那你就会青春常驻,永不衰老!

葺槛旌直
汉成帝
辛庆忌
朱云

葺[①]槛旌[②]直[③]

【历史背景】

西汉的皇权，从建国开始就一直受到皇帝、功臣和外戚这三种力量的左右。到汉成帝的时候，外戚王氏已经登上了汉室的政治舞台。汉代的外戚王氏集团之所以势力极大与汉元帝的皇后王政君有直接的关系。王政君从汉成帝即位的时候就开始临朝听政，一直把持着西汉后期的朝政。于是王家开始在汉朝的政局中取得显要的地位。

当时，正直的官吏对王氏专权十分不满。一些没有品行节操的文人则趋炎附势，甚至卖身投靠，以维护自己的禄位。安昌侯张禹曾给汉成帝讲过经书，是汉成帝的老师，深得成帝的敬重。但他不敢利用自己的声望地位与王氏对抗。一次，汉成帝拿着一份百姓上书来到张禹府上，并挥退左右，叫张禹看后发表意见。那上面写的内容，都是反对王氏集团的话，并说灾荒之所以流行，就是因为王氏专权，要消弭灾害，必须除掉王氏。张禹看后吓得出了一身冷汗，他自思年老，子孙势弱，不是王氏集团的对手，便对成帝说："自古圣人罕言命，不说鬼怪神灵。这些攻击王氏的话纯属鄙儒浅见，不可轻信。陛下应该修政事，以善应之。不要听信这些新学小生的胡言乱语！"成帝崇信张禹，从此便不再怀疑王氏。

但任何时代，总会有奋不顾身的正义直言之士。原任槐里县令朱云就是这样的人。汉成帝虽然没有什么大作为，甚至有许多污点，但这"葺槛旌直"的历史故事，却使他灰暗的脸上闪出了一条明亮的神采。他的决定是令人深思并启迪后世的，因而被载入了史册。

【原文】

汉史纪：成帝[④]时，张禹[⑤]党护[⑥]王氏[⑦]。故槐里[⑧]令朱云上书求见。公卿在前，云曰：

"臣愿赐尚方斩马剑[9],断佞臣[10]一人头,以励[11]其余。"上问:"谁也?"对曰:"安昌侯张禹!"上大怒,曰:"小臣廷辱师傅,罪死不赦!"御史将云下,云攀殿槛,槛断。云呼曰:"臣得从龙逢[12]、比干[13]游于地下足矣。未知圣朝何如耳!"左将军辛庆忌,免冠叩头力救。上意解,得已。及后当治槛,上曰:"勿易。因而葺之,以旌直臣!"

【张居正解】

西汉史上记:成帝时,外戚王氏专权乱政。安昌侯张禹,原授成帝《经》,成帝以师礼待之。禹为人有经学,但其性柔佞,又年老,要保全名位,因见王氏威权盛,遂党护之,其误国不忠之罪大矣。那时有原任槐里县令朱云,为人刚直,恶张禹如此,乃上书求面见天子言事。公卿都侍立在前,朱云上前直说:"愿赐尚方斩马剑与臣,斩一个佞臣的头,以儆其余。"成帝问佞臣是谁?朱云对说:"是安昌侯张禹。"成帝大怒说:"小臣敢当大廷中辱我师傅,其罪该死,不可赦宥。"御史遂拿朱云下殿去,朱云攀扯殿前栏干,死不肯放。御史拿急,遂将栏杆扯断了。朱云乃大呼说:"昔桀杀关龙逢,纣杀王子比干,臣今以直谏被戮,得从二臣游于地下,为忠义之鬼,其愿足矣!但惜圣朝为奸佞所误,不知后来变故何如耳?"朝班中有左将军辛庆忌,取去冠帽叩头说:"此臣素称狂直,宜赐优容。"于是成帝怒解,朱云才得免死。到后来修理栏杆。成帝说:"此栏杆不必改换新的,只把这折处葺补。留个遗迹,使人知道是朱云所折,以旌表直言之臣。"夫国家不幸,有奸臣弄权,邪佞小人又从而阿附之。相与壅蔽人主之聪明,所赖忠义之士发愤直言,以阴折其气而消其党,苟加之罪,则天下莫敢复忤权奸,而人主益孤立于上矣。成帝既悟朱云之直。遂宥其死,且留槛以旌之。盖亦有见于此,可谓有人君之度者,故史臣纪而称之。

【注释】

①葺:修理。

②槛:栏杆。旌:表彰。

③本则故事出自《汉书·朱云传》。本文记述的是臣子朱云因敢于上表直言相谏,而受到汉成帝表彰的故事。

④成帝：也就是汉成帝，名骜。

⑤张禹：字子文，曾出任汉代的丞相，被封为安昌侯。

⑥党护：勾结，袒护。

⑦王氏：汉成帝的母亲王皇后。在这里指的是王氏家族。

⑧槐里：古代的县名，在现在的陕西省境内。

⑨尚方斩马剑：即尚方剑，皇帝用的剑。因其锋利可斩马，故名。

⑩佞臣：就是花言巧语的大臣。

⑪励：惩戒。

⑫龙逄：就是历史上的关龙逄，他是夏桀时候的一位大夫，因为直言相谏，结果被昏庸的夏桀杀死。

⑬比干：商朝的忠臣，也是商纣王的叔叔。纣王荒淫无度，国家危在旦夕，他冒死相谏，触怒了纣王，遭受剖心之刑而死。后代以他的名字来作为忠臣的代称。

【译文】

汉成帝在位时，张禹庇护外戚王姓家族专权扰乱政治。那时有一个叫朱云的人，他原来任槐里县令一职，曾经上书求见天子要进谏言事。当时朝廷中的三公九卿等众大臣都在跟前，朱云对汉成帝说："希望陛下赐给我一把尚方斩马剑，让我砍下那扰乱朝政、祸害忠良的人的脑袋，以此来惩戒那些专门害人的奸佞的人！"成帝问："你说的这个佞臣是谁？"朱云说："就是安昌侯张禹。"成帝听后勃然大怒说："官职低微的臣子竟敢在朝廷上侮辱我的师傅，真是罪该万死，不可宽赦。"于是下令御史等人把朱云捉拿并拉到殿外处死，朱云被那些人捉住后，仍然死死地抓住殿前的栏杆不肯放手，以至于栏杆被拉断。朱云大声地呼喊说："我能在九泉之下追随龙逄、比干这样的贤良忠臣，即使是死也没什么遗憾的，只是不知道朝廷这样昏庸下去将变成什么样子！"这时，左将军辛庆忌摘下帽子在殿下叩头，极力地解救。汉成帝见到这样的场面，才缓解了怒气，并赦免了大胆直言的朱云。后来，要修理栏杆时，汉成帝说："不要换新的，要保留这段旧栏杆，在这基础之上再修一下就可以了。就让这段栏杆作为表彰那些直言相谏忠臣的纪念吧！"

【评议】

国家的君主如果被小人的花言巧语蒙蔽,就连再聪明的人也会变得愚蠢迟钝甚至变成遭人万古唾弃的昏君,所以,君主的圣明在很大的程度上依靠自己那些忠诚的大臣的直言相谏,有时候只有忠臣冒死相谏才会消除奸臣佞人的敷衍,令君王看到事实的真相的。如果天下的君主不能够对这样的忠良之人的行为给予鼓励,相反还要打击的话,那么他就断绝了自己通向圣明的道路。在我们故事里的汉成帝虽然在历史上是一个毫无作为的皇帝,但在解悟忠臣直言并加以表彰这件事上还是值得称颂的。另外,古代君王的地位是至高无上的,如果触怒了皇帝就会惹来杀身之祸。而作为臣下,像朱云这样敢于犯上直谏,甚至用死来揭露朝政的黑暗,不仅仅表明官员对国家社稷的忠心与性格的刚正,更体现了他不畏惧权势,以国家和百姓为重,将生死置之度外的精神。正是这样的人在支撑着中华民族的正义,这个故事中的主人公朱云在后世受到了称颂,在后世就流传有用"攀槛""折槛""槛折"来专门指直言相谏或形容进谏的激烈;用"朱云节"或者"朱云折槛"来称颂臣子敢于在皇帝面前不因为自身低微敢于直言相谏的非凡气节。

【镜鉴】

一、自觉接受监督

(一)增强监督意识

▶行使权力必须接受监督

加强监督是社会主义民主政治的内在要求。马克思曾经指出,巴黎公社区别于历史上以往国家政权的地方在于,它将国家权力归还于社会,国家权力由压迫社会的力量变成社会自身的力量,它是人民群众获取"社会解放的政治形式"。不仅如此,公社"彻底清除了国家等级制,以随时可以罢免的勤务员来代替骑在人民头上作威作福的'老爷们',

以真正的责任制代替虚伪的责任制，因为这些勤务员总是在公众监督之下进行工作的”。不难看出，马克思认为，无产阶级政权是人民群众的政权，勤务员（政府官员）理应受到人民群众的监督，其权力的行使始终要处于人民的监督之下。社会主义国家是无产阶级及其政党掌握政权的国家，自觉接受监督、为人民谋福利无疑是社会主义国家对各级领导干部的根本要求。

对权力运行进行有效的制约和监督，是我们党长期以来高度重视并认真思考的重大课题。毛泽东同志1945年在回答黄炎培提出的历史兴亡周期律问题时指出：“只有让人民来监督政府，政府才不敢松懈；只有人人起来负责，才不会人亡政息。”邓小平同志曾经强调，宪法上规定了党的领导，党要领导得好，就要不断地克服主观主义、官僚主义、宗派主义，就要受监督，就要扩大党和国家的民主生活。江泽民同志曾经指出，我们党执政以后，特别是在新的历史条件下，能不能成功地解决党内监督问题，尤其是对高中级干部的监督问题，是加强党的建设需要解决的重要问题。胡锦涛同志反复强调，我们的干部是人民的公仆，我们的权力是人民赋予的，必须用来为人民服务，必须受到监督。党的十六大以来，我们党颁布了《中国共产党党内监督条例（试行）》（以下简称《党内监督条例（试行）》）等重要党内法规，实行了巡视制度等重要监督制度，推行了党务公开等一系列监督措施，创造性地提出建立健全决策权、执行权、监督权既相互制约又相互协调的权力结构和运行机制等，监督力度不断加大，制度不断健全。这些都表明，我们党始终高度重视对权力运行的制约和监督问题，并坚持把它作为党的建设和国家政权建设的重要内容来抓。

加强对领导干部行使权力的监督，是有效预防腐败的关键。权力具有扩张性，权力拥有者总是倾向于把权力运用到极致，直到遇到监督制约的边界为止。领导干部作为大大小小权力的执掌者，如不能增强监督意识，不能在监督的范围内行使权力，就有滑向腐败深渊的危险。

典型案例

安徽省原副省长王怀忠就是因为拒绝监督导致用权失控走上不归路的。他在任阜阳市委书记期间，干部任用上想用谁就用谁，重大项目建设上想搞什么就上什么，行政执法上经常干预政府部门执法，甚至直接插手微观经济，干部群众意见很大。领导干部不能将对自己的监督看成是“不信任”“找麻烦”“妨碍工作”,更不能干扰和破坏监督。

▶领导干部要自觉接受监督

领导干部接受监督,关键在于自觉,在于把接受监督的意识内化为自觉行动。中央颁布的《建立健全惩治和预防腐败体系2008~2012年工作规划》把监督方式主要确定为七个方面。第一是党内监督。对于共产党员来说,党内监督是最直接的。第二是人大监督。加强人大对行政机关、审判机关、检察机关的监督。第三是政府专门机关监督。包括充分发挥行政监察的作用,推行政府绩效管理和行政问责制度,查处违反政纪的案件,开展经济责任审计等。第四是司法监督。支持人民法院、人民检察院依法开展监督。第五是政协民主监督。扩大民主党派和无党派人士对共产党的监督,对共产党员的监督。第六是群众监督。扩大群众对党的监督,对党员的监督。第七是舆论监督。重视和支持新闻媒体正确开展舆论监督。正如邓小平同志指出的,有了监督,我们就会谨慎一些,我们的消息就会灵通一些,我们的脑子就不会僵死起来,看问题就会少一些片面性。共产党员谨小慎微不好,胆子太大了也不好。这些要求对于领导干部具有重要的指导意义。

领导干部自觉接受监督是党纪政纪的必然要求。党章明确规定,要加强对党的领导机关和党员领导干部的监督,不断完善党内监督制度;每个党员都必须接受党内外群众的监督,不允许有任何不参加党的组织生活、不接受党内外群众监督的特殊党员;党组织要对党员进行教育、管理、监督和服务,监督党员切实履行义务,监督党员干部和其他任何工作人员严格遵守国法政纪;各级纪律检查委员会要对党员领导干部行使权力进行监督。国有国法,党有党章,党章是规范和制约全党行为的总章程。上述内容,对监督提出了明确要求,做出了具体规范,必须成为领导干部干净、正确用权的基本遵循。只有如此,才能有效防止权力失控、决策失误和行为失范,防止以权谋私、滥用权力的行为发生。

领导干部自觉接受监督是健康成长的重要条件。领导干部正确行使权力,可以造福人民,实现个人价值;反之,则会贻误党和人民事业,导致身败名裂。现在,有的领导干部热衷于监督别人,自己却不愿接受监督,或者表面上接受监督,实际上想方设法逃避监督,视监督为对自己的束缚、对个人的否定。这种不敢、不愿接受监督的心理和做法,对领导干部自身成长有百害而无一利。领导干部的成长离不开个人的努力,也离不开大家的帮助,更离不开组织和群众的监督。面对纷繁复杂的具体工作,领导干部即使素质再高、能力再强、经验再丰富,在做决策、定政策、抓落实的过程中,也难免“智者千虑,必有一失”。自觉接受监督,虚心听取各方意见建议,有利于修正偏差,使决策和决策的执行更加符合科学发展的要求。从这个意义上讲,监督也是对领导干部的关心、爱护。领导干部应把监督看成一面镜子,经常照一照,本着“有则改之、无则加勉”的态度,深刻检查自己的缺点与不足,不断完善自己,保证权力正确有效行使。

领导干部自觉接受监督,是一种胸襟气度,更是一种必备的政治素养。监督者积极作为,被监督者自我改进是政治现代化的一大标志,也是善政和善治的重要保障。领导干部只有自觉接受监督,勇于创造有利于监督的社会环境,建立一种良性互动的监督机制,使每一项决策、制度和措施都能最大限度地凝聚共识、反映民意,方能担当大任,才能赢得公众的支持与拥护。应当承认,人们一般都比较喜欢恭维之语,反感逆耳之言。这是人之常情,超越它需要加强个人的道德修养,使胸怀变得宽广,使境界得以提升。但领导干部不是在为自己干事,受权于民,所为者公,不可自比于一般人,应把一般的道德修养上升为必备的政治素养。有的领导干部,想干事时爱听正面的设想,不爱听负面的告诫;干事之中愿听激励、鼓劲的分析,不愿听直率的批评;干成事后想听肯定、褒扬的评价,不想听不同的说法。这些都是不利于领导干部干事创业的,长此以往还容易滋生“骄娇”二气,给党和人民的事业造成或大或小的损害。因此,对领导干部而言,好话坏话都应乐于听、善于听、听得进去,做到闻过则喜。不能一听批评就跳,一遇监督就急,“老虎屁股摸不得”。

▶领导干部要敢于开展监督

领导干部不仅要自觉接受监督,还要履行监督别人的职责。如果说接受监督要有胸襟气度的话,开展监督则需要勇气。我国自秦朝开始就建立了监察御史制度,设立专门机构和专门人员,负责对官员进行监督。在等级森严、皇权至上的封建时代,有许多正直的官员冒死直谏,痛陈时弊,表现出大无畏的精神气概。我们党是全心全意为人民服务的无产阶级政党,党以实现最大多数人民的根本利益为自己的最高利益。党的领导干部之间是建立在共同理想信念之上的同志关系,在根本利益上是一致的,不可能也不应该产生根本利益冲突。因而在监督问题上,绝不能瞻前顾后、退缩不前。领导干部要坚持对事业负责、对同志负责的态度,勇敢地拿起监督武器,依法同一切腐败现象和不正之风做斗争。

敢于开展监督要坚持原则。坚持原则是讲政治的本质体现。做到在原则问题上绝不让步，不拿原则做交易，是我们党对领导干部的基本要求。原则就是责任。现在，有的领导干部只想当官，不想做事，不想负责任，对职责范围内的事情该抓的不抓、该管的不管、该监督的不监督，结果问题越积越多，以致酿成大祸，教训十分惨痛。还有的领导干部，在位时目无法纪、无法无天，身边的同志对其敢怒不敢言，有关组织对群众反映麻木不仁，结果导致其走上违纪违法道路而不能自拔。黑龙江省绥化市原市委书记马德在忏悔时说，要是大家平时拉一把、提示一下，自己也不可能陷入腐败泥潭，并且越陷越深。这一方面印证了不敢开展监督的危害，另一方面也说明了监督的重要性。造成不敢监督的原因有很多，其中我们一些党员干部缺乏坚持原则的精神是一个重要方面。

敢于开展监督还要讲究方式方法。战国时期有一个邹忌讽齐王纳谏的故事，讲述的是一个叫邹忌的人通过隐喻的办法，使齐威王虚心接受对自己的批评。邹忌虽身长八尺有余，形貌逸丽，但亦知自己没有徐公美，然而其妻妾和客人均说他美于徐公。邹忌能实事求是，有自知之明，从中悟出“其妻私我，其妾畏我，其客有求于我”的心态。由此类比，由小及大，由家及国，一个家庭尚且如此，难道一个国家就没有这样的人吗？由此得出“王之蔽甚矣”的结论，遂向齐王进言纳谏，齐王采纳了他的意见，向国民征求“真话”，齐国遂得以最终强盛。这个故事告诉我们，批评监督也要讲究方式方法，否则可能适得其反。各级领导干部要牢固树立相互监督是对同志的一种关爱，而不是得罪人、和人过不去的思想，采取易于为人接受的方法，勇于、善于开展监督。除了在有关会议上要充分发表意见外，在平时还应相互间多交流、多谈心，对认识不一致而又应该坚持的监督意见，要讲清利害关系，争取被采纳，把监督工作做在前面；对同志“出格”的行为，要认真负责地提出批评，及时加以提醒和规劝，把问题解决在萌芽状态；对重大问题要及时向上级有关部门反映报告。只要是出于公心，只要是有利于党和人民的事业，只要是有利于同志之间的团结，就不怕得不到他人的理解和支持。

(二)严格执行监督制度

▶坚持集体领导和个人分工负责

集体领导和个人分工负责制度是党章确定的一项基本制度,也是《党内监督条例(试行)》确立的十项监督制度之一,是民主集中制原则在党的领导活动中的体现,它对于加强党内监督、发展党内民主、保证决策的科学化和民主化具有十分重要的意义。没有集体领导,就难以发挥集思广益的作用,做出科学决策;没有分工负责,决策就不可能得到有效贯彻落实,集体领导就徒有虚名,流于形式。这项制度要求,凡属重大问题都要由党委集体讨论决定,任何个人无权自作主张;党委成员要坚决执行集体做出的决定,要按照分工,切实履行自己的职责,认真负责地开展工作,不允许各行其是。

落实集体领导和个人分工负责制度,各级领导班子的主要负责人要带头执行民主集中制,充分发扬党内民主,正确实行集中,积极支持领导班子成员在职责范围内独立负责地开展工作。班子其他成员要互相信任,互相支持,认真维护和增强领导班子的团结。要制定、完善并严格执行议事规则,保证决策的科学和民主。决定重要事项,应当采用口头、举手、无记名或记名投票等方式进行表决,并将表决结果和表决方式记录在案。对应当集体讨论决定的事项,必须列入会议议程,不得由个人或少数几个人说了算。

集体领导要以个人分工负责为基础,个人分工负责要以集体领导为前提,发挥集体智慧与发挥个人才干要有机结合,二者不能割裂开来。领导班子中要注意防止两种倾向:一是防止出现强调集体领导,出现工作推诿、分工不负责的倾向,事无巨细都由集体讨论决定,缺少责任制,使领导班子精力分散,而影响事关全局大事的决策;二是防止出现强调分工负责,出现互相掣肘、各自为政,削弱和摆脱集体领导的倾向,如由个人或少数人决定重大问题,置集体领导于不顾,片面强调个人分管工作的重要而影响全局工作。只有把这两个方面的问题解决好了,才能真正实现集体领导与个人分工负责的紧密结合,各级领导班子才能真正形成领导核心,各项工作才能有序运行。

对于应当经集体讨论决定的事项而未经集体讨论,也未征求其他成员意见,由个人或少数人决定的,给予警告或者严重警告处分;情节严重的,给予撤销党内职务或者留党察看处分。党的各级领导班子成员,如有不遵守、不执行集体的决定,或未能按照集体的决定和分工履行自己的职责,给工作造成损失的,应当追究相应责任。党的各级领导干部,一定要从坚持民主集中制这一马克思主义政党本质特征的高度,不断提高党的领导水平和执政水平,认真贯彻执行集体领导和个人分工负责这一党内监督制度。

▶按照要求开好民主生活会

召开民主生活会是我们党的一项光荣传统，是加强党内监督的重要途径，是坚持和健全民主集中制，增强领导班子凝聚力和战斗力的一大法宝。各级党政领导干部应当按照规定参加双重组织生活会：一个是党组织领导班子的民主生活会，另一个是自己所在党支部的民主生活会。目前，有些单位民主生活会质量不高，存在思想认识不够深刻、会议主题不够明确、查摆问题不够彻底、整改措施不够到位等问题，往往是汇报工作多、谈思想认识少；摆成绩多、提问题少；讲自己多、谈别人少；自我批评多、批评他人少。有些单位召开的民主生活会，也有人提意见，但多无关痛痒，或明贬实褒，有的甚至"批评"领导"干工作不注意身体""忙工作不顾家"，等等，很难达到批评和自我批评的目的。这些问题迫切需要研究解决。

切实提高民主生活会的质量，主要领导要带头，率先垂范。领导班子中班长的责任意识、导向意识、榜样意识是提高民主生活会质量的关键。领导干部应率先放下"架子"，带头认真开展批评和自我批评，努力创造平等、民主、和谐、舒畅的会议气氛，以达到沟通思想、统一认识、解决问题的目的。要注重健全制度，遵守规范，会前充分准备，确定鲜明主题，形成书面材料；会中扣题检查，在主观上找原因，在思想上挖根源；会后落实整改，制定措施，逐项改进。要带头完善和遵守会议报告制度、检查制度、通报制度，依靠制度来促进民主生活会的正常化、规范化。领导干部参加民主生活会的目的，在于提高认识，互相监督，解决矛盾，改进工作。因此应当把制定整改措施作为一项重要内容。问题摆过了，剖析到位了，不能出现"松口气"的想法，还需要采取有效措施，把问题的整改落到实处。整改后，及时将整改内容在一定范围内通报，并就党内外群众提出的意见做出必要交代，把"尺子"交给群众，让群众来衡量、评判，接受群众监督。

▶认真开展述职述廉

述职述廉是指党的组织和领导干部在一定时间、一定范围内，向党的委员会和干部群众报告自身履行职责和廉政勤政等方面的情况，接受民主评议或民主测评，并针对评议或测评反映出来的问题进行整改的制度。开展述职述廉活动，有利于扩大监督层面，促使党员领导干部自重、自省、自警、自励，增强工作的责任感和自觉性。根据有关规定，在述职述廉中隐瞒、回避重要情况，民主测评群众意见大，或者存在其他问题的，对存在的突出问题不认真改正的领导干部,在调查核实的基础上,视情节轻重,根据党委(党组)的意见,对其进行诫勉谈话,情节严重的还将给予组织处理或者纪律处分。

领导干部述职述廉要正确处理好个人与集体、重点与一般、成绩与不足的关系,如实陈述届中和届满期内德、能、勤、绩、廉五方面的表现情况。主要内容有:落实党风廉政建设责任制的情况,履行"一岗双责"的情况,抓下一级领导班子的党风廉政建设情况;个人执行廉洁自律规定的情况,包括执行收入申报、礼品登记、个人重大事项报告情况、拒礼拒贿及上交礼金礼品等有关情况及八小时外"社会圈、生活圈"的主要表现;配偶、子女及亲属的有关情况,必须报告其配偶和子女工作的安排、变动的情况,购买、装修和调整家庭住房的情况,配偶、子女经商办企业的情况以及亲属出国情况,等等。述职述廉要按照规定程序进行:个人总结、召开述职述廉大会、群众评议、廉情公示、组织核实、反馈意见和整改处理。还可以创新述职述廉的方式方法。坚持以专题述职述廉与日常述职述廉相结合的方式,一方面要按照《党内监督条例(试行)》的规定进行专题述职述廉;另一方面应从加强对领导干部的日常监督入手,坚持日常述职述廉。如与民主生活会相结合进行述廉,与年度工作总结报告相结合述廉,与党风廉政建设责任制考评相结合进行述廉等。述职述廉结果要提供给上级纪委和组织人事部门,方便组织上检查了解领导干部的整改情况。要采取有效措施,防止出现述职述廉报告内容失真、民意表达不畅以及成果运用不充分,述职多、讲廉少,"说长"多、"道短"少等问题。

▶自觉遵守其他各项党内监督制度

重视信访处理。信访处理是接受党内党外监督的一个锐利武器。从实际情况看,人民群众的来信来访、检举举报是一种重要监督方式,来信来访者反映的问题,大多是与他们切身利益有直接关系的问题,所以监督意识特别强,监督内容也比较具体。领导干部必须高度重视,严肃对待,认真处理好人民群众的来信来访、检举举报,不能出现对信访缺少回应、泄露信访举报秘密、打击报复举报人等情况。信访处理得好,有利于各级党委、纪委对下级党组织和领导干部实施监督,有利于群众对党员领导干部进行监督。如果处理不公正、不及时或方法不得当,则可能激化矛盾。

积极配合巡视和派驻纪检监察机构监督。我们党继承中华传统政治文明的精华,坚持和发展巡视制度,使之成为了解下级党组织领导班子及其成员执行党的路线方针政策和工作部署、执行民主集中制、落实党风廉政建设责任制和廉政勤政、领导干部选拔任用、处理改革发展稳定等情况的重要手段。实行派驻纪检监察机构统一管理，是我们党深化党的纪律检查和行政监察体制改革、加强对驻在部门领导班子和领导干部监督的重要举措。领导干部要认识到巡视和纪检监察派驻机构统一管理不仅是对领导干部的严格要求，更是一种关心爱护，犹如“保健医生”给领导干部进行“全面的政治体检”。要带头虚心接受巡视监督和派驻纪检监察机构的监督，支持巡视组和纪检监察派驻机构开展工作，不能为了应付监督而提前采取对策，隐瞒真实情况。

接受谈话和诫勉。谈话和诫勉制度是组织培养教育和上级监督下级两者的结合，主要包括日常谈话、任职谈话和诫勉谈话三项制度。一是各级党委、纪委领导班子成员和党委组织部门负责人不定期与党委工作部门、直属机构、派出机关以及相当于这一级别的党组（党委）和下级党组织领导班子主要负责人谈话，主要了解该地区、该系统、该单位贯彻落实党的路线方针政策，坚持民主集中制，实施党内监督的情况和领导班子及其成员廉政勤政的情况，并提出建议和要求。二是党委（党组）或组织（人事）部门对领导干部进行任职谈话。任职谈话将贯彻执行民主集中制、廉政勤政方面的要求和存在的问题作为重要内容。三是如果发现领导干部在政治思想、履行职责、工作作风、道德品质、廉政勤政等方面存在一些苗头性问题，党委（党组）、纪委和党委组织部门要按照干部管理权限及时对其进行诫勉谈话。

接受询问和质询。询问和质询制度的确立，不仅拓宽了党内民主和党内监督的渠道，还拓宽了发展党内民主的思路。《党内监督条例（试行）》明确规定，党的地方各级委员会委员，有权对党的委员会全体会议决议、决定执行中存在的问题提出询问或质询。党的地方各级纪律检查委员会委员，有权对纪律检查委员会全体会议决议、决定执行中存在的问题提出询问或质询。询问可口头提出，也可以书面形式署真实姓名提出。有关部门应当做出说明。询问人在对有关部门所做的说明不满意的情况下，可以书面形式署真实姓名对同一问题提出质询。有关部门应当做出书面解释或答复。领导干部对询问和质询的问题要认真研究，如实答复，要从程序上保障询问和质询制度落到实处。对质询中发现的问题，要及时研究处理，加以改进。

执行罢免或撤换要求。《党内监督条例（试行）》规定，党的地方各级委员会委员，有权向上级党组织提出要求罢免或撤换所在委员会和同级纪委中不称职的委员、常委。党的地方各级纪律检查委员会委员,有权向上级党组织提出要求罢免或撤换所在委员会不称职的委员、常委。……罢免或撤换要求应当以书面形式署真实姓名提出,并有根据地陈述理由。这项监督制度对党内监督来说很重要,因为同级班子内部的平行监督往往更加有效。提出罢免或撤换要求应当严肃慎重。对于没有列举具体事例,不负责任地提出罢免或撤换要求的,给予批评教育;对于捏造事实陷害他人的,依纪依法追究责任。

(三)主动接受监督

▶认真接受党内监督

党内监督是最直接、最严格的监督,在整个监督体系中处于核心地位。其一,它是一种内部监督,有着更直接、更便利的优势;其二,它严格按照党章和党的纪律进行监督,体现了党要管党、从严治党的基本要求。《党内监督条例(试行)》规定,党员有责任和权利在党的会议上有根据地批评党的任何组织和任何党员,勇于揭露和纠正工作中的缺点、错误;检举党的任何组织和任何党员违纪违法的事实,同消极腐败现象做斗争;参加党组织开展的评议党员领导干部活动,发表意见等。广大党员是党内最重要的监督力量,上述规定为广大党员开展党内监督提供了制度依据,也是领导干部接受党内监督必须把握的一个极为重要的方面。

严格执行党内监督各项制度。在长期的革命、建设和改革的伟大实践中,我们党作为全国人民团结奋斗的主心骨,作为中国特色社会主义事业的坚强领导核心,吸取自身及世界上一些政党建设的经验教训,制定了一系列加强党内监督的规章制度,提出了一系列发扬党内民主,健全党内生活的制度和原则。各级领导干部认真接受党内监督,必须切实贯彻执行这些制度和原则。目前,有少数领导干部不能正确对待党内监督,把上级的监督看成是对自己不信任,把同级的监督看成是跟自己过不去,把下级的监督看成是对自己不尊重。比如,天津市人民检察院原检察长李宝金,在担任政法部门重要领导职务期间,妄自尊大,听不进组织的告诫、同事的劝阻,以致在违纪违法的道路上越陷越深。前车之覆,后车之鉴,各级领导干部务必引以为戒。

自觉接受领导班子成员的监督。要在领导班子内部营造一种敢于监督、善于监督的良好氛围,鼓励和支持班子其他成员发表不同意见、提出不同看法,该提醒的提醒,该批评的批评,该制止的制止。充分发挥领导班子民主生活会的预防和监督功能,认真开展批评和自我批评,查找自己在思想、工作、生活、廉洁自律等方面存在的突出问题。班子成员彼此之间职务相差不大,年龄不相上下,共事在一起,生活在一块,相互了解,为实施有效监督提供了条件。只要班子成员之间相互信任,坦诚相见,思想上常交流,生活上常关心,就能筑牢拒腐防变的"防火墙",从而提高内部监督的质量。这对于保证领导班子成员不犯或者少犯错误,促进单位的全面建设,进而推动党的事业发展,具有重要意义。

▶自觉接受专门机关监督

自觉接受人大监督。我国宪法规定,地方各级人民代表大会是地方国家权力机关,全国人民代表大会是最高国家权力机关。国家权力机关的监督权从根本上说是人民当家做主的权力,是人民行使管理国家事务权力的重要体现。国家行政机关、审判机关、检察机关都由人民代表大会产生,对它负责,受它监督。国家权力机关的监督以宪法和法律为依据,以法定的方针和程序全面实施,保证国家机关及其工作人员依法行使权力,防止权力滥用。国家行政机关、人民法院和人民检察院的负责人要按照规定代表本机关向人大专题报告工作,接受监督。人民政府各部门的负责人都由人民代表大会或常委会产生,这些负责人不仅在选举过程中受到人民代表的监督,在履职过程中同样受到人民代表的监督,确保人民赋予的权力用来为人民服务。

自觉接受政府专门机关监督。政府专门机关监督是指政府通过专门机构对国家行政机关及其工作人员,以及由政府任命的其他人员从政行为进行的综合性专门监督,也就是行政监督。它主要包括行政监察和审计监督。行政监察是国家监察机关对行政机关及其工作人员执行国家法律、法规和政府决定、命令情况以及违纪违法行为进行的一种监督,以保证政令畅通,维护行政纪律,促进廉政建设,改善行政管理,提高行政效能。审计监督是审计机关对中央国家机关和地方各级政府机关、财政金融机构和企事业单位的财政、财务收支情况所进行的一种监督,以维护国家财政经济秩序,促进廉政建设,建设节约型政府,最大限度地降低行政成本,制止奢侈浪费,保障国民经济健康发展。领导干部不仅要大力支持和保障政府专门机关监督,还应自觉接受国家监察机关、审计机关依法对自己进行的监察、审计监督，保证行政权力正确行使。

自觉接受司法监督。司法监督是指司法机关通过司法手段和司法程序对公共权力的行使是否合法、是否存在违法犯罪现象所开展的检查督促活动。其主要特点：一是司法监督是司法机关特有的职能和权力，如人民法院通过行使审判权进行监督，人民检察院通过行使法律监督权进行监督；二是司法监督具有特定的监督范围，主要通过个案进行，不涉及国家的大政方针，不具有全面性、整体性；三是司法监督的手段主要是司法专门机关法定的职能手段；四是司法监督的对象是国家机关及其工作人员、公民遵守和执行法律的情况，而不是指对一切法律实施情况的监督。各级领导干部要正确处理权与法的关系，牢固树立任何权力都要受法律约束的意识，自觉在宪法和法律规定的范围内活动，严格按照法律规定的程序办事，坚决杜绝以言代法、以权压法的行为。

►虚心接受社会监督

虚心接受政协民主监督。政协民主监督是按照政协章程，通过建议和批评，对国家宪法、法律和法规的实施情况、重大政策的贯彻执行情况、国家机关及其工作人员的工作情况进行监督。充分发挥政协民主监督作用，有利于汇集各方面的不同意见，推进决策的科学化、民主化，有利于及时纠正工作中的错误，也有利于防止和克服消极腐败现象。民主党派既是中国共产党的亲密友党，又是重要的“诤党”。民主党派对中国共产党及其党员的民主监督是加强与改善党的领导、提高党的执政能力的重要法宝。我们党历来坚持“长期共存、互相监督、肝胆相照、荣辱与共”的方针，支持和保证民主党派开展正常的监督工作。各级领导干部要切实贯彻这一方针，认真倾听政协、民主党派和无党派人士的批评、建议，自觉接受监督。要支持政协委员视察，就经济社会发展中的重大问题进行协商。要认真办理政协提案，吸收好的意见和建议。要充分发挥政协特邀监察员的作用，邀请他们参加廉政监察、执法监察和效能监察活动，以便他们发现问题，提出批评和建议。

虚心接受人民群众监督。邓小平同志指出，要有群众监督制度，让群众和党员监督干部，特别是领导干部。凡是搞特权、特殊化，经过批评教育而又不改的，人民就有权依法进行检举、控告、弹劾、撤换、罢免，要求他们在经济上退赔，并使他们受到法律惩罚、纪律处分。人民群众是最重要的监督力量。领导干部自觉接受人民群众监督，是坚持执政为民、依法行政、做好工作的本质要求,是更好地聚民意、集民智、凝民心,做出正确决策,提高执政水平和工作效率,减少和防止工作失误的重要途径,也是保证自身清正廉洁的客观需要。各级领导干部一定要充分认识肩负的历史使命,将群众监督作为对自己工作的一种鞭策与激励,虚心、自觉地接受,时刻把自己置于人民群众的监督之下。越是高级干部,越要自觉接受群众的监督和批评。

虚心接受舆论监督。舆论监督是发现问题和推动解决问题的有效手段,也是党内监督的重要补充和反腐倡廉的有力武器。近年来,互联网的迅猛发展对我们的工作提出了更高要求,使包括反腐倡廉建设在内的党的建设面临新的机遇和挑战。领导干部要认识到党领导下的舆论监督是社会主义权力监督机制的组成部分,是推进民主政治建设的有力举措,也是推动改进工作的重要力量。要支持新闻媒体开展舆论监督,为新闻舆论监督提供方便,建立有效的监督机制和制度,依法向新闻媒体提供信息,认真听取各方面意见。要坚持加强舆论监督与做好实际工作相结合,用推动和改进工作的实际行动、实际效果取信于民。对一些批评性报道,要本着谦和与宽容的心态,本着有则改之、无则加勉的态度,虚心接受并实事求是地调查处理。

深度阅读

中国互联网络信息中心发布的数据显示,截至 2011 年 11 月,我国网民总数达 5.05 亿,手机网民规模为 3.4 亿,互联网普及率稳步提升,网民规模较 2010 年年底增长 4770 万。微博作为新兴的自媒体平台,用户数呈现出“爆发”式增长。我国微博用户数量从 6311 万快速增长到近 3 亿。庞大的网民群体利用网络的公开、透明、快捷、影响面广的特性,不断进行信息的沟通、交流和集聚,逐渐发展成为舆论监督的重要平台。据人民网一项调查显示,参与调查的网民有 87.9%非常关注网络监督,当遇到社会不良现象时,93.3%的网民选择网络曝光。

党的十七届四中全会审议通过的《中共中央关于加强和改进新形势下党的建设若干重大问题的决定》提出,要不断健全反腐倡廉网络举报和受理机制、网络信息收集和处置机制等。党的十七届六中全会审议通过的《中共中央关于深化文化体制改革推动社会主义文化大发展大繁荣若干重大问题的决定》提出，要认真贯彻积极利用、科学发展、依法管理、确保安全的方针，加强和改进网络文化建设和管理，加强网上舆论引导，唱响网上思想文化主旋律。加强网络法制建设，加快形成法律规范、行政监管、行业自律、技术保障、公众监督、社会教育相结合的互联网管理体系。

二、一些基本原则要坚守

（一）莫做"太平官"

所谓"太平官"，是指那些思想上因循守旧、故步自封，作风上安于现状、不思进取，工作上回避矛盾、不敢负责的领导干部。他们成日小心翼翼捧着一顶乌纱帽，唯恐有失；他们墨守祖宗成规，只知凭经验、按惯例、盲从领导意图；他们的为官哲学是"无过"就是"有功"，所以做工作总是率由旧章，免犯错误。对这种领导干部，老百姓有形象的描述："平平安安占位子，忙忙碌碌装样子，疲疲沓沓混日子，吃了喝了捞票子。"

"太平官"作为封建官僚主义的遗毒，是由来已久的旧官场糟粕。东汉末年，有一个叫司马徽的官员，是个名副其实的"太平官"。别人有事相问，他从不论其高下，只是说"好"。妻子批评他，别人请你解答疑难问题，你岂能一味说好？司马徽回答妻子也是那句话："卿言大好"。在司马徽这样的人看来，臧否人物也罢，评优论劣也罢，都可能在不知什么时候得罪不该得罪的人，还是少说为佳，明哲保身，"两耳不闻窗外事，一心只保官位子"。宋朝苏东坡曾写诗讽刺当时官场上庸碌无为的"太平官"们："但愿生儿愚且鲁，无灾无难到公卿。"在"太平官"们看来，各方都不得罪，压、推、拖、瞒、躲、混，少干事，多磕头，这就无灾无难到公卿了！

如今，领导干部中的大多数都能够在其位、谋其政，尽心尽力为百姓办实事、办好事，真正做到为官一任，造福一方。然而，"太平官"这一封建遗毒在现代并未绝迹。少数领导干部或因能力水平低，或因缺乏事业心和责任感，抱着多一事不如少一事的态度，浑浑噩噩混日子。他们身上没有危机感、紧迫感，更看不到开拓创新、与时俱进的工作作风。在他们看来，只要自己不犯什么大错误，好好守住这个"官位"，享受相应待遇，一切就都万事大吉。如果共产党的党员干部都以做“太平官”为能事，自己固然太平了，国家却不会太平，人民也不会答应。因为“太平官”不但贻误工作，造成一个单位、一个部门或一个地方工作受影响、事业受损失；而且领导萎靡不振、安于现状，必然会导致整个队伍士气低落、暮气沉沉。长此以往，不仅会阻碍经济社会发展进程，更损害了党和政府在群众中的威信和形象。可见，“太平官”虽不像贪官那样直接吸食民脂民膏，但他们拿着人民的俸禄，却在其位而不谋其政，其危害也是显而易见的。

古人云：“为官避事平生耻。”在其位、谋其政、尽其责，这是对领导干部最基本的要求。职务就意味着责任。一个地方、一个部门的领导干部，守土有责、富民有责、兴业有责，肩上的责任可谓重大。树立“事业大如天、责任重如山”的意识，拥有责任感，是一切领导者的灵魂，它折射出每一个领导干部道德水平的高低和人格的高下。领导干部有了责任感，就能经常进行自我检查、自我监督、自我评价。做了有利于人民的事，就会感到满足和欣慰；若为官一任，一事无成，甚至损公败业，就深感内疚、惭愧和悔恨。而“太平官”归根到底是对党和人民的事业缺乏责任感。只有强化责任感，才会有事业心，才会有使命感和紧迫感，才会有工作的动力和激情，才能在工作中积极主动，奋力进取，一丝不苟，敢于碰硬，创造性地做好本职工作。

“太平官”之所以能够混得下去，监督、考核机制还不够完善是一个重要原因。为此，应进一步制定并完善切实可行的考核、监督机制，以及机关行政效能建设的首问负责制、限时办结制、责任追究制，使广大干部有监督、有制约、有压力、有担子，改变干多干少一个样、干好干坏一个样、干与不干一个样的现象。加强监督，重在较真。认真抓了，就一定会有效。如果监督只是走走过场、只是敷衍了事，再高的频率、再多的数量，也是白搭。所以，加强监督一方面要克服怕得罪人的消极思想，敢于作为、积极作为；一方面要设计一套严密、有效的监督机制，让监督由程序性、形式上的监督，向实质性、经常化的监督转变。对那些“太平官”，该追究责任的要追究，该警示的要警示，该“下课”的要“下课”，真正做到“庸者下，能者上”，形成干事创业光荣，不干事耻辱，“混日子”、当“太平官”没有藏身之地的良好氛围。

当前，我国已进入经济和社会发展的重要战略机遇期，在前进道路上面临的风险和考验此起彼伏，全面建设小康社会的各项工作任务十分繁重。作为一名党的干部，必须以强烈的事业心和忘我的敬业精神，保持共产党人的蓬勃朝气、昂扬锐气和浩然正气，兢兢业业，脚踏实地，尽职尽责，大胆创新，真抓实干，诚心竭力为群众办好事、解难事，不断让人民群众得到实实在在的利益。与此同时，应采取切实有效措施，使那些胸无大志，不思进取、滥竽充数，对人民群众的疾苦不闻不问，庸庸碌碌、浑浑噩噩的“太平官”无法“太平”下去。倘若如此，则是人民之大幸、民族之大幸。

(二)不拍板就是失职

所谓拍板，通常是指对有关问题做出决定。“拍板”是领导干部的重要职责和主要活动，也是议事和决策的最后环节。一项工作一旦经有关负责人“拍板”，立即进入实施阶段，一切机器便运转起来：工程立即上马，调动如期到位，决定就此生效，问题马上解决……。由此足见，“拍板”非同小可。职务其实就是责任，敢于决策、善于拍板，不仅是领导干部必备的素质和责任体现，而且也是推进各项工作的必然要求。如果领导干部畏首畏尾、当断不断、议而不决，则往往容易坐失良机，不但直接影响到领导者的威信，而且会使事业遭受损害。2008 年贵州发生的“瓮安事件”、2009 年湖北发生的“石首事件”，最初都源于一起刑事案件，但由于当地领导议而不决，没有及时采取应对措施，结果“小事拖大，大事拖炸”，酿成震惊全国的群体冲突。因此，对于领导干部来说，不拍板就是失职。

作为领导干部，应当拥有敢于担当的精神。没事不惹事，有事不怕事。也就是说，遇到担责任的事要敢于拍板，出了问题要敢于承担责任。党和人民既然给了一定的岗位和权力，就必须认真履行职责，敢于担当责任，解决问题，推进工作。如果在其位却不谋其政，满足于当“传声筒”“收发员”，浑浑噩噩，遇到问题绕道走，那就是失职。“沧海横流，方显英雄本色。”领导者要以攻坚克难的勇气、敢于负责的态度，知难不畏，排难而进，义无反顾地承担起时代和历史赋予我们的使命，为事业而拼搏。

果断是领导干部必备的意志品质。一个领导者如果具有这种心理品质，就会在决策中当机立断，毫不犹豫地做出决定。领导决策面临的情况错综复杂，尤其在历史发展中的重大转折的紧要关头，需要领导决策者表现出果断品质，抓住瞬间即逝的时机，果断和迅速地做出决定。领导者的果断性，它要求领导者无论是确定目标，还是选择方案，必须坚决果断，迅速及时。现代社会是信息社会，是竞争的社会，它复杂多变、变幻不定、动荡激烈，任何犹豫不决都可能错过时机。优秀的领导者，一旦发现客观和主观的条件成熟，就要当机立断，果断决策，并立即付诸实施。

古人云："当断不断，反受其乱。"顾虑重重，怕这怕那，畏畏缩缩，往往会贻误时机，后悔莫及。三国时期的袁绍，其实力在诸雄中首屈一指，被公认为最有希望问鼎天下。袁绍麾下谋士如云、猛将如林。但是由于袁绍的优柔寡断，一次次失去了战机。在官渡之战的相持阶段，谋士许攸曾向袁绍献计："曹操屯军官渡，与我相持已久，许昌必空虚，若令一军星夜袭击许昌，则许昌可得，而曹操可擒也。今操粮草已尽，正可乘机会，两路击之。"但袁绍却顾虑曹操诡计多端，拒绝了许攸的建议，最终败于曹操之手，不得不退出角逐天下的行列。如果袁绍能够当机立断，抓住有利战机，及时采纳许攸的建议，那么其结果很可能如曹操所说："若袁绍用子远言，吾事败矣。"可见，当断不断，看起来似乎稳妥，实际上却潜伏着更大的危险。对于一名领导者来说，优柔寡断是致命的弱点。

决策贵在不失其时。决断忌犹豫、疑虑。犹豫是时间的窃贼，疑虑是决断的大敌。有些决策，特别是一些非常规性的决策，本身就包含着一定的风险，何况有些问题来得急，需要当机立断，否则稍纵即逝，错过良机。这就要求领导者要有决断的魄力，勇于承担责任，果断定下决心。切不可畏首畏尾，议而不决。列宁曾说过："要使别人坚定，首先自己得坚定。"领导者的决心，对部属坚定不移地去执行，起着至关重要的作用，领导者遇事怕担风险，怕负责任，左右摇摆，拿不出主见，不但使部属难以坚定地去实施，而且直接影响到领导者的威信，使部属对领导者失去信任感、依赖感，最终使拍板难以贯彻。欧阳修讲："自古天下事，及时则必成。"意思是讲，自古至今的事虽然有困难，但及时去做就一定能够成功。决断不易，断后而行更难。断而不行，其害无穷。正如司马迁在《史记·淮阴侯列传》中所说："决弗敢行者，百事之祸也。"做出决定而不付诸实施，那将会招致各种祸患。所以，凡一经决断的事，就要坚定、勇敢、有信心地把它办好。

当然，敢于拍板并不等于武断决策、刚愎自用，科学的决策应建立在深入细致调查研究的基础上，建立在多方听取意见、冷静分析思考的基础上。要充分估计事物发展过程中可能出现的新情况和新问题，尤其是能预测事物发展的趋势和结果，使自己的决策更加具有科学性、超前性和战略性。宋代辛弃疾说过,“谋贵众,断贵独”。意思是,商量事情贵在人多,决断事情常在一人。与众多谋,可以了解实情,决策才不会违背客观规律,才会不出问题。在实际工作中,一个地方、一个单位的发展,往往会有一个重要机遇期,抓住了就能实现较快发展,如果错过了,则会后悔不已。一名优秀的领导者,就要敢于打破常规,突破框框,果断决策。不是人云亦云,而是用创新的眼光审视现实,分析问题,敢想他人所不敢想,敢断他人所不敢断,敢为他人所不敢为。与此同时,各级党委、政府应进一步制定并完善切实可行的考核、监督机制,以及机关行政效能建设的首问负责制、限时办结制、责任追究制,使广大干部有监督、有制约、有压力、有担子,形成干事创业的良好氛围。

(三)千万不可心存侥幸

所谓侥幸是指由于偶然的原因而得到成功或免去灾害。剖析许多腐败分子走上犯罪道路的轨迹,其中的原因固然是多方面的,但违纪违法者心存侥幸是导致腐败现象的一个不可忽视的共同心理因素。许多腐败分子在第一次收钱、收物时心里往往是矛盾的,他们在取舍之间权衡,思想斗争十分激烈,有的甚至寝食难安,他们也曾想到党纪国法,也曾想到道德良知,但最后还是让侥幸心理占据了上风,让贪婪之欲主导了思想。湖北省黄冈市原中级人民法院院长程坤波在狱中发出“侥幸心理害死人,把我害得最苦”的哀叹,他忏悔说:“想到收钱时只有天知地知你知我知,没有第五者知道,不会东窗事发吧?还想着有的人收的比自己还多都没有撞到枪口上,未必就自己运气差。”正是在这种掩耳盗铃式的侥幸心理驱使下,程坤波一而再、再而三地收受贿赂,欲壑如泛滥之水,滔滔难遏。

可见,侥幸心理实质上是一种自欺欺人的不健康心理,是明知自己的行为错误,并会产生恶劣后果,而却寄希望于恶劣后果不会发生的一种投机心理。心存侥幸者把由于偶然原因而得到成功或免去灾害的事实看作是具有普遍性的,或者认识到其偶然性的存在却盲目地以为自己可以幸运地获得这种偶然。侥幸心理常常使人做出不正确的判断,错误地估计形势,从而迷失方向,误入歧途。心存侥幸者或自作聪明,认为自己手段高明不会被发现；或自认为和自己共同违纪违法的人靠得住，不会供出自己；或把社会上存在的一些腐败问题。看作是普遍现象，认为被惩治的是少数人，自认为不会成为被抓获的倒霉者。然而，侥幸心理仅仅是以身试法者的一厢情愿。其实，不少腐败分子为官之初，也是谨小慎微的，但随着地位、权势的变化，面对奢靡腐化的资产阶级生活方式影响，理想信念淡化，世界观、人生观、价值观渐渐发生扭曲，从而一步步滑向金钱美色的陷阱。而他们每一次越轨，几乎都抱有侥幸心理，自以为领导不知，同事不晓，却忘记了“若要人不知，除非己莫为”，“党和人民在监督，众目睽睽难逃脱”的古训和道理，一而再，再而三，在腐败的泥坑里越陷越深，不能自拔。到头来，只能是搬起石头砸自己的脚，落个身败名裂的可耻下场。古人云：“君子慎始而无后忧。”领导干部千万不能抱有“仅此一次、下不为例”的侥幸心理，在第一次面对各种诱惑时，不论大小多少，一定要克服侥幸心理，守节持定，万万不可因一念之差而酿成终身之祸。反腐败斗争的实践充分表明，腐败分子无论职务多高、手法多“高明”、隐藏有多久，“伸手”总有被抓的那一天。在党纪国法问题上心存侥幸，最终只能是聪明反被聪明误，吞下自己酿造的恶果。

侥幸心理具有很强的腐蚀性和传染力，是突破干部思想防线的“隐形杀手”，是导致违法犯罪的祸根，必须引起各级领导干部的高度警惕。唯物论和贪官的“忏悔录”告诉我们，贪官的侥幸心理并不是他们从娘胎里带来的，也不是凭空产生的，而是有着深刻的现实原因。首先是防治腐败的制度法规还不够完善，确实还存在执法不严、监督不力的现象。由于制度上的漏洞，对一些腐败分子惩处不到位，一些腐败分子逍遥法外，客观上成为侥幸心理的“催化剂”。另一方面，有的领导对下属的违法违纪现象缺乏应有的重视，睁一只眼，闭一只眼，使有些人得以侥幸过关，这在一定程度上助长了一些人轻视甚至藐视党纪国法的错误心理。其次是少数干部权力观、利益观、价值观发生扭曲。他们忘记了党的宗旨，个人利益至上，千方百计利用手中的权力钻法规制度的漏洞，干以权谋私的勾当，甚至利令智昏，铤而走险。“手莫伸，伸手必被捉”，世上没有不透风的墙，任何侥幸心理都是徒劳的，最终只能是自欺欺人。一切腐败分子，不管他伪装得多么巧妙，不管他做得怎样的天衣无缝，总有一天会露出马脚，得到应有的惩罚。

消除侥幸心理，首先要防微杜渐，把住抵御诱惑的“第一关口”。“世间万事始于初”，要在形形色色的诱惑面前，把好“第一”这道关，守住“不沾”这道防线，对每个党员领导干部来说都是严峻的考验。一些领导干部在走上违纪违法道路时，大多存有“不会被发现”的侥幸心理。第一次面对不义之财时都是忐忑不安的，通常是经过一番激烈的思想斗争，最终经不住诱惑，以“仅此一次，下不为例”为由自我宽慰；初次染指尝到“甜头”后，发现一切太平，又以“已有先例，没啥可怕”为由为自己壮胆，结果“胃口”越来越大，在罪恶的深渊里越陷越深。正如宋代思想家程颐所言：“一念之欲不能制，而祸流于滔天”，初之不慎，后患无穷，贻害多多。党员领导干部廉洁自律，首先必须严把“第一”这道关，要视“初次”为“高压线”，凡是党纪国法禁止的，绝不“越雷池半步”；要打消自欺欺人的侥幸心理，变“下不为例”为坚决不开此例。要时刻牢记全心全意为人民服务的宗旨，提高辨别是非的能力和防微杜渐的自觉性，经常用反面典型警醒自己，坚持用党员标准严格对照检查自己，切实做到不能要的礼品一次也不收、贿赂一点也不要、酒绿灯红的地方一回也不去、违反原则的事一件也不做。一定要顶住第一次，把好慎始关，勿以贪小而为之。

消除侥幸心理，关键在于严格自律，在思想上筑起拒腐防变的长城。英国大文豪萧伯纳说，“自我控制是强者的本能”。领导干部要不断增强自我监督意识，习惯于“吾日三省吾身”，要经常扪心自问，是否带头实践自己提倡的道德标准与价值观念，决不能言行相悖、表里不一。在“八小时”工作之外，在个人独处无人监督的情况下，决不能心存侥幸，要用理智驾驭感情，用党性自觉约束和规范自己的行为，自觉管住自己的嘴，不该吃的不吃；管住自己的手，不该拿的不拿；管住自己的腿，不该去的不去。脑海里要时刻装着组织的重托、领导的教诲、同志的提醒、家人的叮嘱，抗得住诱惑，管得住名节，自觉维护党的纪律尊严，廉洁自律，奉公守法，慎独、慎微、慎欲，在任何时候任何情况下，都要远离纪律的“警戒线”和“高压网”。只要能坚持自检自省、自我约束，经常反思自己的行为，检点自己的作风，就能够在无人监督或不受舆论谴责的情况下，恪守自己的道德信念，洁身自好，拒腐防变，经得起各种考验，永葆共产党人的高风亮节。

消除侥幸心理，最根本还在于加强监督和打击力度，让腐败分子得到应有的惩罚。事实告诉我们，廉政建设仅仅寄希望于领导干部的“自律”是远远不够的，也是靠不住的。健全而周密的“他律”，是领导干部挡住诱惑的法宝。要建立、健全切实有效的法律制度，要有完善的监督制约机制和监督网络。领导者的权力行使到哪里，领导活动延伸到哪里，监督就实施到哪里，使之不能伸出贪欲之手。对于那些视制度、法律为儿戏、敢于以身试法、逾越“雷池”者，要坚决给予党纪、政纪处分；对触犯刑律的，要依法严惩，决不姑息迁就，使他们不但得不到好处，还要付出沉重代价。以此达到“惩治一人，警醒一片”的目的。

（四）要有破除潜规则的勇气和智慧

什么是潜规则？《现代汉语词典》对“潜”的定义是：①隐在水下；②隐藏，不露在表面；③秘密地；④潜力。对“规则”一词的定义是：①成例；②规定出来供大家共同遵守的制度或章程；③规律、法则；④合乎一定的方式。综合起来看，潜规则的意思就是隐藏在背后的规律或法则，是与“显规则”相对的。也就是说，潜规则即大面上不好说，而暗地里却可行的“黑规则”；潜规则是黑社会中损人利己、损公肥私的“反社会规则”；潜规则是一种破坏社会正常秩序的规则，是一种败坏社会风气的规则，是一种让社会上一部分人产生投机取巧心理的规则，是一种让人们对社会产生不信任的规则，是一种变相腐败的规则。

潜规则在中国社会存在了几千年。封建时代，虽然有“王子犯法，与庶民同罪”的显规则。但是在当时的官僚等级制文化影响下，王子犯法真正与庶民同罪的却是少之又少，这就是当时的潜规则起作用的结果。潜规则之所以存在时间长并且现在依然盛行，原因显然是多方面的，比如权力异化，公权变成了私权，私利驱动所至；显规则不足时，往往会由潜规则来补充；信息不对称也是产生潜规则的一个重要因素。

喜欢玩潜规则的人，他们一般是手头上掌握了一定的公共资源，或者是盯上了被玩者手中掌握的公共资源，千方百计使这些公共资源直接或间接为自己服务。所以，有人称潜规则为权力意志规则。因为，权力本身是一种公共资源，它是一种力量，谁手里掌握着权力，谁就可以凭借权力的强制性，去实施一定的利益意志，使他人的行为顺从自己的利益意志。

喜欢玩潜规则的人，他们当面一套背后一套，场面上一套场面下一套，口头上说的是一套，实际做的又是另一套。前一套让人看起来是在为人，后一套让人完全感觉他纯粹是为己。这种人,就是人们通常所说的口是心非、阳奉阴违的小人。他们在个人私利面前完全忘记了自己的身份,忘记了自己的责任和使命,甚至将党、国家和人民的利益置之度外。

拨开官场潜规则的重重迷雾,撕开潜规则者的丑恶嘴脸,人们不难发现,其实质就是官本位思想在作怪,是封建官僚思想和资产阶级腐朽思想在作祟。从本质上看,潜规则不是无规则,而是有规则,它以不敢公开为特征,以对抗、破坏显规则为手段,以谋取私利为目的。很明显,潜规则的要害是游离于党纪国法,无视党纪国法的存在。党内潜规则的价值理念与党章制度规定的价值理念大相径庭,结果是必然造成党员干部的思想言行的混乱。

我们党作为工人阶级的先锋队和中华民族的先锋队,党的性质和宗旨永远不会改变。对于少数地方党组织内部少数党员干部存在玩弄潜规则的现象,我们党从来就没有坐视不理,从来就没有停止过与这种丑恶的现象作坚决的斗争。新时期,如何清除那些潜规则呢?

一是要加强对党员干部尤其是党的高级干部的理想信念教育,加强党的作风建设。近些年,党内出现的腐败高官们,在他们头脑里缺少的就是坚定的共产主义理想和中国特色社会主义信念,一旦在物质利益的巨大诱惑下,他们就容易迷失方向,丧失原则,就会不由自主地玩起潜规则。新时期,面对新的形势和我们党肩负的新的历史使命,我们必须用科学发展观统一我们的思想,以科学发展观为指导构建社会主义和谐社会。二是必须不断进行体制机制改革,切实扩大社会民主,打造良好的党内民主政治生活环境。要以扩大党内民主带动人民民主,以增进党内和谐促进社会和谐。党内民主的前提是要保证权利义务相一致。没有无义务的权利,也没有无权利的义务。三是加快公开透明监督机制的建设。我们的党章里也规定了一些公开透明的制度,目前的关键是要针对这些制度在执行上存在的缺陷采取有力的措施。要真正用法律之剑斩断潜规则者的魔掌。四是要在社会上营造反对潜规则的浓厚氛围。要在全社会倡导社会主义荣辱观,要扶正压邪,表扬、支持、提拔重用坚持原则的人。要同封建糟粕作坚决的、彻底的斗争。必须清除党内的封建政治文化影响,倡导现代民主政治文化,严肃认真地维护党章权威。

(五)努力做到"不让老实人吃亏"

所谓老实人,是指说话老老实实、干事踏踏实实、生活朴朴实实、为人真真实实的人。老实人,始终坚持忠诚可靠,始终坚持服务人民,始终坚持竭诚奉献。鲁迅曾把那些脚踏实地、埋头苦干的人称为"中国的脊梁"。只有让更多的"老实人"走上领导岗位,担当重任,才能确保我们党的事业长盛不衰。因此,我们党历来高度重视对老实人的使用。早在延安时期,毛泽东就要求全党同志"当老实人,讲老实话,做老实事。"《中共中央关于加强和改进新形势下党的建设若干重大问题的决定》中指出:坚持正确用人导向,使选拔出来的干部组织放心、群众满意,让能干事者有机会、干成事者有舞台,不让老实人吃亏,不让投机钻营者得利。按理说,老实人最值得信任、最应当得到重用,但事实上由于种种原因有不少老实人往往未能受到格外的关注,常常被耽搁荒废而错失提拔使用的"黄金期"。

那么,如何实现"不让老实人吃亏呢?"除达成共识、营造氛围、领导干部要特别关注外,最为重要的是要有相关的制度保证。什么叫制度?制度最基本的含义是要求人们必须共同遵守的办事规程或行动准则。制度问题带有根本性、前瞻性、稳定性、长期性。邓小平在 1980 年就指出,"组织制度、工作制度方面的问题更重要。制度好可以使坏人无法任意横行,制度不好可以使好人无法充分做好事,甚至会走向反面。"制度是正规则。正规则大行其道,潜规则就自然无市场。应该说不让老实人吃亏,不仅是干部工作中用人的基本价值导向,更应该是一个制度设计的结果。因此,不让老实人吃亏,关键是要从制度上予以切实保障。只有完善相关制度并通过制度的执行,才能把党的思想建设、组织建设、作风建设和反腐倡廉建设落到实处,才能把老实人看准了、用好了。

不让老实人吃亏,首先要完善用人激励机制,形成重用老实人的用人导向。我们党在长期革命和建设实践中,形成任人唯贤的干部路线,其核心是德才兼备、以德为先的原则。在选人用人中要全面贯彻落实党的干部路线,要切实按照德才兼备、注重实绩、群众公认的原则选人用人,大力选拔那些埋头做事、清正廉洁的优秀干部,坚决不用那些投机钻营、跑官要官的人,从而在全社会形成老实人受尊敬、受重用的良好导向。

其次,要完善选拔任用制度,为老实人创造平等竞争的机会。在选人用人的过程中,必须严格遵守党的干部工作的原则,坚持任人唯贤,不准任人唯亲;坚持五湖四海,不准搞团团伙伙;坚持公道正派,不准拉关系、徇私情;坚持集体讨论决定,不准个人或少数人说了算;坚持按程序办事,不准搞临时动议。要改进民主推荐工作,进一步扩大干部工作中的民主,积极扩大群众参与,认真落实群众对干部选拔任用的知情权、参与权、选择权和监督权,提高干部工作的公开度和透明度。要创新选人用人机制,完善干部考察制度和方法,搞好民意调查工作,进一步提高考察工作的质量;要建立和完善制约机制,强化对干部选拔任用工作的监督;要建立健全竞争机制,坚决杜绝拉票贿选、暗箱操作等行为,为老实人提供公平竞争机会,让那些一心干事、实绩突出的老实人能够真正推得出来。

再次,要完善干部考核评价机制,客观公正地评价老实人。对干部的评价要始终把政治标准放在首位,以实绩论德才,凭德才用干部。进一步充实考德内容,明确考德标准,创新考德方法,提高考核结果的科学性和真实性。要全面地考核干部的德,既看政治思想觉悟,又看作风和品行;既从工作实绩看德,又防止用成绩代替对德的评价。对那些只搞政绩工程、形象工程的干部要善于甄别,保证那些扎扎实实为群众干实事、真心实意为群众谋利益的优秀干部能够进入组织选拔的视野。

另外,领导干部要加强自身的党性修养,主动关爱老实人。古人云:“以贤知贤,以能知能。”领导干部首先应当加强自我修养,锤炼政治品行,存公心、去私欲,只有自己先当老实人,才能做到在思想上重视老实人,在感情上亲近老实人,在工作上重用老实人,在生活上关心老实人。领导干部对品德优秀、实绩突出的老实人要善于表彰奖励、放手使用,对那些脱离群众、作风漂浮、贪图享乐甚至违法违纪的干部,不仅不提拔使用,而且要严肃批评教育,严格追究,严厉查处。只有分清优劣,严明奖惩,才能真正做到让老实人不吃亏,才能使干部群众心齐气顺,才能使我们的事业永远蓬蓬勃勃。

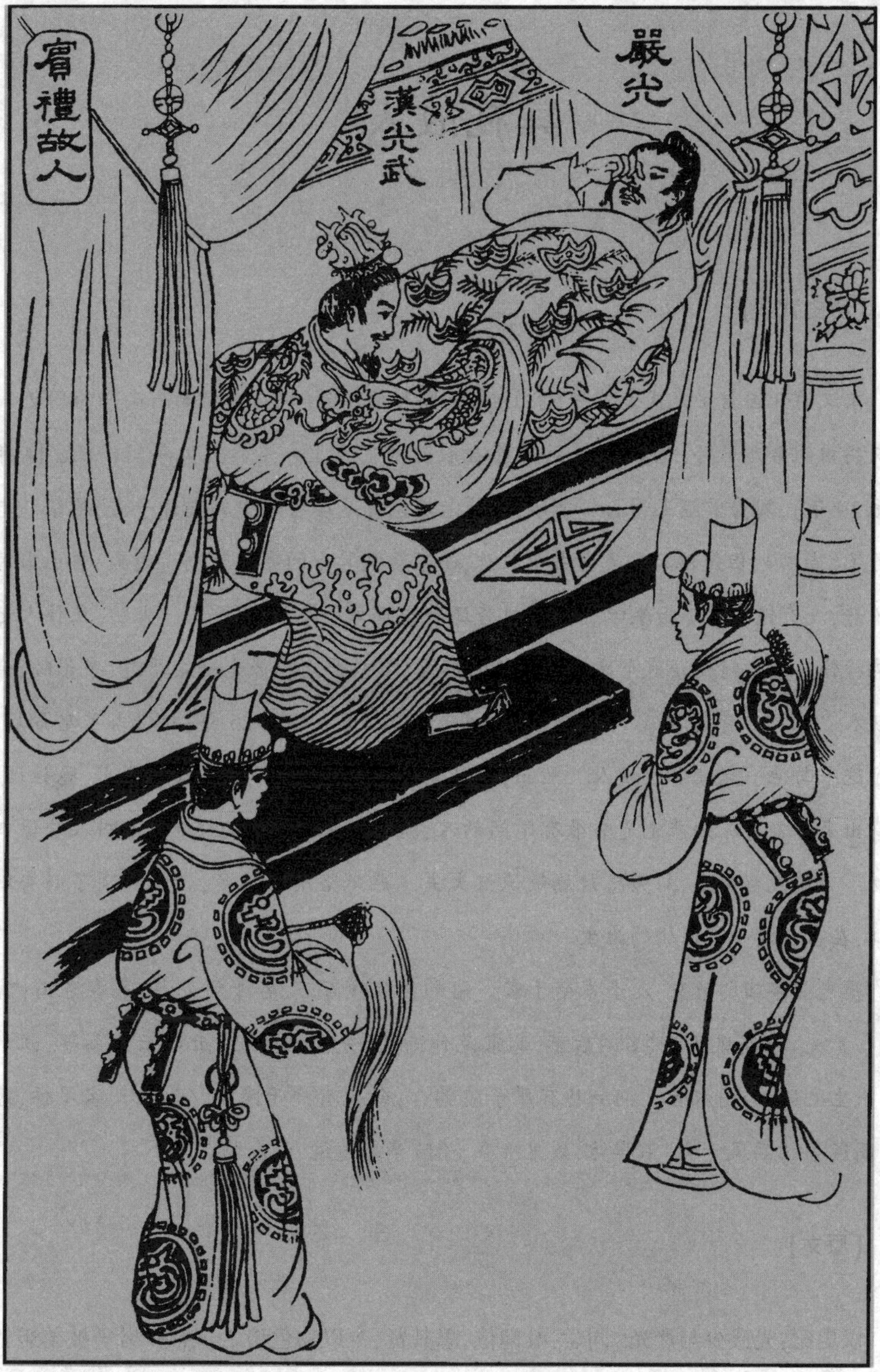

賓禮故人

嚴光

漢光武

宾礼故人①

【历史背景】

东汉的开国君主光武帝刘秀，字文叔，南阳郡蔡阳县(现在的河南省南阳市附近)人，是汉高祖的第九世孙，九岁丧父，被寄养在叔父刘良家里。王莽天凤年间(公元14年—公元19年)，刘秀曾经来到长安求学，他的老师也就是后来的中大夫许子威，他跟随老师学习了《尚书》，但是他只要弄通书中深意，而不会被其中的字句限制。因为、自己当时家境不好，没有钱交学费而辍学。据说刘秀还曾与同学一起出钱买了一头驴，让仆人赶驴拉脚挣钱。称帝前他还有个比自己年长的朋友，名叫严光。严光一名严遵，字子陵，会稽余姚人。此人少有高名，曾与刘秀一同游学，十分要好。公元25年，刘秀当了皇帝后，想起了这个与他一起读书的故人。然而，自从刘秀称帝之后，严光就做了隐士，隐姓埋名，不肯出来。刘秀深知严光是个很有学问的人，就想请他出来辅佐自己，便叫人绘像四处寻访。为了挽留严光，刘秀想封他做谏议大夫。严光坚决不接受，还是辞别了刘秀回到浙江，在富春江一带以耕钓为生。

严光最终回归故里，八十岁卒于家。诏郡县赐钱百万、谷千斛安葬，墓在陈山(客星山)。严光以"高风亮节"名闻后世，北宋范仲淹《严先生祠堂记》云："云山苍苍，江水泱泱，先生之风，山高水长。"桐庐县有严子陵钓台，余姚有严子陵祠、客星山、客星桥、客星庵、高风亭、"高风千古"石牌坊、故里碑亭、子陵亭等遗迹、纪念物。

【原文】

汉史纪：光武少与严光②同学，及即位，思其贤，令以物色访之。有一男子披羊裘钓齐泽中，帝疑其光，乃备安车玄纁③，遣使聘之，三反而后至。车驾即日幸其馆，光卧不起，帝抚光腹曰:“咄咄子陵,不可相助为理也?”光张目熟视曰:“昔唐尧著德,巢父[4]洗耳,士故有志,何至相迫乎!”帝叹息而去。复引光入,论旧故,相对累日。因共偃卧,光以足加帝腹,明日太史奏,客星犯帝座[5]甚急,帝笑曰:“朕与故人严子陵共卧尔。”

【张居正解】

东汉史上记,光武少时曾与处士[6]严光同学读书,到后来光武即帝位,严光逃匿不肯见,光武思念他贤,使人按他的模样去各处访求。闻说有一男子披着羊裘钓鱼于齐国之泽中,光武知是严光,乃备安车及玄纁币帛遣使者聘请之,三次往返,然后肯来。到京师,光武车驾即日亲到他下处看他,严光睡着不起,光武直到他床前,以手抚摩其腹,称他的字说:“咄咄子陵,不可扶助我为治耶?”严光张目看着光武说道:“古时唐尧为天子著德于天下,隐士巢父独临水洗耳,不闻世事,尧也相容,不逼他做官,士人各有志愿,我既不愿出仕[7],何苦相逼迫乎。”光武知其不可屈,叹息而去。又复引严光入禁中[8],与他论说往年故旧之情,相对累日,因与他共睡,严光不觉以足加在光武腹上,其忘分如此。明日灵台官[9]奏说,昨夜有一客星犯帝座星甚急,光武笑说:“这非干变异,乃朕与故人严子陵共睡耳。”光武既帝天下,则严光乃草野中之一民耳,光武只为他是贤士,又是故人,遂加三聘之礼,亲屈万乘之尊,任其张目疾言而不以为傲,容其加足于腹而不以为侮,殷勤款曲,不复知有崇卑之分,此其盛德含容为何如哉!所以先儒说光武之量,包乎天地之外,非过美矣。后来东汉二百年[10],人心风俗皆以节义相高。是光武之尊贤下士,有以感发而兴起之也。

【注释】

①此篇出自《后汉书·逸民列传·严光传》。记述东汉光武刘秀即帝位后访求故人严光,严光拒不受官的故事。

②严光:字子陵,东汉会稽余姚人(今浙江余姚)。少年时即有贤名,曾与刘秀同学,刘秀即帝位后隐名不见,后刘秀派人寻访而得,授谏议大夫,光坚辞不官,归耕于浙江富春山。

③玄纁:黑色币帛,古代帝王常用以作为聘请贤士的礼物。

④巢父:传说为唐尧时隐士,在树上筑巢而居。亦称许由,尧曾要把帝位让给他,他不愿意听,跑到颍水边去洗耳朵。

⑤客星犯帝座:客星、帝座星,均系天文学上的星名。中国古代以帝座星象征皇帝。客星犯帝座是指皇帝的位置受到了侵犯。

⑥处士:古代称不做官的读书人为处士。

⑦出仕:仕是官,出仕即去做官。

⑧禁中:古代称皇帝居住的地方为禁中。因禁止除宫廷侍卫和官阶很高的大臣以外的人员入内而称禁中。

⑨灵台官:观测天象之官。汉代灵台为观测天象之所。

⑩东汉二百年:东汉政权从光武刘秀建武元年(25)到汉献帝二十五年(220),共约二百年。

【译文】

汉代史书上记载:光武帝年少时曾与严光同学,做皇帝后思念严光之贤,便派人按照他的相貌到各处进行查访。有一个男子披着羊皮袄在齐国泽中钓鱼,光武认为就是严光,准备着安车和玄纁的礼物派人去请他,去了三次他才来。光武当天即乘车到馆舍看望,严光睡着不起来,光武用手摸着他的肚子,大声说子陵啊!你不能帮助我治理天下吗?严光睁大了眼睛看着光武很久,说:“古时唐尧很有德行,巢父因不愿意听尧要让位于他的话而去洗耳朵,士人本来各有志愿,何必这样强迫呢?”光武叹息而去。后又领严光到皇宫去,叙说往日故旧之情,一连数日。由于共同仰卧睡觉,严光把脚放在了光武的肚子上。第二天,太史官上奏说,有客星侵犯了帝座星的位置。光武帝笑着说:“是我与老朋友共同睡觉呢。”

【评议】

西汉末年王莽篡权被绿林农民起义推翻。后来由参加过绿林起义的皇族刘秀重新建立汉朝，这就是历史上的东汉。刘秀就是光武帝。东汉在经历了西汉末年的朝政混乱后，已经是元气大伤，为了巩固自己的统治，刘秀很注意招揽人才，任用贤能的人来为国家的复兴做出贡献，所以寻访贤才在那时候就成了当务之急。刘秀做了皇帝以后，就想起了自己的同学严光。严光是一个贤能的人，为此光武帝派人到全国各地去寻访他，让他出来做官以帮助自己治理国家。但是严光不愿意做官，他拒绝了光武帝的赐官。而光武帝也没有用皇帝的身份来压制他，而是尊重他的个人意愿。在这里我们看到光武帝不仅爱惜人才而且还很尊重人才。作为一代君王，能做到如此豁达、宽厚实在不容易。在我们现代的社会里，故事当中的道理依然有积极意义。

【拓展阅读】

汉光武帝

刘秀，东汉王朝开国皇帝，中国历史上著名的拨乱之主。新莽末年，海内分崩，天下大乱，身为一介布衣却有前朝血统的刘秀在家乡乘势起兵。经过长达十数年之久的统一战争，刘秀先后平灭了更始、赤眉和陇、蜀等诸多割据势力，使得中国大地再次归于一统。

没落皇族，乱世起兵

西汉初始元年，王莽废孺子婴为定安公，正式登基称帝，建国号——“新”，建元“始建国”，随后赤眉、绿林起义爆发。

地皇三年（公元22年），刘秀与其兄刘縯为恢复刘姓统治，起事于舂陵（今湖北枣阳南），组成“舂陵军”。次年二月，更始政权建立，刘绩任大司徒，刘秀任太常、偏将军。六月，王莽命王寻、王邑率大军围绿林军于昆阳（今河南叶县）。刘秀突围调集援军，与守城义军合击，重创莽军主力。不久，刘縯被汉更始帝杀死。刘秀闻讯赶赴宛城请罪，以此取得更始帝信任，被封为破虏将军、武信侯。九月，新莽政权灭亡。汉更始帝北都洛阳，刘秀又行大司马事，旋被派往河北镇抚州郡。次年五月诛灭称帝邯郸的王郎，封萧王。河北地区的豪强地主率宗族、宾客、子弟先后归附刘秀,成为他的有力支柱。

此后,刘秀拒绝听从更始政权的调动。同年秋,又破降和收编了河北地区的农民起义军,扩充了实力,因此,关西称刘秀为"铜马帝"。不久,刘秀与更始政权彻底决裂。建武元年(公元25年)六月,刘秀在群臣的拥戴下称帝于高(今河北柏乡北),重建汉政权,不久定都洛阳,史称东汉。

东汉王朝建立的第三年,刘秀打败了赤眉农民军,控制了整个黄河中下游地区。随即于建武五年先后削平了盘踞渔阳郡的彭宠、南郡的秦丰和齐地的张步;次年又翦除了盘踞江淮的李宪、董宪、庞萌,统一了关东,并以笼络手段使河西的窦融归附。建武九年和十二年又先后平定了天水的隗嚣、巴蜀的公孙述。经过十二年时间,刘秀终于完成了统一事业。

【镜鉴】

健康的"关系"也是生产力

现代企业的经营者必须树立一个观念,即人际关系就是财富;必须学会一门技巧,即恰当和谐地处理来自上下左右、四面八方的各种人际关系。通过自己的笑脸,通过自己的唇舌,通过打动人心的交际手段,聚拢人气,赢得合作。

(一)制造交往的机会

关于人际交往,此处要强调以下两点:

第一,不要以为漫无目的地出外寻找,就可以找到对自己有益的朋友。交际通常是发生在存有某种目的时。当你向自己的目标前进时,所走的路与旁人的交错,才会产生交际,也才会交到对你有帮助的朋友,成功的机会此时才会显现。

第二,需时时鞭策自己,设法找机会展示自己的能力,多让人了解自己,使别人相信自己值得信赖,进而建立相互尊敬、相互信赖的关系。这是交朋友的理想步骤。

另外，还有一点必须注意，在企业界，愈成功的人愈受重视。想加入“成功者俱乐部”很难，但一旦加入，以后便是坦荡的大道。因为若活跃于其间，能轻易获得同行的认同，同时，对方的知识与经验，也能使你的脚步更稳健、更扎实。

1.年轻就是本钱

这里建议所有有雄心、有抱负的年轻人：多与前辈、有成就者接触是非常重要的。这些人丰富的生活体验是年轻人创业的最好的范本；而且，看到对未来充满雄心、憧憬的年轻人就好像看到当年的自己，他们通常会特别有好感。所以，相信他们很乐意提供自己的见解与经验并且可能会设法积极地擢升、培育你。

2.扩大交际范围的方法

将自己关在象牙塔里，绝无法扩大交际范围。这个道理非常简单。所以应该积极展开对外交谊活动，其方向大致可区分为二：一种与业务有关，一种则与社会生活有关。

(1)通过业务活动。

在公司外面进行类似推销员一类的工作，是扩大交际范围最好的方法。因为由于工作性质之故，推销员必须与广大群众接触，因此训练人际关系和交际手腕的机会特别多。另一方面，客户也十分乐意多了解他们，这无疑是表现自我的大好机会。因此，一名推销员只要具备能力、个性等基本条件，就能拥有成千上万的交友机会。另外，凡可扩大交际范围的业务活动，如参与业务报告、同业会议、专业研讨会或发表研究文章等都可制造交友机会。就拿发表文章来说，便可同时与采访人员、出版业者和读者三种人接触。

(2)通过社会活动。

如果你具有想交新朋友的热诚，下班之后机会多的是。

譬如：你可以参加某些俱乐部，可以举办同学会；此外，业余的乐团、剧团、合唱团或社工团体都是扩大交友的好地点。做法很简单，但效果极其理想。如果再有机会认识一些社会名人更佳。

3.检测自己的交往范围

首先，拿一支笔，把所有自己认识的朋友，不论旧友新知皆列在纸上，然后，按照下列方式评分。

(1)社交性的交往(同学、志趣相同的朋友、周围较有名望的人士等)——每个人0.

5分。

(2)工作上暂时性的交往(公司客户,因业务关系认识,无甚交情的朋友)——每个人1分。

(3)工作上来往频繁的交往(公司外的有地位者,经常有业务往来的客户,因目标相同而经常接触的朋友)——每个人5分。

本项测验的评定标准是分数愈高愈好。此外,各项分数也应注意加以比较,你应该努力充实其中最弱的一项,用心使三者间维持平衡。

(二)扩大社交圈,提高知名度

迪克一直在一家大公司做初级会计的工作。在公司各部门几经调整之后,他感到各方面的业务都应付自如了,他希望从中西部调到佛罗里达州去。由于他同该州的各家公司都没有任何联系,所以只能给他所知道的各家公司写信和与职业介绍所联系,但都没有得到满意的答复。于是迪克决定通过关系网来办这件事,他动脑筋搜寻了一下他所能利用的各种关系,最后列出了许多人的分类表。从这些分类表中,他选出可能帮上忙的一些关系。然后,他记下了这些人,他们直接或间接地同他想去的佛罗里达州有联系,且同会计公司有关。最后他再进一步考虑,他们中间哪些人同会计公司联系更为密切,他选中了两个人。一个是他的老板,史密斯先生;一位是南希,他妹妹的好朋友。他的下一步行动,也是最重要的一步就是找到这位能够帮助他的对象,以换取他的帮助。一旦这个被他帮助的对象得到帮助,就会以报答的方式使他的愿望实现。他知道,南希对参加一个女大学生联谊会很感兴趣。办法终于有了,富兰特里蒂的一个兄弟的妹妹埃莉是这个联谊会的会员。迪克认识富兰特里蒂的一个兄弟埃伦,他的表妹正好是这个联谊会的成员,迪克结识了埃伦,通过埃伦介绍南希见到了他的表妹和联谊会的委员。南希为此举行了一个晚会,并在晚会上把迪克介绍给她做律师的父亲。尽管这位律师同在佛罗里达州的任何一家商务公司都没有直接的关系,但他在那儿的律师圈子里很有声望,通过他朋友的帮助,找到了一家职业介绍所的总经理,并通过多方努力使迪克终于得到了满意的职位。

你的进步,无论是职位的升迁或是工作的变动,得益于你各方面的社会关系。调查表明,通过朋友和亲戚的帮助得到好职位的人,较之于通过其他社会关系,成功的几率要高得多。为了发展,你需要社会的帮助。你的聪明、才智、受教育的状况,工作上的勤勉、鲜明的个性特征还不足以使你为社会所承认,你还必须让更多的人了解你。

要使别人了解你,并不是一件十分困难的事情,你所需要知道的是一些方法,这些方法会有助于你爬上成功的阶梯,你必须懂得怎样寻找让别人了解你的机会,同时设法使别人了解自己。

首先让朋友、亲属、俱乐部的伙伴知道,你正在设法找新的工作,你需要一个人际关系的联系网,无论你的名声如何,权势多么显赫,你的老关系总会通过这样或那样的途径对你有所帮助。这种途径最重要的经纬线是由权力和信息的聚合物产生的。不过在这种关系网中,还应考虑到一些相互作用的方法。这种关系网的作用涉及你自身素养之外的领域。这种关系网,不是各种乱七八糟的社会关系的大杂烩,而是同你的目标相联系的,一种由各种社会关系组成的媒介,这种媒介的作用有时是非常大的。

为了充分发挥关系网的作用,你应很好地记住以下这些重要的原则。

1.列出一张人名表,表上列出同你所希望接触的社交领域有联系的人。挑出最有可能助你一臂之力的人。

2.为了建立关系网,你应善于把自己同别人联系起来,你可以通过公司的同行,建立同别人的联系。

3.让更多的人了解你。不论你想向哪一个方面发展,你必须让自己和自己的成就为别人所了解。最重要的是使决定你命运的人了解你。当然,让他们知道你的存在是你自己的事。但你必须让别人发现,因为不论你工作如何勤勉,长得如何漂亮,抱负如何之大,如果你从上午9点到下午5点,一直呆在办公室里埋头傻干,那么,你就根本无法实现你的目标。记住人缘好也会帮助你实现自己的目标,如果你一天到晚粘在办公桌边,只会使你的发展最终停止。

4.显得更忙碌些。在工作一两个星期后,抽出时间把你在公司每天的日常工作分析、研究一下,你会吃惊地发现,你活动的范围很小,每天都是一样周而复始地循环。现在你要首先考虑的问题就是使这些白白浪费的时间为你所用,今后不论你走到哪里都带上点东西，文件、表格、信件等等。你应把这些事先准备好的东西，放在你办公桌的抽屉里，没人会注意到自己每天重复做的事。久而久之就养成了习惯，这样带着东西到处走是有目的的，是为了使每个人都看到你非常忙碌。

你应比你的同事早上班，晚下班，许多高级管理人员都是在这一时间上下班，他们会看到你，并注意到你手里拿的东西，这些都足以表现出你的抱负和进取心，例如研究生的教科书(如果你在研究生院读书)是最好的，或是同你专业有关的杂志。

5.找机会与高层领导接触。尽量避免公司内部的邮件来往，把需要报送的材料亲自送去，这样做有两个目的：首先这会提高你在别的部门的知名度，最终将把自己同那工作的人联系起来，建立起自己的信息渠道。其次，你将接触到一些高层领导人。尽力设法不让你的文件被秘书在接待室里留下来，找理由亲自将东西交到副总经理手里。不要只是把文件交给他，而要表现出自己对情况很了解："史密斯先生，这是你要的有关包装工厂的材料。"而且要表现出你办事很有效率："我已根据货物的种类分类，标出标签名，我希望会给您查阅带来方便，如果你有什么问题请告诉我。"

你经常同经理保持接触是必要的，这样做一方面可为经理当助手；另一方面可表现你的知识和才华。

6.把自己同组织、团体联系起来。记住，你现在的工作不是你非得要干一生的岗位，除此之外可能还有更理想的岗位。因此，你应把自己同组织、团体联系起来。在你力所能及的范围内试着参加产品的设计和制作，结交更多的同行，大多数协会办有月刊和协会动态，不论何时，只要你取得了一点成就，就应争取在这些刊物上发表出来。你的文章并不必一定要同本专业和工作有关。相反，你可提到，你协助当地法警办了件什么事，或是你被邀请参加某个讨论会或座谈会。其目的在于提高你的知名度。

的确，上面这些活动都要花费大量的时间和精力，而且直到在自己专业方面达到一定的水平，并取得了一定的成就，才能看到这些活动的成效。你应靠写文章、交谈、演讲来表现你的成就。这些活动可加强你自身的素质，扩大你的社交活动，提高你的知名度，给别人一种追求向上的印象。

(三)参与"圈地运动"

人们总是把从事相同职业或是有相同兴趣、爱好的人划分在某一范围内，并给予特定的称谓。比如，"影视圈"，就指和影视相关的所有人，如影视演员、电影导演、制片人、摄影师……一旦"混"入影视圈，并被大家广泛认可，就可以成为"影视名人"了；而"娱乐圈"则比"影视圈"的范围更广泛，除了包括影视界人士，还包括节目主持人、歌手、歌曲创作者、音像公司大老板……在"娱乐圈"之中，又可以划分出许多小"圈子"，比如"娱记圈子"。同在一个圈子，大家在圈内竞争得再激烈，一旦有"外敌入侵"，也会携起手来，一致对外。像上回某著名影星一时激愤，对一娱记出言不逊，许多娱记人士联名"征讨"，要求此人公开赔礼道歉；否则，全体娱记都大有与其"势不两立"的态势。

"圈子"的兴起，令许多人头疼不已。比如那些经常被娱记"追"得鸡飞狗跳的明星们，"圈子"的存在，就令他们苦恼不已，不敢擅自得罪或回击任何一个"娱记"人士，因为，很可能为逞一句口头之"强"，就会导致全体"娱记圈"的人都与自己为敌，那可是为数不少的敌人呀，会防不胜防的。

但是，"圈子"带给人们的更多的是好处，特别是对"圈内人"来说。比如上例中被某明星深恶痛绝的"娱记"，若非有整个"圈子"作坚强后盾，就不敢那么言辞犀利了。当"圈内人"遇到"圈外人"的攻击或回击时，他能得到其他"圈内人"的支持；当"圈内人"遇到专业难题时，他也可以得到"圈内"其他人的帮助。一个特定的"圈子"，会提供许多特定的资源让"圈内人"共享。举例来说，在学校中，可分为"学生圈"和"教职工圈"，同为学生，就可以分享到许多资源。比如，你可以同师兄师姐打探某老师的为人和教学特点，也可以打探某门课的难易点，从而达到成竹在胸、事半功倍的效果。同样，老师们也可以在圈内就学生的情况进行切磋。其实，"圈子"是早就有的，它是由于许多人的共同特征而天然形成的，只是"圈子"这一称谓的兴起，让这一社会现象更加正式化，更加具有社会效力而已。

从小到大，我们有许多"小伙伴""哥们儿""朋友"以及"同学""同事""同乡"等，这些人就是我们人生历程中的一些"圈内人"。他们与我们携手走了许多路，给了我们许多帮助、支持以及关爱,令我们人生中的泥泞小道变成“光明坦途”。

17 世纪,英国资本家曾发动“圈地运动”,以进行资本的原始积累,抢占领土。现在,我们也应该有“圈地”的意识,组建及进入各种社交圈子和社会团体,进行社交资源的原始积累,扩充我们的交际范围,为以后的社会生活和人生旅途提供诸多便利。

“圈地”,要依赖于自己已有的交际资源,也要有所选择,主动建“圈”或进“圈”。有一个青年是一个计算机程序员,但他却有一个与自己专业毫不相干的梦想,那就是开一家独具特色的酒吧。于是,一方面,他继续勤奋工作,以进行资金积累;另一方面,他频频出没于许多有特色的酒吧,观察里边的陈设,结交里边的顾客及老板、工作人员。一年后,他攒了一小笔资金,还结识了许多酒吧圈内人。他认识了许多把酒吧当成生活方式的人,从而了解了经常光顾酒吧的顾客的需求和心理;他还认识了许多酒吧老板和工作人员,其中有几个人成了他的莫逆之交。当他真正开始实现自己的梦想时,一个酒吧老板成了他酒吧开张的顾问和指导,而另一个与他志趣相投的调酒师,干脆辞了原来的工作,投奔到他的门下,成了他创业的好伙伴。

时下,办事中的“圈子交际”非常重要。做律师,若你没有相当的“律政圈”,你就只能永远默默无闻,办“三流”案子;做生意,若你没有打入某一“行业圈”或“地区圈”,你就会处处受阻,找不到合作伙伴,承接不到工程项目,有货无处卖,有钱无货买;做警察,若你不熟知这一片偷鸡摸狗的“黑圈子”,你就不能得到最可靠的“秘密情报”。

圈子是无所不包、无所不在的,我们可以对其进行一定的划分,以分清各个圈子在我们生活中的地位和位置,从而按其轻重缓急,有步骤地开展社交活动,利用“圈地运动”丰富自己的社交资源。

1.“导师”圈

古语说:“听君一席话,胜读十年书。”导师型的“圈子”就是这些“一席话”胜过我们“读十年书”的人。有时候,在学业或事业上,我们竭尽全力,仍一筹莫展,而这些人的指点就会令我们“山重水复疑无路,柳暗花明又一村”。若能在从事一项工作时先听取这些人的意见,就能避开一些鱼目混珠的障碍,早日寻找到“终南捷径”,事半功倍,马到成功。

这些“导师”不一定非得是自己的师长,只要在某一领域有着丰富经验,都有可能成为你的“导师”圈中的有力资源。

2.同窗及同事圈

顾名思义,这些人就是你求学期间的同学,以及同单位、同科室或同业务部门的同事。这些人与你有着固定的联系渠道,即学习关系或工作关系,因此,这些人与你更容易成为朋友。而且,由于关系特别,你们的友谊也会比其他类型的朋友更稳固长久,推心置腹。

同窗及同事圈,是一个人社交资源中最巨大的一个圈子,也是最稳定的一个圈子。这个圈子给我们的帮助也最为真诚,最为全面。

3.职业圈

我们交往的朋友,按所从事的职业分,有“商人圈”“艺术圈”“广告圈”“建筑圈”、“律师圈”等。因为在我们的生活和事业中,我们会接触到社会生活的方方面面,虽然与他们的交往不会每日都发生,甚至只是在极少数的特殊情况下才有,他们依然是极为重要的“圈子资源”。

比如律师,我们很少需要,除非遇到麻烦;但是,一旦我们需要,他就会具有举足轻重的作用。与其临时抓瞎,不如有备无患,就像我们买各种保险一样,先做准备,以防万一。

4.娱乐圈

古人说:“一张一弛,文武之道也。”游戏和娱乐是人生的必要构成部分,因而具有共同娱乐爱好和结伴进行同一游戏的朋友圈子,也就成了我们社交圈中的重要组成部分。

你在工作之余,肯定有许多爱好。你经常去某一健美俱乐部运动,就可以构建一个“俱乐部圈子”。你爱下棋,虽然屡屡被称为“臭棋篓”,然而一个“棋友圈”能令你多加磨炼,早日晋级。你爱和朋友们去唱卡拉 OK,那你就可以有一个“超级模仿秀圈”,闲来好举行一场“赛歌大会”。

许多知己和密友都是由娱乐开始结交的,许多人和组织也都是通过娱乐来改善和维持相互间的友谊,甚至达到一定目标的。因此,可别小瞧“娱乐圈”,真心促成这些圈内的友谊,有时会令你有意外惊喜。比如,你正因官司缠身而心不在焉,屡屡输棋时,说不定你的律师棋友正好可以帮你呢。

(四)社交生活调适自我

一个领导者如能在保持友好关系和结为终身朋友之间善加选择,那他将受惠无穷。在任何情况下,他都应该力争与人友好相处,但他更应该谨慎地选择永久的朋友。

有些人不知不觉地与别人发展了友谊。他们买下一套住宅,就开始与隔壁的邻居轮流做客和喝咖啡。不久,彼此的家庭也就变得亲密异常了。彼此的野餐郊游和聚会,成为他们固定的假日生活。他们结伴进行社交活动。他们甚至为了相处得更好而改变自己的习性和爱好。

这样的朋友,可以在任何人多的场合偶然结识。他们中有同事,有高尔夫球伙伴,有同一企业俱乐部的午餐聚会同伴等。这类友谊大多具有一个共同的特点:从来不会超出友好相识的范围。

终身的友谊是极为珍贵的,不应该轻易地给予。我们中间的每一个人,只有有限的几次机会建立这样的友谊。我们在选择这种类型的朋友时,应该像选择终身配偶一样谨慎。

一个人的人品,可以通过他所结识的朋友来评价。更重要的是,一个好的朋友,与一个一般的朋友比较,可以决定我们过的是一种有意义的生活,还是无意义的生活。一个好的朋友会使我们的生活更崇高,会把我们最优秀的东西给表现出来,会鼓舞我们攀登更大的智力和精神的高峰。另一种朋友,即在交往时会浪费我们时间的朋友,会使我们把精力用到不该用的地方去,使我们在取得小于我们应该取得的成就时便自鸣得意,而我们本来是可以获得更大成功的。

有原则的领导人在选择朋友时相当细心,他们往往会有以下多方面的考虑:

1.你是否与他有某种共同的利害关系。有原则的领导人不与这样的人成为朋友:他的利益与你尖锐地对立。带着矛盾的利害色彩的朋友要做到意见一致和互相安慰是很难的。有些人也许在其他方面都证明是合格的人,但对友谊来说,最重要的莫过于兴趣和目的的一致。

2.你是否尊重彼此的能力。伟大的友谊是建立在相互尊重的基础上的。你不应该与一位具有使你感到不舒服的缺点的人成为朋友。

3.应着眼于能否继续发展。有些人之所以能吸引我们,是因为他们表面的才能。他们可能很会讲故事,对穿着很有鉴别力,会演奏某种乐器,或能熟记人名。就这些人本身而言,仅仅这些特长并不值得我们与之建立终身友谊。相反,我们应该寻求这样一类品质:对知识的如饥似渴和进取的永无止境。随着时间的推移,具有这些品质的人,由于他们的智慧和年龄的增长,往往越老越富有魅力。

4.讨厌的妒忌是否会在他的头脑里滋生。在寻求具有某种精神和品质的人物中,你总是要冒这样一种风险:与一个对你的成功并不感到高兴的人建立友谊。如果真是这样,抛弃他!用俗话说:“有这样一个朋友,这和敌人有什么两样?”

5.他是否是一位值得信任的知己。一个朋友,必须是一位能够信任的人,否则,就不应该授予他以“朋友”这一名称的荣誉。缺乏信任的“友谊”,只不过是笑话而已。所以,你选择朋友就要像选择一位向之忏悔的教父一样,认真从事。

有原则的领导人在交际中的高明之处在于:他们每交一个新朋友,都会有新的发现。他们对人兴趣十足。他们问问题,实际参与。倾听时总是全神贯注,以对方为师,不以过去的成就论英雄。他们不畏惧达官显要,拒绝被纳入派系。他们遇事镇定,有能力见招拆招。

(五)及时交往强于临时抱佛脚

在与人相处中,平等待人是建立良好人际关系的前提。没有平等待人的观念,就不能与周围的人密切相处。心理学家研究表明:人都有友爱和被人尊敬的需要。特别是青年人,交友和受尊敬的愿望都非常强烈。他们渴望独立于父母,成为家庭和社会中真正的一员;他们希望社会、家庭和他人把自己看作是成人而不是小孩。人的这种需要就是平等的需要。

交往必须平等,平等才能深交。平等相处的方法很多,这里只谈几种主要的方法:

1.交换法

即交往双方通过相互的交换共同获得利益或好处的一种方法。交换包括物质交换、非物质交换以及物质与非物质交换等三种类型。物质交换在市场上是最为明显的。例如,南方人喜欢吃大米,北方人喜欢吃面粉,于是两者相互交换,各自得利。非物质交换可以是情感传递、思想交流、信息沟通等。甲对乙笑,乙还以笑,就是一种情感的传递,使双方得到一种精神满足。物质与非物质之间的交换在个人之间虽不像前两者形式那样普遍,但是也时常发生。例如,甲送给乙一份生日礼物,乙致以谢意等。这种交换形式在非正式群体中,特别是在家庭中发生比较多,交换双方互利的实际内容是不同的,一方是精神上的满足,一方是物质上的满足。

2.对等法

在信件交流中,仔细观察一下,可以看出,双方的往来是基本对等的。在节日交往中,如果做一下礼物价值的统计,相互间的送礼也基本上是对等的。在单位之间的人际交往也是科长接待科长,处长接待处长,甚至代表国家的使者之间的交往也是如此。这些方法就是对等法,对等法就是一一对应的方法。其中有情感对等法、价值对等法、地位对等法等,在相处交往中,有许多对等法可以加以运用,如反击对等法。据说德国大诗人海涅是犹太人,常常遭到无理的攻击。有一次晚会上,一个旅行家对他说:"我发现了一个小岛。这个岛上竟然没有犹太人和驴子!"海涅不动声色地反击说:"看来,只有你我去那个岛上才能弥补这个缺陷。"

3.交友法

这是平等相处中一种常用的方法。一位政府官员说:"在农民受委屈的时候,我应当挺身而出,要不然就不够朋友了。"一位教师说:"我把学生看成孩子,又不当孩子。我像对待大人那样平等地对待他们,这样,我和学生的心相通了。"在现实交往中,类似例子举不胜举。

在相处原则中,交友法是指像对待朋友那样平等地对待交往对象,要关心他人、帮助他人、体谅他人、理解他人、尊敬他人、真诚地对待他人,并能与他人讲心里话。

在人们的行动中,大多数的交往是互利的。互利包括三个方面:一是物质互利、比如物品交换,张三给李四一篓鱼,李四给张三一只羊。二是精神互利,比如互相尊重,相互安慰等。三是物质——精神互利,即在交往中,一方从物质上得利,一方从精神上得利。比如,甲送给乙一本书,乙向甲道谢,甲得到了谢意,乙得到了实物。社会心理学研究表明,希望为人所关心、所注意,乃是一个人不可缺少的需要。它告诉人们,既然人人都有被关心、被注意的需要,那么一个人在同他人交往的时候,要想得到他人的关心、注意和爱护,就必须考虑到他人也有这种需要,因此要互相关心,互相爱护。

4.求同法

这是一种通过各类活动,特别是兴趣活动,寻求相互认识、相互理解的方法。一个人要与周围的人建立密切和谐的人际关系,途径之一就是共同参加业余文化娱乐及体育活动。在这些活动中你要积极主动地参加进去,或在球场上奔跑,或在湖畔垂钓,或随音乐起舞,大家平等而交,两无猜忌,在轻松活泼的气氛中,融洽的同事关系就油然而生了。求同法对于社会地位有差距的人之间的平等交往是特别有效的,可以增加他们之间的了解,树立相互尊重的观念。对于一般相处交往,求同法也是适用的。

5.谈心法

如果说没有上下级关系的人际关系容易平等相处的话,那么,有上下级关系的人际关系就不易平等相处了。有的人未提到领导岗位上时,很易平等相处,但一被提拔到领导岗位后,说话腔调大变,一改往日流畅平和的口气,变得一句三顿,拿腔拿调,大家听了十分反感。上下级之间谈话的方式、说话的腔调与平等相处是密切相关的。高明的领导说话无官腔,待人很和气,周恩来同志就是如此。他对人的谈话一般是谈心式的,而不是训话式的,以谈心的方式给人以教育,同时又给人以兄长和朋友般的循循善诱,使人感到心悦诚服。谈心重在“心”字,就是实实在在说心里话,是用一种兄弟、朋友般的商量口气交换意见,传递信息和讨论问题。这种商量的口气,蕴含着亲密的情感以及对对方的尊重和平等。谈心法不仅是处理上下级关系的方法,也是处理一般人际关系的方法。

6.合作法

它是交往双方为了满足自己的利益,在一定的物质或精神基础上进行的相互协作。合作是分工的产物,由于每个人的能力有限,又由于生产规模扩大,分工成为必然,相应的合作随之产生。但是与谁合作,怎样合作,则与各人的利益需要密切相关。从横向静态的角度看,人与人之间的互利合作,有以物质为主要基础的合作,如两人合股经营;有以精神文化为主要基础的合作,比如两人合写一本书等等。

合作法是互利相处的一种重要形式,它能使合作的双方都得到利益。但是,合作也能产生内耗。协同论认为,内耗是事物处在某种无序或不协调状态下,其系统内部各组成部分之间的相互抑制和相互冲突,从而使各种有用力量相互抵消的一种现象。减少内耗,根本途径是增强协调作用,协调好各方面的关系。在人际关系处理中,就是要做到人际间相互理解、协调、同步、互补,形成相互之间的稳定性、协调性和有序性。

7.竞争法

通过竞争,给竞争者带来一定的压力或危机感,从而促使竞争者不断地努力进取,以取得交际、相处、情谊各方面的进步。有的竞争是公开的、面对面的,例如球赛等;有的竞争是隐蔽的,非面对面的。人际相处中的关系,大多是此类竞争。竞争的直接目的是要战胜对方,超过对方,赢得友谊。表面看来,竞争的结果是一方欢笑一方愁,不是互利,而是有利于某一方。其实不是这样。在大多数情况下,竞争是有利于竞争双方及所有参加者的,只是在结果上一方获利更大些而已。例如,几个学生为了争取考分第一,他们都必须加倍地学习,虽然最后只有一个人得到第一名,但平时的努力一定能给其他竞争者带来长进。

(六)如何与生意人打交道

领导如何与生意人打交道呢?应该巧妙地周旋在各种关系网中!

做生意离不开人际关系,赚钱需要人与人相处,处理好人际关系是进行商务活动的关键环节。领导在与生意人交际时,必须战胜自己的虚荣心,战胜自己的面子观念,做到"我没面子,别人有面子"。套用社交场合的一句话就是:"友善处世,真诚待人。"

1.人情世故门槛高

在生意场上,人际关系的特殊意义在生意人中表现得相当突出。谁都知道,多个朋友多条路,中国人看面子重人情,所以在处理问题时往往还是情感因素居多。

感情是否沟通,面子是否给足,氛围和感觉是否良好,往往是一笔生意成功与否、一桩合作成功与否、一个公司内部和谐与否的主要条件。洋人到中国来做生意很难适应,"蓝眼睛"与"黑眼睛"坐在一起洽谈生意,永远是"蓝眼睛"急冲冲直杠杠地冲上前台,却找不到用力使劲地支点,其原因就是"洋大人"们始终摸不清楚中国人的人情世故的门槛有多高，洋生意人只能仰天长叹，认为东方人神秘无比，高深莫测，不得已“蓝眼睛”们只得委托“黑眼睛”做生意代理，这着棋果真灵验，结果是一通百通、皆大欢喜。

人情世故的核心就是面子，面子是人与人交往过程中予以对方的尊重，而尊重的核心是生意往来。朋友交往中，你得将对方的位置摆得比自己高一点，如此一来便使人情得以积累，朋友得以增加，公司的生存环境和发展就会越来越进入良性大循环的轨道。中国文明的历史悠久深远，承继深厚，每个人身上的文化密码很多，具有五千年历史的传统伦理观的东西一时一刻难以清除，因此生意场上，人际关系氛围中的民族特色反映得十分浓郁。

即使处理生意场上不甚严重的纠葛与矛盾，领导们也有很独特的方法，留有余地，留有余情以备日后好见面，这是聪明人的做法。逞一时之快，显一时之勇，把事情搞砸，不留余地的人被人们视为愣头青。

不稳重之流是成不了气候的。生意人之间分歧如果不是原则上的，或利害冲突不大，都要给对方留一点面子，退一步海阔天空，既受圈内人的称赞，又被当事人感激；相反，你不给人面子穷赶猛追，犹如给人当众一耳光，这种事比你骗了别人 100 万巨款还令对方恼火记仇，学点“太极功夫”，当别人打过来时你让一下，随后再顺势不轻不重送回去，留有余地，会使你受益。

2.人情商人面子大

所谓“人情商人”是纯粹以人际关系为支点进行商务活动的人，这类人往往有广泛的社会背景，健康的心态，稳定的情绪，坚强的意志，柔韧的性格，乐观豁达，善解人意，从而具有亲和力。生意场上打交道的都是各色人物，打交道的目的、期望值等等也各不相同。中国人含蓄，不习惯一见面就将所有的问题和要求直接端到桌面上来，所以要想建构良好的人际关系，还得讲究听弦外之音。

怀着某些目的与陌生人打交道需要掌握谈话的火候，最初要隐喻一点，最后才说破，说破的时候就面临选择，要么尴尬，要么皆大欢喜，一拍即合。为了避免风险，能否从对方的言行举止中体察到内在的真实想法就成了一种了不起的本事。业务谈判中，当对方并没有直接表达出来而你已经将其想法完全掌握，并提前办妥摆平，这就是给足了对方面子，而你的生意一定能顺利通达。

3.人情渗透生意场

生意场上的人际关系够人学一辈子,生意场是各种商业关系的总和,生意的运作离不开关系的运作。所以甚至有人说,做生意30%讲技巧,70%讲人和。

进入现代商场,也就等于进入了一个公共关系时代,你必须在很多方面能协调各方面的各种关系,因为很多人和你的生意要发生关系,于是“关系不是万能的,没有关系是万万不能的”。为了你的利益,你得认识他们、了解他们、尊重他们,做到人际关系的水乳交融。

一位久经商海风浪的人士不无夸张地总结道:在当今生意场上,生意的运作其实就是关系的运作,人际关系也是一种生产力。

4.生意搁浅人情滩

如今生意人对于人际关系可说是又爱又恨,又想又怕,但生意又非得有那张让人很累的关系网,难得有那份清闲的洒脱。一位生意场上的朋友说,做生意本身就累,如果不搞好人际关系,或者想搞好而又搞不好人际关系,生意就难做或搁浅。

一个人想创业成功,或者生意做大,人际关系不仅有好坏高低之分,更有范围大小、质量优劣、时间长短的区别。俗话说,人际关系是张网,这张网可能把你罩住、捆住、牵扯住,让你挣不开,跑不脱,左右分神,心力交瘁,但也有可能使你耳听八方眼观六路,四通八达,左右逢源,比别人活得更自由更潇洒,生意做得比别人更得心应手。

假如你的人际关系范围广,质量高,而且线路畅通,你不仅可以得到很多信息,拥有许多选择,而且还可能传递出去很多于你有利的言论,使你的公众形象更加灿烂夺目;否则,假如这张网上传给你都是假信息或者根本不给你信息,对外则专门传播你的坏消息,使你有口难辩,有理难说,你就难免被这张人情网缠死、勒死、窒息死。做跨国地区贸易的,面对报关、运输、资金等难题,朋友多不多、认识不认识相关人士,其境况显然大不一样。

市场经济既公平也无情,因为它打掉了横在人与人之间的尊卑贵贱等级观念,也打掉了贵族式的清高。生意场上,谁也不敢自诩万事不求人,在现代城市的钢筋水泥的森林中,在生意场上的坑蒙拐骗的风气里,生意人有很多理由为自己穿上厚厚的坚硬盔甲,但你必须拥有一颗柔软的,与人为善与人相处的心。商场就是各种商业关系的总和,大多数的情况下,仁义不在买卖就做不成,人情不够许多事就难免搁浅在人情滩上。

5.情商的处世哲学

善于与人相处,有几条比较切实可行的原则。

(1)当你手中拥有几张初交者的名片,你必须迅速出击,把它充实为十倍、百倍。它将是你人际交往的生命线,是随时可以启动和挖掘的“存货”。这一点的难点是要突破清高顾面子,不以任何方式主动与人交流的心理障碍,要点是不可太急于将陌生人变成为客户,而需要慢慢“和面”。生意之道是慢工出细活,不能操之过急,交朋友也是如此,要有耐心,通过事实、时间来争取别人的理解和信任。

(2)要做到细节真诚,而细节的真诚又来源于内心的真诚。“以财交者,财尽而交绝;以色交者,色落而爱移;以诚交者诚至而谊固”。某种意义上说,客户至上并不是说给客户听,而是说给自己的内心听,在内心将其消化,然后落实到点点滴滴的行动中,“润物细无声”。这一点的关键是对对方的理解,无论怎样的朋友或伙伴,他们所以与你相交、合作,都是或多或少有利益要争取的,切不可因此而看不惯。理解后才能真诚相待,才能平平淡淡地把人情做到点子,让人真正感到你的友善。那种热情夸张、殷勤过火的行为,反倒显得过分勉强,不够真诚。

(3)要树立你的个人口碑,进而树立你的公司形象。通过品德的修炼,对惯例及规范的秉持,慢慢积累你的影响力。直到大家众望所归,说这个人很不错,众人口碑很好,处理问题极其到位,那么,这个时候你的社会资源就会非常之多,就会有为数不少的人有意无意地捧你支持你,你的才能就能得到最大的施展。

领导者要树立对人际关系的长期投资的观念。有些短期内看似不重要的人和事,长期看就可能很重要。所以精明的企业领导如果能把钱适时地投在人才上面,投在一些比较有能力的朋友身上,“弹指一挥间”,回报必定远远超过你的投入。

市场经济时代,随着和气生财、与人为善、共荣共利等概念的流行,经济圈中衍生出新型的人际关系,社会生活也发生悄然变化。从生意场走出来的人往往变得谦恭、变得和气,而他们的谦恭和和气又影响着周围更多的人,而这,无疑是人类的一种进步。

（七）提前放贷人情债

领导在与人交往时，要多为别人想一些，多为将来想一些，尽量克服一时情绪。也许你帮了别人一个很小的忙，你对别人多出了一份体贴，尽管体贴和关怀总是“润物细无声”，但别人会因此而记住你，对你产生好感和感激，在你困难的时候，他们就会“涌泉相报”。以下几方面，你在平常生活中就应提醒自己做到。

1.真心培养对人的兴趣

你不可能只为了搞好人际关系，就和别人称兄道弟，但你可能永远不知道这份友谊也许会为你开启一扇新门。

2.在别人需要帮助的时候，帮助他们

施恩不图报，不要因为要人感恩才去帮忙，要想到他们正在谷底需要援手。这个道理，也许再也没有比由詹姆斯·斯图尔德与唐纳·里德导演的经典名片《生活真美妙》中的例子更令人回味、更感动人了。斯图尔德饰演的角色，因事业失败，想要自杀，因为人死后所获得的保险费还可以解救家人。最后他被过去在镇上他帮过的上百个人挽救了。因为他太太打了一个电话说“乔治需要帮忙”，他们就来了，带着小额捐款，群集到他家。

3.随时表现出你是个大方、积极乐观的人

当你站在紧闭的门前，你或许会发现，在你顺利时遇到的人，可能和失意时遇到的是同样一批人。那些在你顺利时受你帮助的人，也会在你需要他们的时候挺身出来帮你。

相反，如果你以消极、使人愤怒或被动的态度拒人于千里之外，你就不能奢望在需要帮助的时候，他们会伸出援手，或为你引荐那些能帮你改善事业状况的人。你的做法和态度，正如你的能力一样，对你的表现是否良好非常重要。

4.恩惠不论大小，都要表示感谢

对那些帮助你或试图帮你的人，不仅立即要说谢谢，更要保持联络，让他们知道由于他们的引导或观念而导致你的进步情况。知道自己施恩于人是件令人高兴的事——要以满足感来回报那些帮助你的人。

5.不要以一句坏话或一顿吵闹来结束关系

以尖酸刻薄的话语将关系告终，不仅制造紧张的气氛，而且于事无补。况且，谁知道以后还会不会再跟同一个人打交道呢？在商业上尤其如此。炒你鱿鱼的那个人也许是迫不得已，也许出于无奈。如把愤怒发泄在这个人身上，只是徒增大家对彼此的憎恶感。运用你的判断，而非任性情绪，决定何时何地该发脾气。

6.与活泼乐观的人合作

苦难也许是人生一个可爱的伙伴，但并不是推动你向前的灵感动力。满腹牢骚经常是一种障碍，某些人所传达的宿命感与失望也同样如此。离这种人远一点，他们对生命的态度或许具有感染力。乐观的态度永远都是有益的，尤其是当你的目标已经非常确定的时候。你也许不觉得乐观，但无论如何试着表现出乐观的样子。你将会万分诧异你的恶劣情绪那么快就被赶走了。

7.同与你事业有关的人周旋

要让别人认识你。如果你是个大汽车制造商，突然间别人对你汽车的评价降低，影响到你汽车的销量，你也许得立即增加几百万广告预算，宣传你的汽车有多好多好。当然，如果是你个人，是不可能负担得起这样的费用的。但当你事业的一扇门即将关上，最聪明的做法就是走出去，周旋在同行之间，让他们知道你站得很稳，随时可以胜任工作。写信给合适的人，打电话给任何你可以为之服务的人。不要龟缩在封闭的硬壳中，相反，要比以前更开放，更为人所见。不要羞于与同行为伍，因为说不定哪一天你会被公司解聘，或遭降级。

8.平常疏于联系时，不要意外地向别人提出要求

打电话给他们时，要准备邀请他们共进午餐，了解他们的生活近况。在某些特别的事情上面，提供你的援助，以报答他们花费的时间与恩惠，同时也准备一些特别的想法。介绍一些你认识的人或提点建议，以使他们的处境变得更好。试着找找彼此可以互惠的门路。

9.聪明地选择可以信任的人

不要到处宣扬你对别人的负面评价，你永远不知道会不会传进当事人的耳朵。除非不说不痛快，否则尽量埋在心里。即使要说，最多也是跟配偶或推心置腹的朋友说。

(八)明白“大家要相互帮衬”的原理

做人的互助原理是:你在关键时候帮人一把,别人也会在重要时刻助你一臂!初看起来这似乎是等价交换。其实,不管你是一个什么样的人,都不可能像鲁宾逊那样孤独一人闯天下,尤其是要使自己的人生局面推广开来,更离不开与各种各样的人打交道。要想让别人将来帮助你,你就必须先付出精力去关心别人、感动别人,这样才能赢得别人回报的资本。因此,高明地做人,必须信守“相互帮衬”之道。

常常挂在“红顶商人”胡雪岩口头的“花花轿儿人抬人”,是一句杭州俗语,指的是人与人之间离不开相互维护、相互帮衬。人抬人,人帮人,人要办的事才会顺利,人的事业才会发达。

话虽如此,然而真正窥得其妙的人却并不多。在某些特定的情况下,想成就一项事业,少不得要借助众人拾柴之势。复杂的人际关系有时是个包袱,不过如果用得巧妙,也可以成为一块成功之路的叩门砖。“相互帮衬”正是一个帮人帮已的诀窍。

当年,胡雪岩扶助王有龄做了湖州知府,他在开办钱庄之初就有让自己的钱庄代为打理府库银两的打算,也有了着落。但是,真正要使这一打算变成现实,还要过一关,那就是要打通钱谷师爷的路子。旧时的州县衙门,都有钱谷师爷和刑名师爷。师爷名义上虽只是州县的幕友,但由于他们精通律例规制,所管的事务专业,一州一县的司法、财政的具体办理许多时候实际上就在师爷手中。而且这些人都师承有自,见多识广,常常是州县官们也不敢轻易得罪的角色。师爷向来独立办事,不受东家干涉,表面平和的还与州县老爷敷衍一下,专断的甚至可以对州县老爷置之不理。所以,胡雪岩要代理湖州府库,也就不能不笼络他们延请的钱谷师爷。

在笼络师爷的过程中,胡雪岩和王有龄就演了一出“花花轿儿人抬人”的绝好的双簧。王有龄署理湖州正是端午期间,这个时间给胡雪岩提供了一个机会。他打听好已经接受延请到湖州上任的刑名、钱谷两位师爷在杭州的家眷所在,送去节下正需要的钱粮。不过他是以王有龄的名义送的。这两位师爷自然要感激王有龄的好意,但等到他们拜谢王有龄时,王有龄却说这原是胡雪岩的心意。这一来,师爷不仅见了胡雪岩的情分,自然也知道了大人的意思。好事做了一件,交情却落了两处。一帮一衬不过言辞之间,却使得极巧。事实上,这出双簧并不是胡雪岩和王有龄事先商量好要这样演的,而他们却不约而同地如此做了,可见胡雪岩、王有龄两人都深谙这"花花轿儿人抬人"和相互帮衬之道。

相互帮衬往往不在于你帮的心是巨是细,出的力是大是小,有时候甚至也不过是些惠而不费的小节,比如王有龄、胡雪岩演的那出双簧,也不过就是一句话的事情。然而知道这其中的道理,心思用得巧,往往能够事半功倍。比如胡雪岩和王有龄之间有这一帮一衬,一下子就收服了人心。例如当胡雪岩找到湖州钱谷师爷杨用之,提出要以自己的阜康钱庄代理湖州府库和乌程县库时,杨用之不仅毫不为难地满口答应,甚至连承揽代理公库的"禀帖"都为他预先准备妥当,还为他引见了另一个关键人物,湖州征纳钱粮绝对少不了的,也绝对不能得罪的"户书"郁四。而郁四后来实际上也成了胡雪岩生意上的牢固伙伴和得力帮手。

的确,一个人精力到底有限。经手的事情太多,表面上看来似乎没有什么疏漏,也许失察疏漏的地方在不知不觉中已经留下很多了。比如胡雪岩对于宓本常的失察,在典当业上的疏漏,都是在他经手事情太多,生意场面太大的情况下,由于实在是顾不过来而发生的。这些疏漏的地方,一定的时候都可能产生不良的后果,而且,由于一个人所有的生意运作常常是环环相扣,相互牵连的,有一些因失察留下的疏漏所产生的后果,常常是关键性的,并不只是影响某一桩或某一个行当的生意的成败,它可能使辛辛苦苦建立起来的大厦整个儿彻底坍塌。

所以,帮衬是多方面的,既需要朋友同行的帮衬,也需要内部人员的帮衬,这是一个诀窍,也是现代商战中重要的经营策略。

(九)拓展人际关系的十五条原则

搞好人际关系的本领其实不是什么神秘的东西。善于与人打交道并不局限于生来就有某种魅力的人,虽则有些人的确天生有这方面的了不起的本领。对我们大多数人来说,与人保持良好关系的本领是后天学习得来的。下面的十五条指导原则能帮助你获得

与人打交道的本领。请运用这些原则来建立良好的人际关系。

1.把注意力从你自己身上移开

要建立良好的人际关系,第一步是把注意力从自己身上移开。与别人交往时首先想到自己的人,很少能建立良好而持久的人际关系。当你开始把注意力集中到别人身上时,建立良好人际关系的可能性就会大大增加。

2.真诚关心别人

有一句话总结了良好人际关系和人生成功的关键所在:“人们知道你是否关心他们之后,才会在乎你是否了解他们。”无论你有什么本领、特长、受教育程度有多高,都不如真心实意地关怀更能给人深刻的印象。事实上,当你是某个人的上司时,如果你不首先让他知道你关心他,你是不大可能对他有正面的影响力的。

统计数字表明这个观点是对的。《华尔街日报》曾发表了一家名叫“国际出发点”的调研公司所做的一项研究的结果。在对1.6万名公司主管人员所做的调查中,被列为“最有成就”的13%的主管人员对人的关心跟对利润的关心一样大。如果你想建立良好人际关系,你首先要关心你与之打交道的人。

3.认真了解别人

没有什么比了解和记住别人的情况更能产生积极效果。认真了解别人,是你关心别人的明证,这能建立一种良好而持久的关系。

历史上最好的例子是拿破仑·波拿巴与他的下属的关系。拿破仑叫得出手下全部军官的名字。他喜欢在军营中走动,遇见某个军官时,叫他的名字跟他打招呼,谈论这名军官参加过的某场战斗或军事调动。他不失时机地询问士兵的家乡、妻子和家庭情况。这样做使下属大吃一惊,他们的皇帝竟然对他们的个人情况知道得一清二楚。

每个军官都从拿破仑的话和所提问题中感到拿破仑对自己感兴趣,这就不难理解他们对拿破仑为什么那么忠心耿耿了。

4.不要低估任何人的价值

曾听说过一个年轻政治家的第一次竞选演说的故事。他极想给听众留下深刻印象,可是当他到大礼堂时,却发现只有一名听众。他等了好一会,希望有人陆续到来,可是没有。最后他对那名唯一的听众说:“你听我说,我只是个刚起步的政治家。你认为我应该发表这个演说还是取消算了?”那人想了一下说:“先生,我只是个养牛的,我只懂牛。如果我把一车干草送到牧场,而那里却只有一头牛,我肯定会喂这头牛的。”

许多人跟那位年轻政治家有同样的想法。他们盼望自己有大影响力,但不懂得影响力是如何产生的。其实我们能对单独见面的人发挥最大影响。如果我们忽视我们日常接触的人,不理睬他们,我们就会失去许多影响别人的大好机会。

以积极期待的态度会见每一个人,预期每一次打交道都能产生积极结果。把每个人都当作重要人物看待,这样你就绝对不会低估任何人了。

5.别占他人的便宜

最令人讨厌的事情之一,是有人企图为了自己发展而占别人的便宜。这样做不但是错误的,而且也不会有好结果。靠损害别人利益使自己得益,这貌似成功,但从长远观点看,是害人又害己。

取得成就是个耗费时间的过程,也是众人参与的过程。一个人要是占别人便宜,他未来的机会就要减少,乐意助他一路成功的人的数目也会减少。

占别人便宜者想走成功的捷径,但这是行不通的。正如美国总统艾森豪威尔说的:“世界上没有折扣价买来的胜利。”

6.请别人提建议或给予帮助

跟别人建立积极关系还有一个极好的方法,你听了可能会大吃一惊:请别人给你提建议或帮个忙。人们希望有机会展示自己的专长,喜欢那种因为自己有能力或权威帮助别人而产生的感觉。

例如,本·富兰克林在自传中谈到他因为叫一个仇敌帮他个忙而使自己和那个人成了终生朋友。1736年,富兰克林竞选州议会书记员的位置。富兰克林心中有数自己会获得提名,唯一的问题是有个影响力很大的人反对他。富兰克林懂得,他要争取跟这个人交朋友,否则自己就会输掉。

富兰克林在自传中写道:“我听说他的书房中有一本珍贵的书,于是给他写信,表示我想读这本书,希望他能帮个忙,把书借给我。”那人对这一要求感到很高兴,很荣幸,于是把那本书借给富兰克林,还成了富兰克林的坚定支持者。

关于请人提建议或帮忙,应当要说明一下:要使相互关系健康和有益,就应该注意互

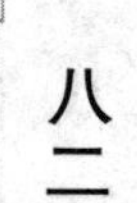

利。不应该老是索取而不付出。请求别人帮助你是建立良好关系的开端,但仅仅这样做是不能使关系长久的。

7.别忘了给朋友"捎点东西"

最好的关系是双方时常从对方得益的关系。如果你希望使关系有建设性,在去见朋友时就不要忘了给朋友"捎点东西"。

例如,你可能有许多熟人或同事,你们时不时聚会一下。虽然,纯粹交流各人情况的聚会是好的,但如果你在去见别人时给他们"捎点东西",这样的聚会就特别有益。"捎点东西"指的是见解、业务机会、有助于个人发展及鼓舞士气的资料。什么东西都可以,出发点应该是帮助其他人达到目标。

8.要考虑到别人的感情

人是感情动物。我们主观上讲逻辑讲道理,但不应该忽视感情这一点。如果你想跟别人建立成功的关系,就要考虑到别人的感情。正如保罗·帕卡所说:"在与人交流中讲感情比讲理性更能成功。"

例如有个故事说的是一位女士进一家鞋店买鞋。鞋店的一位男店员态度极好,不厌其烦地替她找合适的尺码,但都找不到。最后他说:"看来我找不到适合你的,你一只脚比另一只脚大。"

那位女士很生气,站起来要走。鞋店经理听到两人的对话,于是叫女士留步。男店员看着经理劝那女士再坐下来,没过多久一双鞋就卖出去了。

女士走后,那店员问经理:"你究竟用什么办法做成这生意的?刚才我说的话跟你的意思一样,可她很生气。"

经理解释说:"不一样啊,我对她说她一只脚比另一只脚小。"

经理也把真相告诉那位女士,但他考虑到她的感情,而且跟她说话时讲究技巧,又带着尊重。他从那位女士的角度看问题,所以成功了。看出别人的感情,然后以尊重的态度为别人考虑,这种本领真是十分有用的。正如小说家约瑟夫·康拉德说的:"给我合适的字眼,合适的口气,我可以把地球推动。"

9.留心为别人服务

为别人服务有一个很积极的结果,就是建立良好的人际关系。人们很自然地亲近帮助过自己的人。我们大多数人都愿意以德报德。如果你随时留心为别人服务,你的人生会更充实,你能跟许多人建立良好关系。

为别人服务还有一个很实际的作用。在激烈竞争的商界,良好服务是使一家公司能胜过对手的唯一途径。正如美国西部诺斯特洛姆百货公司的座右铭所说:"商店之间唯一差别是待客之道不同。"

10.善于倾听别人意见

特别善于建立良好人际关系的人有个共同特点,就是他们能认真倾听别人谈话。你听说过有人不喜欢跟倾听别人意见的人在一块吗?

要做个善于倾听意见的人,关键是要能鼓励别人发言。通常这只需要提几个有针对性的问题。如果你有诚意,又有韧性,你甚至能使最不健谈的人开口谈他自己的事。

11.说话要调动别人的兴趣

人们尝试与人建立关系时,最常见的错误之一是想引起别人对自己的兴趣。他们试着谈论一个又一个话题希望恰好碰到一个对方也感兴趣的。这样做的人真是本末倒置。

要与别人建立关系,最佳方法是把注意力集中在对方的兴趣上面。如果你善于理解,你几乎立刻就能弄清对方的兴趣所在。如果你在对方家中或办公室,你可试试通过看他贴在墙上的图画、他得过的奖品或纪念品,或摆在书架上的书来弄清他的业余爱好和兴趣。肯定会有什么东西能吸引你的注意的。如果他的兴趣是你所不懂的东西,就利用你们的交流了解一下。如果你也有同样的兴趣你会觉得聊起来格外有意思。

12.使对方感到自己重要

对别人好,使他感到自己重要,是积极思维者的做法之一。要记住:世界上没什么东西比人更重要。称赞和尊重别人,使他们觉得自己受重视,这并不花钱,但对这个人能起意想不到的作用。另外,这样做对你也有好处,可以帮助你建立起与这个人的良好关系。

13.说话前后一致,言而有信

没有什么东西比失信更能对友谊产生迅速而严重的破坏作用了。一个人说话前言不搭后语,言行不一,就会失信于人。有意或无意不履行自己的责任,也会使自己失信。

失信不但损害友谊,也会破坏生意上的关系。人们首先要相信你,才会相信你的观点和你的产品。别人觉得你不可靠时,你的机会就会消失殆尽。

14.避免争论

互相讨论问题是有益的,相反,争论绝对没有好处。讨论和争论有什么差别呢?争论是试图强行改变别人观点。争论的结果,总是一方“赢”了,一方“输”了。讨论是交流思想,目的在于找出对每一方都公平的解决办法。讨论是要创造一个双方都赢的局面。

争论总会造成某种伤害。即使你“赢”了一场争论,你也可能毁掉了与对方的关系。因而应当尽可能避免争论,积极寻找双方的共同点。

15.要善于研究人

要与别人建立良好关系,其实最重要的只有一点:你必须研究人。如果你真能理解别人——懂得他们怕什么,希望什么,梦想什么——你一定能与别人建立起良好关系。与别人交谈,听他们诉说心中的梦想;观察别人,了解他们怎样思考问题。当然还要读书,听录音带。尽量多汲取别人的智慧,但不要忽视亲自与人交往,了解他们。这是你要养成的一种生活方式,而不是学术研究。

拒關賜布

漢光武

漢光武

拒关赐布[①]

【历史背景】

后来光武帝命令郅恽做太子的老师，教授皇太子学问道理。光武帝要废掉郭皇后，郅恽就进谏光武帝说："臣下听说夫妇之间有情意。做父亲的都管不了儿子啊，这种事情，我们作为臣子的怎么能够左右得了君王呢？这件事情本来是我作为臣子所不敢说出来的。即使是这样，还是希望陛下能考虑一下，这样做是不是恰当，不要因为这样的事情让天下人对社稷产生议论才好啊。"于是光武帝说："郅恽你是一个具有宽厚品德的人，也能够用这样的品德来体谅君主，你是知道的我不会被人所左右而将江山和百姓忘记的。"于是就废除了郭皇后，太子的心则一直为了这件事情感到不安，郅恽就想办法劝慰太子说："你总是这样使自己处于忧虑疑惑的位置，长时间下去，对当今的皇上就违背了孝道，对下也会招来祸患的。历史上的殷高宗是一位明君，尹吉甫是一位很贤德的大臣，只是因为纤芥之故，还把自己的孝顺的儿子放逐了。《春秋》当中说过——母以子为贵。太子应该引咎退位，去奉养自己的母亲，以这样的处理方法来申明圣教，而不要悖逆自己的父亲。"太子照郅恽说的做了，光武帝竟然同意了太子退隐的要求。于是郅恽就转任长沙太守。在这之前他就曾经听说长沙有个孝子，叫古初的，父亲死了还没有埋葬，正好赶上邻居失火，古初就趴在父亲的棺材上，用自己的身体为父亲的棺材拦住大火，火竟然因此而熄灭了。郅恽觉得这件事情很具有传奇意义，就把古初优先举荐为孝廉。后来郅恽因为事故被贬为芒县县令，后来又被免官归家，从此隐居读书、教授学生，留下著书八篇。

【原文】

汉史纪：光武尝出猎，车驾夜还。上东城门侯郅恽[②]拒关不开。上[③]令从者见面于门间。恽曰:“火明辽远[④]。"遂不受诏[⑤]。上乃回,从东中门入。明日,恽上书谏曰:“陛下远猎山林,夜以继昼。如社稷宗庙[⑥]何!”书奏[⑦],赐恽布百疋[⑧]。贬[⑨]东中门侯为参封尉[⑩]。

【张正居解】

东汉史上记:光武皇帝一日曾出去打猎,偶至夜深方回,那时城门已闭。光武至上东门,有个守门官姓郅名恽,闭门不开,不放车驾进入。光武道他不认得,着左右随从的人见面于门间,使他识认。郅恽对说:“这等深夜,火光辽远,怎么辨得真伪。”终不开门。光武不得已,转从东中门进入回宫。至次日早,郅恽又上书谏说:“陛下以万乘之尊远猎山林,昼日不足,以夜继之。陛下纵自轻,其如社稷宗庙付托之重何?臣诚未见其可也。”书奏,光武深嘉其言,赐布百疋。反将中东门(东中门)的门官降为参封县尉,以其启闭不严,故贬之。盖皇城门禁,最宜严谨。深夜启闭,疑有非常。况天子以万乘之尊,出入尤当戒备。故郅恽之闭关不纳,他岂不认的是光武?盖欲因此以示儆耳。光武是创业之主,素谨周身之防,故于郅恽,不惟不罪,且加赏焉。若如后世寻常之见,则中东门(东中门)侯必以顺意蒙赏,而郅恽必以忤旨见罪矣。

【注释】

①本则出自《后汉书·郅恽传》。在这一篇故事当中主要叙述了光武帝在野外打猎夜间回来,门侯郅恽拒不接受皇帝进城的命令,后来又上书进谏,得到皇帝赏赐的事情。

②郅恽:东汉名臣。字君章,西平人。幼治《韩诗》《严氏春秋》,通晓天文历数。曾经在江夏教授,后来被推举做了洛阳上东门的门侯,后又被提升为长沙太守。

③上:指的是皇帝。

④火明辽远:夜间灯光辽远,看不清楚。

⑤诏:诏令,命令。

⑥社稷宗庙:社稷,是古代天子和诸侯祭祀土神与谷神的地方,宗庙,是天子和诸侯祭祀祖先的地方。二者合称,代指国家政权。

⑦奏:奏请。

⑧赐恽布百疋:赏赐了郅恽一百匹布。

⑨贬:降职。

⑩参封尉:参封县尉。参封,在今山东省胶南县琅玠台西北。

【译文】

光武帝曾经出宫去林间打猎,直到深夜才乘车回来。他们来到上东门的时候,负责这里守卫的上东城门侯郅恽不给开门。光武帝就命令他手下的随从通过门缝命令他开门,郅恽说:“夜深了,火光之下我认不清人,不知道是真还是假,不能开门!”坚决不接受光武帝的命令。光武帝不得已,只好命令改走别的道路,从东中门进宫。第二天上朝,郅恽就直接上书,对光武帝的行为进行批评,说:“陛下身为一国的君主,去深山打猎游玩,白天的时间还不够使用,还要夜以继日地玩猎。您只知道游玩的好处,把国家社稷都放在什么位置了呢?”刘秀看了郅恽的上书,深感惭愧,于是就赏赐了郅恽一百匹布。同时,将东中门的守门官员降职为参封县尉。

【评议】

中国古代封建帝王统治时期,皇帝制定的一切规定或者说出的话,作为臣下都要无条件地服从。但在我们的这个故事当中,像汉光武帝这样的皇帝是为数不多的。他不仅在臣下违抗了自己的命令之后没有追究,而且还在这个臣下还能进谏的时候虚心接受,更可贵的是对违反自己旨意又上书言明自己过失的臣下给予鼓励和奖赏,而对遵守了自己命令的东中门的守城官员则降职处理,由此可见,光武帝是一个为了维护国家法律的尊严,对自己的过失能够真心对待的好皇帝。这也是对不能够坚守法律规定的官员的一次警告与惩罚。对于统治者,尤其是自己手中掌握大权的执政者,拥有一份英明的自我判断力是很重要的。这个故事里的深刻意义至今都是可以计我们引以为戒的。

【镜鉴】

令行禁止

多年来,中央三令五申,出台了很多政策,做出了明确规定,禁止党政机关违规修建办公楼等楼堂馆所。但是,一些地方的党政领导干部,为了显示自己领导有魄力,而不管地方财政的承受能力,比阔气,讲排场,顶风而上,做“大手笔”,违规修建办公楼等楼堂馆所,且有愈演愈烈之势。为了遏制这股歪风,2007年6月1日,中央纪委、国家发展和改革委员会、审计署等七部委联合召开新闻发布会,通报了河南省濮阳县违规修建办公楼及领导干部住宅楼、山西省粮食局违规修建培训中心及“粮神殿”、甘肃省兰州市财政局违规修建综合办公楼、山西忻州煤矿安全监察局违规修建办公楼等4起违规修建楼堂馆所典型案件。其相关责任人分别受到了党纪政纪处分。为什么他们违规修建办公楼等楼堂馆所?究其主要原因,就是他们的纪律观念淡薄,有令不行,有禁不止,“上有政策,下有对策”,我行我素,最终以身试法,受到了纪律的严惩,其教训是深刻的。

要令行禁止,必须严格把握“有所为”“有所不为”的度,凡事“三思而后行”。古人云:“思者虑远,远虑者安,无虑者危。”“人无远虑,必有近忧。”一切事物无不存在一个确定的“度”,即事物的界限、分寸、火候。它反映了事物质和量的统一关系。量变在一定限度内不改变事物的性质,但超过一定限度,就会引起质变,走向反面。古人云:“酒极则乱,乐极则悲。”譬如“物极必反,盛极必衰”;“寒极生暑、暑极生寒”;“枪打出头鸟”“木秀于林,风必摧之”“行高于人,众必非之”等,这些至理名言都很有道理。大凡事情总不能过分,自信过头就成了自负,谦虚过头就成了迂腐。做清官容易,做清醒的官难。作为党政领导干部,还是以低调、务实从政为好,那些破例、违规的事不必“敢为人先”出风头,也不必搞“上有政策,下有对策”。党政领导干部,如果有令不行,有禁不止,搞不正之风,就会严重损害国家和人民的利益,败坏党和政府的良好形象,引起人民群众的强烈不满,成为社会舆论的焦点。纪检监察机关就要“亮剑”出招,“枪打出头鸟”,追究其领导责任,以杀一儆百、引以为戒。这种“代价”是不可取的。同时,党政领导干部不要以“家长、父母官”自居,恣意妄为,我行我素,不受纪律法律的约束。要牢记“四个千万不能”:千万不能因为自己是领导就为所欲为,千万不能因为别人尊重而忘乎所以,千万不能把组织的告诫提醒置若罔闻,千万不能做一失足成千古恨的蠢事。要努力做到思想上始终清醒、政治上始终坚定、作风上始终务实。

要令行禁止,必须以身作则,模范遵纪守法。古人云:“其身正,不令而行;其身不正,虽令不从。”“公正无私,一言而万民齐。”党的十五届六中全会《关于加强和改进党的作风建设的决定》指出:“依法治国是党领导人民治理国家的基本方略,党的各级组织都必须在宪法和法律的范围内活动。党员干部要努力学习和掌握党章党规和国家法律法规,做遵纪守法办事的模范。”要懂得,领导就是一面旗帜,领导就是一根标杆,领导就是一面镜子,领导就是一个向导。党政领导干部都是人民的公仆,行使的是公共权力,必然成为社会的公众人物。其行政行为都在公众的视野内,必然受到舆论媒体和人民群众的监督。领导干部只有带头执行规章制度,以身作则,不搞特殊化,既清正又公正,才能让群众心服口服,才能有效地开展领导工作。“金杯银杯,不如老百姓的口碑”。许多领导干部没有违规修建楼堂馆所,没有想方设法地去做劳民伤财的“政绩工程”,头上没有耀眼的光环,但在人民心中却树起了一座丰碑。相反,那些挥霍公共财富,为自己立碑歌功颂德的昏官、贪官,留下的是千古骂名。由此可见,廉洁方能聚人,律己方能服人,身正方能带人,无私方能感人。领导干部搞一次特殊,就降低一分威信;破一次规矩,就留下一个污点;谋一次私利,就失去一片人心。因此,领导干部一定要增强自律意识和纪律观念,以身作则,模范遵纪守法,自觉接受监督;要带头遵守国家的法规法令,依法决策、依法行政,令行禁止。凡要求别人做的,自己首先做到,禁止别人做的,自己坚决不做。任何时候都把党和人民的利益放在首位,不计名利得失,不计荣辱进退,恪尽职守,殚精竭虑,把自己的一切献给党和人民。

要令行禁止,必须顾全大局,服从大局。2007 年 1 月 9 日,胡锦涛总书记在中央纪委第七次全会上发表重要讲话指出:“要顾全大局、令行禁止,自觉维护中央权威和中央大政方针的统一性和严肃性,确保党的理论和路线方针政策的贯彻落实,确保党和国家工作部署的贯彻落实,同时善于把中央精神与地方和部门实际结合起来,创造性地开展工作。”党章对党的组织制度做了明确规定:“党的下级组织必须坚决执行上级组织的决定。

下级组织如果认为上级组织的决定不符合本地区、本部门的实际情况，可以请求改变；如果上级组织坚持原决定，下级组织必须执行，并不得公开发表不同意见，但有权向再上一级组织报告。”党员领导干部要学习党章、遵守党章、执行党章，坚决贯彻中央和各级党政领导机关的决议、决定，结合本地区、本单位、本部门的实际创造性地开展工作，重大问题要请示报告，不能自作主张，各行其是，绝不允许把自己管理的地方、部门搞成不听中央统一指挥、不受党组织监督制约的“独立王国”，搞“上有政策、下有对策”的把戏，更不能对国家明令禁止的规定搞阳奉阴违，玩弄“明修栈道、暗度陈仓”的伎俩。要顾大局、令行禁止，首先要正确认识局部和全局的关系。一方面，全局是由一个个局部组成的，局部对全局产生影响；另一方面，局部只是全局的一部分，如果两者发生矛盾，局部应服从全局。有些事情，从局部来看是可行的，而从全局来看是不行的，就应当以局部服从全局；反之也一样，从局部看是不可行的，而在全局看来是可行的，也应当以局部服从全局。其次要有大局意识，自觉克服地方主义、本位主义和分散主义倾向，决不能借口地方和部门的特殊性而有令不行、有禁不止，更不能阳奉阴违，讲的是一套，做的是另一套，欺上瞒下，弄虚作假，玩“两面派”，甚至搞“上有政策，下有对策”，各行其是。要始终坚持局部服从全局、小道理服从大道理，确保党的路线、方针、政策和各项工作部署的贯彻落实。再次要善于把中央精神和部门实际结合起来，创造性地开展工作，努力把各方面的积极性引导好、保护好、发挥好，真正做到对上级负责和对下级负责的统一，真正做到在维护大局的前提下实现本地区、本部门的发展。领导干部要始终把实现好、维护好、发展好最广大人民的根本利益作为党和国家一切工作的出发点和落脚点，以求真务实作风推进各项工作，多干打基础、利长远的事，做到发展为了人民、发展依靠人民、发展成果由人民共享。我们提倡解放思想，敢闯、敢干、敢于创新，绝不是鼓励闯红灯、打擦边球，而是要求深入贯彻科学发展观，以新的思路、新的理念和世界眼光、战略思维来审视、谋划和推动工作，不断形成新认识、开辟新境界、打开新局面。要把新增财力主要用在千方百计改善民生问题上，让政府的政绩充分体现在民生上，从而在事关民生的教育、医疗、就业、社会保障、收入分配上有明显的改观，让老百姓看得起病、上得起学、吃得起饭、住得起房、养得起老，真正使老百姓学有所教、劳有所得、病有所医、老有所养、住有所居，让老百姓分享经济增长的成果。要牢固树立正确的政绩观和科学发展观，把对党负责和对人民负责结合起来，把局部利益和全局利益结合起来，把目前利益和长远利益结合起来，坚持以人为本，科学决策，量力而行，务求实效，以高尚无私的人品、人格魄力和实实在在的政绩，赢得人民群众的认可和赞誉。

夜分講經
漢光武

夜分讲经[1]

【历史背景】

东汉光武帝刘秀以征伐中兴，但他明白自己虽然得了天下，但没有一定的思想统治体系也是不能守住江山的。所以他急于讲求经学，以求身致太平。光武帝登位后，每每召集诸公卿大臣一同讲经论理，以至深夜，非但不觉劳乏，反孜孜以为乐事。

刘秀倡导儒学，使东汉王朝初期朝野上下讲经诗文蔚然成风。刘秀之后的明、章两帝也颇崇儒学，明帝“十岁能通春秋”，章帝更是“少宽容，好儒术”，建初四年(79 年)，汉章帝在洛阳北宫白虎观大集儒生，“讲论五经异同”，并由班固将会议记录整理成书，名为《白虎通德论》，或简称《白虎通义》《白虎通》，儒学正式成为王朝钦定的正统思想。

【原文】

汉史纪：光武数引公卿郎将[2]，讲论经理[3]，夜分乃寐。皇太子见帝勤劳不怠，乘间谏曰：“陛下有禹汤之明，而失黄老[4]养性之福，愿颐养精神，优游自宁。”帝曰：“我自乐此，不为疲也。”

【张居正解】

东汉史上记，光武皇帝退朝之后，常常引公卿及郎将之有经学者，与之讲论经书中的义理，至于夜半，方去歇息。皇太子见帝讲论劳苦，恐过用了精神，乘空进谏说：“陛下励精图治，固有大禹成汤之明，而形神[5]过劳，昧于黄帝老子养性之福，愿颐养爱恤此身之精神，使常优游自宁，不可过于劳役。”光武说：“经书中义趣深长，我只见得这件事可乐，故常与群臣讲论，不为疲倦也。”盖治天下之道，具于经书，而天下之可乐，莫如务学。光武虽以征伐中兴，然非讲明治道，则虽有天下，未易守也。惟光武有见于此，而急于讲求，故能身致太平，而遗东汉二百年之业，其得于经理之助多矣。

【注释】

①此篇出自《后汉书·光武帝纪》。叙述光武刘秀勤于读书，与大臣讨论经史彻至夜半而不知疲倦的故事。

②公卿郎将：泛指朝廷一些高级官吏与将军。

③经理：经书中的道理、常理、治理。

④黄老：黄帝与老子。道家思想以黄帝与老子为始祖，凡事主张顺其自然、无为而治。其道教尤主张保养身体、延长寿命与长生不老。

⑤形神：人的形体与精神。

【译文】

汉代史书上记载：光武帝多次领公卿郎将讲论经书中的道理，直到夜半才去休息。皇太子看见皇帝勤劳不知疲倦，便乘机劝谏说："陛下你有大禹和商汤的明断，却不懂得黄帝和老子修身养性的福分，希望你保育元气，悠闲自得。"皇帝说："我正是以此为乐，不会疲倦的。"

【评议】

光武刘秀是东汉的创业之主。一般创业之主，都是以马上本领得天下的，认为武力高于一切，西汉的创业者刘邦就是这样。但天下可以马上得之，不可以马上治之，文武并用，才是治国的长久之策。刘秀认识到了这一点，不辞辛苦地与大臣追求经书中的道理，从古人的经验中寻求治国的方法。他深知守天下和打天下不同，守天下要发展生产，使社会安定、人民安居乐业，这是武力无法做到的，只能靠总结经验和深入学习去取得。刘秀能认识到这一点并身体力行，可说是一代英明之主。

【镜鉴】

一、走向成功的红地毯

——崇尚读书学习

在中国的历史上，最有学问的皇帝应是康熙，最勤奋的皇帝当数雍正，最懒惰的皇帝乃是明神宗，而最愚痴的皇帝就是司马衷了。司马哀是西晋武帝司马炎的第二个儿子，从小不好读书，只知寻欢作乐。

人的差距是怎样产生的？是不是在娘肚子里就与众不同？后天分工和学习是重要因素。一些人早年经历差不多，如同窗或同事，过了若干年之后，人家又进步了，让人刮目相看，这首先是在学校学习时拉开的。走上工作岗位之后，本领的大小、能力的强弱，从根本上说也是由学习拉开的。知识是能力的基础，知识能转化成能力。正如习近平所说："领导干部的读书学习水平在很大程度上决定着工作水平和领导水平。"

常惜朝霞勤起舞，难抛珠玑是光阴。伴随着时间每时每刻"滴答滴答"向前走，我们要珍惜时间，追赶太阳，不让它落到崦嵫山，勤于学习新知识。养成终身学习的习惯，才不会有落伍的感觉。

发明火车之史蒂芬孙是一个在煤矿做苦工的穷孩子，他见瓦特发明蒸汽机省力省工，便引起奇趣而有志研究。唯苦于不识一字，便发愤苦读，日间工作，夜晚上学，持之既久，终获成功。

德国工人哲学家约瑟夫·狄慈根，未读完中学就失学了，可是他利用工余时间刻苦自学，得出了和马克思、恩格斯的辩证唯物主义极其相近的结论。他的儿子写信问狄慈根，到底有什么神奇的学习方法？他回信中说："我的方法总是首先求得对内容有一肤浅的理解，浏览许多篇章，最后再从头读起，通过多少反复，求得完善的理解。"

由此观之，人只有努力读书、勤奋学习，才能掌握知识，获取信息，增长见识，陶冶性情，精神田园才不至于荒芜，才能提高能力，成为强者，走向成功；才能使人的情感更细腻，举止更优雅，气质更深沉，淡泊以明志，宁静以致远。

充满智慧的吕不韦在经商、为政上精通其道，而且治学也有一套。吕不韦特别重视学习，他认为人的记忆能力、知识水平是从学习中得来。他在《吕氏春秋》中反复强调学习。如："不知则问，不能则学"（《谨听》）；"不学而能听说者，古今无有也"。（《听言》）

在吕不韦的引导下，秦始皇在青少年时代博览群书，学到了丰富的从政经验。秦始皇执政后，"躬操文墨，昼断狱，夜理书"，一天不阅览 120 斤重的文件不休息。

清朝开创者努尔哈赤把《三国演义》当作兵书来读。凡打仗，必仿效该书中的军事战法，多次取得胜利。

皇太极是努尔哈赤的第八子，从少年时代就投身行伍，受其父亲影响，也多次研读《三国演义》，从中学习军事，学习治国之道。皇太极广泛涉猎《汉书》《隋书》《唐书》《辽史》《宋史》《金史》《元史》《资治通鉴》。他经常召集官员学习《金史》。他说："从古至今，懈于治国者，国必败；勤于治国者，国恒存。"皇太极博览群史，气度恢宏，军事上有勇有谋，政治上富有开拓精神，堪称："上承太祖开国之绪业，下启清代一统之宏图。"

19 世纪美国学者殷格梭说过："任你何时把我逐出伊甸园，但先让我饱尝知识树上的果子。"渴求真知者必须有如此的执着，把获取真知灼见当成一种精神追求，成为工作、生活的组成部分。

古往今来，有许多志士仁人非常珍惜时间刻苦学习，后来成就一番事业，他们的事迹成为久传不衰的历史佳话。苏秦年轻时屡试不中，深感自己学问不够，于是发愤攻读，三更灯火，五更啼鸡，来了困意，就拿起锥子扎大腿，以赶走瞌睡，后来成为纵横家。

诸葛亮，字孔明，号卧龙，年轻时，长隐卧龙岗，闭门苦读不止，日夜研习兵书韬略，满腹经纶，志存高远，终成济世之才，"功盖三分国，名成八阵图"（杜甫）。

晋朝文学家左思少年时学习成绩不大好，后来发愤学习，花了 10 年工夫写出《三都赋》，京城洛阳人人争相抄读，引起纸价上涨，由此得来"洛阳纸贵"的典故。

《晋书·陶侃传》载，陶侃的父亲曾任东吴扬武将军，吴亡后，家境贫寒，故称陶侃为"亡国支庶"。后来陶侃任龙骧将军、武昌太守、广州刺史等职。陶侃常对人说："大禹是圣人，尚且珍惜每一寸光阴，至于普通人，更应该珍惜每一分一厘光阴，岂可悠闲游乐，沉醉在酒中呢！人活着不能为这个时代做贡献，死后不能在后世留下美名，那是自甘落后、不求上进的体现。"

宋代欧阳修政务系身，但仍不忘学习，抓紧“三上”(即马上、枕上、厕上)的零星时间，研读文章，考虑问题。

宋朝皇帝中没有几个明君，却有一个好传统，亦即好学习，重读书。宋太宗在位期间，组织编写了《太平御览》《太平广记》《文苑英华》三部大型丛书，而且给后世留下了“开卷有益”这个成语。宋真宗则在《劝学诗》中写道：“富家不用买良田，书中自有千种粟；安居不必架高堂，书中自有黄金屋；娶妻莫恨无良媒，书中自有颜如玉。”

民国年间，湖北儒医熊伯伊《四季读书歌》，至今读来催人奋进：

春读书、兴味长，磨其砚，笔花香。读书求学不宜懒，天地日月比人忙。燕语莺歌希领悟，桃红李白写文章。寸阳分阴须爱惜，休负春色与时光。

夏读书，日正长，打开书，喜洋洋。田野勤耕桑麻秀，灯下苦读声朗朗。荷花池畔风光好，芭蕉树下气候凉。农村四月闲人少，勤学苦攻把名扬。

秋读书，玉露凉，钻科研，学文章。晨钟暮鼓催人急，燕去雁来促我忙。菊灿疏篱情寂寞，枫红曲岸事彷徨。千金一刻莫空度，老大无成空自伤。

冬读书，年去忙，翻古典，细思量。挂角负薪称李密，囊萤映雪有孙康。围炉向火好勤读，踏雪寻梅莫乱逛。丈夫欲遂平生志，一载寒窗一举汤。

陈毅于1921年夏秋，因参加赴法勤工俭学学生组织的爱国运动，被法国政府逼迫回国后，回家乡四川住了约半年时间。他制定的日程表上，每日学习、劳动、锻炼的时间达16小时以上。后来他把这个学习日程及心得编成韵文：

鸡鸣三程起，河畔习外语。一早贵千金，分秒需珍惜。午前学各科，精通义和理。切记不偏废，骄躁是大敌……夜里会百家，夫子全请齐。共议天下事，共谋治国理。学习成在勤，勤靠志不移……

空想社会主义者圣西门在少年时代，让他的仆人每天这样催他早起：起来吧，伟大的事业在等待着你哩！时间像海绵里的水，只要挤一挤，总会有的。

知识一旦获得之后，便与人的灵魂融成一体，为任何外力所不能剥夺。而财富则永远属于人的身外之物。有的人虽然有许多钱财但精神世界很贫乏，常常自矜其聪明，事实上却是愚不可及。

有人说孔子是“生而知之”，孔子却说自己是“学而知之”。“工欲善其事，必先利其器;士欲宣其义,必先读其书”。又说:“好仁不好学,其蔽也愚;好知不好学,其蔽也荡;好信不好学,其蔽也贼;好直不好学,其蔽也绞。好勇不好学,其蔽也乱;好刚不好学,其蔽也狂。”

吕蒙是三国时期吴国的智勇双全的大将军。然而,他开始却是一位鲁莽草率、不喜欢读书的人。一天,吴主孙权劝吕蒙加强学习,增长见识和才能。吕蒙推辞说:“我整日军务繁忙,没有时间读书。”孙权便开导他说:“你再忙,总不会比我更忙吧?我经常挤时间读史书和兵书呢!我自己觉得,通过读书获得了许多教益。”一番话说得吕蒙茅塞顿开。从此,他发奋读书,学问大进。后来,他同鲁肃分析战局时侃侃而谈,提出了很有见地的策略,鲁肃大为惊讶。吕蒙微微一笑,说:“士别三日,当刮目相看。”

人之初并没有聪明与愚昧之分(即使有差别也很小),只因后天是否勤奋学习,提高素质;处世、为官并没有成败之说,只因在实践中是否及时悟出经验教训,增长才干。

一位很有才华的人名扬天下,后来反而才思枯竭了。——南朝江淹早年家境贫寒,苦志立节,学习刻苦,勤奋不辍,“留情于文章”,成为辞赋大家,与鲍照并称,誉满朝野。可是,到了后半辈子,他认为平生所求皆已具备,于是汲汲于功名,耿耿于富贵,由嬉而随,自我放纵,由一个莘莘学子一变而为及时行乐的阔佬,不再刻苦砥砺了,以致诗文褪色,“江郎才尽”,难副盛名了。

江郎重视早期刻苦学习,起步很早,功成名就。后来陷入平庸,不是能力不足,而是放松学习,勤奋不够。杜甫说:“富贵必从勤苦得,男人需读五车书。”通过多种途径学习,不断给自己“充电”,也能取得很多成就。《射雕英雄传》中的郭靖比较笨,靠勤学成为一代大侠。

宋代文学家苏洵,年少时不爱读书,逍遥自得,不务正业,虚度年华。27岁那年,他幡然省悟,于是痛改前非,发愤读书,两试名落孙山也不气馁,才学与日俱增,后来名震京师。

王安石特别聪明,读过的书终生不忘,写出的文章下笔如飞。然而他非常重视后天学习,一生手不释卷,知识非常渊博。王安石写过《伤仲永》的文章,讲了一个神童终成平庸的故事,是因为没受到后天的教育,忽视了后天学习。

曾国藩说:“我的秉性本来就是愚鲁拙笨,除了比较勤奋一点,再没有别的长处了。”

他小时候的天赋不高。有一天,他在家谈一篇文章,读了多遍,还没有背下来。潜伏在他家屋檐下的小偷等得不耐烦了,跳出来说:“这种水平读什么书!”然后将那文章背诵一遍,扬长而去!

曾国藩第一次会试落第后,便作江南之游,沿途拜师求教,书不释手。他竟将衣物送进当铺,换100两银子,买下整套《二十三史》,养成终生读史习惯,“每天点史10页,虽戎马生涯,从未间断一日”。他从历史人物成败得失中吸取了宝贵经验。

曾国藩一生的思想倾向,以儒家为本,杂以百家为用。早年信奉儒家,通过克己的“内圣”功夫,最终达到治国平天下的目的。他治理湘军,镇压太平天国时,采用法家,“纯用重典”。晚年功成名就,后则转向老庄的道家,常表示于名利之外,须存退让之心。天京攻陷之后,他立即遣散湘军,并作功成身退的打算,以免除清政府的疑虑。不同时期有不同的思想倾向,说明曾国藩善于从诸子百家中汲取养分,以适应不同的情况。

知识上的富足,才是真正的富足。南北朝时期文学评论家刘勰说:“积学以储宝,酌理以富才”(《文心雕龙·神思》)。富兰克林说得好:“在知识上的投资,付息最大。”事实上,知识所付给人的利息,是不朽的生命。孔子说:“朝闻道,夕死可矣。”一个能够缩短知识的路程的人,不啻就是延长了他的生命。

生命之舟要做人生的远航,离不开智慧的双桨。《易·乾》说:有道德的人总是通过学习来扩充知识面,通过探讨来辩明事理。苏格拉底说:“人之不德,在于无知。”莎士比亚说:“知识为升天之翼。”许多伟人和贤人的崇高美德和宏伟大业,无一不是由于勤奋学习、勤奋实践而成功的。

江泽民说:“一进图书馆,思维就会更加活跃起来,各种书籍就会把你引入丰富多彩的世界。从古至今,许多哲人和智者都视读书为乐事,把读书作为修身养性、完善自我的重要途径。”读书学习为人生带来了美妙的时光,沉浸于读书世界的人,几乎可以称得上最幸福的人!

为什么基层干部群众喜欢听有水平的领导讲话?重要原因是他博览群书,信息储存量大,给人很多启迪。薄熙来说,领导干部“一要选好书,二要选择精华背下来,三要亲自动手写文章”,以提高自己的知识层次和文化品位。

读书、学习不一定非要做官,但做了官必须多读书、多学习。“德高足以服人,才高足以率人”。有才气的领导博学多识，驾驭全局游刃有余。因此，作为一名领导干部要勤读书、多学习、拓宽视野，丰富自己的才气。

无论是在戎马倥偬的战争年代里，还是新中国建立后日理万机的岁月中，毛泽东总是珍惜时间读书。毛泽东一生究竟读了多少书？读过哪些书？他光是藏书就有1万多种，近10万册，还有不少读而未藏的书。毛泽东有句论断：“有了学问好比站在山上，可以看到很多的东西；没有学问，如在暗沟里走路，摸索不着，那会苦煞人。”

毛泽东到了晚年，学识卓越，功绩辉煌，仍壮志不衰，愈老弥坚，以惊人的毅力坚持天天看书，包括重读《二十四史》、鲁迅的杂文等。他留下的雄文巨著，是我们党、我们中华民族的宝贵精神财富。

感慨于斯，本书作者赋诗《咏理论家毛泽东》：

博览史书盖古今，经纶满腹语惊人。

长征领路旌旗烨，窑洞研伸马列魂。

唯有工农是主宰，居然小米胜强军。

弘文四卷兴邦国，舵手导航辟远程。

人的潜能很大，学习没有止境。科学研究表明，人脑的潜力是很大的。20世纪最伟大的科学家是爱因斯坦。爱因斯坦死时曾表示过愿意将他的大脑捐献出来供人们研究。后来科学家研究发现，爱因斯坦的大脑使用还不到全部的10%。

人的大脑是由150亿个神经元组成的，每个神经元可以接受数千种不同的信息。人脑的功能相当于贮存一个人读300万年书所接受的信息的电子计算机。

习近平在中央党校进修班暨专题研讨班开学典礼上指出，在新的时代条件下，领导干部要不断提高自己，经受住各种考验，就要坚持在读书学习中坚定理想信念、提高政治素养、锤炼道德操守、提升思想境界，坚持在读书学习中把握人生道理、领悟人生真谛、体会人生价值、实践人生追求。领导干部如果不加强读书学习，知识就会老化，思想就会僵化，能力就会退化。爱学习、勤读书，通过读书学习来增长知识、增加智慧、增强本领，这是领导干部胜任领导工作的内在要求和必经之路。

从哲学的观点来看，知识的无限性，认识的有限性，也决定了学习的必要性和永恒性。人的生存是一个无止境的完善过程和学习过程，必须牢固树立终身学习的理念。

邓小平指出："学习可以使我们向前看，可以澄清各种混乱的思想。"读书和学习是党员干部提高自身素质和能力的需要，是应对各种风险与挑战的需要。应按照干什么学什么、缺什么补什么的原则，选择那些与所从事的工作关系密切、自己爱好和有兴趣的好书来读，使自己成为行家里手，内行领导。习近平强调领导干部要读当代马克思主义理论著作、做好领导工作必需的各种知识书籍和古今中外优秀传统文化书籍；并特别强调要坚持阅读与思考的统一，坚持读书与运用的结合，要锲而不舍、持之以恒。

如果忙碌于迎来送往、觥筹交错，心境就难免会变得浮躁。领导干部一定要钻下心来，多一点读书学习，少一点吃喝应酬。有些同志说工作太忙没有时间学习。关键是思想认识问题，就看你竟把学习放在什么位置上，如果真正充分认识到它的重要性，总能挤出时间来学的。毛泽东日理万机，对马列著作、二十四史、古典名著能通读数遍，而且作了批注。当然，我们不能要求所有的年轻干部都读那么多的书。问题的关键在于有没有高度的政治责任感、强烈的求知欲望和进取精神。

古人刘安说得好："谓学不暇者，虽暇亦不能学。"说学习没有空的人，即使有空也不会去学习的。如果心浮气躁，身有惰性，自以为是，放松学习，工作就会捉襟见肘、疲于应付。在学习上没有超人的付出，怎么可能脱颖而出呢？在学习上没有大投入，在事业上就不可能有大成功。因此，要加强学习，随时"充电"。"三更灯火五更鸡，正是男儿读书时"。我们要充分认识读书学习的重要性和紧迫感，变"要我学"为"我要学"，变"为知道而学"为"因喜欢而学"。

善于读书表现在许多方面，习近平讲了三条。其中第一条，善于思考是关键，它贯穿于读书学习的全过程。古今中外，有许多理论家、思想家很重视在学习中精心思考，认为学习与思考密不可分。

要把书本知识和别人的经验变成自己的东西，必须经过思考这个"再加工"的过程。向深层思考，亦即用概念、判断、推理，按照唯物辩证法进行思维，把零散的东西变为系统的，把孤立的东西变为相互联系的，把粗浅的东西变为精深的，把感性的东西变为理性的，而且把这种思维方法融会贯通到学习的全过程，从而形成正确的工作理念，转化为科学决策。诚如宋代朱熹所言："举一而反三，闻一而知十，用功之深，究理之熟。"

马克思对所读过的书并非全盘接受。他选出有价值的图书，接着便握笔重读，"顺便把自己的思考记在纸上”。——思考所读过的书和“顺手”写批注，成为马克思与书打交道的一种习惯和必要的准则。由这些批注汇集成的笔记，对马克思来说，是通往科学发现的可靠桥梁。

马克思在学习、写作劳累时，开始了独特的休息——在书房里走来走去，一边走，一边思考。年长日久，在门与窗之间的地毯上，留下一道被马克思的脚踩出来的痕迹，恰似一条穿过草地的小路。

物理学家爱因斯坦在学习时善于独立思考，不迷信任何权威，不崇拜任何偶像。他在青年时代，看了许多科普读物，认定《圣经》上的许多故事不可能是真的。他在谈到获得成功的体会时说：“学习知识要善于思考、思考、再思考，我就是靠这个学习方法才成为科学家。”

光思考而不学习，思考就会成为“无源之水，无本之木”。应当使头脑成为一个加工厂，对所学习的每部分内容、每个问题，都应勤思考，善于找出它们之间联系，总结出规律性东西，不能让头脑只作为一个批发站，不动脑子，不求甚解，书云亦云，亦步亦趋，毫无见识。

陈毅提倡“读书要用脑子”。他说：“光读不行，要用思想，读了书，听了报告，脑子里想这段说的什么？内容在哪里？都必须确实的把握到。”陈毅在回忆第一次读《共产党宣言》的感觉时说道：“这本书里面有许多深刻的分析，新鲜的提法，引起了我很久的思索和讨论”，思想上产生了“大震动”。

努力思考可以避免读死书、死读书，避免许多无谓的阅读，“变成书橱”。死记硬背容易导致思想死板、僵化、迂腐，“抱着西瓜只说圆，捧着桂花只赞香”，把书当教条，拿现成的结论简单地去生搬硬套。在学习中独立思考，才能学得深刻，触类旁通，启迪灵感，转化智慧，触发创造。

二、修炼独步人场的领袖气质

如今是素质竞争的时代，领导者要想取得事业的成功，必须时时处处注意提高自己的素质。卓越的领导者品质优秀、成熟稳健、意志坚韧，具有令人尊敬爱戴的凝聚力。人格魅力像磁石般，使下属聚集在你周围。

(一)成功领导的十四条标准

你是否观察过一队忙碌而行的蚂蚁。它们似乎没有首领,无人指挥它们应该怎样去做,然而它们井然有序,各行其是。但如果我们将一群人扔进一个坑中,让他们一个个自己爬出来。即使他们爬得出来,也是相互阻碍,直至最后产生一名指挥者。"乔治,你趴下来!哈利,你跪到乔治的背上,贝尔,你再上去……"就这样他们才能爬出来。

人类不同于蚂蚁,他们是一种更为复杂的高级动物,每个人都有自己独特的思想,因此需要一个领导者来引导和指挥,以达到共同的目标。

我们无法用一个公式来表述出领导关系。领导是一门艺术、一种技巧、一种才能。有些人生来俱有,有些人学而得之,而有些人永远也摸不着边际,甚至有些人从没想到过去当什么领导。如果你是这种人,建议你放下这本书,把它送给自己的朋友去看。

看看我们周围那些成功的领导者,他们似乎都具有以下共同的特征和素质:

1.领导者要保持忠诚

忠诚,是领导者对公司的最基本的态度。如果你想获得,首先必须要自己付出。不要向员工发泄对公司的不满,对他们而言,你就代表着公司。如果你需要他们时,期望他们为你效力的话,就不要在员工面前对公司说三道四。

2.领导者要充满乐观

乐观的领导总是乐于听取他人的意见,因为他期望着好消息的到来。悲观的领导却总喜欢找各种借口或摆出一副对一切都胸有成竹的架势,因为他害怕听到不好的消息。乐观的领导认为员工很有帮助、富于创造力,悲观的领导则认为他们懒惰、讨厌、无用;乐观领导每天清晨起床,便充满热情、信心十足,悲观的领导则躺在床上,精神不振;乐观的领导热情欢迎员工提出建议,悲观的领导总是认为新的主意就意味着带来新的问题,认为弊大于利。

所以,乐观的领导步步高升,悲观的领导则寸步难移。

3.领导者热爱员工

这一点应该不言自明。领导的工作就是管理员工,如果他根本不喜欢自己的员工,那他如何让员工去热爱公司呢?

优秀的领导者总是对员工关怀备至。他们对别人所做的事情表现出真诚的兴趣，让员工充满信心，并对领导充满好感。他们易于让员工接近，而不是只在办公室的大门里。

最优秀的领导注重人性，因为他们深知自己并不比其他人更加完美。他们对自己的缺点从不讳言，这样他们就能更充分的理解他人的缺点。

4.领导者应鼓舞人心

仅仅是愿意抛头露面，站在众人之前指手画脚，这并不能表明领导者的勇气。领导者应当不断尝试新的方法，因为事情总可以比过去做得更好。领导者从不说“我们不会那样去做”。如果领导让某人去试做某一件事而未获成功，他不会对做事者失去信任，也不会乱加指责。因为他明白：如果不让员工重振精神，再度尝试，又怎会获得成功呢？

5.领导者要纵观全局

领导者从不会说：“这不关我的事”。如果你突遭不测时需要下属投身为你解忧，那你必须先让他们知道，在他们需要你的时候，你总是乐意帮助他们。如果员工除了完成他们所认为的分内事情，对其他任何事情都拒绝去做，那可以断定，你的公司就陷入困境之中了。

6.领导者要坚决果断

领导者要时常做出各种决定，而做出这些决定都是需要勇气的。当信息完全准确时，领导者易于做出正确的决定。但当信息难以得到时，你简直就无法做出决定。真正考验你的时候到了！事到临头，你必须做出一个决定。犹豫不决、优柔寡断，这些都明显表明一位领导内心的恐惧与害怕。没有人会尊敬或跟随一位胆小害怕的领导。

7.领导者应机智周到

以委婉动听的话语待人总比尖刻刺耳地语言更好，这是生活中的一个简单道理。然而，权力的诱惑通常使这些身居高位的人忘掉此理。当我们急切希望完成工作之时，便失去了耐心，根本不考虑他人的感情。我们毫不理睬他们的建议，低估他们的工作成绩，在同事面前羞辱他们。我们忘记了一个重要原则——批评时应当针对事情而不要迁怒于人。

8.领导者应当公正无私

当你总结成绩、安排工作、给予提升、增加工资、雇佣员工、解雇员工的时候，你的任何决定都影响着整个部门。因此,讲求公正是极为重要的一点。如果一位员工毫无业绩,你却给他加薪,这只能让其他员工感到不满。当一位员工无辜受冤时,集体的士气也会受到影响。员工犯了错误之时,应该让他知错认错,然后置之一边,不应耿耿于怀。犯错是学习的良好机会,而不应视它为伤害员工自尊心与自豪感的靶子。

9.领导者要诚实可信

诚实,意味着向上级领导报告他们可能并不想听的事情;诚实,意味着告诉员工他们何对何错;诚实意味着领导自己犯错时敢于承认错误。既要向下级讲出实话,又不要伤害他人的感情,这并非易事。保持诚实有利于公司的共同利益,它应该作为人们行动的主要目标。

10.领导者雄心勃勃

领导者首先必须自己雄心勃勃,同时对员工也应满怀信心。领导者应分享员工的成功,认可他们的成绩。以自己的热情和充沛的精力来激励员工,这样就可以让每个人都得到进步与提高。但请注意,任何事情都不要矫枉过正。不能仅仅为实现自己的雄心壮志而抛开自己面前的一切人和事而不顾,由此造成的后果将不堪设想。

领导者的雄心还表现在敢于适时予以改变,而许多人则害怕这种改变。当然,如果改变速度太快也会造成更多的损害。因此,一位优秀的领导者应当知道何时放慢进程,何时加快步伐。领导者的脑子总是时时高速运转,而他们表面显得若无其事。他喜欢顺其自然而非快马加鞭,他喜欢灵活处事而不愿强硬推行。一位优秀的领导者就如一位行销高手——既向他的员工,也向他的上级领导推销自己的主意和计划。

11.领导者始终如一

一个糟糕的领导情绪不定,时而焦躁不安,时而兴奋异常,对问题或紧急情况的反应令人捉摸不定,无法预测。这些不良情绪都会加重员工的心理负担。为了保护自己,员工不得不时时作最坏的考虑,因为领导总是小题大做甚至无事生非。

12.领导者谦虚谨慎

杰出的领导者都具有完美的自我形象。他们喜欢自己每天早晨在镜中看看自己的面容。因此,他们不需要从别人那里得到阿谀奉承,也不必自吹自擂。同时,他们也不必掩饰自己的错误,因为他们知道,人无完人,至少他们不是完人,所以犯错是在所难免的事情。

员工永远不会被自我主义者所蒙骗。你也许感到奇怪,他们为什么浪费自己的时间,一直向你吹嘘他们多么完善。他们吹得越厉害,就越表明他们内心的胆怯和自身的无能。

13.领导者信心十足

自信而不孤傲、不卑不亢,这些也是杰出领导者的优秀品质。自信者不必开口,就显示出他所具有的很大吸引力。自信的外表,会让员工有所寄托,感到安全。

我们知道,没有人总是时时充满自信,如果你的领导不能百尺竿头,更进一步,那你发展提高的机会何在?谁击出全垒打的机会更多?是站在球位自信能够击中的人,还是根本不相信自己能击中的人?

14.领导者为人之师

历史上的每位伟人无不首先为人之师。更重要的是他们传授的不仅仅是与手头从事的工作有关的知识,领导者还善于传授领导方法。他们乐于帮助员工建立自信、喜欢他人、胸怀大志、热情充沛、为人诚实、办事稳妥、坚决果断。

(二)意志力是一种特殊的能力

有人说:“政治的较量,就是意志的较量。”

在心理学中,意志是指人善于控制自己的行为,善于动员自身的力量去战胜客观困难。意志是人的心理活动,它反映在有意识的有目的的行为上。

意志与领导者和领导工作是寸步不离的伙伴,因为办任何事情(特别是领导众人去办的事情)都会遇到一定的困难。世界是由矛盾构成的,我们办任何事情都是为了解决矛盾。可以说,矛盾和困难是同义语,它们都说明事情存在或出现了问题。

在现实中,有些有知识有才干的领导,并不一定能成为优秀的领导人才,而有些能力差一点的人却能够依靠坚韧不拔的顽强意志,去克服看起来是无法克服的困难。在体育比赛中,在两人(队)实力相当的情况下,胜负主要取决于竞赛者的意志状态。这些都说明,意志的力量是巨大的。对于领导来说,意志也是构成才能的一个因素,而且是一个重要的因素。

领导工作的性质，决定了领导者必须具备很强的意志力：目标始终如一，信念坚如磐石，一切行动都在理念的牢牢控制之下；胜利时保持清醒的头脑，并提出新的目标；在挫折和困难面前毫不气馁……否则，事业和工作就会半途而废，结果是前功尽弃，或者是付出不该付出的代价，事倍而功半。历史上，因领导意志不坚强而导致全局损失和失败的例子是不胜枚举的，有的是在取得了暂时成功后精神涣散，也有的是受到物质、地位、美色、荣誉的引诱而丧失气节，等等。

没有强烈的事业心，就不可能成为优秀的领导人才，而人的意志力是事业心的中心支柱。"最后的胜利往往产生于再坚持一下的努力之中"。在绝望的困境中"再坚持一下"，这是一种强大的意志力量，领导要开创新的工作局面、要推动全局前进，有时还要挽救处在危机中的事业，意志状态就在某种程度上起着决定性的作用。企业家有没有能力领导自己的企业在竞争中发展；政治家有没有能力在政治舞台上经历各种风浪，稳操舵把驶向胜利彼岸；事业家有没有能力在社会生活中经受千锤百炼，实现神圣的目标……这都取决于他的意志力。

据心理学家分析，人的意志受性格和环境的影响，受客观条件的影响，还受社会意识和教育的影响。本书作者以为，锻炼意志的最有效的办法是感受痛苦。世界上的每一个伟大的人物，他们都是意志力很强的人。查阅他们的历史档案就会发现，他们都有一部苦难史。虽然他们的遭遇不同，但都在感受痛苦的过程中使意志得到了锻炼。痛苦是对信念、信仰的残酷考验，经受住了这样的考验，人的信念、信仰就比常人坚定十倍。

生活告诉我们，人的信念、信仰越高尚，其行为过程就越艰难，意志也越坚强。当行为动机与客观发生矛盾时，思想上的压力感、屈辱感就会给人带来崇高的痛苦，使人的心灵得到洗刷和锻炼，人的适应能力也会大大提高，遇到一般的挫折和困难便不会失望。有一首歌曲唱道："眼泪能使玉石更白，痛苦使人意志更坚……"相反，有些人的生活道路一帆风顺，或者靠机遇青云直上，他们由于没有尝过"苦头"，就往往容易患"精神脆弱症"，时而异想天开，时而心灰意冷，他们是不可能成为与困难搏斗的强手的。

随着社会事务日益复杂化，客观现实要求每一个领导，不论职位高低，都要具备顽强的意志力，要能在逆境中沉着应战，仅仅能支撑门面是远远不够的，必须能够不断开拓、进取，才能使所领导的社会集团立于不败之地。一个领导，如果缺乏意志力，那么他的能力就要减弱很多。

一般来说，权力地位越高，责任就越大；责任越大，责任心就要求越强；而责任心越强，对压力的感受就越深刻。但这个理论事实上也存在缺陷。基层组织的领导，因为在社会的基层活动，他们所掌握的第一手资料往往使他们感受到最直接、最具体的压力。所以不论职位高低，压力都来自责任心。责任心很强的人都能自觉地操劳，因此精神负担很重，不论来自哪个方面的小小的压力，都能唤起他们的积极行动。行动“频率”越高，与困难遭遇的机会就越多，锻炼意志的机会也越多。没有责任心，得过且过的人当然可以逍遥自在地打发日子，但他们的意志却一天天衰弱下去了。

要锻炼意志，就要自觉、主动地承担压力，有压力才会有痛苦感。这种痛苦，并不是单纯的情绪，它应该是一种作用于思想的崇高的精神感受。比如在逆境中，领导者深刻地感受到精神上的压力，便下决心扭转局面；在行动过程中会遇到各种客观困难，但是他在强烈的责任心驱使下，会咬紧牙关坚持，并积极地采取措施。这个行动过程，也就是意志的锻炼过程。

痛苦(精神压力)最有利于锻炼人的意志。但是在实际当中怎样把意志变为积极的坚定的行动呢？行动在开始之前要定计划，每一项工作按照计划的方针、目标、步骤去做，这样，遇上困难就不会迷失方向。苏联心理学家恩·伊·斯皮里多诺夫说：“如果是经过多年才能达到的目标，那就应该拟订多年的行动计划，规定出近期和远期的任务。定出每一段时期、每日的工作安排。在既定的方向每前进一步，都会得到情绪上的满足。做了工作，有所收获，经验不断积累起来，下一步就更容易走了。定出工作的进程表、行动的步骤，使行动成为习惯。在行动的各个阶段都可以用激励行为的思想和语词进行自我暗示。每遇到新的困难就再一次地进行思想酝酿，进行鼓励性的自我暗示：‘我能够胜任！我有坚毅的精神！我不次于别人。’”

领导者在面临错综复杂的局面时，在困难和挫折面前，以及在工作取得极大成功时，情绪都必然会受到影响。要想锻炼出胜不骄、败不馁的意志品格，就要学会有针对性的自我暗示方法，在思想上激励自己，在情绪上节制自己，在行动上引导自己，这种心理方法成为习惯以后，就能保持较强的意志力。

意志是一种特殊的能力，其特殊性主要在于它是通过人的精神而起作用，是一种精神力量。假设,农场的经理发现了一个十分满意的人才,当他要用这个人才时,却遇到了很大的阻力,这种阻力就是对经理的意志的考验。如果意志力不强,他就会放弃这个人才,从而省去因此而产生的许多麻烦。但这位农场经理认定了这个人将来会有出息,坚决要重用,毫不动摇,于是就排除阻力把这个人才提拔上来了。人们说用人要"有胆有识",有识就是要善于认识和识别人才,有胆呢,这里面就包括气魄、意志力和信念。有胆有识,这是最最要紧的用人之道。

由此,我们可以得知,意志这种能力是离开知识领域的一种能力。有知识而又缺乏坚强意志的人是不可能成为优秀领导人才的。

(三)成事要靠意志与毅力

一个领导者一旦有了必要的目标之后就要为之进行奋斗。时代的变迁,宦海的沉浮,政坛的角逐,战争的浩劫,经济的衰败以及世俗的偏见,他可能遭受一次次失败的打击,这时他若没有坚强的意志和毅力坚持到底,美好的理想,远大的目标会付之东流,已建立的信心和信念顷刻就被推翻。

意志和毅力不是一种抽象的、看不见的、感受不到的东西,它通过领导者的活动体现出来。它是蕴藏于领导者的内心而直接体现在行动中的心理素质。它具体体现在顽强性,果断性,忍耐性三个方面。

意志的顽强性,它表现在领导者在遇到困难和挫折时,能够迎难而上。困难越大,挫折越多,斗志越旺盛,干劲越足,有一种不达目的誓不罢休的决心、勇气和闯劲。

美国历史上出过三位杰出的总统,他们是独立战争时期的华盛顿,南北战争时期的林肯和反法西斯战争时期的罗斯福。这三位总统在有胆有识方面不相上下,但离我们最近、对世界影响最大的恐怕要数罗斯福了。富兰克林·罗斯福出身豪门,与美国历史上另一位总统西奥多·罗斯福同属一族,但他的声望远在西奥多之上。

罗斯福打破华盛顿开创的不连任三次的传统,连续四次登上美国总统的宝座。任总统期间,他大刀阔斧,实行新政,缓和了美国的经济危机,拯救了美国的经济。第二次世界大战爆发后,他不顾美国的孤立主义传统,使美国与英国、苏联结成联盟,为争取反法西斯战争的胜利做出了重要贡献。

纵观罗斯福从政历史，他是美国历史上的一位有远见、重实际、精于政治策略的政治家，“没有哪一个美国总统能那样有效地集政治家、政客、鼓动者和导师的品质于一身，而这些品质是伟大人物所需要的。”他初登政坛便显得与众不同，引起了许多人的注意。有人对当时的他评价道：“第二个罗斯福走上了三十多年前的西奥多·罗斯福就已赢得声誉的舞台，这是不能等闲视之的事情。”的确，他那贵族的气质和从容不迫的举止首先便征服了很多人，但是真正让他出人头地的却是他果敢的开创精神和顽强的意志。

罗斯福在美国政治圈内很快就赢得了他的前辈们的器重，威尔逊入主白宫后，任命他担任海军部助理部长。正当罗斯福的事业蒸蒸日上之时，厄运却接连向他袭来。1920年他和詹姆斯·考克斯搭档代表民主党竞选副总统和总统惨遭失败，之后他暂时退出政坛，回家休养。但不幸又一次降到他身上：在芬迪湾的一次游泳后，双腿突然麻痹。罗斯福经受着身体上的痛苦和精神上的折磨。一个有着光辉前程的硬汉子一下子变成了一个卧床不起、什么事都需要别人照顾的残疾人这是多么痛苦的事。起初他几乎绝望了，认为上帝把他抛弃了。但是奋力向上的精神和顽强的意志并没有使他放弃希望。治病期间他仍然不停地看书，不停地思考问题，勇敢地面对自己的疾病，积极配合医生进行治疗。这需要多么非凡的勇气和毅力。但对罗斯福而言，这也是天降大任之前对他意志的一次重大考验。事实也如此，经过疾病的折磨，罗斯福变得比过去更加坚毅老练了。小儿麻痹症使他从一个轻浮的年轻贵族变为一个同情并能理解下层的人道主义者，而正是这一点使他最终入主白宫。

总起来说，罗斯福是精于政治策略的，他在用权术与计谋来达到自己的政治目的方面可谓技艺高超。所以马基雅弗里关于狮子与狐狸的比喻用在罗斯福头上颇为贴切。除此之外，罗斯福还以有胆有识著称。他在首次就职演说中提出了“无所畏惧”的战斗口号：“我们唯一值得恐惧的就是恐惧本身。”他不怕失败，勇于尝试、勇于创新、有魄力、有远见，把美国引上了一条新的发展道路。罗斯福作为一位杰出的领导人，集权术、胆识和实用主义于一身，他与丘吉尔、斯大林并称“二次大战三巨头”，与华盛顿、林肯齐名，一同流传青史是当之无愧的。

意志的果断性。就是一个领导者善于当机立断，坚决地下决心做出决断的能力。在决策和处理问题时，善于选择时机；在时机成熟时，能立即做出决定采取行动。在紧急情况下，能迅速做出应付紧急情况的决定；当情况发生变化时，或发现自己的决策失败时，能够立即停止行动，改变已做出的决定，而不是优柔寡断或武断。领导者具有意志的果断性，在进行决策和处理问题时，思想高度集中，反应极为敏锐，对信息的消化和吸收，对经验的综合运用，对未来的估计和推算，都能在瞬间完成，凝成明确的指令立刻执行。

温斯顿·丘吉尔，是英国著名的政治家，保守党领袖。世界反法西斯战争“三巨头”之一，他受命于危难之际，领导英国人民取得了抗击德国法西斯战争的胜利。

丘吉尔一生抱着一个信念，就是英雄创造了历史，而他自己正是创造历史的英雄，命里注定要发挥杰出人物的作用。丘吉尔实现了这个信念，他的一生正是叱咤风云的一生。因为他的存在，挽救了大英帝国的命运，也可以说改变了世界的时局。他以其远见卓识、深刻的分析判断力、坚韧不拔的意志、决胜千里的政治魄力和雄辩的演说，在世界政治舞台上留下了永不磨灭的魅力；他以其为英国、为世界做出的伟大贡献留下了千古的英名。

丘吉尔爱好军事和政治，他毕生的精力都献给了军事和政治。他生性执拗，相当自信。他谋求权力，因为确实认为自己比别人更善于掌权。由于这种自信，使他具有坚韧不拔的意志。在政治生涯中，他几起几落。早在 1906 年，丘吉尔就入阁，先后担任殖民副大臣、商务大臣、内政大臣。在第一次世界大战前夕担任至关重要的海军大臣。然而，也是由于他的自信、或者说执拗，在一战中，他几次没有经上司同意，采取轻率的军事行动，终于使海军惨败于攻打土耳其西要塞的战役中，他不得不辞去海军大臣职务。1917 年，又被劳合·乔治首相任命为军需大臣；但是 1929 年大选，保守党失利，他不得不离开政府，直到第二次世界大战爆发，他度过了十年的“政治上的荒漠状态”。1940 年受命于危难之际，出任首相，但 1945 年大选，他又被迫下野，直到 1951 年，77 岁高龄再度出任首相。他坚韧不拔的意志使他在政治的风浪中取得了胜利。

获得政治上的成功，只有聪明才智、反应敏捷、个人品德以及伟大事业的信念是不够的，还需要有为取得重大成就而敢冒一切风险的品质。丘吉尔是具有这种品质的，他是敢作敢为的。他在为自己的理想和事业追求过程中，不惜一切代价，他从不说“不行”或“失败”。

丘吉尔为实现政治抱负，迫不及待地想成为任何事件的核心人物。1904 年他因保守党组织的新政府中没有给他一个大臣职位而在下院倒戈，退出保守党加入自由党。他冒了极大的政治风险，这个赌注说多高便有多高。丘吉尔改变党属关系造成了巨大的冲击波，许多朋友指责他忘恩负义。因为反戈，丘吉尔由被捧为前途巨大的青年人而被称为“布伦海姆变节分子”，直到11年后，保守党人还提出将丘吉尔排除于内阁之外。但也因为倒戈，他当上海军大臣。在20年后，他又回到了保守党，当上了财政大臣。

丘吉尔是在张伯伦绥靖政策破产，英国遭到德国攻击的危急的形势下担任首相的。他以其远见卓识，正确的判断能力，坚毅的战斗决心得到英国人民的信任。

张伯伦为首的绥靖派，相信希特勒德国的“德国对英国没有敌意”的谎言，一味地对纳粹德国妥协退让，并支持德国进攻苏联。而丘吉尔对战争的形势进行分析，指出“德国正以历史上前所未有的规模扩充军备”，准备发动一场使欧洲“德意志化”的战争。他到处发表演说，力主对德进行积极有力的战争。

他以其远见卓识主张同苏联化宿敌为盟友，争取美苏和其他同盟者。他说：“我们大英帝国只有一个目的，就是决心消灭希特勒和纳粹制度的一切痕迹。我们要给俄国和俄国人以一切可能的援助。”

艾森豪威尔十分尊敬地赞扬丘吉尔的雄才大略说：“通过战时与他交往，我发现，对他来说整个地球就像是一位智者的操练场地，这位智者可以力图解决海陆空部队部署这样的紧迫问题，而几乎在同一瞬间，又能探索到遥远的未来，仔细考虑参战国在今后和平时期的作用，为他的听众设计着世界的命运。”

(四)锻炼自控能力很重要

自控是抑制自己的感情和情绪，控制自己的行为，使自己以最合理的方式行动。自控的反面是失控，如感情冲动、表情异常、言行出格、一反常态，以及平时所说的魂不守舍等。教育家马卡连柯说：“伟大的意志不仅善于期待并获得某种东西，而且也善于迫使自己在必要时拒绝某种东西。没有制动器就不可能有机器，没有抑制力也就不可能有任何意志。”

自控不等于凡事都无动于衷。该喜不喜，该悲不悲，该怒不怒，没有脾气个性，“一锥子扎不出血来”，那是麻木不仁。人的正常的喜怒哀乐的反映都是理所当然的。领导者

在工作中表现出来的喜怒哀乐，对于被领导者的情感、行为能够产生较强的导向作用，也是一种感染力和驱动力。问题在于这种喜怒哀乐要围绕和服从于组织目标，并且适度，即程度相当，不因此而丧失理性。

良好的自控能力是领导者重要的意志品质，也是衡量领导者的涵养气度的尺度。领导者的自控包括很多方面。

首先，危机时保持冷静。危机可以锻炼人，也可以毁灭人。工作中的危机和个人的危机，都是对领导者的考验。而且，越是在危机中，“政敌”往往也就出现了，因此更是慌乱不得。尽晓危难于心，袒露镇静于态，这是危机中需要的领导品格。在生活中常见有两种人，一种是遭遇一点不幸，就捶胸顿足，呼天喊地。另一种是对于面临的横逆，尽管也不免感到痛苦，但决不会因此而失态，更不会一蹶不振。他们知道，如果不能克制自己，势将招致更大的不幸。即使在面临不可逆转的命运的时候，也能泰然自若，保持豁达的心境。领导者在部属面前，理应如此。

“沧海横流，方显出英雄本色”。从一定意义上说，危机正是给领导者提供了大显身手的舞台，危机中恰恰常包含着转机。在困境和逆境中，镇定自若、沉着应对、稳健地处理问题，才能稳住阵脚，掌握时机，保持主动，适时化劣势为优势，如果领导者显露惊慌失措或悲观失望情绪，就会像疾病一样迅速传染他人，局面愈发不可收拾。第二次世界大战中，斯大林在法西斯侵略者兵临城下时，仍照样举行节日庆典和阅兵典礼，不愧为雄才大略的军事统帅。历史上还有许多失败的英雄，他们的镇静和自尊保持到生命的最后一刻，令后人钦佩、景仰。

其次，不为内耗所干扰。领导工作中最令人头痛的事情之一是内耗。当人际群体处于某种无序或不协调状态时，其系统内各种力量之间的相互抑制和冲突，从而使有用力量减损和抵消。换言之，内耗是一种无组织力量，它瓦解群体的内部结构和削弱群体的外部功能。群体内的争权夺利，争斗不休，是不以人的主观意志为转移的客观存在，属“树欲静而风不止”。有的领导者不得不把相当多的时间和精力，用于考虑如何应付复杂的派系关系。有的被闲言碎词所缚，被他人摆弄和左右，被内耗“耗”得心灰意冷，难以施其才，达其志，失去了工作的进取心和锐气，失去了自我。内耗是值得专门研究的问题，其中可能有原则性争论不能回避。但既为内耗，大量都是无关大局、摆不到桌面上的无原则纠纷，或兼有上述两方面因素，因处置不当，才演变为内耗，及至把领导者自身也牵卷进去。因此，对这类问题一方面要通过正常的组织途径来解决，另一方面要善于自控。包括对待围绕领导者个人的流言蜚语、成见、不负责任的、自由主义的小动作甚至于背后的挑拨离间、恶语中伤、人身攻击等等。

大家熟知的一句话：小不忍则乱大谋。意思是小事上不能忍耐，就会坏了大事。作为政治谋略，人们对此多给以贬义的理解。但在现代社会，人们从修养的角度，也可以褒义地理解，即应在小事上谦让忍耐，不要因计较鸡毛蒜皮而影响大局。

再次，尽快摆脱坏情绪。月有阴晴圆缺，人有吉凶祸福，每个人的情绪都会有好和坏的时候。专家认为，情绪可以影响一个人的前景，短则几小时、几天，长则几周、几个月。好情绪一般对人是大有帮助的，如乐观和自信使人充满活力，积极进取的心境像磁石一样吸引人，把人引向成功；而悲伤、焦虑、气愤、冷漠、失望、内疚或者还有没情绪等坏情绪，其影响就是消极负面的了。它消耗人的精力，使人陷入泥潭，裹足不前。领导者要善于控制情绪，调节自己，尽快摆脱坏情绪，不要被坏情绪所支配。

世间没有不可医治的心灵创伤，只要有时间。但要尽快摆脱坏情绪，还要依赖当事人自己。这就需要在不良情绪侵袭时，理智地分析不良情绪形成的原因。然后具体问题具体对待，最好从根子上加以解决。如果与不良情绪相联系的实际问题不存在了，不良情绪当然也就消失了。此外，也可以通过适当的交谈倾诉、转移心理注意力等方式，改变心境。如领导者有自己的业余爱好，看看文艺演出、听听音乐、打打球等，可以用来调节情绪。还可以在周末与好友、家人一道去逛逛街，消遣一番，用周末的轻松愉快，调节一周的紧张烦恼。

生活是立体的，在它的每个侧面和交叉点上，都蕴涵着成功的契机，不要把自己囿于某一件事情上，应该使自己的愿望灵活一些。这样，一旦遇到了难遂人愿的情况，就有思想准备放弃原来的想法。要看到，生活和工作中没有一个愿望是绝对神圣、不可更改的。

最后，发怒得当，善于制怒。这是领导工作中最普通和常见的问题。在一些领导者修养的书籍中，人们囿于固有的思维定式，总是认为凡是领导者，其待人接物永远应该端庄稳重，平易和蔼；发怒与领导角色的行为规范不符，会损害领导者的形象。有的领导者在工作中即使碰到怒不可遏之事，也强迫自己抑而不发，似乎这样才够修养。其实，这种与动辄发怒一样，都会贻误工作，损害领导者的形象。"气血之怒不可有，理义之怒不可无。"不应当凭个人意气发火，但为真理。正义动怒却是理所当然、必不可少的。在原则问题上、事关重大的紧迫问题上、部属失职渎职等问题上，领导者发怒对当事人具有刺激性和震撼力，对旁观者也有警诫作用，有利于问题的解决和推动工作的进展。这类动怒是领导者忠于职守的表现；适当宣泄自己的感情，也不能算是失控。在很多部门和工作岗位上，如果领导者没脾气，虎气不足，"猴气"有余，文文静静像个小媳妇，不会发怒，反而成不了好领导。

制怒的有效方式是预防。从心理上说，就是对周围的人和事有客观的认识，不抱有不切实际的幻想和希望。只要去掉这些幻想和希望，愤怒便不易产生。作为一位领导者要明白，你不会得到所有人的赞许，任何时候都会有人反对你，世界本来就是如此。工作也不会一帆风顺，总会有这样那样的波折，都按你预想得那样发展是不可能的。有了这种思想准备，就能应付不如意的、预料不到的事情，不会轻易发怒。如果意识到自己要发脾气，就要努力推迟愤怒，比如推迟 15 秒，然后再发作。等到下一次又要发脾气时，推迟 30 秒。这样多次的延长就是最好的控制，逐渐把不必要的发怒减少到最低限。

从日常工作中容易引起某些领导者气恼的事情上看，领导者要注意心平气和地对待工作中与自己不一致的见解、意见。主要有两类：一类是对开展哪些工作，如何开展工作，怎样评价工作所取得的绩效等等，有不同的看法；另一类是公开、正式场合直截了当给领导者提的意见，或者是用间接的方式提意见，侧面流露的不满等等。这后者更易使领导者面子上挂不住。总之，不是顺耳之言，而是逆耳之言。对这些见解、意见动怒不应该，也无济于事。要允许人家讲话，更要让人把话讲完，做到不仅表面不怒，内心也确实不怒，叫作拿得起，放得下，睡得着，当然不是不重视，不思索。这就是修养的问题。

工作中有不同意见，哪怕是针锋相对的意见，都是正常现象。不能要求所有人考虑问题都和领导者一模一样，那反倒是怪事了。一位高级经理人员说得好："你的地位越高，就越要听取正反两方面意见。如果你的人只会对你一味称是，你们两个就肯定有一个是多余的人。"一位领导者听到不同于自己的意见就坐不住，或拍案而起，激烈反击，或事后耿耿于怀，不仅做不好工作，还失去了领导者的气度。正确的做法应该是，各抒己见，相互讨论，尽可能求得一致，或者求大同，存小异。当场不能解决的争论或问题，亦不必强求，不妨暂时放一放，事缓则圆。

至于如何正确对待别人对自己的批评和意见，很多道理都是众所周知的，重要的是在于实践。这里只从自控的角度讲一点：有时候，不要把自己看得太重要。这与自尊并不矛盾，但可能使人的心绪更易于平静。从生活中观察，真正做到闻过则喜，实属不易，确是修养到了高尚的境界方能为之。然而平静地接受人家的批评和意见，尽管面子上一时可能有点下不来，但却认真地思考，有则改之，无则加勉，从不与人计较，这则是每个领导者起码应该做到的。

(五)全面提升自己的能力

一位美国学者指出，一名成功者至少必须具备9种能力。他的观点得到了世界学者的广泛认同。这位学者强调的9种能力是：

1.技术能力

技术能力是指一个人在进行某种特定活动(如企业)的过程中所运用的方法、程序、过程和技术等知识，以及运用有关的工具、设备的能力。

干大事业者必须具备技术能力。一个人只有具备了技术能力，才能在立业的过程中训练和指导部属，才能处乱不惊，从容应对困难。这种能力最实在，也最容易获得。在正规教育中，一些专业如会计、营销、法律、财务、计算机、外语等均有这方面的训练，此外还可通过社会上众多的培训班及经验获得。

2.概念性能力

概念性能力就是抽象力，即一般分析能力，逻辑思考能力，善于形成概念，即将复杂的关系概念化，在构思和解决问题时有创意，能分析事物和捕捉其趋势，预测其变化，具有确认机会及潜在问题的能力。

概念性能力是有效地计划、组织、协调、制定政策、解决问题和确定发展方向的基础。领导者的一个重要职责，就是协调其企业、公司内部各分散部门和经营环节的相互关系。为了有效地完成经营目标和获得利润，领导者必须了解并掌握其公司各部门的相互关系。同时也必须注意外界环境，注意了解投资环境、市场变化及其可能带来的影响。

3.交际能力

交际能力可以说是人际关系能力的简称，意指有关人类行为和人际交往的知识，了解别人所说所做背后的感觉、态度和动机的能力（设身处地、社会敏感性），明确而有效的沟通能力（口齿伶俐、说服力），以及建立有效的合作关系的能力（机敏、圆通、对可接受的社会行为的知识）。

人际关系能力是人生在世所不可缺少的。一个人要想在现代社会立足，必须与上司、同事、部属及外界人士等形形色色的人打交道，更不能少了这种能力。要想出人头地，必须对他人的态度、感觉和需要相当敏锐，否则将无法正确地估计人们对他的所说所做将作何种反应。

真正与人共事的能力，必须变成一种自然而持续的活动，因为它不仅包含决策时的敏感性中，也包含于一个人日常生活中的敏感性中。

4.正确发现问题的洞察力

洞察力也即一个人多方面观察事物，从多种问题中把握其核心的能力。它迫使你去抓住问题的实质，而不只是看到外表现象。缺乏洞察力的人会只见树木或只见森林，而不能两者俱见。缺乏洞察力的决策者，会浪费宝贵的资金和人力，因为他无法抓住问题的根本，因此无法制定有效的方案。一个具有洞察力的人，在生意场上往往是成功的。

5.影响他人的敏感力

显而易见，对于任何一个想创业的人来说，人力资源是至关重要的，因此一名新时代的创业者就必须了解如何把大家结合在一种文化氛围内，使企业的员工都自动自发地上进，追求高目标。面对面地与员工进行沟通、持续地训练和发挥员工的工作能力、创造性，奖励以及工作保障，都显示出一个人培养有利于自己事业的文化氛围的敏感力。每一个强有力的企业文化都来自其领导者的敏感力。少了它，员工就会觉得没有动力，缺少干劲。

6.开创未来的远见力

具有远见的领导者能在内心里从已知推断未知，综合运用事实、数字、梦想、机会甚至危险等因素，进行创业活动。他不会为眼前的蝇头小利所吸引，不会为目前的困难所吓倒，而是在心中始终怀有远大的目标。

7.应变力

应变力是一种很难得的技能,它能使你事先预测应该注意的目标,而不是企业正面临的问题。它能使你从容应对创业过程中所出现的种种不曾预见或意想不到的情况,顺利适应各种变化。

8.有效执行计划的集中力

社会生活中发生的一切事情或情况,都会有助于或影响到领导者所进行的工作。集中力可以使你把可用的资源集中用于最有效的部分,避免不分主次、盲目从事。

9.忍耐力

领导者一定要有超越别人的想法和行动,并有献身于自己事业的未来的能力。只有对自己的长期目标深信不疑并极有耐心地长期努力,目标才能实现。

由于新时代的领导者置身于各种不同的社会环境和各种不同的组织内,且由于许多影响社会环境的因素是不断变化的,因此你应该根据情况,采用不同方式,有目的、有侧重地全面提高自己的综合能力,以适应新时代的要求。

那么,该怎样培养上述能力呢?至少应该从以下三个方面努力:

1.自省

要修炼自我,必须乐于自省,严于解剖自己。省是察看、检查的意思。自省即是自身的内省和反省,这是自身修养完善的手段,也是通过修养而达到的一种习惯和美德。

孔子曰:"吾日三省吾身:为人谋而不忠乎?与朋交而不信乎?师传而不习乎?"意思是:我每天都要反省,为人做事是不是忠实?与朋友交往是不是讲信用?老师传授我的学业是不是复习了?领导者通过自省,进行自责,能够及时检查并发现自己的每一个细小过失,进一步有目的地严格要求和提高自己,防微杜渐,不断鞭策自己前进。

乐于自省的人是工作、生活中深思熟虑的人,乐于自省是一个人自觉性的表现,能这样做,其进步必然快,古人云:"反己者,触事皆成药石。"一个人只要多反省自己,任何事都可以变成自己的借鉴,作为自己行为的标准,不断总结经验教训,提高自己。

2.自控

长于自控有气质、性格上的因素,但主要是后天实践、修养的结果。见多识广、看通看透、理性明智,再加上心底无私天地宽,自然能处乱不惊,能容常人难容之事,善待常人难待之人。

对于自控和自省素质的培养，应多从实践中学习，严格要求自己，不断锤炼，逐步建立起优良的个人风范。

3.多读书、多实践、多思考

读书是生活中最值得也最合算的投资，支出少，收获大。读书可以明理，可以开阔视野，可以启迪思维，也可以指导工作。有些书籍似乎对你的工作没有多大联系，但其中闪烁的智慧和思想潜移默化地推动着一个人智慧的发展。从长期看，多读书有助于提高一个人的综合素质。当然，"纸上得来终觉浅，绝知此事要躬行"。要熟悉、掌握经营的特点和规律，必须在长期的管理实践中反复锤炼。多实践包含两层含义：一是要敢于实践，二是要敢于面对困难。实践出人才，只有在实践的过程中经过检验，有能力的人才能被信任和赏识，只会空谈、不动手投入的人不可能有大的作为。多思考可以帮助我们从书本上总结知识和经验，并把这些知识和经验变成自己的智慧，为我所用。读书和实践的意义也就在于此。多思考与多实践、多读书相辅相成，缺一不可。

(六)不能一味迁就别人

在社会生活中，由于分工和能力的不同，就必然要有领导者和被领导者之分。既要有人运筹帷幄、掌管大局，又要有人身体力行，动手去干。但是，不管干什么，都要有自己的原则、自己的立场，不能够没有一点主见，没有自己一定的原则。这里的原则既包括办事的方法，也包括日常生活中为人、处事的立场、原则，少了哪个都会给你带来困难，并将影响你的生活。

工作办事没有自己的方法，只听命于他人，别人怎么说自己就怎么做，如果别人说的对还好，假若别人说得不对，而自己又不动脑筋，走弯路、浪费时间不说，有时难免要犯错误。举个简单的例子：某个人想挖鱼池养鱼，有人建议坑底要铺上一层砖，这样既干净又会节省水；又有人建议说，不能铺砖，铺了砖鱼就接触不着泥土，对鱼的生长不利；还有人说……于是，我们这位养鱼者开始犯难了，左也不是，右也不是，不知该听谁的好。其结果是，事情就此耽搁了下来，最终放弃了计划。当然，这只是个简单的例子，生活中有许多事情要复杂得多，而且有些事情没有犹豫的时间，这就更需要我们要有自己的方法。既然别人的意见也不一定正确，为什么不试试自己的办法呢？

按照古代寓言书记载，谁能解开奇异的高尔丁死结，谁能注定成为亚洲王。所有试图解开这个复杂怪结的人都失败了。后来轮到了亚历山大来试一试，他想尽办法要找到这个死结的线头，结果还是一筹莫展。后来他说："我要建立我自己的解结规则。"于是，他拔出剑来，将结劈为两半，他成了亚洲王。

这当然是传说，但这则故事告诉我们，亚历山大之所以成功地做了亚洲王，就是因为他有自己的方法，创立了自己的规则。他绝不是没有主见、没有办法之人。因此，干什么事情都要动脑筋，不要轻易听从他人，要有自己的一套规则。这样做，有时会使你收到意想不到的效果。

办事没有原则，有时就表现为一味地迁就、顺从别人。由于自己没有立场，所以很容易被他们所诱惑或利用。迁就别人，表面看来是和善之举，但实际上则是软弱的表现。软弱到一定程度，就会逐渐失去自信力，而没有自信力的人是很难成就什么大事业的。有时，性格上的自卑和懦弱，也表现为没有自己的立场和观点。自卑，就会觉得处处不如别人，怯懦则往往会导致卑微。时时看着别人的脸色行事，怎么能走好自己的路呢？其实，这样做是大可不必的。由于自卑和怯懦使我们对于那些高傲的名人仰慕不已。然而，一旦我们恢复生命的自信，勇敢地面对问题、面对困难，我们就会觉得伟人并无什么神秘可言，而且会越来越觉得，所谓伟人和庸人的区别，无非就是：前者始终有一个清晰的方向，并且充满自信，按照自己的方法、义无反顾地走下去；而后者却终日混混沌沌，始终不敢向着未来迈出那决定性的一步。人如果懂得了这一点，成为一个伟人并不困难。著名漫画家蔡志忠先生讲过这样一句话："每块木头都是座佛，只要有人去掉多余的部分；每个人都是完美的，只要除掉缺点和瑕疵。"是啊，每个人都有他自己的长处，干嘛要去迎合别人的口味呢？

没有原则的人还往往禁不住他人的诱惑，自己的意志比较薄弱，遇到什么事情，最初还能遵循自己的原则，但一经别人三言两语一劝，马上防线就崩溃了。举个日常生活中最简单、最普遍的小例子：拿喝酒来讲，几个朋友坐在一起，常常要推杯换盏，边喝边聊。几杯酒下肚之后，本来规定自己只喝三杯，而且开始时尚能坚持，但守不住多久，在朋友的再三劝说之下，脑袋一热，什么三杯原则，五杯又能怎么样？于是，原则丢在了脑后，放开肚子喝了起来。其结果常常是酩酊大醉，误了其他的事不说，对自己的身体损害也极大。这是多么不合算的事啊！

所以，做什么事情都要有个度，不能过度，否则就是没有原则。什么事情没有原则，只会带来不良后果，而不会有什么好的结局。

做事没有原则，没有自己的立场、方法，这固然不好，但也不能因循守旧、循规蹈矩。而是要创立自己的规则，要有创新精神，人类从原始人到今天的现代人就是在不断地继承和创新中取得进步的。因此说，创新对于社会的进步有着决定性的作用。历史川流不息，若不能审时度势，而一味恪守旧俗，这本身就是致乱之源。顽固保持旧传统者也难免成为当世的笑柄。当然，既成的事物，即使并不完美，也会因为已被习惯所适应而不断坚持。而新的事物，哪怕再好，也会因为不适应于旧的习惯而受到抑制。对于旧习俗来讲，新事物好像陌生的不速之客，因而很容易引起惊异和猜疑，不易被接受和欢迎。所以这就需要革新者坚持自己的原则，不要轻易改变立场。在坚持原则的基础上，我行我素，“你有千条妙计，我有一定之规”，以此来抑制那些企图诱惑你、改变你的人。

对于那些有志改革的人，最好能以时间为榜样。时间在流逝中不知不觉更新了世上的一切，而表面上又似乎什么都未改变。如果不是这样，新事物来得太快的话，难免会遇到极大的反对力量。由于改革必定会触犯既得利益者，所以革新者无疑会受到这些人的打击。那么新事物的生存是很困难的。

当然，这只是个小小的建议。还是那句话，在坚持自己原则的基础上，在革新中逐渐创立自己新的原则，使自己不断发展、不断完善。做事无原则，是万万要不得的。

（七）赢得合作的关键

你的工作要得到别人的支持而不是反对，必须唤起别人合作的愿望，使他们直接或间接地看到了自己的利益。人们都希望得到赏识，但这并不意味着可以通过奉承获得他们的合作。人们想要得到的是这样的一种赏识：承认他们正在做的工作是很有价值的，是值得花时间和精力去做的工作；他所做的事情，对他的人生旅程非常重要。

得到最佳合作的关键，是给予人们与他们才能相称的、有意义的工作，并且承认和肯定他们迈出的每一步。这就强调地证明了这一事实：要不断地得到合作，就必须让人们做有意义的事情。

今天,大量工人不安心于本职工作的原因,可以说是由于他们被迫去干低于人类所干工作的工作。如果一个人的工作可以由机器来做,并做得同样好的话,那么,要他对自己的工作感到欣慰,那是很困难的。

当然,合作有着不同的层次。如果你善于运用心理学,你甚至可以得到从事次要工作的人员的合作。要做到这一点,应使他们认识到他们所做的工作与自己的幸福和前途是密切相关的;也可以借助于竞赛和奖励这类方法。

人们如果喜欢你,当你要求他们合作时,就易于取得他们赞同,因为既然喜欢你,就不会怀疑你的动机。有的时候,和你一道工作的雇员帮助你,仅仅是不忍看到你处于困难的境地,这种境地威胁着你的个人的幸福,而你急于摆脱它。

人们因为喜欢你而与你合作,所举的理由并不总是很讲得通的,但是人家既愿对你效力,你又何必多追究呢?

在人的本性中,有许多共同的品质和习惯性反应。他们在生活中,有很多相同的需要;他们用许多相同的方法,以表示他们的友好、真诚和对同情的理解。由于这些共同点,我们完全可以通过一些可行途径,来促进大多数人的合作。

这种能赢得别人合作的与人交往的方法,简单得出乎意料,以致总是被人们所忽略。人们没有任何理由不使用它们,除非妄自尊大或十足的愚蠢。

例如,这些做法是理所当然的:任何人与别人打交道时都应该表示友好,即使彼此间曾发生过某些不愉快的事,也应该如此。同时,除了同行相见时拍拍肩膀,或捏碎骨头似的紧紧握手,以表示特别亲热之外,在与人相遇时,对任何人都可以致以亲切的问候和诚挚的敬意,表现出真诚的高兴。这样做有两方面的效果,一方面,对你自己有好处,说明你很有教养;另一方面,也创造了一种有利于合作的气氛。如果你这种友好态度是一贯的、持久的,人们同样会对你报之以友好。

还有一种简单的方法,就是避免无谓的争论。请记住:辩论很少能使人保持理智,它往往变成感情用事和丧失理性。没有人希望在辩论中失败,正因为如此,辩论才成为一场争夺。你可以因为赢得一场辩论而建立自己的威望,但如果你是以伤害别人的自尊作为自己胜利的代价的话,你就在你通往成功的道路上,为自己设置了一道人为的障碍。

反应迅速、能言善辩的人,往往通过践踏别人的自尊心来表现自己的能力。这种人恰恰会造成一种对合作不利的气氛，迫使别人赔礼道歉，要别人公开声明自己是错误的，打击别人同时抬高自己。如果你想建立一支有效的公司“团队”的话，这些过失是必须避免的。如果这些过失是由于漫不经心而造成的，则更应受到指责，因为这样做违反了一条基本原则：任何人，都应该受到作为一个人所应该受到的尊重。

你是你自己世界的中心，你的同事也是他自己王国的国王。他可能会对你感兴趣，但这种兴趣很难与他寻求自我保护和对自己幸福的关心相比。如果你要想争取别人和你一道工作，你就必须考虑到这一点，设法使他成为人们注意的中心，或者显得引人注目。哲学家约翰·杜威说：“希望得到重视，是人的本性中最深沉的迫切要求。”

为了得到与他人的合作，你首先必须从他的角度和观点观察事物：什么是适合他兴趣的？是否有他感兴趣的事因合作而受到损害？如果从他那方面看有明显的异议，你准备采取什么措施来改变这种状况？

在准备与他交谈时，要考虑好你的方法，谈论他所关注的问题，同时使他与你共处整个事物的中心位置。

用任何道理对一个人说明他对一个企业或一项事业的重要性，讨论和说服的手段是绝对不可缺少的。不成熟的讨论往往引起争吵，这对谋求对方的合作来说，是最为恶劣的气氛。重要的是要养成这样一种习惯：在某一特定情况下要设法找出并强调彼此的共同的兴趣和利益。应该坦率地进行这种讨论，面对现实，毫不掩饰困难。但是，讨论的重点应该放在对他有吸引力的方面，而不是困难方面。

除了强调共同的利益之外，往往还必须采用说服手段，才能使人同意与你合作。在这种情况下，推销工作的技巧将被证明是有效的。一个推销员，总是用生动的语言说服他的听众。通常，他从描述一种听众生活中所缺乏的、很想弄到手的东西入手，接着，他告诉听众怎样做才能达到这个目的，或者说，如果按照他指出的办法行动，你的要求就将开始得到满足。最后，推销员鼓励他的听众按他的建议行事。

要达到上述目的，这个推销员必须了解激发人们采取行动的基本因素。如果他打算获得明显的效益，他还必须了解他打交道的特殊对象。

尽管你的上司是一些普通领导者，你总是他们的一个部下。作为部下，有一条当部下的良好规范：即如果你当上了领导，你希望你的下属如何对待你，你便如何以此对待你的上司。

作为上司,你对你的下属会要求什么呢?你的要求将会形成一张相当长的思想、特点等品质的一览表——如忠诚、可以信赖、聪明、好学、合作、主动、不屈不挠,可能还有很多很多。假如你的表现在某种程度上可以说已具备了这些品质,那么,你将会与你周围的人很好地合作,有效地工作。

当部下的艺术和当领导的艺术一样重要。一个人在上升到领导职务以前,具备当部下的艺术是必要的。

热衷于对企业领导以及这些领导者的动机、能力加以冷嘲热讽,是目下的时尚。但是,任何一个明智的人只要稍加思考,就会觉得把所有的企业领导者都混为一谈,都装进一个模子,并且从中引出一般性结论,那是很无知的。

企业领导者,像政治家、教士、医师和机械工人一样,都是人。他们绝大部分是正直的,可以信赖的,否则,就不能成其为领导者。当然,在大量的苹果中,总有一些是烂的。问题在于,少数人的罪恶,不能归咎在大部分人身上。不应该因为某些高级经理应当受到谴责,而对作为一个"团队"的高级管理部门采取不尊重的态度。

在一个理想的世界里,所有的高级领导者都将流露出友好的神情和鼓舞人的目光。不幸的是,目前的世界并不是理想的。有些人发现自己正为这样一些上司工作,就像尼采曾经说过的:他们是有人性的,而且是"太富于人性了"。

他可能容易发脾气,或是只要他的拙劣的构想和计划出现错误,就要归咎于别人。或许他是这种类型的人:认为自己是天下仅有的一个勤快人和能人。

同这种人打交道,最好的方式是设法引出他的好的品质,并且尽可能使他抑制自己不良的品质。这些方式应该包含一些强有力的得体的幽默,少许无恶意的恭维话,提供他料想不到的帮助,发现一个共同的业余爱好或文娱兴趣。

还可以表现出对他寄予最好的期望,让他明白,你不希望看到无礼、虚荣心,或其他不受欢迎的品质。通过沉着地拒绝接受他平日表现不好的品质,你会在他脑子里留下这样的印象:你希望他有一个什么样的形象。结果,他很可能努力使自己具有这种形象。极少数人会顽固到这种程度,对来自别人建议的压力毫无反响。

归根结底,主要取决于我们自己。人们给一个好的领导者下的定义是:他了解所有

的在他上面的和在他下面的人们，并且热爱他们。

努力帮助我们周围的人取得进步，是重要的，但发展我们自己更为重要。如果我们逐渐加重我们的职责，使我们随着时间流逝，变得更聪明、更有本领，为建设公司做出贡献，那么，我们将会发现，我们的企业生活会更有意义、更有价值。

许多人似乎是领导别人的权威，但是，有些问题恰恰就发生在他们身上。对某些人来说，也许是权力冲昏了他们的头脑。有些人，则因为对下级的工作负有责任而提心吊胆。不论是哪一种情况，如果他不学会怎样推动他的工作人员，就将损害他最终成功的机会。

下面是与下级打交道时应该遵循的简单的规律：

1.清晰地说明所要达到的目的。在一个企业班组共同进行建设性工作之前，班组中每个人都必须了解工作程序，并且必须了解应该做好哪些工作才能取得胜利。所以，这些重要情况都必须向下级阐明。

2.下达明确的指令。当你指挥一个下级做某件事情时，应同时将做好这项工作所需要的全部信息告诉他。请记住，他不可能了解你大脑思考的问题，而且他也很难准确地猜测出你没有说出的情况。所以，你如果一开始就给他以清楚而完整的指令，将会节省许多时间，并节约公司很多资金。

3.要大力赞扬。许多领导者抱有这样一种看法：对工作的报酬，只要付钱就足够了，而且雇员对公司的感激，是因为他们拿了公司的工资。这显然是错误的。大多数工作人员认为，他们已赚得了付给他们的工资，而他们也付出了自己的劳动，他们除了付出领导者支付了工资的工作时间外，不必向领导者再付出任何东西。当这种观点存在于领导者和雇员之间的时候，是很难造成最佳的合作气氛的。

领导者与雇员正确地打交道的方式是：对他们所做的工作付给公正的报酬，并对他们为你所做的一天辛勤工作表示感激，大力赞扬他们。赞扬，是一种几乎到处都可以找到肥沃土壤的种子。在接受赞扬的人身上，自尊心绽开鲜花，为了受到更多的赞扬，他们会更出色地工作。

给别人赞扬不需要消耗任何东西，但收效常常是无法估价的。

4.要绝对地诚实和值得尊敬。必须使你的下级完全信任你，否则，你永远不可能在处境危急时得到他们真诚的合作。所以你必须光明正大地同他们在一起,不能有特殊的宠爱,不能有不公正的欺骗。最重要的是,你永远不要传播有关同事的流言蜚语,你应该劝阻"揭隐私",你应该赏罚分明。

一个领导者对待工人像对待同事一样——他们是同他一道工作,而不是为他工作——就能在工作关系中处于有利地位。他的全体职工将永远不会指责他忘记了工人也是人,或者说他对待雇员就像对待机器一样,正相反,他们会认为自己是企业中的合作者.是企业班组中的成员。

(八)领导者的威信从何而来

凡是新上任的领导者,都希望自己能有威信。古代有这样一则故事,说有一位新县官,上任3个月后问他的幕僚:"你看我的威望比前任高吗?"那个幕僚难堪地摇摇头,没有说话,于是这个县官第二天就主动辞职了。这个故事表明,没有一个领导者不看重威信。当"官"没有威信,还不如不干。

衡量一个领导者是否有威信的标志主要有4点:

第一,工作上有很强的号召力。说话有人听,挥手有人上,令行禁止,一呼百应,招之即来,来之能战。

第二,对人有一种吸引力。被领导者愿意主动接近你,亲近你,信任你,愉快地在你的领导下做事,并能向你倾诉衷肠。

第三,对下级有一种影响力。能以自己的一言一行影响和改变他人的心理及行动,熏陶、带动和教育下级。

第四,在一个单位能形成一种向心力。干部和群众能团结在你的周围,形成一个坚强的战斗集体。

这种号召力、吸引力、影响力以及由此而产生的集体向心力,是怎样形成的呢?就是领导者要有威信。所谓威信既不是自封的,也不是别人捧起来的,而是靠自己的一言一行、一点一滴的业绩浇铸起来的。因为领导威信是领导实践的产物,它既不能从上级的任命中产生,也不是领导职权本身所固有的,而是经过长期的实践在人的心目中形成的一种力量。当一个领导者在实践活动中显示出自己的品德和本领时,才能为下级和群众

所了解，逐渐地对你产生一种看法。如果这种看法是对你的所作所为表示信赖，这样你就逐渐在人们的心目中形成一种威望。也就是一个领导者在自己的岗位上，确立了自己的威信。由此可见，大凡有威信的领导者，都是在长期的领导实践中，靠着自己创造的业绩逐渐成长起来的。

现在为数不少的中青年干部走上领导岗位后，总担心自己没威信，怕别人不服气。而且新上任的领导者大多数也难免会遇到对自己不服气者，这是很正常的现象。如何让人服气，就看“新官”自己了。光担心或埋怨别人不服气，是没有用处的；强制别人信服，也是办不到的。最好的办法，莫过于以自己的学识、胆量和才干，以及正派的作风和不懈的努力，在工作上打开局面，让人家口服心服。因为所有职工对新上任的领导总是要听其言、观其行的。对于刚刚走马上任的“新官”来说，威信的建立需要长时间地坚持不懈的努力，但是初战告捷，有一个好的开端，无疑是很重要的。因此，上任之后，要切切实实地办几件叫得响、得人心的事。把局面打开了，工作顺手了，威信自然就建立起来了。

1.以德取威

这个“德”既包括政治品格，也包括道德品质。除了要有坚定的政治信念、正确的政治方向、鲜明的政治立场、敏锐的政治眼光外，还要坚持原则，秉公执政，办事公道，奖罚分明，不做“老好人”；严于律己，以身作则，言行一致，表里如一；清正廉洁，不以权谋私；不玩弄权术，不搞吹吹拍拍、拉拉扯扯、瞒上压下；道德高尚，品性正直，等等。如果领导者能在这些基本方面做出表率，就会成为下属的楷模，比任何东西都有说服力和影响力。古人云“其身正，不令而行；其身不正，虽令不从”，说得真是既简明又透彻。如果领导者利用职权，违法乱纪，损公肥私，他的威信就会荡然无存。俗话说：“无私功自高，不矜威更重。”一个品德高尚、大公无私的领导者，肯定会得到尊敬佩服，威望也会越来越高。

2.以学识取威

也就是说，一个领导者必须具有一定的知识素养，在知识化、专业化方面达到较高的水平，成为本部门本专业的内行，才能享有较高的威信。在科学技术迅速发展、干部群众文化水平大大提高的今天，一个领导者如果没有足够的知识和较高的业务水平，甚至不学无术，还要在有专长的下属面前指手画脚，很难设想会有多少人佩服他。比如，一个学校的校长上不了讲台，一个医院的院长对医术一窍不通，他的威信从何而来呢？相反，如果他具备必要的专业知识,就不仅能运用自己的知识领导好本部门本单位的工作,而且能与部下有更多的共同语言。这样的领导者,还有谁不敬佩和信服呢?

3.以才取威

这里的“才”,不是指科学家、艺术家的那种“才”,而是指领导者的领导才干、领导能力。它集中体现在分析问题和处理问题的能力上,如预见能力、决策能力、组织能力、指挥能力、协调能力、创新能力、交际能力以及写作能力、演讲能力等。一个才华横溢的领导者可以使人产生一种信赖感和安全感,即使在非常困难和极端危急的情况下,被领导的广大员工也会同心同德地跟着他去战胜困难。这方方面面的能力,是通过领导者的一言一行、一举一动表现出来的。就拿做报告来说,如果一个领导者的报告做得很成功,语言生动、流畅、简练,逻辑性、说服力、感染力也很强,群众就会认为他是一个思想深刻、知识丰富、水平很高的领导。如果他的讲话既肤浅又枯燥,言之无物,拖泥带水,甚至前言不搭后语,常常说错话,念错字,不仅不能给人以任何启发和鼓舞,反而觉得听他讲话简直是活受罪,他就会给群众留下不好的印象,使人感到这个领导者水平太低。作一场报告尚且如此,处理一个重要问题,做一次重要决策,就更能反映领导能力的高低优劣了。所以,谁要想赢得威信,谁就必须刻苦锻炼,在增长才干上下功夫。

4.以信取威

信即信用。古人云:“言必信,行必果。”言必信,就是说话一定要讲信用,不食言,不说空话、大话。具体地说有4点:(1)说话一定要承担责任,说了就要算数,信守诺言;(2)对做不到的事情,决不要许诺。既已许诺,就一定要兑现;(3)对比较有把握的事情,也不要说绝,而应留有余地,以防万一;(4)对下级、同级要诚实、坦率,一是一、二是二,不当面一套、背后一套。行必果,就是行动一定要坚毅果断、善始善终,不能说了不算,定了不办,虎头蛇尾,半途而废。

一个领导者只有始终坚持“言必信,行必果”,才能获得群众的信任。最容易损害领导者威信的,莫过于被人发现他在欺骗、吹牛、搞鬼、不信守诺言。领导者一定要严格要求自己。如果做了错事,说了错话,就应该坦率承认,及时改正,而毋须文过饰非,更不能欺上瞒下。只有这样,才能获得人们的信赖,形成自己的领导权威。

5.以情取威

这里的"情",就是上下级之间、领导和群众之间同志式的感情。这种感情是在长期的共事和生活中逐步建立起来的,是上下级之间、领导和群众之间互相了解、互相尊重、互相信任、互相体贴的表现。有了这种感情,领导和下级以及群众就能同甘共苦,甚至生死与共。这种上下级之间同志式的深厚感情,主要来自领导者对下级长期的苦心培育和关怀,来自对下级充满真挚的爱。当然也包括下级对上级,群众对领导的尊敬、信赖和爱戴。

心理学研究表明,人人都希望别人能理解和尊重自己。尤其是来自领导者的理解、同情、尊重、信任和关心,更会使人受到鼓舞和振奋。哪怕是领导者的一个主动的招呼,一句亲切的寒暄,一次温暖的询问,都会使他感到这是领导者对自己的关心,从而达到心理相融,感情相通,激发出"好好干"的决心,以不辜负领导的期望。事实也表明,凡是谦虚谨慎,联系群众,作风民主,体察下情,待人宽厚,平易近人,通情达理,和蔼可亲的领导者,一般威信都比较高。而那种对下属和群众冷冰冰,麻木不仁,把自己看作是主人,把下级视为仆人,摆架子,逞威风的领导者,下级对他自然就没有什么感情,他也就难以赢得威信。

(九)善于巩固自己的权力

当你处于一定的领导位置之后,自然无形之中,你也就成为某些想获取权力的人的假想"敌人",那么作为领导者的你将如何面对你身边的这些人,使他们认真为你效力,而同时你又将如何面对自己的工作,使它顺利展开,为自己获取通向更高权力的资本呢?你需要巩固自己的权力。在实际的巩固权力运用技巧中一般可以采用以下几种比较适用的方法:

1.创造自己的传奇

创造自己的传奇是指留给别人一些比较成熟和个性化的印象,虽然传奇本身并不能保证使人富有、有权力和成功。但它往往是成功的先驱,保证你的权力稳固。打一个简单的比方,一般面对着门的办公桌总显得很威严,因为它控制了整个房间,所以这种办公桌摆设目前成了办公室最常见的摆设,但是如果你反其道而行之,把你的办公桌放在角落里或面朝墙暗示你不需要在自己面前横一块木头来保护自己,这种不同一般习惯的作法往往会使别人为难,不知如何待你,反而使你获得优势。

2.保持适度的距离感

当然保持距离的程度要因人而异,其目的应该是要人在不被孤立的前提下蓄而不发,在不使对成功不利的前提下,为自己创造一个性格多变的名声。当然要注意,拒人于千里之外也可能丧失良机。因而两全其美的办法莫过于一方面让自己在显得平易近人的同时,利用时间安排和别人见面的方式,表现自己的忙碌程度。例如,你可同意与打电话来的人交谈,然后让他到秘书那里定个时间,叫秘书强调你有多忙。接电话的方式也可以表明这一点,至少等电话铃响五遍之后再去接,否则会给人你急于接电话的印象。

3.成为主宰

撒切尔夫人有句名言:"你愿意屈服就尽管屈服,但我不会。"她在西方文化中给人留下了一个理想领袖的印象——坚决果断。对于领导者而言,没有什么比举棋不定优柔寡断更可怕的,不管如何,决策果断使一位领导者看上去更像一位领导者,过去英国人成群结队一睹英皇亨利二世的风采,就因为他脸上所显示出的活力。所以你想成功,多显示点活力就够了:讲话简洁明了,步伐坚定。总之千万谨慎,不要显出孩子气,或过分的热情与焦虑。比如说如果你说话掷地有声,别人就会以为你处事决断,造成一种大权在握的印象。

4.提高警觉

领导者必须有很强的洞察力,能迅速对发生的事情做出解释。所谓洞察力用世俗的话说就是,学会留意别人的情绪变化,了解部门的派系斗争。这些都是很重要的,罗马人常说,要刺杀一个人,就必须接近他,获取了信任并且了解对方的弱点。竖起耳朵,瞪大眼睛走过一间办公室,这就是一种接近的方式,去得越勤,得利越大,有证据表明,领导者对他们常见的人总比不常见的人更信任。这当然也提醒你,最有可能算计你的人,不是那些公开流露出敌意或表示不合作态度的人,而是那些面带微笑,看上去不会要阴谋诡计的人。

5.低眉顺眼中间人

领导者有时身不由己地置身于派系斗争的枪林弹雨中,而这常常是极易受到伤害的。当然这也提供了机会。在这种情况下,关键要学会分而治之。这需要你在两方之间充当中间人角色。权力中间人致胜的秘诀是：暗地里对每个人都表示赞同，同时把他们逼入角落。这时领导者要学会一些外交手腕，其中之一就是平易近人，这是你巩固权力的保障，因为人们总是满意并信任和褒奖自己感到适意的人。其次学会沉默，如果非说不可，一定要适可而止。

（十）出色领导者的五大特点

作为一位出色的领导者，他具有一些其他领导者所不具备的东西，一般包括特征和能力两个方面。具体地讲，出色的领导者具有的特征包括以下几点：

第一，企业家的特征：工作效率高；有主动进取精神。

第二，智力特征：逻辑思维能力很强（能有条理地分析每一件事情的前因后果）；富有创造性（不断产生新概念、新发明和建立新管理制度）；有判断力（对上述概念进行判断，找出各种规律性）。

第三，人际关系特征：有较强的自信心（知道应该做什么，而且要做好）；乐于帮助他人；为人榜样；善于使用个人的权力；善于动员群众的力量；利用谈话的机会做工作；建立亲密的人际关系（关心下级、甚至关心其家庭成员）；乐观；善于到员工中去和大家一起干。

第四，成熟的个性：有自制力（有自觉性，能控制自己的情绪）；坚决果断（能经过思考后，当机立断做出决定）；客观（能听取各种意见）；有正确的自我认识和自我评价；勤俭艰苦；具有灵活性。

同样，一名出色领导者应具备的能力包括下面几点：

第一，有能力进行人员配置。一个组织要想效益好，生产率高，就必须对领导人员进行强有力的配置。这就要求做到：在招聘时标准要高，以招到高素质的人才；同时要善于识别人才，做个好"伯乐"，善于吸引和留住有能力的高效率的员工；不怕重用有能力的下属员工——不把他们当成对自己的威胁人物；在为了组织目标而招聘所需要的人才与招聘有真才实学的人才之间保持一种平衡，不断给组织输入"新鲜血液"。

第二，有效地指导组织的能力。如果一位领导者善于指导和激励下属员工工作，往往会极大地调动员工的积极性，会使整个组织中每个人之间的关系都十分融洽，从而往往能使企业的劳动生产率得到显著的提高。这位领导者也会得到下属员工的尊敬和支持。要达到这一点,需要做到:指挥要符合组织当前和长远的需求;在技术上和行政上能做出完善的、切合实际的判断;善于思考问题——对每件事都考虑到其前景;对有效资源做全面打算,综合利用;能够预测事情发展的结果,心中有数;提供目标,并使工作有所侧重;有效地授权,明确划分任务、职责以及相应的权限,避免事后批评下级;总是使事情处于可控制状态,不断监督工作状况,例如技术水平、工作进度及成本等;懂得在什么时候使某一项目的工作停下来;对生产能力不断地进行分析,并努力加以改进;在顺利和失利的时候,都能有效地进行管理;一贯为周围的人树立一个优秀的榜样;愿意充当如同服务员那样的角色。

第三,有能力解决复杂的问题。作为一名领导者,往往会遇到许多未曾预料的、复杂的问题,这种问题的解决,需要他根据已有的一些信息和条件,加上对未知前景的预测判断来权衡利弊选择合适的方法来解决问题,这时往往是最考验领导者综合素质的时候了。要做好这一点,需要做到透彻了解有关工作的含义及其所包含的问题;在工作中通盘考虑有关的限制条件和利弊得失问题,及时把握现实的可能性,并采取相应的战略;善于识别好的思想和点子,并准确地理解这些思想的内在价值;熟练地识别潜在的新技术和新的生产线;不会轻易地被迷惑——看清事物的真面目,迅速地找出不一致性、不准确性和无效能性;有应变能力,有效地确认工作中的障碍,并能及时地排除;有效地制定和运用预防措施与纠正措施,考虑到意外事故,并做好充分的准备;判断问题敏捷——深入问题本质,去粗取精,提炼最简单的方式,提出切中要害的问题,获得关键的信息,充分考虑各种选择方案,提出必要的假设,权衡利弊得失,做出有效的决策;敢于承担估计到的风险;当机立断——避免在“危机”中应付。

第四,善于交流信息。信息,对企业的生存和发展是必不可少的,无论在哪一个领域,都起着十分重要的作用。领导者执行计划、组织、领导、控制的职能,都是依据相关信息来进行的,没有信息或信息错误,就会使得企业的目标和行动都显得十分盲目,往往会导致企业蒙受巨大的损失。因此,作为领导者,善于交流信息,及时准确地掌握各种信息是至关重要的。在这方面要想有杰出表现,需要做到:不同的专业部门、小组要有共同的语言,以促进彼此的沟通和交流;与上级、同级和下级人员保持有效的联系;使上级、同级和下级人员获得适当的信息;保持和维护双方的信息交流畅通无阻;平易近人——采取门户开放政策;鼓励组织范围内的技术和行政信息的有效交换;善于运用口头的和文字的信息进行交流——清楚、简明和具有说服力地表达思想;善于主持会议,使用适当的语调和速度,抓住要害,提出并阐明有关的要点,掌握会议方向,引导会议采取有效的行动和取得有效的结论。

第五,支持和指导下级进行工作,并鼓励他们充分投入工作环境之中。一位优秀的领导者,其工作离不开下属员工的支持和理解。只有真正获得下属员工的支持,这位领导者才能称为是杰出的。因此,有效的领导者需要支持和指导下级进行工作,使他们的工作达到最优化,帮助他们获得事业上的成功;要了解下级,了解他们的能力和抱负;要尊重下级,尊重他们的个人差异,了解他们的情感,从而获得他们的尊重;要将每一位员工都纳入团队之中,让每个人都感受到,他是共同努力进步中的重要一分子;要为下级提供有效的工作安排及必要的工作讲解,另外,还应做到:使下级对他们自己的工作绩效负责,要求全面、及时、准确地完成工作;提供有效的反馈,适时地对下级的工作业绩做出评价——表扬或批评;对下级的个人发展计划和事业心给予支持和鼓励;帮助下级进行自我建设,提供必要的动力和激励因素;给予恰如其分的信任,奖酬要公平,表扬要公开,批评要个别;善于接受下级的关注、意见和建议,虚心听取他人的意见;同下级分忧,帮助和支持下级并及时调整他们的情绪,分担他们的忧虑;像缓冲器那样保护下级,避免许多日常行政性的工作带来的挫折。